Рудольф Баландин

Сергей Миронов

«КЛУБОК» ВОКРУГ СТАЛИНА

Заговоры и борьба за власть в 1930-е годы

«ВЕЧЕ»
Москва
2002

УДК 882-3
ББК 66.4
Б 20

ISBN 5-7838-1169-6

Введение

ПРАВДА И ЛОЖЬ О 30-Х ГОДАХ

1

К этой книге требуется обстоятельное предисловие. Тем, кого интересуют больше всего события, а не их смысл, можно данный раздел опустить.

Речь идет о самом загадочном периоде в истории нашей родины. Его сначала считали — и у нас, и за рубежом — героическим по необычайным трудовым и интеллектуальным свершениям. За невиданно короткий срок Россия из страны, пережившей мировую войну, две революции, гражданскую кровавую междоусобицу и последующую разруху, превратилась в сверхдержаву. СССР достиг такой мощи — не только материальной, но и духовной, — что выстоял и победил в самой кровопролитной войне за всю историю человечества.

Позже были опубликованы многочисленные материалы, появились партийные постановления — начиная с речи Н.С. Хрущева, осуждавшие культ личности Сталина, а также огромное количество публикаций о репрессиях 30-х годов. И тогда этот период предстал как ужасный и позорный, а советский народ — как толпа рабов, работающих по принуждению, из страха за свою жизнь при разгуле государственного террора (сталинщины).

Что тут правда, а что — ложь?

Проще всего признать, что каждая сторона по-своему права. Мол, все зависит от точки зрения, симпатий и антипатий. Были определенные трудовые успехи, но было и чудовищное подавление свободы личности. Разве такое невозможно?

Нет, так не бывает. Героизм не может быть подневольным, трудовой подъем — результатом приказа начальства. Массовый террор еще никогда и нигде не укреплял государство, а лишь пробуждал затаенную ненависть к существующему строю. Те, кто убежден в обратном, хорошо знают, по-видимому, что такое страх и лицемерие, но плохо — что такое подвиг, самоотверженность, энтузиазм, любовь к родине.

Да, субъективная правда существует. Но она чаще всего кривобока, ущербна, не чиста. Она таит в себе ложь или заблуждение. Полуправда не может быть истиной. Даже малая толика лжи может так исказить правду, что она становится опасней откровенной лжи. Так щепотка яда отравляет стакан чистейшей воды.

2

Но в чем же критерий истины? Можно ли вообще прийти к объективным выводам?

В этой книге речь идет о событиях, связанных с тайными и явными процессами в жизни страны. Тайное, прежде всего эпизоды борьбы за власть, отчасти остается невыясненным по сей день. Подобные события обычно относятся к вечным загадкам истории. Тайные заговоры уже по сути своей предполагают минимум документов, подтверждающих истинные намерения и планы руководителей.

А вот явное можно при желании отразить с предельной объективностью, в полном соответствии с фактами. Помогают документы, статистические материалы, то есть не столько слова, сколько цифры и графики.

Но и в этом случае необходимо соотносить масштабы явлений с методами исследований. Верно сказано: смерть одного человека — трагедия, смерть тысяч людей — статистика. Судьба одного конкретного человека может быть ужасной или счастливой, но она теряется в движении многомиллионных масс. Порой кажется, будто она полностью зависит от социально-политических факторов, существующего общественного строя. Но это — лишь фон, на котором разворачивается жизненная драма. Очень многое зависит от самого человека. Однако выявить внутренние причины очень непросто. Подобная задача — предмет художественной литературы или биографического исследования.

Даже собрав тысячи индивидуальных свидетельств исторических событий, недопустимо только на этой основе делать заключение о судьбах многих миллионов людей, а уж тем более — о судьбах народа или страны. Вот и 30-е годы в истории СССР надо рассматривать в контексте всей предыдущей и последующей истории этой великой державы.

Какие же имеются объективные показатели жизни страны и народа? Прежде всего — демографические, затем — экономические и экологические.

Если смертность населения уменьшается, численность растет при увеличении и общей продолжительности жизни, если растут валовой национальный продукт и уровень потребления на душу населения, если все это происходит не за счет ограбления других стран и народов, — значит, государство находится на подъеме. Если же все происходит наоборот, значит, страна находится в упадке, а народ ее бедствует.

Таковы объективные критерии. Если исходить из них, то вскрывается принципиальная разница между 30-и и 90-и годами XX века в России—СССР: первые были периодом общего подъема, а вторые — общего упадка.

Но может быть, есть еще нечто чрезвычайно важное, относящееся к духовной сфере, что вовсе не учитывает примитивный числовой статистический метод? Скажем — свобода...

И тогда следует уточнить: о какой свободе и для кого идет речь? В этом вопросе политдемагоги постарались создать полную невнятицу. Потому что есть свобода для жулья, преступников, богатых, казнокрадов, расхитителей национальных богатств, подонков самого разного толка. Слишком часто именно о такой свободе пекутся имущие власть и капиталы, их прислужники, и такая именно свобода реализовалась в России после 1991 года.

Статистика и тут помогает внести ясность. На свободе любая популяция при благоприятной окружающей среде увеличивает свою численность ускоренно, по экспоненте. Этот закон открыл Мальтус, а Дарвин положил в основу своей теории естественного отбора. В общем, данная закономерность у специалистов не вызывает сомнений. На нее ссылался В.И. Вернадский, разрабатывая основы учения о биосфере, среде жизни.

Итак, с 1991 года в России резко возросла смертность (и это — на исходе XX века при значительных успехах медицины и фармакологии!), а также число самоубийств (их уровень превзошел все известные показатели). Это безусловно свидетельствует о том, что свободу и жизненные блага получили в России немногие, наихудшие. Ведь природные ресурсы страны не бедны, а в наследство она получила достижения сверхдержавы — СССР, — которую по научно-техническому потенциалу превосходили только США.

В 30-е годы прирост населения в СССР составлял 1,5—2% в год, а общая численность увеличилась примерно на 24 млн. человек (без учета присоединенных территорий). Как это понимать? Неужели советский человек, вопреки всем законам природы и общества, размножался в неволе при самых неблагоприятных обстоятельствах, в условиях поистине невыносимых (голод, массовые казни, террор)? Причем в то же время в наиболее развитых капиталистических государствах, грабивших колониальные и зависимые страны, прирост населения составлял 0,5—1,5%.

Какая же свобода в России 90-х годов была дарована народу властью, если тотчас началось массовое вымирание населения при обнищании большинства?

Для нормального честного человека вывод может быть один: в 30-е годы репрессии были направлены не против народа, а против отдельных социальных групп (официальная пропаганда не всегда справедливо называла их «врагами народа»). А через полвека невиданным репрессиям подвергся народ, добились невероятного по масштабам и скорости захвата благополучия и процветания отдельные группы и кланы. В данном случае они с полным основанием могут считаться врагами народа, ибо обогатились они за его счет, при его обнищании, вырождении, вымирании — без каких-либо серьезных внешних причин.

Смысл и значение 30-х годов выявились в период Великой Отечественной войны. Только в этом контексте можно всерьез осмысливать те довоенные годы. Вот почему необходимо вкратце затронуть тему войны и победы. Какой ценой была достигнута наша победа в Великой Отечественной? Почему выстоял СССР?

3

За последние 15 лет отечественные средства массовой пропаганды отвечают на эти вопросы примерно так. Цена победы: неимоверные потери Красной армии. Выстоял СССР вопреки ущербности своего общественного строя; вопреки миллионам заключенных в тюрьмах и лагерях; вопреки государственному террору и уничтожению лучших сынов отечества, включая самых талантливых военачальников, цвета офицерства и интеллигенции; вопреки бездарному руководству Сталина.

Обдумывая подобные «вопреки», приходишь в замешательство. Как можно, находясь в здравом уме, поверить, будто такая страна и такой народ могли бы выстоять против сильнейшего врага, против самой мощной военной машины Запада, фактически — против всей Западной континентальной Европы?

Тем не менее значительная часть нынешней российской интеллигенции, служащих верит, что было именно так. 22 февраля 1999 года руководитель телеканала «Россия» М. Швыдкой сослался на анекдот о Сталине, который на вопрос о потерях Красной армии якобы ответил: «А сколько было убито фашистов? Около семи миллионов? Вот и наших погибло примерно столько же». Михаил Ефимович уточнил, что в действительности советские потери были в три-четыре раза выше. Его собеседник журналист А. Симонов не усомнился в этом.

Или вот сведения, приведенные в изданной массовым тиражом «Большой энциклопедии» под редакцией Б. Харенберга («Хроника человечества», 1996): в советских тюрьмах и лагерях в 1939—1940 годах было заключено до 10 млн. человек. Потери во Вторую мировую там указаны такие (в миллионах) СССР — 13,6 военных и 7 гражданских; Германия — 4,75 военных и 0,5 гражданских. Это, конечно, не 21—28 миллионов красноармейцев, как у Швыдкого, но тоже впечатляющие цифры.

Впрочем, Ю. Геллер в журнале «Дружба народов» (№ 9, 1989) писал, что в войну СССР лишился 45 млн. человек, из них 22 млн. солдат и офицеров. Эти данные, как ни странно, удивительно совпадают с утверждением геббельсовской пропаганды (газета «Клич», которая распространялась среди пленных красноармейцев): якобы к началу 1942 года Красная армия потеряла 20 млн. человек и 5 млн. попали в плен. А Э. Генри («Дружба народов, № 3, 1988) заявил: «Накануне величайшей из войн Красная Армия была обезглавлена. Это сделал Сталин».

Странная получается арифметика. Фашисты захватили территории, где находилось 40% населения СССР — 78 млн.

человек. В распоряжении Сталина осталось 115 млн., из которых 10 млн. пребывало в лагерях, а около 20 млн. было убито или попало в плен. Если учесть еще раненых и больных, то получается, что у Сталина фактически вовсе не осталось к 1943 году взрослых здоровых мужчин. Выходит, разгромили фашистов старики, женщины и дети?!

Понять геббельсовских пропагандистов, втрое увеличивавших потери Красной армии, можно: шла война не на жизнь, а на смерть, в которой все средства хороши. Но как расценивать заявления М. Швыдкого, Ю. Геллера, Э. Генри и прочих публицистов? Можно предположить, что все они ненавидят сталинскую систему, и это мешает им быть объективными. Но ведь в действительности речь идет о России, СССР, советском народе!

Обратимся к фактам.

Перед войной СССР ускоренно наращивал свой экономический и оборонный потенциал. Это требовало огромных усилий всего народа. Тогда не только сравнительно высокой была рождаемость, но и снижалась смертность. Следовательно, никаких **массовых** репрессий не было. В ГУЛАГе находилось в 1939 году 1 672 438 человек (из них 454 432 — за контрреволюционные преступления), а на следующий год соответственно 1 659 992 и 445 тыс. Да, шла жестокая борьба с уголовниками, насильниками и врагами советской власти. Если бы народы Советского Союза не доверяли Сталину и ненавидели советскую власть, этот режим рухнул бы сразу же после первых сокрушительных поражений от фашистских захватчиков. Гитлер на это и рассчитывал. Хотя, зная о реальном положении советского народа, ждал более верного результата: захвата только Европейской части Союза.

Теперь о «чистке» в Красной армии. Из ее рядов в 1937—1939 годах было уволено 37 тыс. командиров, из них большинство по политическим мотивам. 3—4 тысячи было расстреляно как заговорщики, 6—8 было осуждено. К 1941 году были возвращены в РККА около 13 тысяч командиров. Так что перед войной армия, имевшая 680 тысяч командиров, потеряла 10—12 тысяч, менее 2%.

Но может быть, это были лучшие из лучших? И урон был если не количественный, то качественный? Нет. Упомянем хотя бы Тухачевского, который был мастером карательных операций против русского народа. Это был ставленник Троцкого, а затем Рыкова. Немецкий генштаб стал тайно сотрудничать с ним как с возможным противником Сталина и главой военной диктатуры в СССР. В мемуарах Вальтера Шелленберга, руководителя внешней разведки нацистов, есть интересное признание: они тщательно скрывали свои контакты с Тухачевским, потому что: «Разоблачение Тухачевского только укрепило бы власть Сталина». Гитлер пошел на такое разоблачение, судя по всему, из-за недоверия к своей военной верхушке, боясь за свою власть. Он приказал тайно обследовать архивы вермахта, после чего, по словам Шелленберга, «были обнаружены кое-какие подлинные документы о сотрудничестве немецкого вермахта с Красной Армией». Между прочим, 5 марта 1945 года Геббельс занес в свой дневник запись, приведя мнение Гитлера: Сталин своевременно провел военную реформу «и поэтому пользуется сейчас ее выгодами».

Война показала, что советские маршалы и весь командный состав не уступали лучшим генералам и офицерам Германии. Сталин достаточно быстро понял, кого следует назначить на руководящие посты, дальнейшие события подтвердили его правоту и мудрость как Верховного Главнокомандующего. Конечно, бывали у него ошибки, и отнюдь не малые. Однако в конечном итоге правда была на его стороне, и он, а никто другой, привел СССР к победе.

За последние десятилетия стало модным всемерно восхвалять полководческий талант Г.К. Жукова, провозглашая его творцом Победы. Конечно, в его военном гении сомневаться не приходится. Не случайно ему Сталин доверял ответственнейшие операции. Но разве можно не воздать должное другим советским полководцам? Ведь сражения шли на многих фронтах, да и к тому же в тылу врага. Требовалось руководить тылами не только армий, но всей страны, снабжать войска всем необходимым, создавать новые образцы вооружения, спасать беженцев и пострадавших, вести внешнюю политику, следить за состоянием стран союзников и противников... Короче говоря, многое требовалось для победы.

Те же теоретики обвиняют Сталина в том, что он «прозевал» начало войны и слишком доверился Гитлеру. Однако в действительности СССР несколько лет напряженно готовился к войне и уже к ее началу начал выпускать превосходные танки и самолеты, «Катюши» и т.д. А что можно было противопоставить гитлеровскому вероломному нападению?

Стянуть к границе как можно больше дивизий? Так поступили арабы в преддверии войны с Израилем — и потерпели сокрушительное поражение. Вот и немцы предполагали за месяц разгромить Красную армию, как они это сделали с французскими вооруженными силами, которые ни по численности, ни по вооружению не уступали вермахту.

Ну, а как же с военными потерями?

Немцы и их союзники потеряли убитыми порядка 7—7,5 млн. солдат и офицеров.

Красная армия потеряла больше. В «Военно-историческом журнале» (№ 9, 1990) приведены выводы двух специальных комиссий, подсчитавших наши потери. Всего было убито, пропало без вести, погибло в плену, умерло от ран, болезней и несчастных случаев 8 668 000 солдат и офицеров Красной армии. Из них на первые полгода войны приходится 1,5 млн. человек. Учтем, что примерно столько погибло в фашистском плену. Обходись и мы так с вражескими пленными, немцы не досчитались бы не менее 10 миллионов своих военных.

Обратим внимание и на потери гражданского населения. Пронемецкая «Большая энциклопедия», значительно преувеличив число наших павших воинов, примерно в 2,5 раза(!) преуменьшила жертвы среди мирных жителей. Такова правда: фашисты уничтожали наше гражданское население, а Красная армия этого с немцами не делала. И все это не пропаганда, а научно выверенные выводы, основанные на фактах.

Наконец, еще один вопрос. Нередко говорят, что у нас главной ударной силой были штрафные батальоны. Мол, шли наши воины вперед от страха, ибо стреляли им в спину заградительные отряды. Вот сведения, приведенные в журнале «Социологические исследования» (№ 7, 1991). Всего прошло через спецлагеря бывших военнослужащих Красной армии, вышедших из окружения и освобожденных из плена, 354,6 тыс. человек. Из них 249,4 тыс. было передано в воинские части, 30,7 тыс. — в промышленность, а 18 382 человека направлено в штурмовые батальоны. Кроме того, было создано из офицеров 4 штурмовых батальона по 920 человек каждый. Следовательно, на каждую тысячу обычных военных приходилось два штрафника. Никакого решающего значения эти отчаянные, но малочисленные части иметь не могли.

Почему же мы победили? В самом общем виде на этот вопрос ответил Сталин, выступая на приеме в честь командующих войсками Красной армии 24 мая 1945 года. Он поднял тост: «За здоровье советского народа, и, прежде всего, русского народа». И пояснил: «У нашего правительства было немало ошибок, были у нас моменты отчаянного положения в 1941—1942 годах, когда наша армия отступала, покидала родные нам села и города... И народ мог бы сказать правительству: вы не оправдали наших ожиданий, уходите прочь, мы поставим новое правительство, которое обеспечит мир с Германией и обеспечит нам покой. Но русский народ не пошел на это... И это доверие русского народа советскому правительству оказалось той решающей силой, которая обеспечила историческую победу над врагом человечества, — над фашизмом».

Через месяц, принимая участников парада Победы, он вновь вернулся к этой мысли: «Не думайте, что я скажу что-нибудь необычайное. У меня самый простой, обыкновенный тост. Я бы хотел выпить за здоровье людей, у которых чинов мало и звание незавидное. За людей, которых считают «винтиками» великого государственного механизма, но без которых мы все — маршалы и командующие фронтами и армиями, говоря грубо, ни черта не стоим».

Верные слова. Никто из руководителей нашей страны после него не говорил об этом так просто, честно и справедливо. И это были не фразы. После войны, несмотря на огромные потери и разрушения, страна невероятно быстро поднялась, промышленность была восстановлена (кстати, еще в 1944 году Сталин провел совещание, посвященное переориентации народного хозяйства на мирные задачи). Рождаемость быстро пришла в норму, смертность уменьшилась, и прирост населения вновь, как до войны, стал больше, чем в других развитых государствах.

Чем чаще и громче раздаются проклятья и критические выпады против СССР, против нашего советского прошлого, истории, против Сталина, тем хуже живется нашему народу. Вряд ли это — случайное совпадение. Поразительно, что ненависть к советскому прошлому и Сталину чаще всего демонстрируют представители привилегированных групп и, в частности, многие евреи, которые, казалось бы, должны испытывать глубочайшую благодарность к нему и русскому народу за победу над нацизмом. Или они полагают, что при Гитлере им жилось бы лучше?

Можно подумать, что не германские фашисты, а русские люди под руководством Сталина уничтожали евреев; не англо-американские, а советские самолеты варварски бомбили немецкие города; не американцы, а мы превратили в атомное пекло мирные Хиросиму и Нагасаки. И когда нам не перестают твердить, что Россия должна равняться на западную цивилизацию и переиначивать ради этого свою сущность, свои традиционные ценности, свою культуру, то нет никаких сомнений, что это — путь в небытие не только нашей страны и нашего народа, но и всего человечества.

4

Но коснемся проблемы личности в истории. При этом не будем забывать, что некое имя может приобрести символическое значение, а конкретная личность в таком случае отходит на дальний план. Вот и имя Сталина стало нарицательным, знаковым. И если некогда оно звучало как олицетворение трудовых и боевых побед советского народа, то после его смерти с ним все чаще связывали ужасы тоталитарной системы, подавления личности, террора.

В книжке Р. Конквиста «Большой террор» сопоставляются злодеяния Ивана Грозного и Иосифа Сталина. Аналогия подмечена верно. И тот, и другой правитель подавляли и терроризировали своих внутренних противников ради создания великого государства.

Первый царь всея Руси Иоанн IV вошел в историю как Грозный. На Западе его называют иначе. Скажем, в Англии — Terrible, что означает «ужасный», «страшный» (от латинского «террор», ставшего синонимом тирании, жестокости, уничтожения и угнетения людей). Так же величают его во Франции, Испании, Германии...

Для современного просвещенного россиянина в этом нет ничего странного. Например, профессор А.М. Сахаров в учебнике для вузов («История СССР с древнейших времен...» под редакцией Б.А. Рыбакова, М., 1983) сделал вывод-приговор: «На века имя Грозного оказалось связанным с представлением о диком разгуле террора. Опричнина стала нарицательным обозначением крайнего беззакония, произвола, массового истребления неповинных людей».

За столетие до выхода этого учебника в Великом Новгороде был воздвигнут памятник Тысячелетия России. На нем запечатлены образы ста девяти крупнейших деятелей страны. Иоанну IV, создателю великой державы, места среди них не нашлось.

Причина проста: потомки-гуманисты не пожелали чтить великого злодея. За последние десятилетия ситуация ничуть не изменилась. Сравнения со Сталиным вконец подорвали репутацию Ивана Грозного. Это делали не только откровенные антисоветчики и русофобы типа Конквиста, но и вполне респектабельные историки-публицисты. Например, Джузеппе Боффа писал: Сталин «с похвалой отозвался о безжалостном истреблении бояр Иваном IV как необходимой предпосылке утверждения централизованного русского государства... В довоенные годы началась идеализация образа «грозного царя»: вместе с Петром I Иван IV сделался одной из отправных точек сталинской историографии».

Впрочем, и дореволюционные русские авторы не скупились на черные краски, когда речь заходила об этом государе. Н.И. Костомаров писал: «Кровь разлакомила самовластителя; он долго лил ее с наслаждением... Напрасно старались бы мы объяснить его злодеяния какими-нибудь руководящими целями и желанием ограничить произвол высшего сословия; напрасно мы пытались бы создать из него образ демократического государя».

Странновато звучит упоминание образа «демократического государя» применительно к царю Средневековья. А современник Костомарова профессор П.И. Ковалевский вполне определенно заключил, что у Ивана Грозного были приступы «зверства и кровопролития» при «безмерных проявлениях его лютости и безнравственности». Окончательный диагноз: «Иван Грозный представлял собой замечательный образец параноика» (не правда ли, невольно припоминаются и ставшими общеупотребительными характеристики Сталина?).

После приведенных выше характеристик душа отвращается от ужасного тирана. Хочется обратиться к светлым образам гуманных, просвещенных и демократичных монархов. Где их искать? Ясно: на Западе. Вот славные современники нашего Ивана Грозного: французский король Карл IX, английский — Генрих VIII, испанские Карл V и Филипп II. Не они ли — пример для варварской России?

Нет, не станем вспоминать, что Генрих английский поубивал своих многочисленных жен, а Филипп любил мучить животных, да и людей тоже. Будем считать подобные злодейства мелкими, бытовыми. Это ведь — не массовый террор!

Впрочем, по части террора и массовых убийств западные государи дадут сто очков вперед нашему отечественному царю. Обратимся к фактам.

При опричнине за 8 лет было убито не более 3—4 тысяч человек. Карл IX лично участвовал в Варфоломеевской ночи, во время которой за двое-трое суток было убито в одном Париже вдвое больше людей, чем за всю опричнину в России! И что же, содрогнулся французский Карл, ужаснулся содеянным, раскаялся? Как бы не так! В последующие две недели во Франции было уничтожено около 30 тысяч человек, виновных лишь в том, что они были христианами-гугенотами (протестантами), а не католиками.

При Генрихе VIII в Англии крестьянские земли ради выгоды имущих власть и деньги превращали в овечьи пастбища. Тысячи английских крестьян, потерявших свои наделы, вынуждены были бедствовать и скитаться. Тогда Генрих постановил казнить всех бродяг. Вдоль больших дорог было повешено 72 тысячи бедняков.

Испанские короли Карл и Филипп в завоеванных Нидерландах казнили более 100 тысяч человек. Примерно столько же крестьян погибло в Германии во время восстания бедноты. Ну, а что касается еретиков и ведьм, то их в Западной Европе вешали, топили и сжигали заживо десятками и сотнями в день. Общее число казненных инквизицией насчитывает вряд ли меньше 500 тысяч.

«И все же, — восклицал известный историк и литературовед В.В. Кожинов, — как это ни странно и даже поразительно — и в русском, и в равной мере западном сознании Иван Грозный предстает как ни с чем не сравнимый, уникальный тиран и палач... Сей приговор почему-то никак не колеблет тот факт, что количество западноевропейских казней тех времен превышает русские. НА ДВА ПОРЯДКА, В СТО РАЗ; ПРИ ТАКОМ ПРЕВЫШЕНИИ ЗЛОВЕЩИЙ ЛИК Ивана Грозного должен был вроде бы совершенно померкнуть рядом с чудовищными ликами Филиппа II, Генриха VIII и Карла IX».

Почему же сохраняется столь вопиющая историческая несправедливость?

Историков, да и всех представителей Западной Европы и Америки, хулящих Ивана Грозного (обычно теперь — вместе со Сталиным), понять легко: они привычно замалчивают собственные грехи и преступления. Россию они судят по значительно завышенным морально-нравственным критериям. И такой двойной стандарт, изобличающий их как лицемеров, делает нам честь: они ведь понимают, что в противном случае их страны и правители будут выглядеть очень скверно.

Трудней понять наших соотечественников. Радетели за демократию и гуманизм тут выступают как прохвосты и лжецы, клеветники России. Не сделаешь лучше народ, если его несправедливо и на весь свет поносить, да еще ставя в пример тех, кто значительно хуже.

В недавно изданном сборнике биографий «Всё обо всех» (Центр гуманитарных исследований при факультете журналистики МГУ, 1996) сказано: «Иван Грозный оставил по себе недобрую память, несмотря на то, что при нем положение России укрепилось, а границы ее расширились». (В точности то же самое можно сказать и о Сталине!)

Не в этом ли главная причина очернения образа первого государя всея Руси? Приведенную фразу с полным основанием следовало бы чуть изменить: Иван Грозный оставил по себе недобрую память у недоброжелателей и врагов России потому, что при нем положение державы укрепилось, а границы ее расширились.

Дело даже не в правителе, а в народе. Иван Грозный или Иосиф Сталин пришли и ушли, а страна и народ остались. А потому, целясь в прошлое, ловкие пропагандисты весьма точно попадают в настоящее и будущее, в ту самую страну, которая и ныне называется Россией, и в ее русский народ. Ведь без прошлого нет настоящего и будущего.

5

Существует два принципиально разных вида террора: в одном случае он направлен на подавление правящих или криминальных группировок, в другом — на подавление народа.

Подавление народа также может осуществляться по-разному. В одном случае — насилием, уничтожением или изоляцией всех недовольных. Так поступают с покоренными племенами и народами испокон веков, и европейцы в этом поднаторели едва ли не больше всех. За последние два столетия наиболее активно используется экономический тоталитаризм, когда власть и капиталы имущие диктуют свою волю тем, кто трудится. Наконец, в последние полвека, в связи с массовым распространением электронных средств воздействия на сознание и подсознание, способных наркотизировать и подавить интеллектуальную активность личности, в мире господствует духовный тоталитаризм в небывалых масштабах. Это поистине духовный террор против народа, осуществляемый путем разнообразных технических приемов.

В первой половине XX века, когда еще не сложилась наркоцивилизация современного типа, для подавления народных масс использовались преимущественно экономические рычаги. Ведь экономическая зависимость порабощает человека наиболее эффективно и надежно. И если в 30-е годы в СССР не было безработных (за немногими исключениями), а в США были миллионы безработных, влачивших жалкое существование, то из этого следует, что экономический террор в США был направлен против собственного народа (точней, преимущественно против отдельных этнических групп, и в первую очередь против «черных»), тогда как в СССР его не было.

Обратим внимание на одно признание Конквиста. Он писал, имея в виду 1939 год: «В августе Советский Союз посетило больше иностранных туристов, чем когда-либо. И никто из этих туристов не заметил подавленного настроения народа». А затем через несколько строк: «Между тем органы безопасности хватали наркомов и их заместителей из промышленных наркоматов».

Действительно, как Иван Грозный терроризировал властолюбивых бояр, ослаблявших центральную власть и единство Руси, так Сталин репрессировал преимущественно крупных политических деятелей, партийную и армейскую номенклатуру, работников НКВД и органов пропаганды.

Правда, Р. Конквист, А. Солженицын и другие утверждают, будто во времена «большого террора» были расстреляны миллионы граждан, а десятки миллионов находились в ГУЛАГе. Это — ложь. Как мы уже упоминали, согласно опубликованным документам, за все правление Сталина (32 года) было расстреляно около 700 тысяч преимущественно уголовников, а в лагерях находилось в 30-е годы от 0,4 до 1,9 млн. заключенных, в среднем 1—1,4 млн., из которых большую часть составляли уголовники (политических было от 0,06 до 0,46 млн., в среднем — 200 тысяч).

Согласитесь, реальные цифры явно противоречат легенде о «большом терроре». Тем более, если учесть, что в стране к этому времени было весьма немало врагов советской власти — не менее нескольких миллионов.

Может быть, наши лагеря были подобны фашистским фабрикам смерти? Нет, ни в коей мере. Смертность в среде заключенных определялась точно (ведь каждый осужденный находился и находится под строжайшим контролем). И вот выясняется, что смертность в тогдашних колониях была примерно такой, как в современной России на воле (!), а в лагерях лишь в полтора раза выше!

Эти сведения кажутся неправдоподобными. Однако повторю: они основаны на фактах, рассекреченных документах. Более того, с ними согласился один военный медик (кстати или некстати — сторонник наших нынешних демократов, но человек честный), который интересовался соответствующими данными. А те, кто утверждал, а то и продолжают повторять о миллионах расстрелянных и десяти миллионах лагерников, не приводят никаких сведений и опираются только на свою ненависть к СССР как империи зла и к Сталину как величайшему злодею.

6

В предисловии к интересной книге А. Полянского «Ежов» литератор Т. Гладков пишет: «Пора наконец не только признать, но и накрепко и навсегда запомнить: возводили домны Магнитогорска, верфи Комсомольска-на-Амуре, плотину Днепрогэса, копали тоннели московского метро и канала Москва—Волга, прокладывали рельсы БАМа (перечень можно продолжить на нескольких страницах) вовсе не «комсомольцы-добровольцы»... но сотни тысяч и миллионы заключенных лагерей системы НКВД».

Судя по всему, автор высказывания не бывал на крупных стройках и вообще смутно представляет себе, как можно «копать» тоннели метро и т.п. Он повторил расхожее мнение, давно уже запущенное в массы «прорабами перестройки». Непонятно только зачем в наши дни повторять эту пропагандистскую чепуху и ложь.

Начиная с 30-х годов из числа заключенных могли использоваться на стройках в среднем 1—1,5 млн. в год (всего в лагерях находилось, как уже говорилось, от 0,4 до 2,6 млн. человек). А сколько всего было работающих? До 90 млн. человек. Нетрудно подсчитать, что из общего количества работающих лишь 1—1,5% составляли заключенные. Выходит, 10—15 человек на 1000 работающих — это и есть та могучая армия трудяг, на которых держалась индустриализация СССР!

Надо добавить, что уже во времена Древнего Рима было известно (сошлюсь хотя бы на Терренция Варрона), что подневольный труд мало производителен уже потому, что приходится содержать целую армию надзирателей и охранников.

Почему столь нелепейшие представления о штрафных батальонах, разгромивших армии фашистов, или о заключенных, воздвигнувших «стройки коммунизма», или о многих миллионах расстрелянных и десяти миллионах лагерников — жертв «сталинизма», почему такие представления нашли отзвук в умах огромного числа образованных «россиян»?

Причин, по-видимому, несколько, и одна из главных — нет привычки самостоятельно думать, сомневаться, проверять услышанное. Они судят (именно — судят, осуждая) о 30-х годах почти исключительно по книгам: многотомнику «Архипелаг ГУЛАГ» А. Солженицына, «Большой террор» Р. Конквиста и роману А. Рыбакова «Дети Арбата». Все три книги показывают СССР как «империю зла» вслед за Геббельсом и Даллесом.

Спору нет, в Советском Союзе той поры далеко не все было светлым и радостным. Но что эти и подобные им авторы могут поставить нам в пример? США, которые тогда переживали острейший и затяжной экономический кризис с миллионами безработных и разгулом криминальных сил? Или фашистские государства Запада: Италию, Испанию, Германию?

Предположим, что А. Солженицын ориентировался на троцкизм. Но чем уж так привлекательна идея мировой революции, от которой отрекся Сталин? Ну, а чрезвычайно лживые «Дети Арбата» утверждают и вовсе уж несуразные идеи (об этом убедительно писал В.В. Кожинов в статье «Правда и истина»). Не потому ли их охотно восприняла немалая часть отечественных и зарубежных «интеллектуалов» и «околоинтеллектуалов». Ведь ложь слишком часто выглядит правдоподобнее правды, если она умело преподнесена и отвечает желаниям потребителя.

Миф об СССР — империи зла уже основательно внедрен в сознание десятков миллионов «образованных мещан» (выражение публициста Михаила Лобанова). Но пропаганда добилась и более основательных результатов, закрепив на уровне подсознания категорическую неприязнь к самому имени «Сталин», вызывающем цепь ассоциаций: коварный злодей, диктатор, параноик с маниями преследования и величия. По той же схеме Советский Союз при «сталинщине» — тюрьма народов, архипелаг ГУЛАГ, тоталитарный режим. Иллюстрация: на обложке «Большого террора» — карта СССР, заляпанная кровью и опутанная колючей проволокой.

Сверхзадача этой массированной пропагандистской кампании, направленной прежде всего против СССР и советского народа, оказалась выполненной. С единством державы и ее индустриальной мощью было покончено, коммунистическая партия была отстранена от власти, советы разогнаны, а идеологические основы, порядком подгнившие, порушены напрочь. И что в результате? Под лозунгами борьбы за демократию, права человека, правовое государство создали невиданное в истории криминально-коррупционное общество; народ ограблен, природные ресурсы расхищаются. Усилиями «перестройщиков», Горбачева, Ельцина, Семьи и многих тысяч заинтересованных лиц Россия превратилась в сырьевой, энергетический, экологический придаток развитых индустриальных держав (к числу которых она после крушения СССР не относится, превратившись в слабо развитую страну).

Может показаться, что все это не имеет отношения к теме этой книги. Но это — только на первый, самый поверхностный взгляд. Вот, скажем, в интервью по ТВ (РТР, 9 июня 2001) А.И. Солженицын сказал, что народ ограбили Ельцин, Гайдар и Чубайс, обмолвившись затем, что в советское время расстреливали миллионы людей. Такие вот лукавые формулировки: что же лучше, чтобы тебя ограбили или расстреляли? Вывод очевиден. Сказано о миллионах расстрелянных так, между прочим, как о само собой разумеющемся. Получается, что под властью ельциных, гайдаров и чубайсов находиться лучше, чем в СССР!

То, что Б.Н. Ельцин вел антисталинскую, антисоветскую политику — не секрет. Он как-то с гордостью констатировал, что наконец-то покончил с наследием Сталина (это было одно из немногих его правдивых утверждений). В результате ельцинская Российская Федерация откатилась на задворки современной цивилизации, стала слабо развитой страной с вымирающим и преимущественно очень бедным населением, продолжающей существовать только лишь за счет того, что было создано и накоплено при советской власти.

Таково фактическое положение дел, а вовсе не голословное утверждение. И эти выводы подтверждаются демографическими и экономическими показателями, которые никем не оспариваются.

Кто-то может, конечно, считать все тех же Конквиста, Солженицына, Рыбакова гуманистами (добавим сюда Д.Ф. Волкогонова, А.Н. Яковлева и пр.), для которых статистика — не указ. Но кем же тогда считать тех, кто с уважением, а то и с восторгом писал о Советской России сталинских времен? Среди них: Анри Барбюс, Луи Арагон, Жан-Ришар Блок, Ромен Роллан, Герберт Уэллс, Лион Фейхтвангер, Бернард Шоу, Поль Элюар... Есть, конечно, злые стихи О. Мандельштама, заклеймившие Сталина. Но почему-то забывается, что тот же поэт и не из-под палки писал панегирики во славу Сталина (справедливости ради надо признать, что и те, и другие политические его стихи очень слабы). Но как быть с мнением едва ли не крупнейших писателей XX века: М. Булгакова, М. Шолохова, А. Платонова? Они не славословили и не клеймили, а глубоко продумали и прочувствовали те времена, отразив их в бессмертных сочинениях. Безусловно, даже они что-то могли не понять, не оценить по достоинству. И все-таки нельзя, глупо сравнивать их произведения и их мнения с неглубокими и политизированными размышлениями о тех временах конквистов, солженицыных, рыбаковых, — всех тех, кто в меру своих сил и способностей содействовал уничтожению СССР.

7

В этой книге основное внимание уделено событиям, так или иначе связанным с личностью и деятельностью Сталина. Причина очевидна: он являлся ключевой фигурой для того периода не только в наших отечественных масштабах, но и мировом тоже. Он руководил (не единолично, но все-таки как ведущий государственный деятель) государством нового типа, во многом противопоставленным капиталистическим державам. Все они были кровно заинтересованы в провале этого невиданного социального эксперимента, делая все возможное для его срыва. Успехи СССР были для них тревожным сигналом.

Их опасения полностью подтвердились после победоносного — для СССР — окончания войн с фашистскими странами Запада и Востока. Советский Союз не только окреп, но и обзавелся дружественным окружением, а его авторитет в мире поднялся на необычайную высоту.

Рост могущества и авторитета СССР в 30-е и послевоенные годы определил такое явление как культ Сталина.

Об этом совершенно справедливо писал В.В. Кожинов, который был отчасти даже антисталинистом, причем очень последовательным: «Культ Сталина — это вовсе не результат интриг его самого и каких-то сомнительных подручных; это было в прямом смысле слова ВСЕМИРНОЕ явление, которое осуществлялось повсюду от Мадрида до Шанхая».

Надо иметь в виду, что в те времена многомиллионные массы людей трудно было оболванить, как это делается теперь благодаря поистине всюдным, всесемейным, всенародным средствам массовой пропаганды, рекламы, информации и дезинформации, развлечения и отвлечения. Спору нет, имя, ставшее легендарным, начинает жить своей жизнью и в определенной мере обособляется от данного конкретного лица. Вот и Сталин превратился в олицетворение СССР, советского народа. Он и сам это понимал.

Такова объективная ситуация, и нам сейчас нет нужды ее оценивать или анализировать. Нас будет интересовать не личность Сталина, а события, сплетавшиеся вокруг него в причудливый клубок, распутать который чрезвычайно трудно. Тут что-то приходится домысливать, предполагать. И делать это мы, авторы, постараемся с предельной объективностью.

Удивителен сам факт того, что имя Сталина остается, что называется, притчей во языцех. И не потому, что сохраняются некие пережитки сталинизма в чьем-то сознании. Это — личное дело каждого, если не проявляется в действиях. А деятельный сталинизм давно уже отсутствует, со времен первого, яростного и обуянного тщеславием и жаждой власти выступления Н.С. Хрущева. Остаются еще, правда, Московский метрополитен, восстановленные Минск, Киев и множество других городов, высотное здание МГУ и огромное количество заводов, фабрик, ГЭС и ТЭС...

Да разве только в Сталине дело? Нет, конечно. Не он же проектировал и строил, скажем, первую в мире атомную станцию или промышленные предприятия. Он уже при жизни превратился в мифологическую фигуру, во многом мнимую; в образ, живущий прежде всего в умах людей, мало похожий на оригинал, на живого смертного (да и умершего полвека назад), очень много работавшего и очень мало отдыхавшего человека.

У него было много врагов и завистников. Пожалуй, меньше всего их было и есть в простом русском народе. И боготворили при жизни и проклинали его посмертно больше всех — его завистники и враги. В народе не было истеричной реакции ни в ту, ни в другую сторону. Понимали: работает человек, сознает свою ответственность, и не ради себя это, не ради наживы и должностей своих родных и близких, помощников и соратников.

То, что произошло с нашей страной за последние полтора десятка лет, когда из нее выкачано материальных ценностей примерно на триллион (!) долларов — на подпитку западным благодетелям, да еще разворован и повешен на шею народа чудовищный долг на 179 миллиардов долларов, при годовом бюджете в 20—25 млрд. долларов, — одно уж это должно заставить хотя бы немножко задуматься тех, для кого Отечество — не звук пустой, и судьба России, русского народа, русской культуры — это его собственная судьба.

8

Это предисловие может вызвать у недоверчивого читателя, тем более определенным образом политически ориентированного, смутные подозрения: почему авторы положительно отзываются об СССР и, что совсем странно, о Сталине? Авторитетные комментаторы, публицисты, писатели, ученые за последние полтора десятилетия столько выплеснули грязи на те годы и вообще на советскую власть, что и смотреть-то в прошлое России, СССР невозможно без содрогания и омерзения.

Так вот, в отличие от многих из тех, кто усердно чернил те годы и образ Сталина, я, один из авторов этой книги, при его жизни не был ни сталинистом, ни даже сочувствовавшим идеологии марксизма-ленинизма, в партии не состоял и никакими привилегиями не пользовался.

Осенью 1951 года на своей первой сессии в Московском геологоразведочном институте я получил неуд... за незнание основ марксизма-ленинизма (был такой обязательный предмет). Не потому, что я был непримиримым врагом этого учения; просто оно как-то не укладывалось в моей голове — требовало не столько осмысления, сколько запоминания.

Кстати, двумя годами раньше мне влепили строгий выговор за то, что привел в школьной стенгазете эпиграмму XIX века:

У нас чужая голова,
А убежденья сердца хрупки.
Мы — европейские слова
И азиатские поступки.

Тем не менее диссидентом я никогда не был, считая таких людей антинародными и не только антисоветскими, но и антирусскими. Да и против советов депутатов трудящихся я ничего не имел: правильная организация была, хотя и с ограниченными возможностями.

Итак, при жизни Сталина я не был сталинистом и его смерть не оплакивал. Однако когда махровым цветом расцвел хрущевизм с его безрассудством, самодурством, нелепейшими государственными перестройками и отвратительными попытками навязать народу культ Хрущева и КПСС, когда стала неумолимо расширяться пропасть между номенклатурой, в которую лезли за постами и льготами всяческие нечистые личности, и народными массами, тогда (приблизительно в 1963 году) я пришел к выводу, что СССР не доживет до 2000 года.

Дело не только в сокрушительных для страны реформах Хрущева (идейного предтечи Горбачева и Ельцина), но и в том, как стал относиться народ к власть имущим. Мне доводилось работать в разных районах СССР — от Чукотки до Белоруссии, на Кавказе, в Средней Азии, Казахстане. И везде отношение к существующей власти было либо безразличным, либо скептическим, редко — доверительным.

При Хрущеве у нас установилась однопартийная система, полное господство «выходцев из народа» — номенклатуры КПСС. Только при Андропове появилась вторая, можно сказать, партия власти, которая могла контролировать номенклатуру, — КГБ. Были резко ограничены возможности вывоза золота, капиталов за границу (есть очень красноречивые цифры). Но Андропов, возможно по этой причине, вскоре скончался, оставив по себе добрую память в народе (не правда ли, странно с позиций диссидентов, партийных руководителей, образованного мещанства).

Только тогда я понял, что при Сталине у нас существовала многопартийная система советского образца. Крупные и сильные партии складывались по интересам, по социально-экономическим принципам: вооруженные силы, органы внутренних дел, руководители производств, КПСС (представляющая идеологию), местные органы управления (советы). Сталин старался сохранять такое партийное равновесие, и когда какая-то одна группа начинала претендовать на гегемонию, он ее разными способами (вплоть до репрессий) ослаблял.

Такая структура системы власти, пожалуй, более разумна и честна, более отвечает интересам общества, народа, государства, чем, скажем, двухпартийные, а по сути однопартийные системы в США или Великобритании, где просто властвуют представители двух кланов власть и капиталы имущих.

Однако Хрущев, играя на различии интересов, умело используя сильные и слабые стороны характера Жукова, смог свергнуть сначала Берию и подорвать влияние органов внутренних дел, а затем отстранить Жукова и ослабить роль армейского руководства. С той поры партийная номенклатура стала по существу единственной господствующей верхней прослойкой, оторванной от народа и достаточно быстро прогнившей. И дело даже не в Политбюро, а в нечистой массе крупных «аппаратчиков» партии и комсомола.

Хрущев был первым, кто заставил меня изменить свое отношение к Сталину. И чем неистовей Хрущев и его приспешники разоблачали культ личности, преувеличивая масштабы репрессий (не упоминая о своей роли во всем этом), тем основательней, дальновидней, разумней стали представляться мне деяния Сталина. Но и тогда мне больше по душе были взгляды анархиста П.А. Кропоткина, а вовсе не сталинизм.

Начиная с 1986 года, когда абсолютно определенно обозначилась капиталистическая антинародная направленность «реформ» и «перестройки», а затем был вопреки воле народов расчленен СССР во имя торжества американизма, низкопоклонства и лакейства перед Западом, свободы казнокрадам, коррупционерам и прочим, господства наихудшей части номенклатуры (перевертышей и предателей СССР и КПСС), когда началось прозябание и вымирание русского народа, унижение России и поношение русской культуры и патриотизма, — только тогда я понял, от какой страшной беды избавил Сталин Россию в 30-е годы.

Теперь стало ясно, что надо было сломить сопротивление троцкистов и прочих левых (которых в наше перевороченное время называют «правыми»). Надо было сломить сопротивление и тех, кто жаждал власти и капиталов, кто мечтал установить антинародный строй под своей гегемонией.

Мы отказались от всего самого лучшего, что было достигнуто при советской власти и под руководством Сталина. Нашим опытом и достижениями воспользовались на Западе. Они реформировали свою систему в социалистическом духе. Наши властолюбцы и лжепророки, жаждущие богатств (я вроде бы первым назвал их «дерьмократами») любой ценой, переняли все наихудшее, что есть в «первобытном капитализме», сделав из нашей сверхдержавы СССР кучку слабо развитых зависимых государств.

...Итак, еще раз повторю: в СССР я работал как геолог-производственник, порой в очень нелегких условиях. В КПСС не состоял, за чинами и званиями не рвался, идеологию марксизма-ленинизма не разделял (многое из моих работ вымарывала цензура, но и пропускали — разумные цензоры — кое-что оригинальное, в частности, учение о техносфере). Не уверен, что мы с соавтором сумеем разгадать все тайны 30-х годов. Но знаю и уверяю вас, читатель, что наша работа честна и, насколько это в наших силах, объективна.

Февраль 2002 г. Р. Баландин.

Глава I

ПОД ПРИЦЕЛОМ

Идеологическая борьба

К 30-м годам XX века в СССР укрепилась однопартийная система. Это стало итогом деятельности Ленина. Было окончательно подавлено сопротивление таких «попутчиков» как эсеры (социал-революционеры) и анархисты.

Уход Ленина с политической арены в начале 1923 года и смерть в 1924 году остро поставили вопрос о новом партийном лидере, а стало быть, и главе страны. Претендентов на этот пост было, по существу, только двое: Троцкий и Сталин.

В известном письме Ленина к XIII съезду РКП(б) от 25 декабря 1922 года говорилось: «Товарищ Сталин, сделавшись генсеком, сосредоточил в своих руках необъятную власть, и я не уверен, сумеет ли он всегда достаточно осторожно пользоваться этой властью. С другой стороны тов. Троцкий, как доказала уже его борьба против ЦК в связи с вопросом о НКПС, отличается не только выдающимися способностями. Лично он, пожалуй, самый способный человек в настоящем ЦК, но и чрезмерно хвастающий самоуверенностью и чрезмерным увлечением чисто административной стороной дела».

Насчет необъятной власти Сталина, конечно, сказано слишком сильно. В этих словах просвечивает другое: слишком большой авторитет. Потому что сама по себе власть генсека в ту пору была существенно ограничена и решения по важным вопросам принимались только коллегиально.

Казалось бы, с этого момента разворачивается активная борьба за «необъятную власть» поначалу между Троцким и Сталиным, а затем между Сталиным и его реальными или мнимыми конкурентами, а также между внутрипартийными группировками.

И победил в конце концов именно Сталин, потому что был чрезвычайно хитер, беспринципен, жесток, коварен и обуян манией величия и жаждой власти. Примерно так трактуют тот период историки не только антисоветские, но и представители идеологических верхов КПСС, а также исследователи, старающиеся оставаться объективными.

Такая позиция укрепилась и стала популярной после доклада Н.С. Хрущева, ниспровергшего «культ личности» к тому времени уже покойного вождя. Ниспровергать мертвых — занятие не из почетных и порядочных. Об этом вовсе не задумывались такие авторы, как Р. Конквист, охотно цитировавший Хрущева. Возникает вопрос: почему вдруг потребовалось совершать столь странное разоблачение?

Обычно отвечают: все это делалось во имя исторической справедливости, для реабилитации невинных жертв жестокого тирана. Чтобы усомниться в такой версии, обратим внимание на такой документ:

«Дорогой товарищ Сталин! Украина Вам посылает ежемесячно по 17—18 тысяч арестованных. Москва утверждает 2—3 тысячи. Прошу принять меры. Любящий Вас Никита Хрущев». Письмо датировано 1938 годом и опубликовано в «Досье гласности» № 3, 2000.

По-видимому, речь идет о списках арестованных. Ретивость Хрущева в репрессиях просто чудовищна, и в Москве ее по мере сил «остужали». И вот из этих запятнанных кровью рук многие историки получили «чистую правду»? Нет, из нечистых рук чистой правды не получишь.

Так почему же Хрущев с той же ретивостью стал разоблачать культ и злоупотребления властью Сталина? Оставим в стороне личные мотивы (их, по-видимому было несколько) и желание скрыть свои преступления. Какова была социальная, общественно-политическая основа этой акции? (Помнится, в институте, где я тогда учился, она произвела ошеломляющее впечатление более всего на преподавателей марксизма-ленинизма. — *Р.Б.*) Не могло такое важнейшее событие не иметь серьезного подтекста!

Вывод напрашивается такой: это было программное заявление определенной части партаппарата (номенклатурных работников), одержавшей победу над той внутренней политикой, которую осуществлял и олицетворял Сталин. И политика эта заключалась вовсе не в терроре как таковом, и уж не в терроре против народа (иначе народ не поддерживал бы Сталина ни до, ни, тем более, во время Отечественной войны).

Террор, как мы в этом сможем убедиться позже, на основе документов, был направлен против преимущественно руководящих партийных работников.

Итальянский историк Джузеппе Боффа, один из разоблачителей «сталинизма», писал: «НКВД боролся не только против любых попыток антисталинского сопротивления, но и против партии в целом... Никто не чувствовал себя в безопасности, особенно из руководящих кругов и активистов... Поголовной ликвидации подверглись обкомы партии...»

«Наше движение к социализму и подготовка страны к обороне были бы более успешными, если бы кадры партии не понесли столь тяжелых потерь в результате необоснованных и неоправданных массовых репрессий», — утверждал Хрущев.

Как видим, речь идет об огромных потерях в среде кадровых партийных работников («массовые репрессии» у Хрущева имеют такой смысл). Вопрос только в том, принесли они пользу или вред стране? То, что она интенсивно готовилась к войне при сталинском руководстве и победила после страшных потерь и поражений в начальной стадии войны — это безусловные факты. То, о чем предположил Хрущев, — это не более, чем гипотеза, выдвинутая не объективным исследователем, а ведущим представителем партаппарата.

По какому-то странному затмению умов многие люди склонны поражения Красной армии относить на счет Сталина, а победы — на счет Жукова (хотя с не меньшим основанием можно было бы утверждать обратное, что тоже было бы неумно). Но ведь именно эти страшные первоначальные поражения, эта потеря 40% населения страны, оставшегося «под фашистом», и последующая великая победа совершенно определенно демонстрируют необычайную материальную и духовную мощь советского народа и СССР, фантастическое (а то и фанатичное) доверие народа к Сталину.

Простите за примитивное сравнение. Представьте бой боксеров, когда в первых двух раундах один побывал раза три в нокдауне, но затем одержал победу нокаутом. Или футбольная команда, проигрывая в первом тайме 0:4, в результате одержала убедительную победу. Или... Аналогий можно привести немало. И в любом из подобных случаев, чем тяжелее бой, тем почетней победа. А ведь в России дошли до того, что даже в праздничный День Победы избегают произносить с уважением имя Верховного Главнокомандующего и тогдашнего руководителя державы! Такой оказалась месть партаппаратчиков за свои страхи, унижения и преступления в довоенное время.

Итак, напрашивается вывод: выступление Хрущева против мертвого Сталина было демонстрацией и закреплением победы партаппарата (партийной номенклатуры) над всеми остальными руководящими органами, влиятельными социальными группами и в конечном счете стало символом установления однопартийной абсолютной диктатуры, подавляющей власти партаппарата над народом. Хрущевская «слякоть» оказалась благоприятной средой для формирования самых беспринципных представителей партруководства, таких как Горбачев, Ельцин, Яковлев, Волкогонов и др.

С той поры стал неуклонно увеличиваться разрыв между партноменклатурой и народом. И когда в 1991 году окончательно победило партийное руководство и все те, кто был к нему приближен, уже никакой всесоюзный референдум не имел никакого значения: СССР был расчленен вопреки желанию абсолютного большинства народа.

Россия стала терпеть невиданные поражения во всех областях, превратившись в исторически кратчайшие сроки из сверхдержавы в слабо развитое государство с вымирающим коренным населением. Не это ли очевидное доказательство того, что к власти пришел поистине антинародный режим (иначе почему бы народ стал бедствовать и вымирать без войны и природных катастроф). Тот самый режим, против установления которого боролся всеми средствами Сталин.

Все эти «левые» и «правые» уклоны в партии были прикрытием принципиальным расхождениям в проведении политического курса либо на использование русского (советского) народа как горючего материала для пожара всемирной революции под руководством Троцкого, либо как серой массы трудящихся во благо и для материального благоденствия стоящих у власти и имеющих доступ к национальным богатствам, либо для укрепления страны и улучшения жизни трудящихся.

Еще при Ленине началось отрезвление от бредовой идеи мировой революции. Партия и народ пошли за Сталиным, стремясь построить социализм в своей стране и воздерживаться даже от «экспорта революций». А вот борьба против абсолютной власти партаппарата шла значительно тяжелей, потому что в нем оставалось еще немало скрытых троцкистов и еще более скрытых «совбуржуев». Все эти люди стремились свергнуть Сталина. Заодно с ними в этом желании были белоэмигранты, руководители едва ли не всех экономически развитых государств, а также немалая часть населения СССР, по тем или иным причинам недовольная властью большевиков.

Вот некоторые «нити» того клубка интриг, заговоров, покушений, действий спецслужб, который сплетался вокруг Сталина. Как бы мы не относились к нему лично, однако следует признать, что в 30, 40 и 50-е годы XX века он был ключевой фигурой не только в политике СССР, но и в мировой политике.

В лабиринте событий и фактов легко зайти в безнадежные тупики. Необходимо иметь легендарную нить Ариадны, которая могла бы провести через все хитросплетения, не теряя общего смысла исторического процесса. А он, конечно, заключается не в примитивной борьбе за власть между руководящими группами и личностями, как пытаются показать многие политологи, социологи («нового типа»), историки. Надо иметь в виду, что историю творят не столько правители, сколько народы, и что у исторического процесса имеется сокровенный смысл, до которого не так-то просто добраться.

Возвращаясь к судьбе нашей Родины, хотелось бы привести слова проницательного русского мыслителя В.В. Кожинова: «Граница» между теми, кто служил России, и теми, для кого она была только «материалом», — это не формальная, а глубоко содержательная граница».

Сошлемся на факты, приводимые Кожиновым: «В 1947 году при Сталине во время денежной реформы малые и средние вклады граждан в сберкассах не пострадали: они были автоматически увеличены в 10 раз (крупные — в 3 раза). Ныне же при «реформе цен» Россия была беспощадно ограблена» (а ведь кое-кто на всем этом крепко разбогател!). Учтем и то, что сталинская денежная реформа проводилась после самой разрушительной и кровопролитной войны, какую только знала Россия, а ельцинско-гайдаровская реформа в период мира и высокого экономического потенциала. При Сталине народ жил все лучше и лучше, а при Горбачеве и особенно Ельцине — все хуже и безнадежней. Не потому ли до сих пор по любому поводу стараются очернить не только Сталина, но и Россию-СССР его времени — времени величайшего подъема и триумфа России?

Квалифицированный объективный анализ фактов свидетельствует о том, что в 30-е годы в СССР только поверхностный взгляд отмечает преобладание ожесточенной борьбы за власть и внутрипартийных разногласий, конфликтов и схваток. Таково было внешнее проявление глубинных процессов, связанных с подъемом и возрождением великой державы, с судьбой русского народа. Ему была уготована либо роль средства для достижения некоторыми группами глобально-революционных или локально-буржуазных целей, либо удел оставаться примером необыкновенного морального и культурного подъема в условиях освобождения труда от власти капитала.

Последняя формулировка более подходила бы к анархо-коммунистической идеологии, чем к сталинской, при которой требовалось бы дополнить: освобождение от власти капитала при полном подчинении государственно-бюрократическому аппарату. Но все-таки прежде всего государственному, а не партийному. Этой государственной идеей и руководствовался Сталин. Судя по всему, он боролся за приоритет интересов государства и народа, а не партии и ее номенклатуры. Это и было его «изменой революции», в чем обвинял его Троцкий, который был крупным демагогом, но посредственным политиком и мыслителем, что и предопределило его полное поражение.

Например, Джузеппе Боффа, не замеченный в симпатиях к сталинизму, отметил, что попытка оппозиционеров (образовавших достаточно беспринципный блок Троцкого—Зиновьева—Каменева) обратиться за поддержкой к партийным низам потерпела сокрушительный провал. Историографы оппозиции объясняют это «апатией масс» или «глухотой». И Боффа заключает: «Как бы то ни было, но массы не откликнулись на предложения оппозиционеров. Они с воодушевлением отнеслись к лозунгу о «социализме в одной стране».

Какая-то логическая несуразица: говорят данные исследователи о глухоте или апатии масс, но только в том конкретном случае, когда речь идет о призывах оппозиции. А вот к сталинскому тезису те же глухо-апатичные массы, оказывается, отнеслись с воодушевлением. Выходит, народные массы реагируют вполне осознанно. Однако для многих современных историографов разум и воля народных масс есть нечто второстепенное, а то и вовсе несущественное в историческом процессе.

В действительности, как показывает опыт истории самых разных стран и народов, политический лидер и государственный деятель достигает великих успехов только в том случае, если он улавливает — обдуманно или интуитивно — суммарный вектор воль и чаяний народных масс, умеет выразить и претворить в дело то, что отвечает их интересам и чаяниям.

Каким образом Сталин стал воплотителем «русской идеи» — вопрос особый, к теме настоящей книги имеющий лишь косвенное отношение. Однако то, что он ощущал эту идею и умел воплощать ее в жизнь — естественный вывод, если учитывать необыкновенные трудовые и военные успехи СССР под его руководством. Те, кто стараются доказывать, что эти успехи — результат его ловких интриг и тотального террора, порабощения народа, не могут, видно, понять, что героические деяния не совершаются с испуга перед начальством.

Итак, надо отдавать себе отчет в том, за что и против чего велась скрытая, но острейшая борьба в руководстве СССР и ВКП(б). Со времен власти Горбачева—Ельцина стало ясно, к чему могла привести в СССР победа оппозиции и, в частности, Троцкого, которого непомерно превозносят антисталинцы. Еще Хрущев начал проводить активнейшую антисталинскую политику, в результате чего были нанесены сокрушительные удары по нашему сельскому хозяйству, промышленности, руководящему аппарату, а мир был поставлен на грань атомной войны. Именно тогда началось беспрецедентное для развитых стран второй половины XX века повышение смертности населения (при снижении рождаемости).

Конечно, можно лишь гадать, к чему бы привело страну господство троцкистов после смерти Ленина. Но то, что господство Сталина привело к победам в социалистическом и культурном строительстве, в войне и послевоенном укреплении и расширении коалиции социалистических государств, быстрому восстановлению народного хозяйства, — это неоспоримо и очевидно. Столь же очевидно, что эти победы дались нелегкой ценой, потребовали огромных жертв, в частности, множество погибших от голода и болезней.

Напряжение сил было огромным. Но разве известны истории великие победы без немалых жертв? Надо же иметь в виду, что страна находилась постоянно на военном положении, в осаде, под угрозой вторжений с Запада и Востока, среди враждебных держав, имевших огромный экономический и военный перевес. Все это требовало буквально военной дисциплины не только внутри правящей коммунистической партии, но и вообще в стране. Вспомним, как демократические полисы Древней Греции в подобные периоды управляли диктаторы или тираны. В России это произошло стихийно.

Краткая предыстория

Почему после смерти Ленина партийное руководство пошло за Сталиным, а не за Троцким?

В окружении тяжело больного Ленина преобладали, судя по всему, антисталинские настроения. Во всяком случае, Крупская была чрезмерно оскорблена резким замечанием Сталина о том, что она ухудшает состояние Ленина, обсуждая с ним партийные дела. Он пригрозил вызвать и проработать ее поведение в ЦКК. Как вспоминала Мария Ульянова, «Надежду Константиновну этот разговор взволновал чрезвычайно: она была совершенно не похожа сама на себя, рыдала, каталась по полу». Это произошло 22 декабря 1922 года.

Эпизод показывает, что Сталин не был хитрым и лицемерным царедворцем, иначе он не стал бы настраивать против себя самого близкого к больному Ильичу человека. Крупская рассказала Ленину об оскорблении, которое нанес ей Сталин. По-видимому, это она сделала из каких-то политических соображений, потому что не могла не знать, что сильное волнение только повредит ее мужу. Видно, ее желание навредить Сталину было сильней заботы о здоровье Ленина. (Ведь она напомнила Ленину об этом эпизоде 5 марта, когда первоначальная реакция обиды должна была сильно ослабеть.) Взбешенный Ленин продиктовал:

«Товарищу Сталину. Строго секретно. Лично. Копия тт. Каменеву и Зиновьеву.

Уважаемый т. Сталин! Вы имели грубость позвать мою жену к телефону и обругать ее. Хотя она Вам и выразила согласие забыть сказанное, но тем не менее этот факт стал известен через нее же Зиновьеву и Каменеву...»

Создается впечатление, что именно Зиновьев и Каменев, которые вскоре образуют вместе с Троцким объединенную оппозицию Сталину, подтолкнули Крупскую (или кого-то еще?) на столь опасный для здоровья Ленина шаг: сообщение о размолвке Сталина с Крупской. В данном случае видна работа профессиональных интриганов и провокаторов.

Завершим письмо: «Я не намерен забывать так легко то, что против меня сделано, а нечего и говорить, что сделанное против жены я считаю сделанным и против меня. Поэтому прошу Вас известить, согласны ли Вы взять сказанное назад и извиниться или предпочитаете порвать между нами отношения. С уважением, Ленин».

А до этого, 4 января 1923 года, Ленин в дополнении к письму съезду партии писал: «Сталин груб... Поэтому я предлагаю товарищам обдумать способ перемещения Сталина... и назначить на его место другого человека, который во всех отношениях отличается от тов. Сталина только одним перевесом, именно, более терпим, более лоялен, более вежлив и более внимателен к товарищам, меньше капризности и т.д. Это обстоятельство может показаться ничтожной мелочью...»

Так оно и показалось подавляющему большинству крупных партийных работников, делегатам съезда. Они решили, что если Сталин и груб, однако он справедлив и прямолинеен в своих словах и действиях. К тому же всем было известно, что Троцкий совершенно пренебрежительно, если не сказать нагло, относился и к «товарищам», и к тем поручениям, которые давал ему ЦК партии. Позже он признался в автобиографии: «Я не гожусь для поручений: либо рядом с Лениным, если бы ему удалось поправиться, либо на его месте, если бы болезнь одолела его».

Серьезные расхождения со Сталиным и согласия с оппозиционерами были у Ленина по так называемому национальному вопросу. Об этом многие историки предпочитают умалчивать, но необходимо учитывать тот факт, что при Ленине и многие годы после него у кормила власти в РСФСР, а затем СССР, в карательных органах, системе пропаганды стояло непропорционально много представителей еврейской национальности. Например, в Совете Народных комиссаров из 20 членов их было 14, а русских всего двое.

А при этом Ленин более всего опасался и чаще всего подвергал критике именно русских за национализм, который для них едва ли можно считать характерным (скорее, это проявляется у малых народов). Он при создании СССР более всего опасался: приняты ли достаточные меры, как он писал, «чтобы действительно защитить инородцев от истинно русского держиморды? Я думаю, что мы этих мер не приняли, хотя и должны были принять. Я думаю, что тут сыграли роль торопливость и администраторское увлечение Сталина, а также его озлобление против пресловутого «социал-национализма».

Чуть позже он высказался еще определеннее: «Политически ответственным за всю эту поистине великорусско-националистическую кампанию следует сделать, конечно, Сталина и Дзержинского...» Надо заметить, что после этого Ф.Э. Дзержинский стал кандидатом в члены Политбюро, а с 1924 года еще и председателем ВСНХ СССР; на этой должности он пробыл недолго, неожиданно и, пожалуй, загадочно умерев на июльском 1926 года Пленуме ЦК после резкого выступления против оппозиции.

Странно, конечно, что грузин Сталин-Джугашвили и поляк Дзержинский оказались, по Ленину, руководителями «великорусско-националистической кампании». По сути дела, они выступили в защиту демократических прав русских, составляющих цементирующее большинство советского народа.

По отношению к русскому народу Ленин и Троцкий находились примерно на одних позициях, почти прямо противоположных сталинской. И в этом, пожалуй, состояло одно из важнейших преимуществ Сталина перед оппозиционерами в глазах партийных и беспартийных масс. Все-таки русский народ не был тем «быдлом», за который его принимал Троцкий и целый ряд крупных партийных деятелей.

Кстати сказать, ленинское указание на «администраторские увлечения Сталина» следует, по-видимому, толковать как излишнее внимание к государственным, а не партийным делам, отчуждение от идеи мировой революции (в чем упрекал Сталина и Троцкий). Но при всех несправедливых и справедливых нападках на Сталина, Ленин обратился именно к нему с просьбой дать ему яду, чтобы избавить от мучительной болезни. Сталин просил Ильича успокоиться и верить, что при необходимости он (Сталин) исполнит это его желание. Выходит, из всех своих соратников Ленин в личном плане больше всех доверял Сталину, рассчитывая на его честность и порядочность.

И все-таки удивительно, что Ленин обвинил в великорусском национализме не кого-то из русских, а грузина и поляка. Получается, что сами-то русские таким пороком не страдают, а за них заступаются представители двух национальных меньшинств. Судя по всему, отстранение Сталина от руководства явилось бы катастрофой для русского, да и многих других народов СССР.

После смерти Ленина и во время его похорон Троцкий находился в Сухуми. Свои ощущения он достаточно аляповато, но «красиво» отразил в своей биографии: «Вместе с дыханием моря я всем существом своим ассимилировал уверенность в своей исторической правоте». Ассимиляция эта, как показала история, его жестоко обманула. По-видимому, он полагал, что в результате смятения, вызванного смертью вождя, партийное руководство осознает, что только Троцкий способен занять место Ленина. Его будут вызывать, умолять, восхвалять и призывать «на власть», как некогда новгородцы Рюрика, или как беспринципного, но незаурядного человека и полководца Алкивиада изгнавшие его жители Афин. Ничего подобного не произошло. Партия верила Сталину больше, чем Троцкому.

В 1927 году противник большевиков (добавим, умный и порядочный) эмигрант Марк Алданов (настоящая фамилия Ландау) писал о Сталине: «Мне крайне трудно «объективно» писать о большевиках. Скажу, однако, тут же: это человек выдающийся, бесспорно самый выдающийся во всей ленинской гвардии. Сталин залит кровью так густо, как никто другой из ныне живущих людей, за исключением Троцкого и Зиновьева. Но свойств редкой силы воли, бесстрашия, по совести, отрицать в нем не могу. Для Сталина не только чужая жизнь копейка, но и его собственная, — этим он резко отличается от многих других большевиков».

Отмечая, что Сталин был террористом, грабившим банки для денег на революционные цели, Алданов уточнил: «Ни Сталин, ни Камо (Тер-Петросян), в отличие от многих других экспроприаторов, не пользовались «эксами» для личного обогащения».

Добавим, что и за всю свою жизнь Сталин никогда не опускался до обогащения своих родных и близких, а тем более самого себя. Тем, кто подозревает, будто Сталин удовлетворялся властью и славой, как маньяк, должен принять к сведению, что он совершенно не стремился постоянно выступать при большом скоплении народа, совершать всяческие торжественные визиты, красоваться перед публикой, подобно таким руководителям, как Хрущев, Горбачев, Ельцин (опять приходится называть эти фамилии антиподов Сталина).

Что же касается Троцкого, то можно вновь обратиться к свидетельству и мнению его современника Алданова: «У Троцкого идей никогда не было и не будет. В 1905 году взаймы у Парвуса, в 1917 году — у Ленина... Но в большом актерском искусстве, как в уме и хитрости, Троцкому, конечно, отказать нельзя. Великий артист — для невзыскательной публики. Иванов-Козельский русской революции».

Алданов привел «красивые» высказывания Троцкого после покушения Каплан: «Мы и прежде знали, что у товарища Ленина в груди металл!» Где-то он в порыве энтузиазма прокричал «глухим голосом»: «Если буржуазия хочет взять для себя все место под солнцем, мы потушим солнце!» Галерка ревела от восторга, как некогда на спектаклях Иванова-Козельского... Троцкий вдобавок «блестящий писатель» — по твердому убеждению людей, не имеющих ничего общего с литературой... В последние годы Троцкий, видимо, ослабел и вел себя значительно ниже своей репутации ловкого человека. За самыми горделивыми его позами следовали самые унизительные покаяния...»

Напомним, что все это было написано в 1927 году. И если Алданов сумел верно — хотя бы в общих чертах — оценить личные достоинства Троцкого и Сталина из своего парижского «зазеркалья», то в СССР очень многие неглупые люди умели не менее проницательно судить о том, кого предпочесть на вершине власти. Выходит, нет ничего удивительного в том, что объединенная оппозиция Троцкого—Зиновьева—Каменева, тщательно подготовившая свое открытое выступление предварительными встречами и тайными сговорами, скрытной работой в первичных ячейках и среди партийного руководства, несмотря на поддержку нескольких тысяч человек (предполагались цифры от 4 до 8 тысяч), получила сокрушительный отпор со стороны основной массы партийцев, которых было больше миллиона.

Надо учитывать, что в те времена агитационное воздействие на народные массы было существенно ограничено.

Самые броские, зажигательные и убедительные на слух фразы могли воздействовать только на митингующую толпу, да и то на недолгий срок. Таких ораторов революционный период выдвинул немало (среди них одним из наиболее знаменитых был Троцкий). Электронных средств массовой пропаганды и агитации, воздействия на подсознание многомиллионной и разобщенной «телетолпы» тогда еще не было. Люди полагались главным образом на собственное разумение (принципиальное отличие от ситуации в России в последние десятилетия XX века).

Выступая на объединенном заседании Президиума ИККИ и ИКК в сентябре 1927 года, Сталин имел все основания сказать: «Троцкий не понимает нашей партии. У него нет правильного представления о нашей партии. Он смотрит на нашу партию так же, как дворянин на чернь или как бюрократ на подчиненных» (не проскальзывает ли тут намек на то, как смотрит Троцкий на русский народ?). Затем Сталин задает вопрос: почему Троцкому не удалось стать лидером в партии? «Разве у Троцкого нет воли, желания к руководству?.. Разве он менее крупный оратор, чем нынешние лидеры нашей партии?.. Чем объяснить в таком случае, что Троцкий, несмотря на его ораторское искусство, несмотря на его волю к руководству, несмотря на его способности, оказался отброшенным прочь от руководства великой партией, называемой ВКП(б)? Троцкий склонен объяснять это тем, что наша партия, по его мнению, является голосующей барантой (в данном тексте — угоняемым стадом. — *Авт.*), слепо идущей за ЦК партии. Но так могут говорить о нашей партии только люди, презирающие ее и считающие ее чернью... Это есть признак того, что Троцкий потерял чутье партийности, потерял способность разглядеть действительные причины недоверия партии к оппозиции».

Трудно возразить против этого. Как мы уже говорили (и не только мы), низы партии безоговорочно высказались против оппозиции... Сталину, прежде всего. И он это подчеркнул: «Тот факт, что главные нападки направлены против Сталина, этот факт объясняется тем, что Сталин знает лучше, может быть, чем некоторые наши товарищи, все сплетни оппозиции, надуть его, пожалуй, не так-то легко... Да что Сталин. Сталин человек маленький... Более того, я считаю для себя делом чести, что оппозиция направляет всю свою ненависть против Сталина. Оно так и должно быть. Я думаю, было бы странно и обидно, если бы оппозиция, пытающаяся разрушить партию, хвалила Сталина, защищающего основы ленинской партийности».

Так, без дипломатических тонкостей, Сталин сумел не только завершить окончательный разгром оппозиции, но и закрепить свое положение партийного лидера, «маленького» по сравнению с Лениным, однако твердо продолжающего его курс. В октябре того же года на объединенном пленуме ЦК и ЦКК ВКП(б) Сталин напомнил, что после XIII съезда он просил пленум ЦК освободить его от обязанностей генерального секретаря и эту отставку не утвердили. «Через год после этого, — продолжил он, — я вновь подал заявление в пленум об освобождении, но меня вновь обязали остаться на посту...» Действительно, так оно и было. (Вновь вспоминается недавняя история: когда Ельцина освобождали от должности кандидата в члены Политбюро КПСС, переводя на производственную работу министра, он впал в стрессовое состояние, имитируя или пытаясь совершить самоубийство, — вот какова была жажда высших должностей и власти!)

Итак, поражение оппозиционного блока Троцкий—Зиновьев—Каменев не только укрепило авторитет Сталина, но и сделало его бесспорным и единственным партийным вождем, а также ведущим государственным деятелем. С той поры бороться с ним приходилось с предельной осторожностью и скрытностью.

За что боролись?

Первым, кто мог свергнуть Сталина в конце 20-х годов, был... сам Сталин!

Именно так. Ведь не кто-нибудь, а он ставил вопрос — и не раз! — о снятии Сталина с поста генсека партии. И это были не поза и не хитрость: нельзя было заранее знать наверняка, что просьбу эту не удовлетворят. В конце 1927 года Сталин напомнил:

«Я на первом же заседании Пленума ЦК после XIII съезда просил Пленум ЦК освободить меня от обязанностей Генерального секретаря. Съезд сам обсуждал этот вопрос. Каждая делегация обсуждала этот вопрос, и все делегации единогласно, в том числе и Троцкий, Каменев, Зиновьев, обязали Сталина остаться на своем посту.

Что же я мог сделать? Сбежать с поста?.. Человек я, как уже раньше об этом говорил, подневольный, и когда партия обязывает, я должен подчиниться».

Партийцы, конечно, помнили, как двумя годами раньше Зиновьев и Каменев требовали немедленного исключения Троцкого из Политбюро, упрекая Сталина... за примиренческую позицию по отношению к Троцкому.

В декабре 1925 года на XIV съезде партии Каменев предложил убрать Сталина с его поста, высказывая мнение ленинградской делегации, которую Зиновьев подбирал по принципу личной преданности ему. Однако аплодисменты оппозиции потонули в гуле возмущенных голосов подавляющего числа депутатов. Затем зал, выкрикивая имя «Сталин», стоя приветствовал своего вождя.

Победы Сталина над оппозицией во многом объясняются шаткостью идейных позиций и моральных устоев его противников. Перед самоубийством, 22 августа 1936 года, бывший оппозиционер, кандидат в члены ЦК ВКП(б) М.П. Томский в предсмертной записке, направленной на имя Сталина, признался в совершении «величайшей ошибки, борьбы против ЦК и его правильной линии, резких и грубых нападок на руководство и тебя (т.е. Сталина. — *Авт.*) как олицетворение этой линии и партийной воли». И утверждал, что не скатился до заговора против партии, что «с презрением смотрел, как Зиновьев и Каменев трижды каялись и трижды предавали...» Томский заявил: «Я глубоко презираю эту подлую банду!»

К своей записке он добавил: «Если ты хочешь знать, кто те люди, которые толкали меня на путь правой оппозиции в мае 1928 года, — спроси мою жену лично, только тогда она скажет». (Как видим, уже тогда, по-видимому, Томский стал примыкать к «правым» противникам Сталина, в числе которых был и Бухарин.)

Между прочим, тот же Томский, выступая на XI съезде РКП(б), не без иронии заявил, что «за границей нас несправедливо упрекают за режим одной партии, но у нас партий много». При этом он попытался отшутиться, подчеркнув, что «в отличие от них, у нас одна партия у власти, а остальные в тюрьме». Практически все оппозиционеры на определенных этапах, утверждая верность генеральной линии партии, обрушивались на тех, кто находился в оппозиции. Скажем, летом 1927 года Бухарин громил позиции Троцкого и Зиновьева во имя «монолитного единства». Однако весной 1929 года он же возглавил «правую оппозицию» и говорил: продолжая взятый курс, «у самых ворот социализма мы, очевидно, должны или открыть гражданскую войну, или подохнуть с голоду и лечь костьми».

В конце августа 1936 года Бухарин, стремясь дистанцировать себя от Каменева, Зиновьева, Рейнгольда, отозвался об их судьбе: «Моих обвинителей поделом расстреляли... Между тем, я... могу с гордостью сказать, что защищал все последние годы, и притом со всей страстностью и убежденностью линию партии, линию ЦК, руководство Сталина». По его словам: «Только дурак (или изменник) не понимает, что за львиные прыжки сделала страна, вдохновленная и направляемая железной рукой Сталина. И противопоставлять Сталину пустозвонного фанфарона или пискливого провизора-литератора можно только выживши из ума». И еще раз: «Что мерзавцев расстреляли — отлично: воздух сразу очистился».

А когда читаешь опубликованное на Западе письмо бежавшего туда Ф. Раскольникова, проникнутое ненавистью к Сталину и непримиримым отношением к его политике, полезно было бы вспомнить о том, что писал он лишь восемью месяцами раньше: «Дорогой Иосиф Виссарионович! После смерти Ленина мне стало ясно, что единственным человеком, способным продолжать его дело, являетесь Вы. Я сразу и безоговорочно пошел за Вами, искренне веря в Ваше качество политического вождя и не за страх, а за совесть разделяя и поддерживая Вашу партийную линию».

Подобных примеров изворотливости, двуличности деятелей оппозиции можно было бы привести немало. Такие люди, какими бы соображениями они ни руководствовались, вызывают недоверие и брезгливость. У Сталина в этом отношении было подавляющее преимущество перед ними в глазах абсолютного большинства партийцев.

Руководители оппозиции боролись за власть, а Сталин — за мощное индустриально развитое государство, способное разгромить любого противника, а также за максимально эффективную, военного образца систему управления обществом, а значит с более или менее ярко выраженным единоначалием, единовластием.

Полезно постоянно помнить, что речь идет о небывалом социальным эксперименте, который был продуман и начат отнюдь не Сталиным. Любой руководитель в такой ситуации оказывается в положении сказочного витязя, перед которым открыты три дороги, каждая из которых по-своему опасна и требует идти на жертвы.

Левая дорога — к продолжению революционной агрессии и в идеале к разжиганию глобального революционного пожара. На такой путь звал Троцкий. Здесь даже в случае успеха (очень сомнительного или, верней, практически невероятного) надо было пожертвовать русским народом. Его, только еще возрождавшегося после чудовищных потерь и лишений в братоубийственной Гражданской войне, надлежало бы перемолоть в мясорубке мировой революции.

Правая дорога — к сближению с капиталистической системой по форме хозяйствования, но при сохранения диктатуры партии. (Мы сейчас не вдаемся в детали и не рассматриваем подварианты.) На этот путь перевели советское общество партийные верхи под руководством Горбачева и Ельцина. Результаты, как видим, просто катастрофические для государства и народа, при необычайной выгоде тех, кто пристроился на вершине общественной пирамиды или обрел криминально-спекулятивные капиталы. В далекие 30-е годы катастрофа была бы значительно губительней потому, что страна была бедна, а мировая капиталистическая система испытывала кризис, и все индустриально развитые государства постарались бы выйти из него за счет России.

Оставалась, как видим, единственная возможность уцелеть стране и народу: двигаться прямо по избранному пути, совершая неизбежные незначительные отклонения вправо или влево, но стараясь продолжать строительство невиданного еще в истории общества.

Как пишет Н. Верт: «Сталин развил теорию о возможности построения полноценного социалистического общества в отдельно взятой стране на основе имеющихся человеческих и природных ресурсов и военной силы, которую следует укреплять ввиду капиталистического окружения, ожидая более благоприятных для мировой революции обстоятельств. Эта примитивная теория тешила националистические чувства и была великолепно приспособлена к психологии рядового члена партии, уставшего дожидаться мировой революции...»

Странные, уж извините за невольный каламбур, выверты устраивает Верт. Называет примитивной теорию, которая полностью себя оправдала (вспомним вновь итоги Великой Отечественной войны), словно у него в запасе есть другие высоконаучные теории на этот счет. О националистических чувствах Верт упомянул, словно бы не сознавая разницу между национализмом и элементарным чувством национальной безопасности. Получается так, что положить русский народ как жертву на алтарь мировой революции, разжигая межклассовую войну в других странах, гражданскую междоусобицу в других народах, это и есть подлинный интернационализм.

Возможно, у таких буржуазных историков, как Верт, проявляется какая-то странная, если не болезненная любовь-симпатия к Троцкому и такая же неприязнь-ненависть к Сталину, вне зависимости от взглядов этих деятелей. Уж кто-кто, а буржуазные ученые должны бы с негодованием отвергать идею мировой революции. Или Н. Верту не только на русский, но и на французский народ наплевать во имя троцкизма, и на буржуазную Французскую республику тоже? Ведь именно Сталин предполагал в теории и осуществлял на практике мирное сосуществование капиталистической и социалистической систем. И на этом пути он, как известно, достиг великолепных результатов как мировой политик. В мировую революцию он, судя по всему, не верил, как всякий разумный человек, понимающий, что на земном шаре имеются страны с различным государственным устройством и принципиальными различиями в экономическом, социальном, культурном развитии.

Складывается впечатление, что любовь и уважение многих буржуазных историков, социологов, политологов к Троцкому и троцкизму объясняется главным образом нелюбовью, а то и ненавистью к Сталину, Советскому Союзу, советскому (русскому) народу.

Между прочим, такие антисоветские лидеры капиталистических государств как Черчилль и Рузвельт умели неплохо ладить со Сталиным, даже сотрудничать, отдавая должное его концепции построения социализма в одной отдельно взятой стране (или даже группе стран).

Но, безусловно, не приходится спорить о том, что после так называемого «военного коммунизма», достаточно скоротечного, пришел черед «военному социализму», который повлек за собой плотное «закручивание гаек» государственного механизма. Стране, с огромным трудом восстанавливающейся после разрухи, были противопоказаны политические разногласия и политические игры в борьбе за власть.

Демократия, то есть НАРОДОВЛАСТИЕ, по сути своей деспотична, ибо исходит из интересов народа, подавляющего (в прямом и переносном смысле) большинства трудящихся. Это — не анархия. Капитализм есть прежде всего плутократия, то есть власть богатых. И когда «правый уклонист» Бухарин провозгласил лозунг «Обогащайтесь!», это был шаг в сторону плутократии, причем возможности для максимального обогащения были бы в руках верхушки партийно-хозяйственно-государственного аппарата, своеобразной «пролетарской аристократии», а точнее говоря, номенклатуры. В 90-е годы XX века под этим лозунгом была в кратчайшие сроки разграблена Россия с беспрецедентным по масштабам вывозом капитала за границу.

Если непредвзято и разумно анализировать российскую историю XX века, то приходишь к выводу, что еще перед 30-ми годами партийное большинство, масса трудящихся избрали единственно возможный для самосохранения путь, по которому вызвался их вести Сталин. Вызвался не из конъюнктурных соображений или жажды власти: он прекрасно сознавал огромные трудности, которые ждут впереди, и великую ответственность руководителя.

За последние два десятилетия опубликовано много работ, из которых следует, что у Сталина и его курса было немало влиятельных, преимущественно скрытных врагов. И теперь не без гордости пишет о заговоре против Сталина младший сын видного деятеля Коминтерна Осипа Пятницкого (Иоселя Таршиса) — Владимир («Заговор против Сталина», М., 1998). Если бы — только против Сталина...

Сейчас очень трудно судить, насколько глубоко продуманы и прочувствованы были действия и Сталина, и его противников. Но факт остается фактом — победил именно он. О том, что это произошло лишь благодаря его жестокости, можно предполагать, только совершенно не зная, какими методами при случае пользовались Троцкий, Зиновьев, Каменев,

Бухарин... Все они были, можно сказать, одного поля ягоды (тут впору и Ягоду Генриха вспомнить). Да и Ленина вряд ли можно назвать гуманистом.

Итак, позволим себе сделать вывод: если в верхах руководства коммунистической партии и государства шла борьба за власть, то для масс рядовых коммунистов и всего русского (советского) народа шла борьба за выживание, самосохранение. Глубокий инстинкт народа, тогда еще не утерянный, не стертый, подсказывал, что единственно возможный, пусть даже с немалыми жертвами и лишениями путь — продолжать строить социалистическое общество, не склоняясь ни к мировой революции, ни к частнособственническому капитализму, который реально обернулся бы плутократией власть имущих.

Группировка Сталина занимала сторону партийного большинства и народа. Возможно, это произошло стихийно, так как эти люди были представителями народа и считали себя таковыми. И это обстоятельство содействовало их победе.

Вряд ли случайно на XIV съезде партии (в конце 1926 года) по инициативе Сталина в руководящие органы партии вошли русские: Молотов, Ворошилов, Калинин. Ленинградская оппозиция, возглавляемая Зиновьевым, проголосовала против отчетного доклада Сталина (65 человек), тогда как доклад был принят 559 голосами. Зиновьев был отстранен от руководства Ленинградской партийной организацией, а вместо него был назначен Киров; он, а до него Молотов провели «чистку» этой оппозиционной организации.

В декабре 1929 года на пленуме Ленинградского обкома ВКП(б) Киров выступил как один из первых организаторов и вдохновителей культа личности партийного вождя: «Если кто-нибудь прямолинейно и твердо, действительно по-ленински, невзирая ни на что отстаивал и отстаивает принципы ленинизма в нашей партии, так это именно товарищ Сталин... Надо сказать прямо, что с того времени, когда Сталин занял руководящую роль в ЦК, вся работа нашей партийной организации безусловно окрепла... Пусть наша партия и впредь под этим испытанным, твердым, надежным руководством идет и дальше от победы к победе».

...Принято считать культ личности Сталина явлением сугубо отрицательным. Это — упрощение. То, что этот культ, как любой другой культ политического и государственного деятеля, отвратителен, вряд ли можно спорить. Тем более, что раздувают его сплошь и рядом люди лицемерные, низкие (правда, последнее относится к Кирову только, пожалуй, в отношении роста). Однако для Сталина и его соратников этот культ играл огромную положительную роль. Прежде всего, культ личности стал одним из грозных оружий в борьбе с оппозицией.

Безусловно, в партии и народе было немало людей, люто ненавидящих Сталина, хотя вряд ли их было больше, чем ненавидевших Ленина, и наверняка меньше, чем ненавидящих Троцкого. Вряд ли сам Сталин имел сколь-нибудь серьезное отношение к организации и раздуванию собственного культа. У него была другая задача: укреплять и усиливать культ Ленина. Он подчеркнуто отходил при этом на второй план, называя себя лишь помощником, продолжателем дела великого вождя. Но так как из них двух в живых оставался он один, то восхваление Ленина содействовало одновременно и культу Сталина.

Надо лишь иметь в виду, что, как сказал, кажется, Михаил Шолохов: был культ, но была и личность. В истории разных народов бывали периоды культа личности, и называть это явление некой патологией общества было бы слишком опрометчиво. Французы, да и не только они, поныне чтут Наполеона Бонапарта, хотя он не создал сверхдержавы, потерпел сокрушительные поражения, нередко вел себя недостойно, постыдно (скажем, суля своим воинам разграбление Москвы и Санкт-Петербурга, бросив свою отступавшую армию в России) и закончил свои дни в ссылке. Сталин завершил свою жизнь на высшей ступени всемирной, поистине небывалой славы, идя к этой вершине с нижних ступеней социальной лестницы, в необычайно трудных и опасных условиях, создав за три десятилетия своего правления из бедствующей, полуразрушенной после Гражданской войны страны великую сверхдержаву!

Если есть до нелепости наивные люди, которые полагают, будто культ своей личности можно сотворить искусственно, они крепко ошибаются. Почти все крупные политики, особенно в «демократических» странах, где ведется активнейшая и дорогостоящая политическая борьба за власть, не столько даже властолюбцы, сколько любители славы, почета, чествований и т.п. Из них редко кто не был бы счастлив культу своей личности, делая все возможное, чтобы его создавать и раздувать. В нашей стране в XX веке такого рода деятелями безусловно были Хрущев, Брежнев, Горбачев, Ельцин. Ну и что? Удалось ли им создать что-либо подобное реальному культу личности? Нет. Не только в народе, но даже и в кругах более или менее высокопоставленных служащих такого культа, при очевидной жажде славы и чествований, им создать не удалось.

Но у всякого восхваления некой личности, а тем более превознесении ее до неслыханных высот, есть и оборотная сторона. У противников данной личности возникает столь же сильное отрицание культа, отвращение к нему, ненависть к этой непомерно восхваляемой личности. А если об этих своих мыслях и чувствах опасно высказываться прилюдно, то ненависть становится глухой и тем более непримиримой. Недаром даже у таких абсолютно мирных политических деятелей, как Махатма Ганди — подлинного непротивленца злу насилием, — оказались смертельные враги.

Для Сталина его популярность в массах (прежде всего партийных) служила как бы охранной грамотой. Вряд ли было очень трудно организовать и осуществить его убийство. Такие проекты, как мы еще убедимся, имелись. Были и люди — в немалом количестве, — люто его ненавидящие и готовые, по-видимому, рисковать жизнью ради убийства тирана.

Вот отрывок из стенограммы доклада наркома НКВД Н.И. Ежова на февральско-мартовском Пленуме ЦК ВКП(б) 1937 года. Говоря о намерениях правой оппозиции, он подчеркнул:

«Кроме того, программа не отказывается и от индивидуального террора. Правда, они называют, видимо, на опыте Кировских событий (имеется в виду убийство Кирова. — *Авт.*), это «террористической партизанщиной» и предлагают перейти к групповому террору... Но, правда, они не отвергают и отдельных убийств. Однако говорят, что самая последняя «современность», т.е. убийство Кирова — не свидетельствует в ее пользу. Но, однако, рассуждают они — «появление Цезаря всегда неизбежно влечет за собой и появление Брута». (Шум, движение в зале.) Они говорят: «Мы — террористы, к террору относимся совсем по-другому, чем так называемый официальный марксизм». Вот, товарищи, последнее откровение этой дошедшей до конца группы правых».

Неясно, откуда взял Ежов «последнее откровение». Хотя слова о Цезаре и Бруте вряд ли он выдумал сам. Мысль эта вполне естественна, ибо «Цезарь» действительно появился в 30-е годы в Советском Союзе.

По справедливости говоря, своими репрессивными мероприятиями Сталин вполне давал основания для подобных действий против себя. Правда, в ту пору (по крайней мере) тайные убийства он не практиковал, оставаясь в рамках «официального марксизма», предполагавшего репрессии, но не терроризм.

Так или иначе, оппозиция «генеральной линии партии» и лично Сталину вынуждена была таиться в подполье, организовывать тайные заговоры, по возможности избегая прямой конфронтации и открытого обсуждения своих взглядов, которые становились все более экстремистскими.

Почему не убили Сталина?

Окончательный ответ на этот вопрос вряд ли когда-либо будет получен. Это все-таки не математическая задачка и не раскрытие преступления. Но поразмыслить над ним стоит.

Обратим внимание на такой документ, по-видимому, подлинный: «Спецсообщение № 40919 от 18 ноября 1931 г.

Секретарю ЦК ВКП(б) тов. Сталину.

По полученным нами сведениям на явочную квартиру к одному из наших агентов в ноябре месяце должно было явиться для установления связи и передачи поручений лицо, направленное английской разведкой на нашу территорию.

12-го ноября на явку действительно, с соответствующим паролем, прибыл (по неизвестной нам переправе английской разведки), как вскоре выяснилось, белый офицер — секретный сотрудник английской разведки, работающий по линии РОВС и нефтяной секции Торгпрома (ГУКАСОВ).

Указанное лицо было взято под тщательное наружное и внутреннее наблюдение.

16-го ноября, проходя с нашим агентом в 3 часа 35 минут на Ильинке около д. 5/2 против Старо-Гостиного двора, агент случайно встретил Вас и сделал попытку выхватить револьвер.

Как сообщает наш агент, ему удалось схватить за руку ужасного английского разведчика и повлечь за собой, воспрепятствовав попытке.

Тотчас же после этого названный агент англоразведки был нами секретно арестован.

О ходе следствия буду Вас своевременно информировать...

Зам. председателя ОГПУ

(Акулов)»

Конечно, достаточно странно звучит в донесении эпитет «ужасный». Но это вовсе не означает, будто оно основано на непроверенных сведениях.

К данному документу сделана приписка: «О ходе следствия буду Вас своевременно информировать. Фотокарточку арестованного, назвавшегося Огаревым, прилагаю».

Кроме того, на донесение наложена резолюция:

«Членам ПБ (Политбюро. — *Авт.*). Пешее хождение т. Сталину по Москве надо прекратить. В. Молотов». И еще три подписи: Каганович, Калинин, Куйбышев.

В этой связи можно сделать несколько выводов. Во-первых, Сталин в то время не боялся ходить по Москве с минимумом охраны. Во-вторых, оппозиционеры не ставили себе целью покушение на его жизнь, ибо эту акцию тогда можно было осуществить без особых затруднений и препятствий. В-третьих, для зарубежных спецслужб, готовых осуществить такую акцию, организовать ее было как раз сложно. В-четвертых, советская разведка внимательно следила за теми агентами, которые забрасывались в СССР.

Судя по сообщению, агента на конспиративной квартире встретил законспирированный сотрудник ОГПУ, который (или которая?) сопровождал английского агента и воспрепятствовал покушению. Охрана Сталина (если она там была) вроде бы не знала о попытке теракта. И хотя не исключено, что версия с револьвером была придумана для того, чтобы подчеркнуть грозившую генсеку опасность, обращает на себя внимание то обстоятельство, что покушение, по-видимому, не было подготовлено, а явилось чистой случайностью. Вдобавок, никто из оппозиционеров не был в нем замешан.

Почему же за все долгое правление Сталина на него так и не было совершено хотя бы относительно удачного покушения?

Прежде всего это свидетельствует, пожалуй, о том, что у его врагов была к нему не столько личная ненависть (хотя она и была), сколько прежде всего вражда на идеологической основе. Наиболее вероятным результатом убийства Сталина стало бы сплочение его сторонников, яростная волна негодования среди рядовых членов партии и части народа. Никаких политических, идеологических выгод из такой акции оппозиция бы не извлекла. Напротив, ей бы грозило полное уничтожение.

Другое дело — зарубежные спецслужбы и враги СССР. Для них сильные потрясения и беспорядки в стране были желательны, а ослабление Советского Союза было только на руку. Однако им трудно было организовать покушение без активной помощи советских граждан и, главное, без помощи кого-то из высокопоставленных лиц.

Иногда пишут, что наиболее последовательным и непримиримым борцом против сталинизма был Троцкий. Но это явное преувеличение. Как пишет Н. Верт: «Отдельные оппозиционеры пытались (в 1926 году. — *Авт.*) продолжать пропагандистскую работу в первичных партийных организациях, в партячейках на предприятиях и учебных институтах Москвы и Ленинграда... Дискуссии часто заходили в тупик. Боясь, что их обойдут «экстремисты» из «рабочей оппозиции», и опасаясь навлечь на себя гнев всей партии, шесть самых влиятельных деятелей оппозиции — Троцкий, Зиновьев, Каменев, Сокольников, Евдокимов и Пятаков — 16 октября 1926 г. опубликовали настоящее покаяние, где они признавали неправильность своей фракционной борьбы и давали обязательство впредь подчиняться партийной дисциплине».

По словам Н. Верта, противника не только сталинизма, но и большевизма вообще, да и самой коммунистической идеи: «Десять лет спустя, анализируя причины разгрома оппозиции, Троцкий объяснял его «победой сталинской бюрократии над массами». Подобное объяснение не выдерживает проверки фактами...»

Плох, даже безнадежно плох тот политик, которого и сочувствующие ему историки вынуждены признать или некомпетентным (если он не способен верно анализировать причины своих поражений и сопоставлять факты), или лживым. Столь же бездарен, по нашему мнению, анализ Троцким причин побед Сталина.

Последующие годы Троцкий посвятил не обоснованию и пропаганде своей бредовой идеи мировой революции, а борьбе против Сталина лично (не исключено, что из зависти), его политики и СССР, который в значительной степени стал детищем того же Сталина. При этом Троцкого привлекали в этой борьбе любые союзники, на каких бы идеологических позициях они ни стояли, по принципу: враг моего врага — мой друг.

Правая оппозиция, как представляется, была более осмотрительной. Потерпев поражение в открытых выступлениях, она тоже затаилась. Это была разумная тактика, учитывавшая текущую ситуацию внутри страны. Ведь курс на ускоренную индустриализацию и колхозное строительство, на борьбу с кулаком и спекулянтом был сопряжен с огромными трудностями и лишениями народа, с отдельными вспышками открытого недовольства.

Оставалось только дождаться момента, когда этот курс окончательно зайдет в тупик, вызовет массовые выступления недовольных, голодающих, уставших от ожидания улучшений в своей жизни людей. Этот момент, казалось, вот-вот наступит. Сталин сам признался, что происходит не ослабление, а ожесточение классовой борьбы, увеличение сопротивления капиталистических элементов, и что предстоят новые трудности главным образом в области сельского хозяйства, требующие новых жертв со стороны крестьянства.

Бухарин предлагал вновь отступить и возродить НЭП, вернуться к экономическим и финансовым способам регуляции рыночных отношений; темпы индустриализации, по его мнению, следует привести в соответствие с развитием сельскохозяйственного сектора.

Все это было вполне разумно. Появлялась возможность приглушить «классовую борьбу», обеспечить население жизненно важной продукцией (при необходимости предлагалось закупать хлеб за границей), начать выпуск дефицитных товаров ширпотреба, которые стимулировали бы крестьян к производству и продаже своей продукции.

Осенью 1932 года писатель Михаил Пришвин, у которого сломалась расческа, вдруг убедился, что даже такую мелочь приходится где-то с трудом «доставать». Обдумывая этот мелкий факт, он записал в дневнике: «Вопрос в том, существует прямое вредительство или оно само собой выходит как следствие неверных посылок? Например, как можно предположить, что при обсуждении плана пятилетки вовсе забыли о мне — потребителе. И нынешняя нехватка в «ширпотребе» не есть ли то же самое, что в царской войне явилось в решительный момент как нехватка снарядов... Все вытекало из системы».

О системе — верно, а вот сравнение неудачное. Отсутствие ширпотреба совсем не то, что отсутствие боеприпасов. Тем более страна находилась на военном положении, ожидая агрессии и с Запада и с Востока (и то, и другое было совершено). Политика «пушки вместо ширпотреба» рассчитана на сохранение и безопасность государства, а не на удовлетворение материальных потребностей населения.

К концу этого же года Пришвин записывает: «О пятилетке нет больше лозунгов; не удалось. Общее уныние». А затем: «Новая волна». Каждый раз, когда подходит волна, люди думают: — Вот теперь уж большевикам конец! И каждый раз уходит волна неприметно, а большевики остаются. Теперь наступает голод, цены безобразно растут, колхозы разваливаются, рост строительства приостанавливается...»

Можно предположить, что правые оппозиционеры рассуждали примерно так же. Им не было необходимости вступать в теоретические дискуссии с большинством в партийном руководстве и в партии. Не было никакой необходимости прибегать к опасным террористическим методам. Достаточно было лишь подождать, надеясь на принцип — «история нас рассудит». Советский Союз переживал острый кризис прежде всего в области снабжения населения продуктами питания и ширпотребом, а также в результате социальных перестроек и репрессий.

Нужно ли в такой ситуации покушаться на жизнь новоявленного вождя? Его генеральная линия станет для него же петлей-удавкой!

Такой могла быть точка зрения теоретиков, убежденных в гибельности для страны и партийного руководства, и взятого курса лично товарищем Сталиным. Однако многим желательно было ускорить их гибель, содействовать усугублению кризиса. Как писал в дневнике Пришвин: «Вредитель, конечно, есть, как существо с бесчисленными именами и лицами... общее имя ему Кащей Бессмертный».

И в этом случае политический образ Пришвину не удался. Потому что были, пожалуй, злостные вредители, но в большинстве своем они были стихийными выразителями протеста против проводимой политики, вынуждавшей терпеть страдания, а то и страшные мучения слишком многих безвинных людей. Этим людям действительно можно только сочувствовать.

Пусть, читатель, это не покажется вам диким, но то же самое хотелось бы сказать и о тех, кто сознательно и безоглядно проводил в жизнь генеральную линию партии. Большинство из них понимало, на какие мучения обрекается народ. Однако была ли у них какая-нибудь разумная альтернатива взятому курсу?

Обычно считается, что они все, а в особенности Сталин, спасали собственные жизни, стремились удержать в своих руках власть, ради чего и обрекали народ на бедствия и страдания. Однако простая логика подсказывает: ужесточая репрессии, загоняя врагов в подполье, усиливая классовую борьбу, укрепляя социалистическую систему, ее руководители подвергали увеличивающемуся риску свои жизни. Они, можно сказать, вынуждали своих внутренних и внешних врагов прибегать к террористическим методам. И заговоры против Сталина, и покушения на него провоцировала его политика. И он не мог этого не понимать.

История и историки

Говорят, история не терпит сослагательного наклонения. Это верно. Но анализ исторического процесса, разбор тех или иных программ приходится делать, прибегая к этому приему.

Какой вред Сталину и его сообщникам могло принести сползание в правый уклон? Некоторую потерю авторитета в партии? Возможно. Укрепились бы позиции Бухарина как теоретика, только и всего. К 30-м годам положение Сталина как вождя стало непоколебимым, и он вполне мог себе позволить — как некогда Ленин и ссылаясь на ленинский опыт — возродить НЭП (что он и сделал, но только отчасти, держа ситуацию под контролем).

Эта мера в критической ситуации уже себя оправдала. Ленин сохранил в период НЭПа свое руководящее положение. Почему бы не использовать тот же прием?

Уступки капитализму были выгодны и в отношении внешней политики: можно было рассчитывать на поддержку индустриально развитых держав. (Мы же помним, как активно поддерживали Горбачева и Ельцина руководители капиталистических богатых стран.) Почему бы и Сталину не воспользоваться такой поддержкой в трудное для СССР время?

Тут-то и полезно обратиться к опыту последних двух десятилетий. «Помощь» западных держав оказалась губительной для СССР, который был расчленен. Ну, а что могло произойти в сходной ситуации в 30-е годы? По-видимому, последствия были бы также губительны для России-СССР и для народа. Ведь страна тогда лишь начинала вставать на ноги, и еще только начиналась разведка тех минеральных ресурсов, за счет которых осуществилась индустриализация.

Что же касается руководства, то за свои жизни они могли бы не опасаться. Мы знаем, что те, кто старательно помогал внешним врагам расчленять СССР и разрушать мировую социалистическую систему, добились для себя огромных привилегий и живут как самые настоящие западные миллионеры, только без их забот о сохранении капиталов.

Да и вовсе не обязательно было сталинистам отходить от кормила власти. Ведь не отошли же от него ельцинисты (или, если угодно, ельциники). Объединившись с крупными и средними собственниками, с торговцами, с бизнесменами (своими и зарубежными), правительство вполне могло бы удержать власть в своих руках. Бухарин ведь не предлагал полной реставрации капитализма и перехода к буржуазной демократии!

Конечно, с так называемой диктатурой пролетариата было бы покончено. Промышленный потенциал страны тоже был бы ослаблен, а индустриализация проходила бы вяло. Оборонные возможности страны тоже были бы минимальными. Победа над фашистами была бы невозможной, тогда как фашизм в Европе смог бы распространяться и укрепляться более действенно, чем при мощном СССР.

Можно возразить: зато народ в СССР избежал бы ужасов насильственной коллективизации, репрессивных кампаний, голода начала 30-х. А после улучшения условий жизни населения, появления в обилии продуктов питания и ширпотреба народ стал бы с энтузиазмом и доверием относиться к существовавшей власти, что содействовало бы не только процветанию страны, но и укреплению ее обороноспособности.

Так представляется на первый взгляд.

Общие рассуждения о достоинствах «свободного рынка» полностью опровергаются реальностью и элементарными рассуждениями. Подумайте, что выгодно производителю зерна при свободных ценах? Установить цены максимальные. Выгодно также придержать зерно до той поры, когда цена на него естественно возрастет. Наконец, когда есть возможность торговать с иноземным покупателем, то выгодно продать зерно ему, если он назначает более высокую цену, чем установленная на внутреннем рынке.

Кстати, в 90-х годах XX века россияне смогли убедиться в «благах» свободного рынка: цены тотчас подскочили вверх, производство резко сократилось, появилось множество безработных, нищих и бедняков, смертность населения неимоверно возросла. Наступило некоторое прозрение даже у того, кто проводил соответствующие «реформы», — Е.Т. Гайдара, который написал в 1995 году: «Несомненная правда, что большинство стран с рыночной, капиталистической экономикой пребывают в жалком состоянии, застойной бедности. Они куда беднее, чем Россия, лишь вступающая на рыночный путь...»

Как-то даже неловко, что этот «теоретик» не знал подобной истины, принимаясь калечить российское народное хозяйство и восклицая при этом о великих достоинствах «рыночной экономики». Теперь уже на этом пути Россия достигла «жалкого состояния застойной бедности». Но в 30-х годах ее, не имеющую мало-мальски надежного промышленного и культурного потенциала, ожидала бы пропасть.

В середине 80-х годов один из авторов этой книги писал в статье, что осуществление курса «либерально-рыночных реформ» приведет страну к катастрофе. Для такого прогноза не требовалось проводить сложных теоретических разработок: достаточен был прежде всего здравый смысл, некоторый жизненный опыт и элементарная честность.

Современный американский ученый Артур Шлезингер-младший в книге «Циклы американской истории» убедительно показал, что экономическое благосостояние США зиждется вовсе не на частной собственности, конкуренции и свободном рынке. Он отметил: «Миф о том, что своим развитием Америка обязана неограниченной свободе частного предпринимательства, оказался на редкость живучим. Этот миф одновременно и льстил самолюбию бизнесменов, и служил их интересам. Он оставался главным символом делового мира, лейтмотивом пропаганды монополий».

Помимо всего прочего, надо иметь в виду, что в мировой капиталистической системе все наиболее выгодные и удобные «места под солнцем» уже прочно заняты крупнейшими капиталистическими державами. Можно, конечно, воскликнуть вслед за пламенным трибуном Троцким: «В таком случае мы погасим Солнце!» Однако это представляется еще менее реальным, чем призыв одного из героев Салтыкова-Щедрина закрыть Америку.

Но почему же было необходимо проводить коллективизацию, поставившую страну на грань гражданской войны? Прежде всего потому, что крупные коллективные хозяйства органично вписывались в социалистическую плановую и управляемую централизованно государственную систему. При сохранении частной собственности на продукцию сельского хозяйства и свободы рыночных цен многомиллионные бедные слои населения были бы обречены на голод и вымирание. И если крестьяне-бедняки еще могли бы кое-как существовать, добывая пропитание на своих наделах, то для горожан, рабочих ситуация оказалась бы критической. Учтем, что рабочий класс в тогдашнем обществе был неплохо организован и считался гегемоном. Допустил бы он резкое ухудшение своего материального положения во имя процветания частников, торговцев, кулаков? Вряд ли. Тогда бы, скорее всего, и развернулась полномасштабная гражданская война.

Таков один довод в пользу ненавистной для значительной части крестьян коллективизации. Есть и другой, не менее веский. Позвольте привести выдержку из статьи В.В. Кожинова:

«Один из крупнейших представителей русской экономической школы XX века — В.С. Немчинов (1894—1964) еще в 20-х годах показал, что крестьяне, составлявшие к 1913 году более двух третей населения России, продавали всего лишь 14,7 процента производимого ими хлеба, а остальные 85,3 процента потребляли сами. В среднем крестьянское хозяйство поставляло на рынок менее 400 кг хлеба (то есть обеспечивало минимумом хлебного довольствия — 540 граммов в день всего двух едоков). А это значит, что для преобладающего большинства населения дореволюционной России рынок играл примерно такую же роль, как и в «коммунистической», где ведь крестьяне также продавали какую-то часть выращенного ими на приусадебных участках и полученного на «трудодни».

Разумеется, были в дореволюционной России крупные хозяйства, работавшие именно на рынок, но не забудем, что крестьяне и в 1905—1907, и тем более в 1917—1918 годах с большим энтузиазмом уничтожали их. Так что ликвидация рынка (в собственном, точном смысле этого экономического феномена) — во всяком случае, рынка продовольствия — свершилась, если угодно, и по воле крестьянства, а не только коммунистов...»

Учтем и то, что современное производительное сельское хозяйство основано на использовании машин и механизмов, удобрений, мелиорации почв, научно разработанных приемов и методов. Доступно ли все это мелкому частнику? Или, как теперь любят говорить, фермеру? Нет, не доступно, если еще учесть расходы на транспортировку, добычу и доставку удобрений, на горючее...

Полезно помнить и о том, что в дореволюционной России бывали периоды страшных и опустошительных голодов в крупных регионах. Индустриализация сельского хозяйства позволяет бороться с этой бедой наиболее эффективно.

Если вернуться к ситуации 30-х годов в СССР, то необходимость коллективизации любой ценой определялась, по-видимому, прежде всего стремлением спасти от голода значительную часть рабочих и служащих, избежав тем самым гражданской войны: ведь с крестьянскими бунтами справиться много легче, чем с организованными выступлениями пролетариата. То есть правительство выбирало из двух зол наименьшее.

Какой-то иной, прекрасный во всех отношениях курс, наверное, есть, но он остается в области умозрений и фантастики.

Создание крупных коллективных хозяйств было вызвано не «идейным заскоком» Сталина, а насущной необходимостью сохранить государство и укрепить его промышленность (в значительной степени, конечно, за счет крестьян).

Другое дело, к каким методам нередко прибегали «посланцы партии», осуществляя коллективизацию. Обо всем этом правдиво написал Михаил Шолохов в «Поднятой целине», а еще откровенней и с огромным возмущением — в двух письмах Сталину в апреле 1933 года. «Сейчас умирают от голода колхозники и единоличники; взрослые и дети пухнут и питаются всем, чем не положено человеку питаться, начиная с падали и кончая дубовой корой и всяческими болотными кореньями», — писал он, приводя примеры преступных методов, которыми «выколачивалось» зерно, оставленное крестьянами на собственные нужды (а кем-то и для последующей продажи по завышенным ценам, добавим от себя). «Только на Вас надежда», — завершил перечень бедствий народа таким криком души Шолохов.

Надежда эта в немалой степени оправдалась. В ответном письме Сталин, перечислив принятые меры для улучшения ситуации (в частности, были посланы в район и область десятки тысяч пудов ржи, — стало быть, резервы у правительства имелись), отметил:

«Я поблагодарил Вас за письма, так как они вскрывают болячку нашей партийно-советской работы, вскрывают то, как иногда наши работники, желая обуздать врага, бьют нечаянно по друзьям и докатываются до садизма. Но это не значит, что я во всем согласен с Вами. Вы видите одну сторону, видите неплохо. Но это только одна сторона дела. Чтобы не ошибиться в политике (Ваши письма — не беллетристика, а сплошная политика), надо обозреть, надо уметь видеть и другую сторону. А другая сторона состоит в том, что уважаемые хлеборобы вашего района (и не только вашего района) проводили «итальянку» (саботаж!) и не прочь были оставить рабочих, Красную Армию — без хлеба. Тот факт, что саботаж был тихий и внешне безобидный (без крови), — этот факт не меняет того, что уважаемые хлеборобы по сути дела вели «тихую» войну с Советской властью. Войну на измор, дорогой товарищ Шолохов...

Конечно, это обстоятельство ни в какой мере не может оправдать тех безобразий, которые были допущены, как уверяете Вы, нашими работниками. И виновные в этих безобразиях должны понести должное наказание. Но все же ясно, как божий день, что уважаемые хлеборобы не такие уж безобидные люди, как это могло показаться издали.

Ну, всего хорошего и жму Вашу руку. Ваш И. Сталин».

Если объективно взглянуть на всю ситуацию, то приходишь к мнению, что значительная доля правды есть у всех: и у Шолохова, и у крестьян, и у Сталина, и даже у зарвавшихся представителей властей, стремившихся выколачивать хлеб любой ценой и даже, как мы знаем, ценой собственной жизни, ибо их репрессивные меры порой встречали самое ожесточенное сопротивление. И все-таки в наибольшей степени прав оказался Сталин. Он с предельной деликатностью и очень по-деловому отозвался на письмо великого писателя, в ту пору сравнительно молодого человека (28 лет). Усматривать в его словах и поступке дьявольскую хитрость — значит не уметь отличать подлость от честности.

...История не терпит сослагательного наклонения. А потому, если наши рассуждения привели к признанию неизбежности принимавшихся крутых мер в партийном и государственном строительстве, если именно этот результат подтвердил и неопровержимый опыт истории, значит, он объективен не только теоретически, но и практически, не только в умозрении, но и в реальности. Только так Советский Союз окреп, выстоял и победил в войне с фашизмом.

Глава 2

ПРОТИВОСТОЯНИЕ

Самые серьезные намерения

Критики сталинизма подчеркивают то, что оппозиционеров лишили права свободно обсуждать и, тем более, осуждать политику Сталина, высказывая собственное мнение. Но это либо заблуждение, либо преднамеренная ложь.

Дело в том, что до весны 1929 года Бухарин был главным редактором «Правды» — центрального органа партии, а также руководил (до июля) Коминтерном. 30 сентября 1928 года он опубликовал в «Правде» свои «Заметки экономиста», излагая программу правой оппозиции. Он указал на допущенные руководством страны ошибки, и никто его за это открытое выступление не наказывал.

В октябре того же года Троцкий призвал коммунистов всех стран на борьбу с политикой Сталина (в Коминтерне у него было немало сторонников). Только после этого Политбюро, расценив его призыв как переход к антисоветской деятельности, а также имея сведения о его подпольной оппозиционной деятельности, постановило выслать Троцкого за пределы СССР. 21 января 1929 года его отправили в Турцию.

В тот же день в «Правде» появилась статья Бухарина о «Политическом завещании Ленина». Он решительно критиковал сталинский план коллективизации как основанный на принуждении и противоречащий представлениям Ленина о постепенном и добровольном приобщении крестьян к социалистическому строительству. Как пишет Н. Верт (будем ссылаться на антисталинистов): «Эта статья не вызвала особой реакции Сталина. А вот появившиеся на следующий день сообщения, что 11 июля 1928 года имели место контакты Бухарина и Сокольникова с Каменевым, значительно подорвали престиж лидеров оппозиции. Теперь они должны были объясняться перед ЦКК и выслушивать обвинения в «двурушничестве» и «фракционности». Апрельский пленум ЦК партии 1929 года завершил разгром наконец-то публично разоблаченной оппозиции».

Ну, а что еще можно было ожидать? Когда союзник Троцкого Каменев тайно встречается с лидером «правых» Бухариным, это естественно наводит на мысль о том, что они, несмотря на собственные коренные противоречия, готовы объединиться в борьбе за власть против большинства ЦК и лично Сталина. Такая версия веско подтверждается сведениями, приводимыми Джузеппе Боффа:

«В этих условиях Бухарин доверительно сказал своему другу швейцарскому коммунисту и секретарю Коминтерна Жюлю Эмбер-Дро, что он готов пойти на блок со старыми оппозиционерами и согласился бы даже на использование против Сталина террористических методов».

Значит, со Сталиным уже велась борьба не на жизнь, а на смерть и «слева», со стороны Троцкого, и «справа», со стороны Бухарина и их сторонников.

Вновь предоставим слово Н. Верту: «ЦКК предприняла всеобщую проверку и чистку рядов партии, которая за несколько месяцев привела к исключению 170 тыс. большевиков (11% партсостава), причем треть из них — с формулировкой «за политическую оппозицию линии партии». В течение лета 1929 г. против Бухарина и его сторонников развернулась редкая по своей силе кампания в печати... На ноябрьском пленуме ЦК полностью дискредитированная оппозиция подвергла себя публичной самокритике. Бухарин был исключен из Политбюро».

Обратим внимание — исключенных оппозиционеров было около 4%. Кем же были остальные? В большинстве — запятнавшие себя недостойным поведением, стремившиеся к личным выгодам.

Все это укрепило не только единство партии, но и ее авторитет в народе. Как бы ни доказывал Бухарин блага возвращения к НЭПу, для большинства граждан в этом не было ничего заманчивого. Большинство понимало, что выгадают от этого тайные капиталисты, спекулянты, торговцы, зажиточные крестьяне. Призывы Бухарина не нашли отклика в массах.

Как пишет Д. Боффа: «Мощным стимулом для множества людей служила мысль о том, что за короткий срок, ценой изнурительно тяжелых усилий можно создать лучшее, то есть социалистическое будущее... В то время, когда в остальном мире свирепствовал кризис, «молодежь и рабочие России, — как заметил один английский банкир, — жили надеждой, которой, к сожалению, так недостает сегодня в капиталистических странах». Подобные коллективные чувства не рождаются путем стихийного размножения. Несомненно, суметь вызвать и поддержать волну энтузиазма и доверия само по себе немалая заслуга; и эта заслуга принадлежала партии и сталинскому руководству, которое отныне полностью взяло в ней верх. Нельзя отказать в обоснованности рассуждению Сталина, когда он в июне 1930 г. на XVI съезде ВКП(б) заявил, по сути дела выдавая свою сокровенную мысль, что, не будь идеи «социализма в одной стране», не был бы возможен и этот порыв».

Все это справедливо. Надо иметь в виду, что в то время, как промышленность и народное хозяйство в целом в СССР последовательно укреплялись и набирали темпы, в ведущих капиталистических странах наблюдалось падение производства или в лучшем случае застой. Положение трудящихся там было отнюдь не такое прекрасное, как полагают те, кто основывается на данных второй половины XX века. Капиталистические страны сотрясали кризисы. Примером для трудящихся всего мира в 30-е годы богатая, нажившаяся на Первой мировой войне Америка, впавшая в депрессию, могла служить в меньшей степени, чем полунищая Россия (СССР), набирающая темпы социалистического строительства. Не случайно поддерживали социалистическое строительство и политику Сталина такие разные люди, но все трое, — крупнейшие писатели XX века: М. Булгаков, М. Шолохов, А. Платонов. Они понимали, что у советского (русского) народа в той исторической ситуации это был единственно возможный способ сохранить свою страну и культуру. Самое удивительное, что нечто подобное сознавали и почти все крупнейшие деятели культуры капиталистических государств.

Мы еще коснемся этой темы. А теперь еще раз подчеркнем: оппозиция была лишена опоры как на партийные массы, так и на трудящихся. Крестьяне если и были недовольны — в разной степени, вплоть до лютой ненависти, — советской властью, то оставались неорганизованными. Им приходилось вести тяжелейшую борьбу за выживание, и разбираться в политических проблемах было некогда, да и непривычно.

Когда в 1929 году было начато активное колхозное строительство и наступление на кулака, отпор был очень сильный, потому что зажиточных крестьян поддерживали их родственники. Считалось, что в стране было около миллиона кулацких семей (примерно 5 млн. человек), но вместе с сочувствующими это уже было не менее 15—20 млн. человек. Да и остальные крестьяне, за исключением немногих, главным образом из числа молодежи, были настроены по отношению к колхозам по меньшей мере настороженно, стараясь все лучшее оставлять в личном владении.

Все это происходило не столько от «темноты» малообразованной и привыкшей к традиционным ценностям крестьянской массы, но и по объективным причинам. Если крестьянин снабжал горожан реальными продуктами, жизненно необходимыми, то город, промышленность не были еще в состоянии обеспечить крестьян хотя бы ширпотребом, не говоря уж о комбайнах, тракторах, удобрениях.

В 1929 году в СССР было выпущено 3300 тракторов и ни одного комбайна. Закупать сельхозтехнику за рубежом было накладно, да и на какие средства? Если бы еще деньги были обеспечены товарами, золотом, крестьяне были бы заинтересованы в их накоплении. А так деньги были ничем не обеспечены, это лишь бумажки, из техники — почти одни обещания, промышленных товаров — мизерное количество, а вот обещаний и лозунгов — сколько угодно!

Идеологические стимулы для крестьян, в отличие от рабочих, не имели серьезного значения. Тем более что начиная со времен Гражданской войны и военного коммунизма крестьяне привыкли бояться вооруженной власти, а не доверять ей. Прокормить себя можно было, а вот кормить других, да еще за пустые посулы, крестьянину не было резона.

Примерно такая, схематически, складывалась ситуация в сельском хозяйстве. И чтобы изменить ее коренным образом, требовались решительные и крутые меры. Надо было спасать от голода рабочих и Красную армию.

Подчеркивая массовое сопротивление коллективизации, Д. Боффа пишет: «Раз его заставляли вступить, крестьянин подчинялся, но в коллективное хозяйство он собирался принести возможно меньше. Тайный забой скота начался летом 1929 года. В последующие месяцы он приобрел немыслимый размах, достигая порой катастрофических размеров. Да, впрочем, у молодых колхозов не было еще коллективных коровников и конюшен. Крестьянин стал набивать утробу мясом. Он резал коров, телят, свиней, лошадей — всё. Несмотря на то, что январское постановление 1931 года угрожало высылкой и конфискацией имущества за хищнический убой скота, он продолжался в течение всей коллективизации и был одним из самых тяжелых ее последствий.

Сопротивление к тому же не было лишь пассивным. По селам вновь загулял «красный петух» — поджог, оружие всех крестьянских бунтов в России. В 1929 году по одной только РСФСР было зарегистрировано около 30 тысяч поджогов, то есть без малого по сотне в день. На Украине в том же году было отмечено в четыре раза больше «террористических актов», то есть эпизодов вооруженного насилия, чем в 1927 году. Порой троцкисты и бухаринцы провоцировали крестьянские восстания, чтобы на их волне свергнуть сталинское руководство.

Однако это наступление на крестьянство не было, как мы знаем, материально подготовлено, да и организационно тоже не продумано всерьез.

В «Правде» от 2 марта 1930 года появилась статья Сталина «Головокружение от успехов». Он писал о значительных успехах колхозного движения и о том, что «коренной поворот деревни к социализму можно считать уже обеспеченным». Но он отдавал себе отчет, что на этом крутом повороте можно напрочь разорвать связи партии и рабочих с крестьянами. Вряд ли он верил в головокружительные успехи, нормальные достижения вскрыли поистине головокружительные проблемы и противоречия. Поэтому он подчеркнул необходимость добровольной коллективизации с учетом местных особенностей.

«Дразнить крестьянина-колхозника «обобществлением» жилых построек, всего молочного скота, всего мелкого скота, домашней птицы, когда зерновая проблема еще не разрешена, когда артельная форма колхозов еще не закреплена, — разве не ясно, что такая «политика» может быть угодной и выгодной лишь нашим заклятым врагам?.. Я уж не говорю о тех, с позволения сказать, «революционерах», которые дело организации артели начинают со снятия церковных колоколов».

Спустя ровно месяц он вновь вернулся к поднятой теме, еще определеннее подчеркивая перегибы в ходе колхозного строительства, а также необходимость своевременно произвести сев. Руководители на местах умерили свой «колхозный энтузиазм», и многие крестьяне, воспользовавшись принципом добровольности, покинули артели. Так или иначе, но посевная кампания прошла успешно, а год 1930 оказался благоприятным для урожая зерновых. За счет целины в ряде совхозов были получены неплохие урожаи, подтвердившие рентабельность крупных хозяйств. Однако в дальнейшем укрупнение совхозов стало давать отрицательный результат, а общее производство зерна уменьшилось.

При первых же недородах (а неурожайным стал уже 1931 год) колхозы стали расшатываться, а колхозники — заботиться о личном благосостоянии, при случае присваивая обобществленную собственность. В противовес этому процессу был принят жесткий закон, направленный против хищений в колхозах и совхозах, в котором предусматривались самые жестокие кары — вплоть до расстрела.

К этому времени в стране было покончено с безработицей — не только на словах, но и на деле, в чем вновь проявилось преимущество социалистической системы перед капиталистической. Некоторые историки говорят о скрытой безработице, но с ними трудно согласиться. При развороте интенсивного индустриального строительства (к тому же, добавим, при низкой заработной плате и достаточно высоком энтузиазме масс) избытка в рабочей силе быть не могло. Правительство даже издало постановление, обязывавшее колхозы не препятствовать переходу на другое место работы.

А вот положение в деревне после очередного неурожайного года стало критическим. Многие хозяйственные крестьяне были не только раскулачены, но и переселены, депортированы, а то и заключены в тюрьмы и лагеря. В общем, число их было не меньше 2 млн. и вряд ли больше 5 млн. Цифры, конечно, огромные.

Наиболее страшным испытанием стал голод зимой 1932—1933 годов. Количество погибших от голода и болезней составило, скорее всего, около 3 млн. (называют цифры от 1 до 6 млн.). Во всяком случае, с 1932 до 1937 года население страны, в отличие от предшествующих и последующих мирных лет, практически не увеличилось. Впрочем, эти данные требуют проверки, иначе последующий рост населения до 1941 года получается чересчур быстрым.

Это бедствие было вызвано не только природными факторами, сильными засухами в южных районах, но прежде всего проводимой политикой коллективизации и административного давления на крестьян. Это была, можно сказать, малая крестьянская война. Участвовали в ней все — от Сталина до самых бедных крестьян. Но в то же время вина каждого определялась почти исключительно объективными обстоятельствами. Строительство общества нового типа было неизбежно сопряжено с немалыми жертвами. Отказ от этого строительства и возврат к НЭПу, как мы уже говорили, грозил еще более страшными последствиями.

Из двух (или трех) зол было выбрано наименьшее. При страшных невзгодах страна выстояла, разруху и развал удалось предотвратить.

Правда, промышленное производство выросло примерно на 5% — втрое меньше, чем планировалось, но все-таки больше (в процентном выражении), чем в других странах. Тем более что в 1932—1933 годах США пребывали в кризисе.

То, что страна пока еще выдерживала и преодолевала трудности в сельском хозяйстве, еще не гарантировало ее от скорого краха. Ведь задачи, стоявшие перед ней, были фантастическими. В начале 1931 года Сталин сказал: «Задерживать темпы — это значит отстать. А отсталых бьют... Мы отстали от передовых стран на 50—100 лет. Мы должны пробежать это расстояние в десять лет. Либо мы сделаем это, либо нас сомнут».

Пробежать со скоростью спринта явно стайерский отрезок и не рухнуть уже в начале пути? Как поверить в выполнимость поставленной задачи?

Создается впечатление, что Сталин был готов насмерть загнать русский народ в этой сумасшедшей гонке. А его «правые» противники, и прежде всего Бухарин, пытались противостоять столь губительной линии.

Нечто подобное предполагали Э. Вериго и М. Капустин в статье «Гибель и воскресение Николая Бухарина»: «По нашему мнению, это был идейный спор, — писали они, — в высочайшем (полузабытом) смысле этого слова — Бухарина — со Сталиным... Спор Жизни со Смертью, Христа с Сатаною... Сталин — еще более крайний, еще худший революционист, чем Троцкий, одним словом Сатана... Так что Париж-36 для Бухарина, находившегося тогда на вершине славы (его знал уже весь Запад) и семейного счастья (любви последней, особенно жгучей от тяжких предчувствий), — это не столько «Булонский лес», сколько «Гефсиманский сад». Наверное, у него была здесь своя минута «моления о чаше», и он мог бы выбрать жребий жизни, но он выбрал иной».

Если учесть, что М. Капустин доктор философских наук (Вериго — драматург), то весь этот пассаж выглядит диковато, даже если учесть их благородное намерение высветить образ Бухарина, а заодно и очернить злодея Сталина. Тут не учитываются святотатственное сопоставление Бухарина с Христом (тем более, если вспомнить его собственное сравнение себя с Антихристом) и явное расхождение с Евангелием (не было спора Христа с сатаною, если не считать эпизода искушения в пустыне). Кстати, в воспоминаниях, кажется, В.В. Шульгина с сатаной сравнивался Троцкий.

Ну, а если оставить эти придирки и обратиться к сути дела? Тогда можно вспомнить, что на процессе 1937 года Бухарин признал себя виновным в измене социалистической родине, в принадлежности к подпольной антисоветской организации. «Я говорил и повторяю сейчас, — заявил он, — что я был руководителем, а не стрелочником контрреволюционного дела» и «виновным в злодейском плане расчленения СССР».

Его признание звучит странно (тем более, что он фактически предавал и своих последователей, учеников и соратников, которые тоже — с его слов — оказывались в антисоветском лагере). Но ведь он не согласился с некоторыми пунктами обвинения. Это очень показательно. Если бы он клеветал на себя, то имело смысл делать это с максимальными преувеличениями, доходящими до абсурда, огульно соглашаясь с обвинением. Тогда бы иностранные независимые наблюдатели, присутствовавшие на процессе, могли бы с полным правом усомниться в его искренности.

Вернемся на три года назад, когда на XVII съезде ВКП(б) Бухарин заклеймил правый уклон свой и своих сподвижников: «Группировка... к которой я когда-то принадлежал... неминуемо становилась центром притяжения всех сил, которые боролись с социалистическим наступлением, т.е. в первую очередь наиболее угрожаемых со стороны социалистического наступления кулацких слоев, с одной стороны, их интеллигентских идеологов в городах — с другой». Более того, победа «правых», по его словам, «ослабила бы до крайности позиции пролетариата, привела бы к преждевременной интервенции, которая уже нащупывала своими щупальцами слабые и больные места, и следовательно, к реставрации капитализма» (отметим: вполне правдоподобная картина).

Наконец, полезно вспомнить, что в этой речи Бухарин называл Сталина «наилучшим выразителем и вдохновителем партийной линии», который «был целиком прав, когда разгромил... целый ряд теоретических предпосылок правого уклона...» И еще: «Предпосылкой победы нашей партии явилась выработка Центральным Комитетом и товарищем Сталиным замечательно правильной генеральной линии».

Перечень покаяний в своей антисоветской деятельности и восхвалений Сталина можно было бы продолжить. Все это никак не вяжется с образом Христа, но более смахивает на Антихриста. Правда, в своем саморазоблачении Бухарин не дошел до последней черты, как Каменев, заявивший: «Я хочу сказать с этой трибуны, что считаю того Каменева, который с 1925 по 1933 год боролся с партией и с ее руководством, политическим трупом, что я хочу идти вперед, не таща за собою по библейскому (простите) выражению эту старую шкуру».

Возможно, подобные покаяния вызваны были боязнью репрессий. В любом случае их высказывания никак не отвечают тем иконописным образам, под которые рисуют их некоторые публицисты. Как тут не вспомнить благородные слова молодого коммуниста Павла Когана: «Нас не надо жалеть. Ведь и мы никого не жалели».

Не исключено, что раскаяние их было внешним (тактическим приемом в борьбе за власть). Тем сильней становилась их ненависть к тем, перед которыми пришлось унижаться.

Если эта ложь была во имя сохранения своего привилегированного положения, из лицемерия и подхалимажа, ради личных выгод и боязни репрессий (учтем, что смертная казнь тогда, в 1934 им не угрожала), то эти люди выглядят, как говаривал незабвенный Паниковский, жалкими ничтожными личностями.

Все-таки хочется думать, что у них оставался «идейный камень» за пазухой, и они надеялись в следующий раз, когда сталинская политика полностью обанкротится, перейти в наступление и взять реванш. В пользу этой версии свидетельствуют некоторые факты, которые мы обсудим в дальнейшем.

Характерная деталь: в своем «покаянном» выступлении Зиновьев привел слова Сталина, однажды сказавшего ему: «Вам в глазах партии вредили и вредят даже не столько принципиальные ошибки, сколько то непрямодушие по отношению к партии, которое создалось у вас в течение ряда лет». Справедливое замечание. И если и на этот раз раскаяние оппозиционеров было притворным, то это должно означать, что они выступили в последний и решительный бой против Сталина и его сторонников; в этом случае они пошли на огромный риск, но по идейным соображениям и надеясь на то, что СССР потерпит поражение или из-за внутреннего разлада, или в результате внешней агрессии, которую, безусловно, поддержали бы немалые силы внутри страны.

Бухарина сближало с Троцким неверие в русский народ и нелюбовь к нему, а потому его симпатии к зажиточным крестьянам, которых он призывал к обогащению, определялись, по-видимому, политическими соображениями. Ведь он писал вполне определенно: «Реакционные собственнические, религиозные, националистические и хулиганские элементы поэзии Есенина закономерно стали идеологическим знаменем контрреволюции, сопротивляющейся социалистической реконструкции деревни». Русских он называл «нацией Обломовых» и клеймил рабское азиатское прошлое России. Как можно было всерьез верить в то, что такой народ действительно способен на великие исторические деяния?!

Справедливости ради надо сказать, что подобное мнение было достаточно широко распространено среди руководства партии еще с ленинских времен. На это указывает и тот факт, что в руководящих органах партии и страны русские были представлены в меньшинстве. Это особенно поражает, если учесть, что речь идет о нации, составляющей основу страны, государствообразующей и единственной, обладающей культурой мирового значения. (Это не шовинизм, а факт!)

Кстати, примерно на позициях Бухарина в «национальном вопросе» стоял Демьян Бедный (Придворов). В письме к нему Сталин в конце 1931 года высказал свое возмущение: «Вы стали возглашать на весь мир, что Россия в прошлом представляла сосуд мерзости и запустения... что «лень» и стремление «сидеть на печке» является чуть ли не национальной чертой русских вообще... Нет, высокочтимый т. Демьян, это не большевистская критика, а КЛЕВЕТА на наш народ, РАЗВЕНЧАНИЕ СССР, РАЗВЕНЧАНИЕ пролетариата СССР, РАЗВЕНЧАНИЕ русского пролетариата... И Вы хотите, чтобы я молчал из-за того, что Вы, оказывается, питаете ко мне «биографическую нежность!»

Сталин верил в русский народ. И русский народ — как целое — верил в Сталина. Именно это доказала Великая Отечественная. Хотя в начале 30-х годов немалая часть населения СССР не имела веских оснований доверять ему или была ему враждебна, что вполне естественно.

Народ пошел за партией и за Сталиным не потому, что его подгоняли штыки и нагайки, не из страха и по рабской подлой своей натуре, а только потому, что это был единственный путь к спасению. Такова наша версия. Иначе отечество было бы расчленено на части, а народ был бы превращен в тупое и покорное новым хозяевам «быдло». Не случайно же и левотроцкистские, и правобухаринские уклонисты считали его таковым. Именно Троцкий предлагал создать из страны единый трудовой концентрационный лагерь, а Красную армию превратить в передовой и обреченный на гибель штурмовой отряд мировой революции.

Еще раз повторим: политика Сталина в наибольшей степени объективно отвечала подсознательной борьбе русского (советского) народа за самосохранение, за свое достоинство, за свою Родину. Только этим можно сколько-нибудь убедительно объяснить его успехи. Или тогда придется признать его достижения чудом, проявлением поистине всевышней воли.

Две судьбы

2 ноября 1929 года, за день до смертного приговора, находясь в камере внутренней тюрьмы на Лубянке, этот человек писал последнее свое послание: «Родился в 1900 году в марте месяце в бедной еврейской семье. Отец мой, бывший ранее рабочим лесных фирм в Полесье, ко времени моего рождения стал мелким коммерсантом...»

За 29 лет своей жизни он стал известен не только на родине. Знаменитый поэт Николай Гумилев некогда не без гордости написал о нем: «Человек, среди толпы народа застреливший императорского посла, подошел пожать мне руку, сказать, что любит мои стихи». Правда, убийство произошло в помещении Германского посольства, и посол Мирбах был взорван гранатой, и не толпа была, а два террориста против безоружного посла, а также двух его сотрудников...

Таков был этот настоящий авантюрист от революции, бывший и левым эсером, и большевиком, сотрудником Троцкого, и работником ОГПУ.

И вот 3 ноября Коллегия ОГПУ постановила: «За повторную измену делу Пролетарской революции и Советской Власти и за измену революц. чекистской армии Блюмкина Якова Григорьевича РАССТРЕЛЯТЬ».

Потрясающая быстрота процесса: ордер на его арест был выдан 31 октября, за подписью зам. председателя ОГПУ Г. Ягоды. Скоротечность тем более странная, если учесть, что Блюмкин сразу же стал давать весьма интересные показания о тайных встречах в Турции с Троцким и его сыном, а в заявлениях секретных агентов и знакомых Блюмкина были указания на то, что он готовился к каким-то важным мероприятиям в СССР.

Вот выписки из двух донесений Б. Левина, члена редакции журнала «Чудак»:

«Я узнал следующее, что Я. Блюмкин приходил к моим знакомым, хвастался о своей связи с оппозицией (знакомые беспартийные), говорил, что его преследует О.Г.П.У., просил у них приюта и ночевал в ночь на 15-е. Просил разменять доллары, причем, открывая портфель, видна была у него куча долларов...»

«Вчера 15/X в 3 часа ночи я был вызван на квартиру к Идельсон (жена художника Фалька) и в присутствии еще двух художниц Рабинович и Назаревской мне было рассказано, что Яков Блюмкин, 14 с/м явился к ним и просил гр. Идельсон спасти его от ГПУ. Он говорил, что его преследуют, что «кольцо суживается». Что он является представителем оппозиции в ГПУ...»

Очень важное признание. Оказывается, в ОГПУ существовала тайная оппозиция существующей власти! Уж не по этой ли причине некоторые руководящие работники этой организации поторопились отправить на тот свет одного из тех, кто, возможно, кое-что знал об этом заговоре? В том же письме-доносе Левин сообщил: «Когда ему сказали, что оппозиционеров не расстреливают, он ответил — вы не знаете, тех, которые работают в ОГПУ, — расстреливают».

Действительно, политикам, состоявшим в «левой оппозиции», была уготована в худшем случае ссылка, во время которой они могли занимать достаточно высокие посты в местных учреждениях и получать немалое довольствие. Чтобы не быть голословными, приведем свидетельство Я. Меерова, участника социал-демократического движения 20-х годов и побывавшего в ссылках, о положении репрессированных троцкистов в 1928 году: «Это были скорее не ссыльные, а опальные вельможи, которые соответственно себя и вели... Если, например, безработные ссыльные социалисты получали 6 р. 25 к. месячного пособия, то ссыльное оппозиционеры получали не то 70 р., не то даже больше».

Но, может быть, отчаянный авантюрист Блюмкин не мог бы выдать своих сообщников из ГПУ (если он что-то о них знал)? В этом есть основание усомниться. Е.В. Горская, работавшая в ОГПУ, за которой Блюмкин ухаживал, в своем рапорте начальнику Секретного отдела Я.С. Агранову сообщила, между прочим: «Тут я уже окончательно убедилась в том, что он трус и позер и не способен на большую решительность... Он заявил мне, что решил не идти «ни туда, ни сюда», что у него на это не хватает силы воли, что тяжело погибать от рук своих же, что товарищи его не поймут и что он решил исчезнуть на время...»

Не совсем ясно, почему запаниковал Блюмкин. Возможно, порученное ему дело было слишком ответственным и рискованным (не стоял ли вопрос о покушении на Сталина, которое прославленный террорист мог бы, по мнению левых, осуществить?)? Зачем он рассказал о своих встречах с Троцким крупным партийным деятелям (и оппозиционерам) К.Б. Радеку (Собельсону) и И.Т. Смилге? И почему они не заявили о его откровениях в соответствующие органы?

Вопросов возникает немало. По словам Блюмкина, его встреча в Константинополе с сыном Троцкого Львом Седовым произошла случайно, в чем нетрудно усомниться. Затем были долгие беседы с самим Львом Давидовичем и его сыном. О чем? Блюмкин успел написать об этом лишь в нескольких словах. Значит, у него были в запасе важные сведения, которые он, пожалуй, припас про запас, рассчитывая, что его будут и далее допрашивать, и тогда появится возможность сохранить свою жизнь с помощью выдачи ценной секретной информации. Но этого-то и могли опасаться высокопоставленные оппозиционеры в ОГПУ! Не потому ли они поспешили приговорить Блюмкина к расстрелу?

То, что его задание, полученное от Троцкого, было нешуточным, свидетельствует не только его паника, но и крупная сумма денег, о которой сообщали все доносители: по-видимому, тысячи долларов и немало рублей. А ведь Блюмкин находился на секретной службе и не был беден.

Кстати, откуда были у Троцкого такие суммы? И почему его не убили в Турции белогвардейцы? Ведь у них для такой акции были все основания, да и вряд ли это было бы трудно сделать. И почему Троцкие с таким абсолютным доверием отнеслись к Блюмкину, хотя знали о его работе в ОГПУ?

Чем пристальнее всматриваешься в обстоятельства последней авантюры Блюмкина и его смерти, тем больше возникает вопросов. Ответ на них в общих чертах представляется таким: Троцкий являлся одной из центральных фигур крупного заговора, в котором прямо или косвенно участвовали зарубежные и внутренние враги того курса, который проводила сталинская партийная группировка. В заговоре принимали участие — на первых порах пассивное — некоторые крупные работники ОГПУ, и в их числе скорее всего Генрих Ягода.

Почувствовав, что ему грозит разоблачение, Блюмкин запаниковал, но решил продолжить «игру», выдавая несущественные детали своей антипартийной (точней, антисталинской) деятельности и постепенно выведывая, что еще известно в ОГПУ о нем как участнике заговора именно в рядах этой тайной организации. Полагая, что допросы будут продолжены, он давал дозированные показания, выгадывая время. Но в этом-то и ошибся: он слишком много знал (или мог знать), его показаний боялись какие-то очень влиятельные люди.

Интересно отметить, что в том же 1929 году 11 января был застрелен бывший белогвардейский генерал Я.А. Слащёв, перешедший на службу в Красную армию и связанный с некоторыми военными руководителями СССР, в частности — с М.Н. Тухачевским. Официальная версия: его убийца

Коленберг сказал, что отомстил генералу за его зверства («белый террор») в годы Гражданской войны. Но ведь в ту пору амнистированный Слащёв служил в Красной армии (преподавал). Историк и литературовед В.И. Лосев предположил: «Скорее всего, это убийство было «приурочено» к травле Булгакова (на писателя это преступление не могло не произвести самого тягостного впечатления) и рассмотрению вопроса о «Беге» в верхах». Речь идет о пьесе Михаила Булгакова, в которой один из главных героев генерал Хлудов «списан» со Слащёва. В те годы Булгаковым вплотную интересовались ОГПУ и лично Г. Ягода, а «Бег» обсуждался на заседании Политбюро ЦК ВКП(б).

Трудно поверить, что столь громкое убийство было совершено на «литературной» почве. Более правдоподобно предположение, что Слащёва пытались привлечь к тайной оппозиции (ведь была еще и явная, о которой обычно ведется речь) и, получив его отказ или отметив его колебания, вынуждены были поскорее избавиться от него. Почерк просматривается тот же, что и в деле Блюмкина.

В то же время была развернута такая травля Булгакова, которая имела целью уничтожить его как писателя и драматурга или даже привести к самоубийству. В этой травле принимали активнейшее участие не только литературные критики, но и председатель Главреперткома Ф. Раскольников, драматурги В. Киршон и Билль-Белоцерковский. Кстати, последний написал письмо Сталину с доносом на Булгакова. В ответе от 2 февраля 1929 г. (впервые опубликованном в 1949 году) Сталин отметил: «Я считаю неправильной саму постановку вопроса о «правых» и «левых» в художественной литературе (а значит и в театре)... Странно было бы... применять эти понятия к такой непартийной и несравненно более широкой области, как художественная литература, театр и пр.». Сталин достаточно твердо защищал «Бег» и его автора от наветов Билль-Белоцерковского, предлагая, не без скрытой иронии, вступить в соревнование с Булгаковым и представить пьесы лучшего качества, более интересные и более художественные, чем у него, «ибо только в обстановке соревнования можно будет добиться сформирования и кристаллизации нашей пролетарской художественной литературы». О пьесе «Дни Турбиных» он сказал, что это «есть демонстрация всесокрушающей силы большевизма».

Иногда считается, что Сталин уже тогда был всесилен (каким он не был, пожалуй, никогда) и под его руководством совершалось все то, что происходило более или менее существенного в стране. Чтобы понять, что это было далеко не так, что многими событиями — в частности травлей Булгакова — руководили его противники, достаточно обратиться к стенограмме встречи в феврале 1930 года делегации украинских писателей со Сталиным. При этом генсек старался оставаться в рамках литературно-просветительской дискуссии, а впервые приехавшие к нему на прием украинские писатели упорно переводили русло разговора на проблемы политики и главным образом «контрреволюционного» творчества Булгакова.

А. Десняк заявил: «Когда я смотрел «Дни Турбиных», мне прежде всего бросилось то, что большевизм побеждает этих людей не потому, что он есть большевизм, а потому, что делает единую неделимую Россию. Эта концепция, которая бросается всем в глаза, и такой победы большевизма лучше не надо».

Можно представить, какая волна возмущения накатила на Сталина. Выходит, эти люди — за расчлененную Россию?! Они же враги государственности Российской! Однако он не выдал негодования и продолжал защищать Булгакова: «Там изображены русские люди — Турбины и остатки из их группы, все они присоединяются к Красной Армии как к русской армии. Это тоже верно (Голос с места: «С надеждой на перерождение».) Может быть...»

Сталин вынужден выступить в непривычной для него роли оправдывающегося, верней, оправдывающего писателя от злобного наскока на него коллег-литераторов. В конце он не выдержал и раздраженно спросил: «Вы что хотите, собственно?» И тогда приезжие с Украины потребовали снять пьесу Булгакова и взамен поставить пьесу Киршона о бакинских комиссарах, добавив, что это единодушное мнение и ради него они совершили «проникновение в Москву».

Вновь Сталин вынужден был защищаться: «...Легко снять и другое, и третье. Вы поймите, что есть публика, она хочет смотреть... (сам он много раз смотрел эту пьесу. — *Авт.*) Вы требуете от Булгакова, чтобы он был коммунистом, — этого нельзя требовать...» Дискуссию вынужден был прервать присутствовавший здесь же Каганович, по-видимому, ощутивший раздражение Сталина. (Можно добавить, что в последующие годы почти все из числа присутствовавших на этой встрече писателей, а также тех, кто травил Мастера, были репрессированы (Воланд в булгаковском романе «Мастер и Маргарита» был той темной силой, которая свершала свой суд, во многом справедливый и направленный не столько против личных врагов, сколько против врагов «общего дела».)

Надо отметить, что Сталин сыграл в судьбе Булгакова примерно ту же роль, что и Воланд в судьбе Мастера. В конце марта 1930 года он писал в письме Правительству СССР: «Ныне я уничтожен». Неожиданно для него последовал телефонный звонок Сталина. Генсек сказал: «Мы Ваше письмо получили. Читали с товарищами. Вы будете по нему благоприятный ответ иметь... А может быть, правда — Вы проситесь за границу? Что, мы вам очень надоели?

После недолгой растерянности писатель ответил:

— Я очень много думал в последнее время — может ли русский писатель жить вне родины. И мне кажется, что не может.

— Вы правы. Я тоже так думаю. Вы где хотите работать? В Художественном театре?

— Да, я хотел бы. Но я говорил об этом, и мне отказали.

— А вы подайте заявление туда. Мне кажется, что они согласятся...»

Это было еще одно доказательство нечеловеческой прозорливости Воланда: на следующий день Мастера приняли во МХАТе с восторгом и умилением, тотчас зачислив ассистентом-режиссером.

А вскоре на стол начальника Секретного отдела ОГПУ Агранова легла совершенно секретная сводка, в которой говорилось, что разговор Сталина с Булгаковым стал широко известен в интеллигентских кругах Москвы и горячо обсуждается. В сводке еще говорилось:

«Такое впечатление, словно прорвалась плотина и все вдруг увидали подлинное лицо тов. СТАЛИНА. Ведь не было, кажется, имени, вокруг которого не сплелось бы больше всего злобы, ненависти, мнений как об озверелом тупом фанатике, который ведет к гибели страну, которого считают виновником всех наших несчастий, недостатков, разрухи и т.п., как о каком-то кровожадном существе, сидящем за стенами Кремля. (Точно такое мнение внедрено за последние два десятилетия в сознание масс. — *Авт.*) Сейчас разговор:

— А ведь СТАЛИН действительно крупный человек. Простой, доступный... Никогда не было никакой кичливости.

А главное, говорят о том, что СТАЛИН совсем ни при чем в разрухе. Он ведет правильную линию, но кругом него сволочь. Эта сволочь и затравила БУЛГАКОВА, одного из самых талантливых советских писателей. На травле БУЛГАКОВА делали карьеру разные литературные негодяи, и теперь СТАЛИН дал им щелчок по носу. Нужно сказать, что популярность Сталина приняла просто необычайную форму. О нем говорят тепло и любовно, пересказывая на разные лады легендарную историю с письмом БУЛГАКОВА...»

Судя по всему, сведения собирал агент, хорошо знавший интеллигентские круги Москвы и относящийся с симпатией к Булгакову. Обращает внимание поворот общественного мнения настолько крутой, что даже те, кто еще недавно ненавидел и презирал Сталина, стали отзываться о нем с восторгом и даже делая обобщения, вовсе не вытекающие из эпизода с Булгаковым: о непричастности Сталина к разрухе.

Несколько странно, что ОГПУ не постаралось по своим каналам позаботиться о том, чтобы всемерно улучшать «имидж», как теперь говорят, Сталина. Сделать это можно было, обеспечив «утечку» информации о письмах Демьяну Бедному и Билль-Белоцерковскому, о беседе с украинскими литераторами и т.п. В этом отношении руководство ОГПУ занимало, по-видимому, в лучшем случае нейтральную позицию.

Нет сомнения, что восторги по поводу защиты Сталиным Булгакова высказывали преимущественно представители русской творческой интеллигенции. Ведь подавление русской национальной идеи было одним из ведущих идеологических направлений левой оппозиции, так же как идеи великой России-СССР. Такая позиция Сталина определила существование немалого количества его врагов среди руководства партии, правительства, ОГПУ. Но она же обеспечила ему поддержку широких масс партийцев и беспартийных.

Был ли это со стороны Сталина хитрый политический ход: использование в целях сохранения личной власти великодержавного шовинизма, русского национализма? Тем, кто так думает, полезно ознакомиться с многочисленными работами Сталина по национальному вопросу, опубликованными еще до того, как он стал генсеком. В этих взглядах его полностью поддерживал Ленин, который не признавал никогда национализм (несуществующий) великороссов, да и всякое русское национальное проявление. Просто, в отличие от Ленина, Сталин никогда не считал русский народ (или какой-то иной) тупым темным стадом, «быдлом», руководить которым следует представителям других, более высокоинтеллектуальных наций (тем более что таких наций не было и нет!).

30-е годы

Общую характеристику этого периода предельно кратко постарался дать историк Н.В. Стариков в энциклопедическом словаре «Россия. XX век. Политика и культура» (1999). Эта работа предназначена для студентов, школьников и всех, кто интересуется историей России. Будем основываться на тексте Старикова, с комментариями и критическими замечаниями.

Эти годы в упомянутой монографии названы: «Расцвет большевистской цивилизации». К сожалению, подобная узкая политизация понятия «цивилизация» стала достаточно распространенной. Понятие «цивилизация» несравненно более широкое, чем какие-нибудь дополнительные определения типа «большевистская», «меньшевистская», «социал-демократическая» и т.п. О типах цивилизаций писали многие мыслители, в частности, у нас Н.Я. Данилевский (вслед за ним — немец О. Шпенглер). Но никто, однако, не доходил до такого примитивизма в определении этого понятия.

Какая же могла складываться цивилизация в России после свержения монархии? Научно-техническая, индустриальная — безусловно. Но такая же к тому времени сложилась и на Западе, в США. Там она основывалась на буржуазно-демократических ценностях при господстве капитала. В СССР была официально провозглашена диктатура пролетариата, трудящихся масс, а не капитала. Строй в отличие от капиталистического был назван социалистическим. Вряд ли есть какие-то резоны для отказа от подобных характеристик в пользу вульгарной политизации.

Интересно, что Н.В. Стариков назвал советское общество миром людей, идущих «навстречу дню». И дальше: «Смешение не утраченных пока иллюзий с искренней убежденностью в их осуществимости. Великая увлеченность. Порывы первооткрывателей (покорение мирового океана, экспедиции на Северный полюс, освоение техники)». К этому добавим: героическое освоение Северного морского пути, труднодоступных районов Севера, Сибири, Дальнего Востока, Средней Азии. Одни только открытия геологов не имеют аналогов в мире, учитывая кратчайшие сроки и трудности изучения и освоения многих регионов.

«Страх и Вера как основания системы. Жесткость властной вертикали. Мобилизационные формы активности... Стремление «верхов» к обеспечению духовного сплочения народа вокруг задач модернизации. Подавление свободы и совершенство «дисциплинирующего насилия». Изменение функций и символов политической системы. Принятие новой конституции. Утверждение новых советских политических традиций...»

Характерное для перестроечной идеологии очернение этого героического периода в жизни советского общества выразилось здесь в таких понятиях как «страх», «подавление свободы», «насилие». Надо заметить, что при любой цивилизации неизбежно и устрашение определенных групп населения, и подавление свободы (формы и принципы такого подавления изменчивы, но суть остается), и насилие. Странно, что автор не заметил, что выше он говорил о великой увлеченности, порыве первооткрывателей, которые как-то не вяжутся с тотальным страхом, насилием и пр.

«...Психология «осажденной крепости». Харизматическое лидерство Сталина, насаждение культа его личности. Волны антибюрократического популизма. Подготовка к восприятию военной угрозы».

Тут все как-то невнятно, уклончиво сформулировано, прямо-таки в духе популизма горбачевско-ельцинского периода. Надо прямо сказать: страна была на положении осажденной крепости, при постоянной угрозе войны. Был культ личности (но, как говаривал Михаил Шолохов, и личность была; насаждался еще более изощренно и упорно культ Хрущева, Брежнева, Горбачева, Ельцина, но ведь народ этого не принял!).

Из других характеристик отметим «Русский поворот» конца 30-х годов. По-видимому, имеется в виду определенное отступление от принципов интернационализма и мировой революции к политике патриотизма, признания величия русской-российской истории.

«Реализация стратегии усиления классовой борьбы. Убийство Кирова. Расправы и «чистки». Беспрецедентность политического предупредительного террора. Психоз «заговоров» и «вредительства». «Ежовщина». Московские судебные процессы...»

Выходит, террор был «предупредительным», а заговоры — мнимыми, вызванными общественным (или личным — Сталина) психозом. Согласиться с таким мнением трудно: оно основано на идее, внедренной в общественное сознание (преимущественно так называемых интеллектуалов) не только антисоветской пропагандой извне, но и установками, которые были даны во времена Хрущева и его последователей.

Интересный психический феномен: тот же автор в этой же книге приводит факты об экономическом, социальном и культурном развитии страны, о создании в эти годы многочисленных научных учреждений и, наконец, замечательных достижениях в области культуры. А в общей характеристике утверждает о «принижении интеллигенции», «падении культуры власти», «торжестве политической целесообразности», «крайней слабости материальной базы».

Происходит резкое расчленение идеологической установки (типа «империи зла») и фактов; исследование, основанное на фактах, подменяется набором фактов при заранее заданной идеологической установке.

Справедливости ради надо отметить, что такой подход сформировался в советской историографии еще с ленинской поры, когда существовала идеологическая установка на «единственно верное» учение Маркса—Энгельса. В угоду этому учению подбирались и группировались факты (благо, что история народов и государств предоставляет богатые возможности для подбора сведений, «подтверждающих» самые разные, противоречивые, а то и просто бредовые идеи).

Но все-таки Маркс и Энгельс были скрупулезными исследователями и незаурядными мыслителями, поэтому в их концепции исторического процесса содержится немало дельных, обоснованных положений. Этого никак не скажешь о тех, кто продолжает не столько изучать и осмысливать, сколько охаивать историю СССР.

Итак, после такого вступления попробуем вспомнить некоторые события 30-х годов, связанные с нашей темой, а также отчасти, более широко, с историей СССР.

Самые обшие соображения

При оценке ситуации в СССР и мире в 1930-е годы очень важно определить общие положения, без которых понять происходившее практически невозможно. Современные историки антисоветского направления невольно или сознательно сопоставляют, скажем, уровень жизни и положение трудящихся в СССР с теми условиями, которые были созданы на Западе для трудящихся (и безработных) в 1960—1970-е годы.

В действительности в первой половине 30-х годов Западная Европа и США находились в жестких тисках экономического кризиса. Это обстоятельство, помимо всего прочего, давало возможность «левым», главным образом троцкистам, рассчитывать на победоносную мировую революцию.

Однако опасность такого оборота событий, т.е. перманентной революции, заставляла в свою очередь развитые капиталистические страны консолидировать свою борьбу с большевизмом, с СССР, вести ее во всех областях — в экономике, политике, в информационной сфере. Противостоять этим усилиям молодой неокрепшей стране было чрезвычайно трудно.

Но если экономический кризис ведущих капиталистических держав заставлял их прибегать к жестким мерам перед лицом действительной или мнимой угрозы со стороны «революционного пролетариата», то в то же время капиталисты не могли отказаться от выгодных сделок с быстро развивающимся экономически СССР. (Как некогда говаривал Ленин, капиталист ради выгоды продаст вам веревку, на которой его можно будет повесить.)

Таким образом, для Запада была невыгодна полная экономическая блокада Советского Союза. Однако его очевидные успехи в социалистическом строительстве вынуждали искать некий «противовес» этой угрозе. И он был найден: фашистская Германия и милитаризованная Япония. Они с двух сторон «блокировали» СССР.

...Мы, конечно, не можем утверждать, что именно такими соображениями руководствовались правители ведущих капиталистических государств. У них, конечно, были собственные частные интересы и противоречия, к тому же международная ситуация была в значительной степени запутана. Но в самом общем виде она выглядит такой, какой мы ее охарактеризовали. Это — объективная реальность.

Таким образом, на международной арене СССР вел достаточно сложную игру, причем ставка была велика — выживание первого в мире государства, где у власти находились представители народа, а не наиболее знатных, богатых, обладающих властью социальных слоев. Создавалось впечатление, что оправдываются прогнозы марксизма о неизбежности краха буржуазных государств и установления диктатуры пролетариата если не во всех, то по меньшей мере в промышленно развитых странах. Было бы наивно предполагать, что интеллектуальная элита, находясь в услужении капиталистов, не разрабатывала и не пыталась претворить в жизнь самые изощренные планы уничтожения СССР.

Подчеркнем: в тот период «экономические факторы» были благоприятны именно для страны социализма и крайне неблагоприятны для капиталистических ведущих держав. Следовательно, обстоятельства заставляли их делать ставку на насильственное свержение социалистического строя, на усугубление противоречий между классами, правящей партией и народными массами, между группировками внутри партии.

Насколько серьезны были внутренние силы, противостоящие строительству социализма? Есть все основания полагать, что они были очень значительными. Насильственное свержение существовавшего недолго после царизма «демократического» Временного правительства значительно увеличило число недовольных в стране. Среди «бывших» были сравнительно немногие, решившиеся поддержать советскую власть. Большинство было настроено активно против нее.

Недооценивать антисоветские настроения было бы крайне легкомысленно. Число подобных внутренних врагов режима исчислялось миллионами! И хотя они были разрознены, однако были готовы в любую благоприятную минуту выступить против советской власти даже с оружием в руках. Кстати сказать, за рубежом находилось около миллиона белогвардейцев, готовых взять реванш у Красной армии. Ненависть к большевикам у многих переросла в ненависть к России, которая стала для них злой мачехой.

Официально в СССР оставалась одна господствующая партия. Однако в стране были миллионы людей, политические интересы которых простирались в самом широком спектре: от крайних анархистов-индивидуалистов до буржуазных демократов и анархистов. Всех этих людей объединяла неприязнь, а то и ненависть к коммунистической партии.

Наконец, в самой коммунистической партии еще со времен Ленина существовали острые противоречия. Победившие большевики, в свою очередь, сравнительно быстро разделились на несколько фракций и группировок.

Ни Политбюро, ни ЦК ВКП(б), ни другие руководящие партийные и государственные органы не представляли собой монолитного единства. Помимо идеологических расхождений, немалое значение имела борьба за власть, за ключевые посты в правительстве и партаппарате.

Некоторые современные историки явно или неявно исходят из того, что Сталину и его группировке приходилось яростно, а то и судорожно бороться за власть со своими политическими конкурентами. Такие «исследователи» по какой-то причине не замечают самого главного, с чем приходилось сталкиваться постоянно руководству СССР и что мы в самом упрощенном виде упомянули выше.

И еще одно существенное обстоятельство. Сталину удалось распутать, а где-то и разрубить сложнейший клубок проблем, в которых политические, и тем более межпартийные, не были самыми важными. Он боролся не столько за власть, сколько за свою идейную линию во внутренней и внешней политике, в экономике, культуре, идеологии. Он оказался победителем. И вовсе не потому, что был коварней и жесточе своих врагов. Такая версия была придумана только для того, чтобы не признать очевидное: его правду, правоту, подтвержденную не какими-то умозрительными рассуждениями, а реальностью: построением великой державы и победой в Великой Отечественной войне, созданием надежной базы для успехов 50-х и начала 60-х годов.

Справедливости ради надо подчеркнуть, что враги у Сталина были значительно коварней, беспринципней и более жестоки, чем он. Во внешней политике достаточно вспомнить историю Британской или Германской империй, Японии и США, чтобы понять, с помощью каких коварных и кровавых ухищрений они отстаивали свои интересы и расширяли сферы своего влияния. И разве не Антанта напала на юное социалистическое государство? Или через десяток лет хищные империалистические державы превратились в скромненьких травоядных?

Если говорить о внутренних врагах Сталина и его соратников, то и они — ни правые, ни левые — никогда не были непротивленцами. Напротив, Троцкий или Зиновьев были (во всяком случае, если верить осведомленному писателю Марку Алданову, да и многим другим) не менее жестоки, чем Сталин... Уцелевшие оппозиционеры заявляли, что если бы победили они, их террор был бы страшнее сталинского.

Надо очень не верить в здравый смысл народа, чтобы утверждать, будто великие свершения можно осуществить единственно путем интриг, хитрости, коварства, злобности, жестокости, террора. На зыбком фундаменте лжи и подлости могучую державу не выстроишь, — а вот разрушить ее таким образом как раз нетрудно, как показал опыт СССР конца XX века. Устойчивость любой великой страны зависит не от прочности тюремных оград, а от надежности экономической базы и духовной силы народа.

Сталинский курс развития СССР привел страну к небывалым во всей всемирной истории успехам.

Правда, можно услышать возражение: но ведь СССР после Сталина не просуществовал и полвека. Значит... Это значит, что созданная система была чрезвычайно устойчива: ведь ее всячески расшатывали и «перестраивали» или даже откровенно крушили такие деятели как Хрущев, Горбачев, Ельцин и множество их сподвижников в стране и за рубежом. То, как много было злобных врагов у советской власти, показало время распада СССР. Нет никаких оснований полагать, будто в 30-е годы этих врагов было меньше. Напротив, их было больше, и сопротивление их надо было преодолеть.

В те далекие годы в СССР, а тем более за рубежом существовало огромное количество людей, ненавидевших советскую власть, партию большевиков, лично Сталина. Часть из них безусловно была организована и готова на самые решительные действия по свержению советской власти, отстранение от власти или уничтожение большевиков и Сталина. Такова была объективная ситуация, и она не могла быть иной.

В период «перестройки» (антисоветской и антикоммунистической) распространилась достаточно странная на непредубежденный взгляд версия о том, что при советской власти массовые репрессии были организованы по указанию Сталина и для них не было никаких объективных причин. В таком случае пришлось выдвигать версию о причине субъективной, заключавшейся в личных отвратительных и страшных чертах характера Сталина, обуянного, с одной стороны, дикой жаждой власти, с другой — острой манией преследования, паническим страхом за свою жизнь и неукротимой жестокостью.

Безусловно, ни один здравомыслящий человек вроде бы не может поверить в то, что такой маньяк, к тому же мало образованный и умственно ограниченный, мог практически единолично (как принято утверждать) руководить огромной страной в труднейшие периоды ее истории, причем руководить успешно. Да такое деяние под силу только гению из гениев; тут действительно возникают серьезнейшие основания для культа личности Сталина.

Мы далеки от такой версии. Ее популярность можно объяснить только возможностью массового внушения нелепейших идей в современную эпоху электронной наркоцивилизации. Внушение вместо доказательств! Самое печальное, что «авторитетному внушению» подвержены главным образом те, кто считает себя интеллектуалами (для них главное — быть причастными к интеллектуальной моде, тем более если это сулит определенные выгоды).

Вот, к примеру, свидетельство весьма осведомленного автора, ветерана органов госбезопасности генерала П.А. Судоплатова, которое подтверждается и другими высказываниями очевидцев: «До убийства Кирова Сталина нередко можно было встретить на Арбате в сопровождении Власика — начальника личной охраны и двух телохранителей. Он часто заходил к поэту Демьяну Бедному, иногда посещал своих знакомых, живущих в коммунальных квартирах».

Маршал Г.К. Жуков вынужден был исправить и дополнить свои мемуары, изданные в хрущевскую пору, признав: «В руководстве вооруженной борьбой в целом И.В. Сталину помогали его природный ум, опыт политического руководства, богатая интуиция, широкая осведомленность. Он умел найти главное звено в стратегической обстановке и, ухватившись за него, оказать противодействие врагу, провести ту или иную наступательную операцию. Несомненно, он был достойным Верховным Главнокомандующим» (да ведь это доказывает более убедительно победа СССР под его руководством. — *Авт.*).

Правда, можно подозревать, что маршал Жуков, как подчиненный, не мог объективно оценить качества своего авторитетного начальника. Но вот свидетельство У. Черчилля, которого никак нельзя заподозрить в симпатиях к СССР и Сталину. Осенью 1941 года английский премьер прибыл в Москву и сообщил о готовящейся англо-американской операции «Торч». Сталин быстро оценил продуманность этой операции, перечислив доводы в ее пользу. «Это замечательное заявление, — писал Черчилль, — произвело на меня глубокое впечатление... Очень немногие из живущих людей могли бы в несколько минут понять соображения, над которыми мы так настойчиво бились на протяжении ряда месяцев. Он все это оценил молниеносно».

Короче говоря, версии о субъективных причинах репрессий в СССР при Сталине, коренящихся в особенностях его личности, не имеют под собой никаких существенных оснований, не говоря уж о том, что они по сути своей антиисторичны. Подобные авторы обсуждают закономерности исторического развития, существования и упадка государств с позиций кумушек, сплетничающих о своих соседях, или маниакальных кляузников, строчащих доносы.

Надо отметить, что и у противников Сталина, его курса, партии большевиков и советского строя были, безусловно, веские объективные причины объединяться, устраивать тайные организации и заговоры, стараться консолидировать свои силы. Хотя и между ними были свои противоречия, порой непреодолимые. Если бы дело касалось только лично Сталина, то с ним покончили бы сравнительно быстро. Если бы группа сталинистов была невелика, то и ее свергнуть не представляло бы большой трудности. Тем более, как известно, руководство партии и страны вовсе не представляло собой монолитную глыбу или хотя бы прочный конгломерат.

...Во время Второй мировой войны Сталин поделился с Черчиллем своими воспоминаниями о первой половине 30-х годов, признавшись, что это был период самой ожесточенной борьбы за власть, когда ему угрожали наибольшие опасности.

Сталин 1931 года был совсем не тем диктатором 1941 и уж тем более 1951 года, когда он многое мог решать по собственному усмотрению. В тридцатые годы, выйдя победителем из ожесточенной межфракционной борьбы, он оказался опутан густой сетью внутри- и внешнеполитических проблем. Вал за валом обрушивались на него все новые трудности, которые максимально использовали оппозиционные силы.

В Политбюро Сталин мог твердо рассчитывать на Молотова, Кирова, Кагановича, Косиора. Этого нельзя было сказать о Калинине, Куйбышеве, Орджоникидзе, Рудзутаке.

Вот, к примеру, шуточное посвящение Калинину, написанное рукой Сталина 21 января 1933 года:

Бокля, Миля, Конта, Канта
Сто раз легче прочитать
И дойти до их субстанта,
Чем тебя, мой друг, понять.

Ясно, что намек не на психологические тонкости характера Калинина, а на его политическую колеблющуюся позицию.

Даже, казалось бы, верный и давний сталинский друг К.Е. Ворошилов на январском пленуме ЦК ВКП(б) заявил, что он верит Бухарину «во сто крат больше, чем Рыкову, и в тысячу раз больше, чем Томскому. Томский хитрит, Рыков пытается быть искренним, но пока у него ничего не получается. Бухарин искренен и честен».

Однако в действительности Бухарин был вовсе не так прост и откровенен, как полагал Ворошилов. На том же пленуме ЦК Бухарин счел нужным утверждать, в угоду создавшейся ситуации: «Исторически сложившееся руководство нашей партии во главе с товарищем Сталиным, этой энергичной железной фигурой, целиком завоевало себе право на руководство всем дальнейшим процессом».

Тут проскальзывает некоторая ирония по поводу «энергичной железной фигуры» Сталина. Да и не слишком удачное упоминание руководства партией, завоевавшего право на руководство процессом. Но в общем вся эта риторика призвана показать, что никаких существенных противоречий в Политбюро и ЦК партии нет и что под предводительством Сталина все продолжают движение в одном направлении. Реальность была иной. Бухарин и Рыков, имевшие свой взгляд на дальнейшее развитие страны, пользовались авторитетом у Куйбышева, Калинина, Орджоникидзе, Ворошилова, Рудзутака.

Существовавшие разногласия и колебания не были секретом для Сталина. Он был убежден, что партийное руководство должно быть максимально сплоченным. Он перевел Орджоникидзе с партийной на хозяйственную работу: возглавлять индустрию. Куйбышева предполагалось сделать наркомом иностранных дел, но его направили руководить Госпланом. Рудзутак был снят с поста 1-го заместителя председателя Совнаркома (Молотова) и руководства наркоматом путей сообщения. Ворошилов был отправлен в длительный отпуск и заменен И.П. Уборевичем, делавшим в 20-х годах блестящую карьеру.

Вряд ли можно сомневаться, что Сталин стремился к единоличной власти, а не коллегиальному руководству. В этом нет ничего удивительного. Можно провести аналогию с управлением крупным судном в неизвестной акватории при неустойчивых ветрах и подводных течениях, порой с внезапными штормами, когда требуется принимать решения без долгих дискуссий и когда приходится полагаться во многом на интуицию, а не только логически выверенный расчет.

В обстановке, сложившейся после Гражданской войны, когда надо было принимать решения при постоянном недостатке информации (ведь шло строительство во многом невиданной социальной системы), в состоянии неопределенности наиболее рациональной была стратегия, основанная на вере в непререкаемые авторитеты, в исключительную личность. Короче говоря — стратегия *религиозного* типа*.

Именно такая стратегия сложилась (по-видимому, стихийно) в системе управления курсом «гигантского корабля» — СССР, когда Ленина превратили в пророка с теоретическими предтечами Марксом и Энгельсом. Причем на этого коммунистического пророка истово ссылались и Сталин, и почти все оппозиционеры его курсу. Реальная ситуация «подгонялась» под соответствующие высказывания Ленина, нередко относившимся или к абстрактно-теоретическим коллизиям, либо к иному историческому периоду.

Сталин не только был теоретиком, способным предвидеть

* Мнения авторов на этот счет расходятся. С. Миронов полагает, что Сталин, оставаясь марксистом-материалистом, последователем учения Ленина, не мог даже невольно осуществлять стратегию религиозного типа, основанную преимущественно на вере и авторитете.

будущее. Он сам «организовывал» это будущее, опираясь на единственно рациональный в подобных случаях — иррациональный религиозный метод. Но при этом он ссылался постоянно на теоретические НАУЧНЫЕ (якобы) положения марксизма-ленинизма. Ибо в XX веке слово «научное» приобрело религиозный оттенок, как бы олицетворяя неоспоримую истину.

Выбор верной стратегии — важнейший фактор в политической борьбе. И Сталин, сам того, возможно, не сознавая, осуществлял именно такую стратегию.

К чести оппозиции

В хрущевское и горбачевско-ельцинские времена появилось у нас и за рубежом множество публикаций, в которых утверждалось, что едва ли не все процессы над антисоветскими, антипартийными и оппозиционными группами и организациями были фальсифицированы ОГПУ, НКВД, партийной верхушкой по личным указаниям Сталина.

Надо сразу сказать, что вопрос этот не так прост, как может показаться с первого взгляда. Убедительно опровергнуть такую версию не менее трудно, чем доказать. Заговоры и тайные организации на то и тайные, чтобы оставлять как можно меньше документов, фактических свидетельств своего существования. Сведения о них приходится получать или от агентов, внедренных в такие организации, или от «отщепенцев», предателей данной идеи, или по косвенным данным, или, наконец, в результате признаний подозреваемых. Во всех этих случаях несомненных доказательств добыть практически невозможно, и только тогда, когда сходится весь комплекс полученных сведений... Впрочем, и тогда может оставаться место для сомнений: а вдруг материалы подбирались под заранее заготовленную версию?

При расследовании такого рода политических дел часто случается, что есть возможность преувеличить масштабы «заговора» или влиятельность тайной организации, привлечь к ответственности тех, кто лишь косвенно относился к «преступному сообществу», не принимая в нем активного участия. По-видимому, в разгар политических репрессий в СССР так и происходило. Так происходит в определенных ситуациях и в самых разных странах.

Например, в январе 1920 года в США было арестовано 10 тысяч человек, считавшихся членами компартии. Как позже сообщил Рузвельт Гуверу, секретная служба «заверила его, что она имеет информаторов во всех коммунистических группах». А во время войны с Японией в США были без суда и следствия, да и без какой-то особой необходимости заключены в концентрационные лагеря 112 тысяч американцев японского происхождения, включая женщин и детей. И все это — в стране, считающей себя оплотом буржуазной демократии (и вопреки ее конституции).

Особый вопрос: а допустимы ли вообще политические репрессии, подавление инакомыслия насильственными методами?

Эта проблема весьма непростая, и мы лишь вскользь коснемся ее. Она не имеет абсолютно верного на все времена и любые ситуации ответа. Только явные демагоги или наивные фантазеры, далекие от общественных реалий, могут утверждать, будто политические права граждан на распространение оппозиционных идей и мнений, на их массовое обсуждение и пропаганду должны удовлетворяться в любых условиях. Разве во время войны какое-нибудь государство позволяет своим гражданам высказываться в пользу противника?

Надо иметь в виду, что СССР с момента своего создания жил в условиях военного положения. Объективно! Угроза войны была практически постоянной: и от внешних врагов, и от внутренних противников, которых было немало и многие из которых были настроены решительно.

Распространенная версия о том, что репрессии 30-х годов были необоснованны, прежде всего не делает чести непримиримой оппозиции, выступавшей против сталинского курса во внутренней политике и против диктаторства Сталина. Нет, у сталинцев и их вождя были не мнимые, а реальные враги. Они имели собственные убеждения и, кстати говоря, нередко называли себя истинными ленинцами, искренне веря в это.

Показательный пример: оппозиционер М.Н. Рютин. Впрочем, он несколько лет упрямо отстаивал сталинскую линию, был непримиримым противником левой оппозиции. В 1925 году он был избран секретарем Краснопресненского райкома партии Москвы. В работе «Портреты революционеров» Троцкий назвал Рютина «одним из видных деятелей партии, руководившим в столице борьбой с оппозицией, очищающим все углы и закоулки от троцкизма» (обратите внимание на стилистические «красоты» этого публициста). 7 ноября 1927 года, когда оппозиционеры попытались открыто обратиться к народным массам, Рютин с группой верных сталинцев вступил в рукопашную стычку с оппозиционерами (Смилгой, Преображенским и др.). Но уже в следующем году он пришел к мысли о необходимости идейной борьбы с линией Сталина. Его сняли с поста секретаря райкома «за примиренческое отношение к правому уклону». Выступавшие на этом пленуме райкома говорили, что Рютин зазнался и перестал признавать авторитет ЦК.

Тем не менее вскоре, после того как он направил в Политбюро письмо о недостатках и перегибах в колхозном движении (предполагается, что некоторые его предложения использовал Сталин в своей статье «Головокружение от успехов), Рютина назначили председателем кинообъединения, членом президиума ВСНХ и коллегии Наркомпроса.

Осенью 1930 года в ЦК ВКП(б) поступило заявление А.С. Немова, члена партии с 1917 года, сообщавшего, что находясь на отдыхе в Ессентуках, Рютин, встречаясь с ним, вел антипартийные разговоры. Биограф Рютина Б.А. Старков высказал свое мнение: «Все это походило на хорошо продуманную и организованную провокацию». Такое мнение не только ничем не подтверждено, но и противоречит тому, что стало совершенно очевидно уже в 1932 году, когда была обнародована обстоятельная работа Рютина (анонимная, ввиду ее оппозиционности): «Сталин и кризис пролетарской диктатуры».

То, что Рютин не мог выступить с «открытым забралом», — понятно и оправдано: в таком случае его бы непременно забрали соответствующие органы. Вот что писал он в упомянутой работе:

«Сталинская политическая ограниченность, тупость и защита его обанкротившейся генеральной линии являются пограничными столбами, за черту которых отныне не смеет переступить ленинизм... Подлинный ленинизм отныне перешел на нелегальное положение, является запрещенным учением...

...Сила сталинского террора (на основе централизации руководства и мощного аппарата) при первом же серьезном толчке обнаружит и все свое банкротство... при первом же серьезном испытании она обнаружит невиданное внутреннее разложение...

...Ошибки Сталина и его клики из ошибок переросли в преступления...

...Самый злейший враг партии и пролетарской диктатуры, самый злейший контрреволюционер и провокатор не мог бы лучше выполнить работу разрушения партии и соц. строительства, чем это делает Сталин...

...Сталин объективно выполняет роль предателя социалистической революции...

...Было бы непростительным ребячеством тешить себя иллюзиями, что эта клика, обманом и клеветой узурпировавшая права партии и рабочего класса, может их отдать добровольно обратно. Это тем более невозможно, что Сталин прекрасно понимает, что партия и рабочий класс не могут простить ему ужасающих преступлений перед пролетарской революцией и социализмом. При таком положении вещей у партии остается два выбора: или и дальше безропотно выносить издевательства над ленинизмом, террор и спокойно ожидать окончательной гибели пролетарской диктатуры, или СИЛОЮ УСТРАНИТЬ ЭТУ КЛИКУ и спасти дело коммунизма...

...Само собою разумеется, что в этой работе нужна величайшая конспирация, ибо Сталин, несмотря на то, что мы последовательные ленинцы, обрушит на нас все свои репрессии...

...Для борьбы за уничтожение диктатуры Сталина надо в основном рассчитывать не на старых вождей, а на новые силы. Эти силы есть, эти силы будут быстро расти...

Борьба рождает вождей и героев...»

На роль такого вождя и героя и мог с полным основанием претендовать Рютин. Он составил политическое обращение «Ко всем членам ВКП(б)», в котором призывал к насильственному свержению «Сталина и его клики», которые за последние пять лет отсекли от руководства «все самые лучшие, подлинно большевистские кадры партии», поставив «Советский Союз на край пропасти... Развал и дезорганизация всей экономики страны, несмотря на постройку десятков крупнейших предприятий, приняли небывалые размеры. Вера масс в дело социализма подорвана, их готовность самоотверженно защищать пролетарскую революцию от всех врагов с каждым годом ослабевает...

Ненависть, злоба и возмущение масс, наглухо завинченные крышкой террора, кипят и клокочут...

Политбюро, Президиум ЦКК, секретари областных комитетов...превратились в банду беспринципных, изолгавшихся и трусливых политиканов, а Сталин — в неограниченного несменяемого диктатора, проявляющего в десятки раз больше тупого произвола, самодурства и насилия над массами, чем любой самодержавный монарх...

Мы призываем истинных ленинцев всюду и везде на местах организовывать ячейки Союза защиты ленинизма и сплотиться под его знаменем для ликвидации сталинской диктатуры...

От товарища к товарищу, от группы к группе, от города к городу должен передаваться наш основной лозунг: долой диктатуру Сталина и его клику, долой банду беспринципных политиканов и политических обманщиков! Долой узурпатора прав партии! Да здравствует ВКП(б)! Да здравствует ленинизм!

Всесоюзная конференция «Союза марксистов-ленинцев». Июнь 1932 г. Прочитав, передай другому. Размножай и распространяй».

Правда, упомянутая «всесоюзная конференция» была ограничена количественно (не более двух-трех десятков человек). Но уже по этим отрывкам можно судить, что настроение Рютина и его группы было нешуточным и, конечно же, ни о какой «хорошо продуманной и организованной провокации», устроенной ОГПУ, говорить не приходится.

К открытию январского пленума ЦК ВКП(б) в 1933 году Сталину стало ясно, что оппозиция — как «левая», так и «правая» — не разоружилась. Многие ее члены, считавшиеся «отошедшими» и «раскаявшимися», сложили оружие только на словах, для маскировки, в целях продолжения — уже на новом этапе — антисталинской борьбы. И даже считавшиеся твердыми сталинцами члены Центрального Комитета 16-го созыва Голощекин, Леонов, Колотилов и некоторые другие примкнули к ней.

Летом—осенью 1933 года Троцкий круто изменил свою политическую стратегию. До этого он призывал своих сторонников к борьбе за устранение Сталина в порядке партийной реформы. А вот что писал он в октябре 1933-го:

«После опыта последних лет было бы ребячеством думать, что сталинскую бюрократию можно снять при помощи партийного или советского съезда...

Для устранения правящей клики не осталось никаких нормальных, «конституционных» путей. Заставить бюрократию передать власть в руки пролетарского авангарда можно только силой».

Сталину пришлось спешно укреплять свои позиции. Поэтому среди членов ЦК ВКП(б) 17-го созыва появились такие его выдвиженцы как Ежов, Берия, Хрущев, а среди кандидатов — Булганин, Мехлис. В руководство Политбюро Сталин выдвинул Кирова (а его беспардонные перестроечные СМИ превозносили как главного конкурента Сталина!).

Стремясь перебросить идеологический мостик от 30-х годов к 90-м, тот же упомянутый выше Б.А. Старков утверждал, будто «работы Рютина — свидетельство того, что, несмотря на жесточайший режим подавления и репрессий, в обществе жили идеи демократизма и свободомыслия. Это прямое доказательство, что современные процессы демократизации имеют прочные корни» (написано в 1992 году). Это высказывание — поучительный пример того, как некоторые современные авторы понимают «идеи демократизма». Ведь у Рютина постоянно звучат ссылки на ленинизм как единственно верное учение и на диктатуру пролетариата. Тут даже и свободомыслия по сути нет. Насколько можно понять, Рютин стоял за расширение внутрипартийной «демократии», а также смену правящей группировки.

Мы не станем разбирать положения, высказанные Рютиным. Отметим только их радикальность, а также то, что за них он тогда был осужден на 10 лет.

Идеи Рютина не нашли сколько-нибудь широкой поддержки среди партийцев (не говоря уж о беспартийных). Они абсолютно не оправдались в действительности. Генеральная линия Сталина и его окружения доказала свою правоту и на фронте социалистического строительства, и на фронтах Великой Отечественной войны. Можно как угодно разглагольствовать о том, «что бы могло произойти, если бы...», рассуждая или о троцкистах, или о зиновьевцах, или о бухаринцах, или о рютинцах. Но факт остается фактом: ничего подобного не произошло. Было то, что было, и нам следовало бы не выступать судьями исторического процесса, а постараться понять его закономерности.

Отметим, что Рютин кое в чем был полностью солидарен с Троцким, который в том же 1932 году писал в «Бюллетене оппозиции»: «Сталин завел вас в тупик. Нельзя выйти на дорогу иначе, как ликвидировав сталинщину... Надо — убрать Сталина».

Как видим, практически в одно и то же время Рютин и Троцкий выступили с призывом к свержению — насильственному! — правящей группировки.

Можно, конечно, считать совпадение текстов Рютина и Троцкого — смысловое и хронологическое — чистой случайностью. Можно вдобавок толковать слово «убрать» в достаточно невинном смысле «снять с поста». Хотя из контекста работы Рютина и призыва Троцкого вытекает чрезвычайно жесткое отношение к Сталину как преступнику, гонителю ленинизма, предателю дела диктатуры пролетариата. А «убрать» предателя и тирана означает в лучшем случае — отправить за решетку.

Несколько слов о Мартемьяне Никитиче Рютине. Он был коренным сибиряком, сыном крестьянина. Окончил Иркутскую учительскую семинарию. В период Гражданской войны выдвинулся в средний руководящий слой партии. Стал ортодоксальным сталинцем. Разгонял митинги и демонстрации оппозиционеров (Троцкий называл его «паровым катком»). Был избран кандидатом в члены ЦК партии. Вошел в руководство Московской партийной организации — опоры Бухарина и Рыкова — и стал «правым», за что был снят с руководящих партийных постов. В 1930 году стал выступать за союз с троцкистами. Осенью того же года был исключен из партии, в январе 1931-го был арестован, но вскоре выпущен на свободу.

В августе 1932-го в ОГПУ поступило сообщение: «Группа харьковских активных троцкистов, поддерживавшая связь с московскими троцкистами, обсуждала обращение ко всем членам партии».

По мнению серьезного исследователя В.З. Роговина, Рютин вышел на авансцену, за кулисами же стояли троцкисты, а также Зиновьев и Каменев. Главной задачей было объединение всех оппозиционных сил против Сталина. Анализируя «рютинскую платформу, Роговин пришел к выводу: «Этот документ обнаруживает глубокое знакомство с тщательно скрывавшимися партийной верхушкой событиями в партии и стране. Едва ли столь детальная информация об этих событиях могла быть известна Рютину, на протяжении двух предшествующих лет оторванному от активного участия в политической жизни». Сам факт создания рютинской организации показал консолидацию самых разных антисталинских сил в партии, и даже тех, кто еще недавно был ортодоксальным сталинцем.

Таким образом, все указывает на то, что выступление Рютина и Троцкого не случайно были синхронизированы, как не случайным было и их идейное единство.

Осужденный на 10-летнее заключение, Рютин активно занимался самообразованием и не изменил своих взглядов (об этом можно судить по его письмам жене, где имеются на этот счет косвенные, но вполне определенные намеки; к примеру, он писал о Кромвеле — двуликом Янусе: революционере и контрреволюционере, убийце короля и тиране).

Правда, в письме Президиуму ЦИК СССР 4 ноября 1936 года он утверждал, что «от своих взглядов, изложенных в «документах», я уже четыре года тому отказался... От всякой политической борьбы и политической деятельности навсегда отказался... Статьи Уголовного кодекса, по которым я был осужден, обнимали и обнимают, несомненно, всю совокупность совершенных мною преступных деяний и моих преступных взглядов...» Однако следует учесть, что в этот момент он вынужден был бороться за свою жизнь, ибо его дело пересмотрели, выдвинув обвинение в терроризме (расстрельная статья). Рютин имел все основания отвергнуть такое обвинение, но понимал, что машина государственного террора, запущенная на полный ход, вряд ли остановится перед еще одной жертвой. Поэтому он подчеркнул: «Я заранее заявляю, что я не буду просить даже о помиловании, ибо я не могу каяться и просить прощения или какого-либо смягчения наказания за то, чего я не делал и в чем я абсолютно неповинен».

10 января 1937 года на вопрос прокурора Ульриха: «Признает ли подсудимый себя виновным?» — Рютин отказался отвечать и в тот же день был расстрелян.

Надо учесть, что еще на первом процессе коллегия ОГПУ приговорила его к расстрелу. Тогда Киров возражал против столь сурового приговора, его поддержали Орджоникидзе и Куйбышев, а Молотов и Каганович воздержались.

Но с той поры, как известно, ситуация в корне изменилась, в особенности после убийства Кирова. Свирепствовала «ежовщина», и отношение даже к бывшим оппозиционерам было самое беспощадное.

А в начале 30-х годов обстоятельства складывались так, что трудно было предугадать, чем все может завершиться: полным поражением или окончательной победой Сталина и его сподвижников. Усиливалась конфронтация с белогвардейский эмиграцией. Обострилась борьба внутри партии.

«Левые» продолжали считать XV съезд ВКП(б) (декабрь 1927 года), исключивший их лидеров из партии, «мелкобуржуазным переворотом», поправшим внутрипартийные нормы. Троцкий создал заграничный центр левой оппозиции, поддерживая связи со своими сторонниками в СССР.

Неудачи насильственной коллективизации и трудности индустриализации активизировали правую оппозицию. Фронт внутрипартийной борьбы расширялся. Постепенно два основных крыла оппозиции сознательно или невольно объединяли свои усилия в борьбе против сталинской генеральной линии.

Все это опровергает версию, пущенную в ход со времен хрущевской «оттепели», о том, что массовые репрессии были вызваны паранойей Сталина, а жертвы этих репрессий были почти все лояльны к Сталину, были некой покорной толпой, которая шла навстречу своей гибели. Такая версия возродилась и широко распространилась в годы «перестройки» и после нее.

Теперь проясняется другая версия: далеко не все пострадавшие тогда были невинными жертвами коварных наветов и провокационных фальсификаций ОГПУ-НКВД. Не было односторонней бойни партийцев, покорно идущих на гибель.

Была острая внутрипартийная борьба между сторонниками и противниками сталинского курса и лично Сталина. Среди тех и других были свои герои и свои подлецы, свои мученики и свои проходимцы. И эта борьба шла непрерывно на протяжении 30-х годов, все более ожесточаясь. И шла она не на жизнь, а на смерть.

Еще раз надо подчеркнуть: это не была борьба за власть над страной и народом. Это была борьба за страну и народ, за путь дальнейшего развития, за сохранение государства в данный момент — под угрозой новой гражданской войны, и в ближайшем будущем — при постоянной угрозе военного вторжения извне.

Искусственные или естественные соперники?

Обратимся к некоторым современным определениям «антипартийных» группировок начала 30-х годов: Слепкова и др., Эйсмонта, Толмачева и др., правотроцкистского блока, всесоюзного троцкистского центра, параллельного троцкистского центра, троцкистской группы И.Н. Смирнова и др. Все они называются «искусственно созданными» или «якобы существовавшими». Так сказано, в частности — в «Энциклопедическом словаре: Россия, XX век. Политика и культура» (1999, автор Н.В. Стариков).

Вот что сказано о группе И.Н. Смирнова, В.А. Тер-Ваганяна, Е.А. Преображенского: «Искусственно созданная ОГПУ «контрреволюционная организация», по делу которой в 1933 было привлечено 89 человек. Лица, давшие название «группе», — старые большевики, участники революции. Источником послужили письма И. Смирнова, давшие толчок к самой «разработке» организации. Подсудимые обвинялись в «троцкистской деятельности»... Особым совещанием и ЦКК члены группы были осуждены по уголовным статьям, исключены из ВКП(б) и впоследствии расстреляны. Реабилитированы в 1954—1988».

Получается, что никакой организации антисталинского толка не было (о том, что она «контрреволюционная», говорить не приходится: троцкисты, в отличие от сталинистов, были за мировую революцию; с этой точки зрения Сталин был более «контрреволюционен», во всяком случае, в мировом масштабе). По такой версии, И.Н. Смирнов и его единомышленники оставались верными сталинцами или, во всяком случае, мирились с его диктатурой и генеральной линией, позволяя себе лишь некоторые «кухонные» разговоры по аналогии с многими диссидентами 1960-х годов.

Эта версия наносит, как нам представляется, идейный удар прежде и более всего по тем непримиримым оппозиционерам, которые противостояли Сталину и его курсу. Есть все основания полагать, что это были достаточно смелые и принципиальные противники Сталина.

Расскажем об одном из идейных руководителей упомянутой группы — об Иване Никитиче Смирнове (были еще два его однофамильца, ушедших в оппозицию: В.М. и А.П. Смирновы). Это была крупная и колоритная личность. Выходец из крестьянской семьи (после пожара отец стал чернорабочим, а мать прислугой), он, окончив городское училище в Москве, работал на железной дороге, затем на фабрике. В 1898 году вступил в социал-демократическую партию. Стал большевиком; неоднократно арестовывался и ссылался. В 1905 году участвовал в московском декабрьском вооруженном восстании. В Февральскую революцию 1917 года был одним из руководителей военной организации большевиков в Сибири. Перед октябрем создал партийное издательство «Волна». Затем в Гражданскую войну состоял членом РВС Восточного фронта, возглавлял Сибирское бюро ЦК РКП(б).

Его называли «победителем Колчака» (на эти лавры не по праву претендовал Тухачевский) и «Сибирским Лениным». Правда, кремлевский Ленин не ладил с Сибирским и выступил в 1921 году против переизбрания Смирнова в состав ЦК. Однако через год Троцкому удалось добиться назначения Смирнова на пост руководителя Петроградской губернской партийной организации, а также членом президиума ВСНХ, начальником управления военной промышленности. После резкого ослабления власти Троцкого, Иван Никитич в 1923—1927 годах стал возглавлять Наркомат почт и телеграфов СССР.

Он входил в состав руководства троцкистской, а с 1926 года — троцкистско-зиновьевской оппозиции. Был исключен за фракционную деятельность из партии и отправлен в ссылку. Смирнов гораздо дольше отказывался капитулировать, чем Пятаков и Радек, а тем более Зиновьев и Каменев, «раскаявшихся» уже через считанные дни после отправки в ссылку.

Но в 1930 году «раскаялся» и Смирнов. Еще перед этим, осенью 1928 года, из своей ссылки в Сухуми он писал И.Н. Радеку: «Обостряющаяся нужда в городах: недостаток товаров и хлеба — создадут острую реакцию в них... Мне пишут из Москвы и Ленинграда о росте антисоветских настроений среди рабочих... Озлобление, растущее на почве усиливающейся нужды, сопровождается уменьшением доверия к руководству... Рабочий устал физически и морально. Его давит чудовищная безработица... Перспективы на рост его жизненного уровня нет... Мне смешна мысль, что они смогут держаться и делать политику. Вся экономическая обстановка против них».

В этом письме он предлагает «при наступлении кризиса выступить посредником между рабочим классом и руководством».

После того как Смирнов подверг себя самокритике (притворной), он был восстановлен в партии. И сразу же приступил к созданию антисталинской группировки. Вполне возможно, что в этом отношении он принципиально отличался от таких «капитулянтов», как Зиновьев, Каменев, Угланов, Смилга, Преображенский, которые вернулись к оппозиционной деятельности, по-видимому, только через 3—4 года после «раскаяния», когда обострилась экономическая и политическая ситуация в стране.

Судя по имеющимся в настоящее время данным, именно И.Н. Смирнов (а не Рютин или кто-то иной) был инициатором и одним из главных организаторов объединенного блока антисталинских подпольных групп.

В 1931 году произошло событие, долгое время хранившееся в тайне. Летом в торговом зале одного из берлинских универмагов «случайно» встретились два человека, которые давно знали друг друга. Один — Лев Седов, сын Троцкого и его правая рука, главный редактор «Бюллетеня оппозиции» (троцкистского печатного органа). Он еще подростком сопровождал отца в его поездках по фронтам Гражданской войны в знаменитом тогда бронепоезде председателя Реввоенсовета. Седов был членом ЦК комсомола и Исполкома Коммунистического Интернационала молодежи. Другой — командированный из СССР начальник строительства Нижегородского автомобильного завода... Иван Смирнов.

О чем могли беседовать — тайно — эти два человека? Судя по всему, они обсуждали планы совместной антисталинской (а не антисоветской) подпольной деятельности, договорившись о взаимных контактах и координации действий.

В.З. Роговин в своей обстоятельной книге «Власть и оппозиции» подробно рассказал о связниках между смирновцами и заграничным троцкистским центром. Среди них: старый большевик Н.П. Гавен, еще в 20-х годах публично заявивший о своем отказе Сталину в политическом доверии; бывшая чекистка Островская; полпред СССР в ряде европейских столиц Аросев (личный друг тогдашнего главы правительства В.М. Молотова) и другие.

Среди них выделялся Э.С. Гольцман — ответственный работник Наркомвнешторга. По своей работе он часто бывал за границей и регулярно встречался с Седовым.

После зиновьевско-каменевского процесса 1936 года Седов подчеркивал: «Эти два факта — то есть то, что свидания Смирнова и Гольцмана с Седовым действительно имели место, — единственные крупицы правды в море лжи Московского процесса».

Но единственные ли? «Троцкий и Седов были опытными конспираторами», — писал французский историк и специалист по внутрипартийной борьбе в СССР П. Бруэ. Через них в Советский Союз попадало значительное количество «Бюллетеня оппозиции», в котором под псевдонимами печатались «смирновцы». От них Троцкий и Седов получали обширную информацию о многих сферах жизни в СССР. Ведь среди членов организации Смирнова были представители разных специальностей: рабочие, инженерно-технические работники, экономисты, преподаватели вузов, журналисты, хозяйственные руководители. Смирновцы работали во многих наркоматах и других высших советских учреждениях, имея доступ к очень важным сведениям «не для широкого пользования».

Кроме троцкистских существовали разрозненные зиновьевские малочисленные группы, порой не связанные между собой. С этим их состоянием было покончено после налаживания связей с Троцким. Например, Зиновьев действовал во многом через Рут Фишер, которая в 1924—1925 годах была генсеком ЦКК Германии (тогда Зиновьев был председателем Коминтерна).

Седов в «Бюллетене оппозиции» (1936 год) компетентно свидетельствовал о том, что в 1931 году произошло «оживление» групп троцкистов и зиновьевцев: «Люди из разных групп и кружков искали личного сближения, связей друг с другом... Поговаривали о том, что хорошо бы создать блок».

Но этими двумя направлениями вовсе не ограничивался фронт левой оппозиции. Крайний левый фланг занимали «шляпниковцы» («рабочая оппозиция») и децисты («демократические централисты»). В отличие от троцкистов, децисты никогда не «раскаивались» (искренне или притворно) и не отрекались от своих взглядов, не признавали своих «ошибок».

Одновременно с «левыми» подпольными организациями возникали и группы «правых». Среди них наиболее многочисленными были организации Н.Б. Эйсмонта — А.П. Смирнова и М.Н. Рютина — В.Н. Каюрова. Кроме них были представители «бухаринской школы» (его ученики), группа Яна Стэна.

По мнению П. Бруэ, в 1931 году Зиновьев и Каменев считали возможным и необходимым лишить Сталина поста генсека, а также установить связь с Троцким. Они делегировали Г.Е. Евдокимова (бывшего секретаря Ленинградского губкома партии) на встречу со «смирновцами», которая произошла на одном из московских вокзалов в служебном вагоне С.В. Мрачковского, работавшего тогда начальником строительства БАМа. Там Смирнов сообщил о своих встречах с Седовым. Об этом, основываясь на документальных данных, писал В.З. Роговин. Он ознакомился с рассекреченной частью архива Троцкого за границей, в частности, доказывая, что «именно И.Н. Смирнов стал инициатором создания широкого антисталинского блока, объединившего все основные старые и новые оппозиционные группы...» Блок этот «был настолько хорошо законспирирован, что органы НКВД узнали о его существовании только при подготовке первого Московского процесса в 1936 году».

В.З. Роговин делает следующий вывод: «Знакомство Сталина с письмами из СССР, печатавшимися в «Бюллютене оппозиции», с материалами следственных дел и агентурными сводками ГПУ... показывало, что против его политики резко настроены не только многие бывшие оппозиционеры, но и многие коммунисты, в 20-х годах не участвовавшие ни в каких оппозициях».

Арестованный в 1933 году И.Н. Смирнов был выведен на зиновьевско-каменевский процесс летом 1936-го и оказал самое длительное сопротивление следователям. Его жена — видная оппозиционерка Сафонова стала сотрудничать с НКВД. За это она получила свободу. После XX съезда партии она обратилась к Хрущеву с письмом, в котором признавала, что значительная часть того, в чем обвинялись ее муж и его сопроцессники, действительно имела место.

Это дало основание В.З. Роговину утверждать, что политические процессы 1936—1938 годов носили амальгамный характер. То есть, фальсификации были наложены на реальные события и заговоры.

...На примере оппозиционной деятельности И.Н. Смирнова можно видеть, насколько предвзято подошли многие отечественные историки, публицисты, политики к оценке внутрипартийной борьбы 1930-х годов. С нелегкой руки Хрущева (активнейшего, порой неистового участника репрессий) для того, чтобы всеми правдами, а более неправдами развенчать деятельность Сталина, его партийных противников стали изображать невинными жертвами. Но тем самым идейные противники Сталина и те, кто боролся с ним за власть, предстали людьми недалекими, идейно незрелыми, не имевшими самостоятельных убеждений. Это не соответствует истине.

Что касается «фальсификаций» или «амальгам», которые, как считается, были характерны для процессов 30-х годов, то об этом хотелось бы сказать особо. Надо прежде всего иметь в виду, что речь шла не о неопытных шаловливых юнцах, а о крупных партийных работниках, прошедших в большинстве своем школу конспиративной работы еще в дореволюционные времена. Даже сейчас, когда открылись ранее засекреченные документы (не все), многое остается неясным и спорным. Что же тогда говорить о том времени и о тех, кто пытался в меру своих сил и возможностей, опираясь на разрозненные и достаточно скудные данные, восстанавливать хотя бы в общих чертах подпольные связи.

В таких случаях признания обвиняемых, сообщения свидетелей и секретных агентов, а также косвенные улики становятся основой следствия и обвинения.

Можно возразить: но ведь подобные шаткие основания придают всем политическим процессам, на них основанным, фарсовый характер, дают огромные возможности для фальсификаций и подтасовок, ложных наветов и несправедливых решений.

В таком мнении есть свой резон. Однако со временем выясняется на документальной основе, что у Сталина и его курса были не мнимые, а реальные враги, что они были достаточно хорошо организованы и профессионально законспирированы (по крайней мере часть из них). Жестокость того времени определяет и жестокость оппозиционной борьбы.

Сейчас, когда мы знаем, чем завершились «сталинские» пятилетки и Великая Отечественная война, можно утверждать, что генеральная линия партии была верной, себя оправдала. Следовательно, оппозиция была не права, стояла на ложных позициях.

Однако кто мог догадываться об этом в те далёкие годы? Разве мало было событий — трудностей в сельском хозяйстве и промышленности, острый дефицит товаров ширпотреба и сельхозпродукции и многое другое, — которые свидетельствовали о том, что сталинское руководство вот-вот приведет страну к полному краху? Таких событий было предостаточно. Остается только удивляться, что оппозиционеров было сравнительно немного, они составляли меньшинство партийцев.

Понять искренних оппозиционеров можно. Они не верили Сталину. Мы уже говорили, что политика объективно строилась на основе религиозного метода*. Ведь надежной, проверенной опытом научной основы строительства социализма в одной стране не было и не могло быть, сколько бы Сталин ни пытался ссылаться на объективные закономерности общественного развития, открытые Марксом—Энгельсом и претворенные в жизнь Лениным.

А почему, действительно, надо было верить Сталину, а не Троцкому или Бухарину? Чем уж так он отличался от других «верных ленинцев»? Какие у него были особые интеллектуальные качества или знания? Многих раздражало уже одно то, что он постоянно оставался на посту генсека, постепенно становясь вождем и диктатором. Культ личности — преклонение перед авторитетом — проявления религиозного метода — уже по сути своей вызывают острое неприятие со стороны людей, не желающих безоглядно верить вождю.

Борьба за генеральную линию

«Ныне, увы, очень популярны попытки осмыслить историю XX века в «альтернативном» плане, — писал

* С. Миронов не согласен с такой формулировкой. Сталин творчески применял великий метод материалистической диалектики Маркса и Ленина.

глубокий русский мыслитель В.В. Кожинов. — Ставится, к примеру, вопрос, что было бы, если бы в 1929 году победила линия Бухарина, а не линия Сталина?..

Изучение прошлого с точки зрения возможных «альтернатив» поистине безнадежно затмевает и извращает наше историческое зрение, ибо мы начинаем понимать и оценивать события и явления не в их реальной сущности, но как некую тень от сконструированного нами...

Нам необходимо подлинное понимание, а не запоздалые эмоции и проклятья, которые, между прочим, не требуют от тех, кто их произносит, никакого умственного труда и никакой ответственности...

Критика прошлого — и вполне «безопасное» (в сравнении с критикой современности), и, строго говоря, совершенно бесплодное дело. Ибо критиковать следует то, что еще можно исправить, а прошлое исправить уже никак нельзя. Его надо не критиковать, а понимать в его подлинной сущности и смысле».

Вот и наша задача в данной работе — не критика или оправдание, а стремление понять прошлое нашей родины в ее один из наиболее героических и трагических периодов (что обычно совмещается в истории). Однако встает и другая задача: исправление прошлого.

Конечно, речь идет не о прошлом самом по себе, которое действительно миновало, а об его сущности, о том, каково оно в самом деле, а это, как говорится, одному Богу (или Всемирному Разуму) известно. Люди весьма смутно разбираются в настоящем, даже в том, что происходит в текущий период в их собственной стране. Прошлое в этом отношении видится по-разному в зависимости от угла зрения, перспективы, знаний, убеждений и т.д.

Некогда В.И. Вернадский — великий естествоиспытатель и историк науки — убедительно доказал, что история знаний изменчива со временем; исследователи каждый раз заново осмысливают значение тех или иных идей, концепций, гипотез, теорий. Не исключено, что то же относится к истории общества. Она предстает перед нами как свершившийся факт, но понимается как один из многих возможных вариантов событий. Нет ничего крамольного в том, что мы умозрительно попытаемся представить себе некоторые «альтернативы» реальности.

Прежде всего согласимся с мнением В.В. Кожинова: «Сталинизм смог восторжествовать потому, что в стране имелись сотни тысяч или даже миллионы абсолютно искренних, абсолютно убежденных в своей правоте «сталинистов». Конечно, как это и всегда бывает, имелись и заведомые приспособленцы, карьеристы, дельцы, которые думали только о собственной выгоде и, скажем, участвовали в различного рода репрессивных акциях не потому, что были убеждены в их необходимости и — для искренних сталинистов дело обстояло именно так! — высокой целесообразности (ведь речь шла о создании совершенного общества!), а ради того, чтобы выслужиться или, в лучшем случае, чтобы обезопасить самих себя, хотя это нередко и не помогало...

Но будем последовательными и признаем, что приспособленцы возможны лишь потому и тогда, когда есть к чему приспосабливаться. И неизмеримо важнее проблема, так сказать, истинных сталинистов, нежели тех, кто в низменных, корыстных целях «притворялся» идейным сталинистом».

Надо ли оспаривать это мнение Кожинова? Нам оно представляется справедливым.

Итак, согласимся с тем, что наряду с определенным (немалым) числом оппозиционеров в ВКП(б) и вообще в стране имелось еще больше искренних сталинистов, которые верили своему вождю. Что могло произойти, если бы оппозиция добилась свержения этого «кумира»?

Трудно усомниться в том, что произошел бы сильнейший социальный взрыв. В психологии подобный феномен достаточно хорошо изучен. Резкая смена установки, жизненных и общественных ориентиров вызывает в обществе сильнейшее брожение, не говоря уже о растерянности.

Ну, предположим, этот общественно-психический стресс удалось бы преодолеть. Предположим, энтузиазм бухаринцев был бы искренним и заразительным, а большинство населения осознало, что им предлагается обогащаться, всемерно улучшать свое благосостояние не в более или менее отдаленном будущем, как обещал Сталин, а теперь, сразу, безо всех этих ужасов коллективизации и непомерного напряжения индустриализации. Для этого надо было поощрять крестьян (прежде всего из числа зажиточных, производящих наибольшее количество сельхозпродукции), а также легкую промышленность. Кстати, она, вырабатывая товары ширпотреба, стала бы стимулировать крестьян к взаимовыгодной торговле с городом.

Такова, в самых общих чертах, заведомо упрощенная «альтернатива» сталинскому курсу с позиций «правого» уклона. Надо только удивляться, что она не прельстила партийное и беспартийное большинство. Или она была заманчива, о ней мечтали многие, но панически боялись репрессий?

Но ведь к началу 30-х годов никакого пресловутого разгула репрессий не было. Да и чего бояться людям, которые призывают продолжать строительство социализма, но уже ориентируясь на насущные нужды так называемого «простого человека», на скорейшее повышение благосостояния трудящихся? В конце концов, почему бы и самому Сталину не принять и одобрить такой курс? Он мог бы и в таком случае оставаться у власти если не в качестве единственного вождя, то одним из немногих вождей?

Короче говоря, «правая альтернатива» на первый взгляд выглядит вполне реалистичной.

Тут можно сделать небольшое отступление и задаться вопросом: а почему тогда, в конце 20-х и начале 30-х годов, в России не было сколько-нибудь серьезных и популярных группировок, ориентированных на монархию или буржуазную республику? Это ведь удивительно: в конце XX века в России вдруг стали популярны монархические идеи и символы среди людей, весьма туманно представляющих себе реалии царской России. В то же время Россия советская, социалистическая рухнула всего лишь десять лет назад, и ее реалии были прекрасно известны по собственной жизни десяткам миллионов взрослых людей.

То же можно сказать о буржуазных республиках Запада. Неужели их пример не вдохновлял натерпевшихся всяческих бед жителей России?

Факт остается фактом: монархическая идея не вдохновляла сколько-нибудь значительную часть советского общества. Люди стремились вперед, не оглядываясь в прошлое. Надо иметь в виду, что и белое движение было по сути своей «демократическим», ориентированным на буржуазные ценности, а не на восстановление царизма. Даже зверский расстрел бывшего царя Николая II и его семьи не вызвал «бури протеста» и возмущения в народе.

Другое дело, как теперь говорят, «либеральные реформы». Вот что пишет Р. Конквист: «В январе 1929 года Бухарин, Рыков и Томский представили на рассмотрение Политбюро свою политическую платформу. Этот документ нигде и никогда не был опубликован, но его смысл может быть частично восстановлен по различным ссылкам. Платформа правых содержала протест против планов выжимания соков из крестьянства и резко критиковала отсутствие внутрипартийной демократии. В ней было такое заявление: «Мы против того, чтобы единолично решались вопросы партийного руководства. Мы против того, чтобы контроль со стороны коллектива заменялся контролем со стороны лица, хотя бы и авторитетного». «В этом положении платформы оппозиции, — заявил Рудзутак, приводя полтора года спустя эту цитату, — имеется не только протест против существующего в партии режима, но имеется и прямая клевета на партию, прямая клевета на т. Сталина, против которого пытаются выдвинуть обвинение в попытках единоличного руководства нашей партией».

Постоянное внимание Сталина к организационным деталям приносило плоды. В Центральном Комитете правых поддерживала теперь только горсточка членов. На пленуме ЦК в апреле 1929 года позиция правых была осуждена...»

Выходит, принципы партийной демократии не были попраны: предложения и замечания «правых» обсуждались и в Политбюро, и в ЦК партии. Большинство высказалось против. Какое же это «единоличное руководство» или диктаторство? Вот если бы меньшинство поддерживало сталинскую политику, а она несмотря на это восторжествовала, это было бы антидемократично. А тут — все, как говорится, по закону.

Антисоветский автор Конквист ссылается на постоянное внимание Сталина к организационным деталям. Это надо понимать, судя по всему, как умение вводить в руководящие партийные органы своих сторонников. Но ведь это и есть принцип любого сколько-нибудь разумного политического деятеля. Вот если бы Сталин физически устранял своих противников, ставя на их место собственных «сатрапов», то это была бы преступная политика. А если он содействовал укреплению своей «центристской» позиции в партии демократическим путем, волеизъявлением большинства (а так повелось еще при жизни Ленина), то это — умелое политическое руководство.

Вот что пишет дальше Р. Конквист: «В том же апреле на XVI партийной конференции были одобрены принципы ускоренной индустриализации и коллективизации крестьянства. После того, как их позиция была осуждена, правые отступили... Они опубликовали весьма общие отречения от своих взглядов по ряду политических и тактических вопросов».

Позицию «отреченцев» понять можно: поступайте, как считаете нужным, а там посмотрим, кто из нас прав. А пока мы, меньшинство, вынуждены подчиниться мнению большинства.

А теперь предположим, что предложения правых были бы признаны правильными. Это привело бы, в общем, к реанимации НЭПа. В изменившихся социально-экономических условиях такая политика означала бы признание ошибочности прежнего курса партии на социалистическое строительство. Ее авторитет в обществе сильно бы пошатнулся, так же как и авторитет партийного руководства в глазах миллионной армии рядовых партийцев. Для общественной системы, основанной, как мы (и не только мы) уже отмечали, на религиозных принципах, это стало бы катастрофой.

В жизни общества психологические факторы играют огромную и пока еще недостаточно оцененную специалистами роль. Они во многом определяют эффективность экономики, не говоря уж о военном времени.

Ну, а если пойти на заведомое упрощение ситуации и отстраниться от духовной жизни общества, рассматривая государство главным образом как некий «экономический механизм». Что тогда? Разве не была платформа правых обоснована именно экономически? Может быть, именно экономическая безграмотность стала основанием для отказа от бухаринской модели развития СССР?

Сталин к 1929 году по меньшей мере 5 лет находился на вершине власти в государстве. За это время он прекрасно освоил практическую экономику (которая порой разительно отличается от теоретической). В противном случае страна быстро бы оказалась в тупике и развале.

Какие же могли быть последствия принятия модели развития бухаринцев?

Возможно, деревня избежала бы многих бедствий, которые принесла с собой насильственная коллективизация. Но что произошло бы в городах, на промышленных предприятиях? Перестройка этого сектора, переход к приоритету легкой промышленности сопровождался бы ростом безработицы и появлением множества мелких предприятий частного сектора. Оживилась бы мелкая торговля. Крестьяне, а точнее — посредники, торговцы, спекулянты — смогли бы диктовать горожанам цены на сельхозпродукцию и товары ширпотреба. Это вызвало бы рост цен и быстрое обнищание малоимущих трудящихся...

Путь «либеральных реформ» по типу бухаринского правого уклона был опробован на практике при правлении Ельцина—Гайдара. Это было сделано в период расцвета государства, когда имелась возможность получать огромные прибыли от эксплуатации природных ресурсов и можно было использовать тот экономический потенциал, который был накоплен предшествующими поколениями во времена СССР. И что произошло в результате? Полнейший экономический крах!

Нет никаких оснований считать, будто полвеком ранее, в 30-е годы, в бедной стране, только еще оправлявшейся от бедствий мировой и гражданской войн, результаты сходных реформ оказались бы хоть в чем-то более эффективными.

Наконец, следовало бы учесть и внешнеполитическую ситуацию. Индустриально «недоразвитое» государство неизбежно оказывается под экономическим (поначалу) прессом со стороны индустриально развитых буржуазных государств. Учтем решающую роль техники в войне. Страна, не имеющая в вооружении значительного количества танков, самолетов, орудий, автоматов, боеприпасов, легко становится жертвой хорошо оснащенного агрессора.

Все эти наши рассуждения, безусловно, не могут претендовать на достоверность, даже несмотря на то, что опыт последних десятилетий свидетельствует в их пользу. Но могла ли быть другая «альтернатива»? Насколько нам известно, никто ее не обосновал сколько-нибудь серьезно, обстоятельно, объективно.

Тем более что «сталинский» курс развития страны на практике, в исторической реальности доказал свои колоссальные возможности как в социалистическом строительстве, так и в смертельной схватке с врагами.

Остается еще так называемый «левый» уклон, троцкистский по преимуществу. Но мы уже о нем говорили. Там —

разгул демагогии, не говоря уж о бредовой концепции мирового революционного пожара. Кстати, по идее Троцкого (в этом с ним расходился, в частности, И.Н. Смирнов) крестьянство должно было быть предельно закабалено, а русский рабочий стал бы жертвой трудовых лагерей; народные массы России использовались бы в качестве «пушечного мяса» в борьбе за мировую гегемонию вождей пролетариата (того же Троцкого).

Конечно, находясь в своей роскошной эмиграции на Западе (кто и каким образом оплачивал его колоссальные расходы?), он существенно откорректировал свои взгляды в сторону «демократизма». Но это уже были ничем реально не подкрепленные заявления. Вряд ли случайно Троцкий вынужден был «поступиться принципами» и вступить в блок со своими идейными противниками — «правыми». Тем самым и те, и другие показали чрезвычайную шаткость своих идейных убеждений, свою непринципиальность в вопросах общественного развития и единство только в борьбе за собственную власть и свержение Сталина.

Союз Троцкого с «правыми» помимо всего прочего показывает ослабление его авторитета, отход от его теоретических взглядов значительного числа тех, кто их поддерживал. И это несмотря на то что никакого террора против троцкистов до 30-х годов не практиковалось. Даже в ссылках, как мы уже знаем, их руководители жили как привилегированные лица, можно сказать, как номенклатура. Идейное поражение троцкизма было вызвано не репрессиями, а отходом партийных масс и руководства от них. То, что этот курс по сути своей авантюристический и бесперспективный, очевидно для всякого непредубежденного человека.

Правда, в конце 20-х — начале 30-х годов это еще не было так ясно видно из-за экономических кризисов, которые сотрясали промышленно развитые страны. Это обстоятельство, в частности, содействовало приходу к власти в Германии фашистов. А вот коммунисты не смогли победить ни в одной стране, кроме России. Следовательно, объективные обстоятельства складывались не в пользу идеи мировой пролетарской революции пусть даже при полной поддержке СССР. Отказ Сталина от «экспорта революции» был мудрым решением, которое нашло полную поддержку в народе и партии.

Судя по всему, наиболее сильный удар по советскому народу был нанесен в период голода 1932—1933 годов. Некоторые историки полагают, будто голод был вызван «искусственно».

Сталина нередко критикуют за коллективизацию. Однако создание крупных коллективных сельских хозяйств — само по себе мероприятие, необходимейшее для обеспечения страны продуктами питания. Мелкие хозяйства, как известно, едва в состоянии прокормить самих себя. Когда нынешние «политпублицисты» утверждают, будто в развитых капиталистических странах 5% сельского населения кормят всех остальных, да еще и отправляют свою продукцию на экспорт, то это либо наивное заблуждение, либо злонамеренная ложь. Индустриализация сельского хозяйства, резко поднимающая его продуктивность, основана на создании и применении самой разнообразной техники, а также научных методов ведения хозяйства в соответствии с данными природными условиями. Разного рода мелиорации, применение удобрений и различных химикатов, использование горючего, перевозки и многое другое вовлекает в сельскохозяйственное производство — прямо или косвенно — не менее 15—20% от общего количества трудящихся, включая, конечно, служащих и научных работников. И это — в наше время, а вовсе не 65—75 лет назад.

Другое дело, что проведение коллективизации в СССР было недостаточно подготовлено, велось ускоренными темпами и жесточайшими методами, с многочисленными злоупотреблениями. Ничего удивительного в этом нет: никакого опыта в этом отношении не было, приходилось действовать во многом методом проб и ошибок, да еще максимально быстро, чтобы индустриализация сельского хозяйства хоть как-то соответствовала стремительной индустриализации промышленности.

...На наш взгляд, имеющиеся факты и сам исторический процесс показали, что в общих чертах при тех условиях, которые сложились к 30-м годам, генеральная линия, проводимая руководством СССР, была наиболее целесообразной, если учитывать комплекс внутренних и внешнеполитических процессов.

Глава 3

НЕЗРИМЫЙ ФРОНТ

Секретные агенты

Политические процессы 30-х годов, на которых подсудимые признавались в своих «преступлениях» (реальных или мнимых), производят впечатление грубо сработанных инсценировок. Это обстоятельство до сих пор смущает многих исследователей. Создается впечатление, что антисоветские, контрреволюционные и антисталинские заговоры, организации создавались искусственно органами НКВД, «сталинскими спецслужбами» (как пишет, например, Н.В. Стариков).

Картина вырисовывается фантасмагорическая: органы советской власти тщательно выстраивают сеть антисоветских группировок, вовлекая в нее невинных или излишне словоохотливых граждан; не выискивают, а прямо-таки создают и пестуют врагов большевизма только для того, чтобы в нужный момент «раскрыть» заговоры и выставить себя спасителями отечества (получая за это почет, награды, чины).

Все это было бы уместно в фантастическом сочинении, кинофильме и в той стране, у которой нет внешних и внутренних врагов, а потому их приходится выдумывать, чтобы имитировать работу соответствующих ведомств. Однако у Советского Союза врагов было предостаточно, у сталинской руководящей группы и того больше. Если бы ОГПУ-НКВД направляли свои усилия на мнимых врагов, реальные достаточно быстро осуществили бы антисоветские и антисталинские перевороты. Раз этого не произошло, значит, соответствующие советские органы работали не для показухи, не за страх, а на совесть.

Вот, к примеру, сообщение парижского резидента разведки НКВД Глинского в Москву:

«Источник «Мак» стал работать в «Международном секретариате» троцкистов... В настоящее время источник встречается с сыном (Троцкого. — *Авт.*) чуть ли не каждый день.

Этим самым считаем выполненной вашу установку на продвижение источника в окружение Троцкого».

По-видимому, «Мак» действовал успешно. Так что вскоре в Москву поступило следующее секретное сообщение, оно касалось блокнота Седова с адресами троцкистов:

«Как известно, об этом блокноте и его обладании мы мечтали в течение всего года, но нам никак не удавалось его заполучить ввиду того, что «сынок» никому его в руки не давал и всегда хранил при себе. Мы вам посылаем этой почтой фото этих адресов. В ближайшее время мы их подробно разработаем и пришлем. Имеется целый ряд интересных адресов».

Этот заветный блокнот Седов передал Зборовскому, предложив поехать на связь с подпольными троцкистами в СССР. Начальник разведывательного отдела НКВД Слуцкий в донесении Ежову (в 1936 году) сообщил об этом так, словно сам присутствовал при разговоре Седова со Зборовским:

«Седов сказал: «Мы вам дадим поручения, деньги и паспорт. Вы поедете на два-три месяца, объедете несколько местностей по адресам, которые я вам дам. Работа не легкая. Там, к сожалению, нет центра, куда вы могли бы заехать. Люди изолированы и их нужно искать».

Очевидно, что даже опытнейший конспиратор Седов не смог распознать в своем окружении агента советской разведки. Хотя определенные сомнения на этот счет у Седова были. Вот что сообщил Глинский в Москву:

«Седов извинялся перед «Маком» и почти со слезами на глазах просил у него прощения за то, что в начале их знакомства подозревал его в том, что он — агент ГПУ».

Как видим, агент внедрялся на долгое время, становился «своим среди чужих», выполнял все задания и в то же время собирал тайно сведения о подпольной организации, ее членах, мероприятиях и замыслах.

В августе 1937 года Седов писал Троцкому, что его «будет замещать Этьен (кличка Зборовского в троцкистских кругах. — *Авт.*), который находится со мной в самой тесной связи... Этьен заслуживает абсолютного доверия во всех отношениях».

Из письма Седова к троцкисту, писателю В. Сержу:

«О русских товарищах, которых я вижу за границей, никто кроме меня и Л.Д. (Троцкого. — *Авт.*) никогда ничего не знает».

Как показало время, он серьезно ошибался.

Органы госбезопасности СССР умели не только внедрять своих агентов, но и вербовать таких людей, которых невозможно было заподозрить в подобных связях. Одним из них был агент по кличке Фермер и его жена. Вот скупое сообщение об их деятельности:

«Начальнику Иностранного отдела ОГПУ СССР

Докладная записка.

Завербованные полтора года назад «Фермер» и его жена стали основными источниками информации...

Основные результаты работы «Фермера» сводятся к тому, что он, во-первых, ликвидировал белые дружины, создаваемые Шатиловым и генералом Фоком;

во-вторых, свел на нет зарождавшуюся у Туркула и Шатилова мысль об организации особого террористического ядра;

в-третьих, прибрал к рукам Завадского, основного агента французской разведки;

в-четвертых, сообщил об организации, готовящей убийство Литвинова».

Понятно, что речь идет о человеке очень авторитетном в кругах белой эмиграции, способном не только сообщать о ее работе, но и активно влиять на планы, замыслы противников советской власти. Кто же он такой?

О том, что это человек незаурядного мужества, самообладания и верности воинскому долгу, свидетельствует такой эпизод, рассказанный генералом Богаевским.

«Большевики открыли бешеный пулеметный огонь, пришлось спешиться и выжидать темноты. Ощупью, ориентируясь по стонам раненых, добрался я до холмика с громким названием «штаб Корниловского полка», почти на линии окопов.

Крошечный форт с отважным гарнизоном, среди которого только трое было... живых, Остальные бойцы лежали мертвые. Один из живых — временно командующий полком, измученный до потери сознания, спокойно отрапортовал мне о смерти командира, подполковника Неженцева».

Было это в 1918 году. Рапортовал генералу 24-летний офицер Корниловского ударного полка Николай Владимирович Скоблин.

В конце 1914-го он был досрочно выпущен прапорщиком на фронт. Заслужил георгиевское оружие и офицерский Георгий 4-й степени. К весне 1917-го стал уже штабс-капитаном. Когда формировался Корниловский ударный полк Белой армии, на командные должности были назначены шесть из наиболее отличившихся опытных офицеров-фронтовиков, среди которых был и Николай Скоблин.

Стремительно рос он по службе в Гражданскую войну. Стал первым и практически бессменным командиром Корниловской ударной пехотной дивизии. Вошел в легенды Добровольческой армии, связав свое имя с самыми блестящими ее военными успехами.

Правда, в 1920-м у легендарной Каховки его части так и не сумели выбить красные войска И.П. Уборевича со знаменитого плацдарма.

Судьба хранила его. Оказавшись в эмиграции, он встретил знаменитую певицу Надежду Плевицкую. В 1921 году посаженным отцом на их свадьбе был генерал А.П. Кутепов, сменивший (через 6 лет) умершего (или отравленного) П.Н. Врангеля на посту начальника РОВС — Российского Общевойскового Союза, объединившего наиболее действенные силы белой эмиграции.

Вскоре после таинственного исчезновения Кутепова в январе 1930-го, его преемник Е.К. Миллер ввел Скоблина в состав узкого совета при начальнике РОВС а через четыре года поручил ему как «старейшему корниловцу» руководство «внутренней линией» — отделом контрразведки, в задачу которого входила и слежка за деятельностью членов руководства РОВС в связи с их контактами с иностранными разведками, а особенно — с их сотрудничеством с ОГПУ-НКВД.

Надежда Васильевна Плевицкая была признанной королевой эстрады в дореволюционной России. Выйдя из крестьянской семьи, она вспыхнула яркой звездой на артистическом небосклоне. Находясь в эмиграции, она встретила Скоблина, который был моложе ее на 10 лет, и отчаянно влюбилась в доблестного офицера. Решение сотрудничать с советской разведкой они приняли вдвоем. Обширные знакомства Плевицкой в самых высших кругах белой эмиграции содействовали исполнению ее новой роли — тайного агента. И Скоблин, и резиденты советской разведки не могли обойтись без ее помощи прежде всего как надежного и не вызывающего у белых подозрения связного.

«Настоящим обязуюсь перед Рабоче-Крестьянской Красной Армией Союза Советских Социалистических Республик выполнять все распоряжения связанных со мной представителей разведки Красной Армии безотносительно территории. За невыполнение данного мной настоящего обязательства отвечаю по военным законам СССР.

21.1.31. Берлин. Б. генерал Николай Владимирович Скоблин».

Срочная шифровка из парижской резидентуры разведки ОГПУ:

«Мне стали ясны огромные возможности «Фермера» и перспективы его многолетнего использования. Он добросовестный и, если хотите, талантливый агент.

При условии хорошего руководства и если не допустим каких-либо ляпсусов, «Фермер» станет таким ценным источником, каких в рядах РОВС, да и в других эмигрантских организациях мы еще не имели...

Биль».

Нет абсолютно никаких оснований подозревать, что Фермер или его жена решились стать секретными агентами СССР из корыстных побуждений или из-за страха казни. Они были вполне обеспеченными, если не сказать богатыми, людьми, а какие-либо угрозы не могли испугать храброго боевого офицера, многократно рисковавшего жизнью. Попытки запугать такого человека вызывают обратную реакцию — гнев и ненависть.

О том, по какой причине Фермер и его жена стали шпионами, частично свидетельствует такой документ:

«Расписка

Постановление Центрального Исполнительного Комитета Союза Советских Социалистических Республик о персональной амнистии и восстановлении в правах гражданства мне объявлено.

Настоящим обязуюсь до особого распоряжения хранить в секрете.

21/1—31 г. Берлин.

Б. генерал Н. Скоблин».

Был ли он единственным в своем роде? Нет. Даже среди высшего звена РОВС был по меньшей мере еще один тайный агент Кремля.

«Центр. Андрею

Мы пришли к мысли выписать из Софии в Париж генерала Тукула, командира дроздовцев, которого «Фермер» будет использовать «вслепую». А «Фермер» плюс Тукул — это такой кулак, который, выражаясь словами самого «Фермера», может разнести весь РОВС».

Действительно, имея таких помощников, можно было не только справляться с агентурой РОВС, засылаемой в СССР, но и воздействовать на его руководителей, а также выявлять их связи с иностранными разведками.

Вот еще одно сообщение в Центр, Андрею:

«21-го вечером на квартире Сергея (он в отъезде) произошла встреча (гостиница или другие места, конечно, не подходили): чета «Фермеров», Биль и я...

Оба великолепно информированы обо всем, что делается в белых кругах, знают подноготную многих интересующих нас лиц. Беседа длилась с восьми вечера до часу ночи за хорошо сервированным столом.

Оба почти ничего не пьют.

Объявление им о персональной амнистии ЦИК СССР произвело хорошее впечатление. Поклялись в верности нам, в выполнении каких угодно заданий и распоряжений. Мое впечатление — они не врут».

Интересно упоминание о выяснении «подноготной» многих интересующих советскую секретную службу лиц. По-видимому, таким образом производилась «разработка», вербовка новых агентов.

Но главное, пожалуй, было в другом. Вот шифровка из Москвы в Берлин, резиденту:

«В том случае, если вы будете связываться с «Фермером» до его поездки в Софию, укажите ему на необходимость уделения максимального внимания выявлению лиц, ведущих активную разведывательную работу против СССР, выяснению путей проникновения агентов на нашу территорию и способов связи с ними. Центр».

Самое удивительное, что Фермерам удалось немало лет оставаться не раскрытыми — настолько надежно была организована их работа.

Последнее сообщение парижской резидентуры разведки НКВД относительно их поступило в Центр в 1940 году. Оно касалось смерти Фермерши:

«Перед смертью ее исповедовал православный священник. Есть основания полагать, что исповедь, в которой она все рассказала, была записана французской контрразведкой с помощью скрытых микрофонов».

Судя по всему, Фермерша все-таки была под подозрением. Но и советская резидентура, как видим, не дремала.

Успехи Советской России со временем стали воодушевлять и радовать многих бывших «белых», хотя они, оставаясь в эмиграции, вынуждены были скрывать свои чувства. Впрочем, даже в Гражданскую войну немалая часть бывших царских генералов и офицеров оказалась на стороне Красной армии.

После того как страны Антанты начали военные действия против Советской России, немалая часть белогвардейцев осознала, что их используют в своих целях антироссийские силы против русского народа (конечно, большая часть населения России была вне политических полюсов, определявших суть Гражданской войны, однако именно большевики и Красная армия были в максимальной степени представителями «простого народа», а не привилегированных классов). Это понимал, в частности, адмирал Александр Васильевич Колчак, который в частных письмах признавался, что вынужден служить англо-американским интересам, на деньги этих стран. Вольно или невольно он выступал против русского народа и великой единой России, что во многом и стало причиной его разгрома.

Вот и Фермер со своей женой смогли, по-видимому, убедиться, находясь за рубежами родины, что бывшее белое движение выродилось не столько уже в антибольшевистскую, сколько в антироссийскую организацию. Ведь СССР — это, как выяснилось к 30-м годам, был полноправным правопреемником Российской империи. Поэтому развал или разгром СССР стал бы поражением не только советской власти, «Совдепии», но великой России, которую растащили бы по кускам хищные буржуазные державы.

Более того, так рассуждавшие эмигранты сознавали, что Сталин является ключевой фигурой на данном этапе существования России-СССР, что его падение чревато самыми печальными последствиями для страны, ослабления которой только и ожидают многие противостоящие ей государства. И дело, конечно, не в каких-то мистических способностях Сталина, а в том, что он в данный момент является «цементирующим началом» руководства СССР, лидером, с уходом которого неизбежны внутренние раздоры, разлад или даже новая гражданская война. Ведь внешние и внутренние враги России исповедовали ту же формулу, которой руководствовались многие революционеры, посильно создавая в царской России взрывоопасную ситуацию: «Чем хуже (стране), тем лучше (революции).

Такие люди, как Скоблин, не могли радоваться трудностям и трагедиям Советской России, одновременно озлобляясь ее успехами.

О том, что враги СССР готовы были использовать любые средства для свержения ненавистного им режима, а главное, для уничтожения первого в мире социалистического государства, пример которого грозил свержением диктатуры капитала в других странах, свидетельствует такой документ:

«Совершенно секретно.

НКВД СССР

Главное управление государственной безопасности

Иностранный отдел

Спецсообщение.

Иностранным отделом ГУГБ получены сведения, что генерал Миллер в беседе сообщил своему заместителю адмиралу Кедрову, что при свидании с немецким журналистом он указывал последнему, что Германия может справиться с ненавистным ей коммунизмом коротким ударом по большевистской головке.

Зам. нач. ИНО ОГУГБ НКВД».

Нетрудно догадаться, что для такого серьезного заявления у Миллера были достаточно веские основания.

Но кто мог нанести этот «короткий удар»? По-видимому, некая группа, способная быстро осуществить правительственный переворот. Эти люди должны были иметь доступ к правящей группе в СССР, быть приближенными к ней или даже входить отчасти в ее состав. И при чем тут Германия? Не при том ли, что члены этой тайной группы заговорщиков симпатизируют ей или даже имеют с ней тесные связи?

Такие вопросы, конечно же, возникали и у ответственных работников НКВД и у Сталина, которому докладывали о подобных сигналах.

Вряд ли было случайным то, что это был разговор двух военных из числа руководства РОВС. Логично предположить, что «короткий удар» могли нанести по сталинской группе либо крупные военачальники СССР, либо столь же крупные руководители НКВД, либо те и другие вместе. Так обычно устраиваются дворцовые перевороты.

Кем же могли быть эти люди?

Из числа советских военачальников высокого ранга с чертами «бонапартизма» и уклоном в германофильство следует назвать прежде всего И.П. Уборевича, командарма 1-го ранга. Другой советский военачальник сходного типа — М.Н. Тухачевский.

Из руководителей органов безопасности можно считать «особо подозрительным» Генриха Генриховича Ягоду (Генриха-Еноха Гершевича Иегуду) — руководителя НКВД СССР в 1934—1936 годах, а до этого несколько лет — заместителя тяжело больного В.Р. Менжинского, руководителя органов госбезопасности. Жена Ягоды — Ида Авербах — работала в прокуратуре Москвы.

Безусловно, в наше время нетрудно высказывать подобные подозрения: имеется ряд документов, подтверждающих такую версию (правда, не все исследователи признают неопровержимость этих документов; но и в таком случае подозрения оправданы и нуждаются в проверке).

В любом случае надо понимать и признавать, что если советские разведчики работали среди руководства антисоветской эмиграции, то должны были существовать и обратные связи этого руководства с отдельными крупными советскими деятелями, лишь формально поддерживающими сталинский режим, а в глубине души желающих его свержения тем самым «коротким ударом».

Советские «бонапарты»

К концу 1918 года в Красную армию было призвано более 22 тысяч бывших офицеров царской армии. За годы Гражданской войны их число возросло до 100 тысяч. Не все они были лояльны к советской власти. Однако среди них было немало видных военачальников Красной армии: М.Д. Бонч-Бруевич, С.С. Каменев, Д.М. Карбышев, Б.М. Шапошников, А.И. Егоров, В.Н. Егорьев, В.М. Гиттис, В.М. Альтфатер, П.П. Лебедев, А.П. Николаев, И.И. Вацетис, Ф.Ф. Новицкий, А.А. Таубе...

Офицеры и генералы царской армии по праву назывались «военспецами». Благодаря им сохранялись некоторые традиции русской армии в новых социальных условиях. Однако это обстоятельство нравилось далеко не всем.

Приходится с сожалением констатировать, что инициатором массовых репрессий в Красной армии среди командиров-военспецов выступил такой крупный и талантливый военачальник как Иероним Петрович Уборевич. При этом его ориентация была не столько на «пролетарские» вооруженные силы, сколько на германскую армию.

Обратим внимание на знаменательные высказывания германского посла в Москве фон Диркина в его письме от 17 октября 1931 года:

«Ворошилов устроил обед... Мы встретили там еще Енукидзе, здешнего «Мейснера» (Мейснер был своего рода министром двора и доверенным лицом президента Германии фельдмаршала фон Гинденбурга. — *Авт.*), Крестинского, Тухачевского — преемника Уборевича на посту начальника Управления Вооружений, заместителя Председателя Военного Совета...

Я беседовал особенно много с Тухачевским, который имеет решающее значение в деле сотрудничества с «Рейнметаллом» и для того учреждения, которое возглавлялось до сих пор Нидермайером (разведка Германии. — *Авт.*). Он далеко не является... тем прямолинейным и симпатичным человеком, столь открыто выступавшим в пользу германской ориентации, каковым являлся Уборевич.

Он — скорее замкнут, умен, сдержан. Надеюсь, что и он будет сотрудничать лояльно...»

Если германофильство Тухачевского может еще вызывать сомнения, то симпатии Уборевича к Германии были очевидны. Даже в его характере были черты, считающиеся германскими: аккуратность, педантичность, пунктуальность, точность. Его связи с немецким Генштабом ширились и крепли по мере того, как учащались его поездки в Германию.

Целый ряд обстоятельств, характерных для конца 20-х годов, содействовал усилению недоверия и подозрения к военспецам: крестьянские и казацкие восстания, забастовки в городах, протесты верующих. На этом фоне стали арестовывать сначала бывших белых офицеров, уволенных из РКК несколько лет назад. Затем тех, кто имел неосторожность вернуться из эмиграции в столь неспокойное время. Забирали прежде всего бывших гвардейцев, казачьих офицеров.

А потом пришел черед основной массы военспецов, служивших в Красной армии в Гражданскую войну. (Последняя волна репрессий против них пришлась уже на середину 30-х годов.) Однако мечты Уборевича, что вместо них придут «немецкие друзья», не оправдались. Гитлер, придя к власти, постарался обеспечить вермахт хорошими специалистами. Он собирал немецких офицеров, рассеявшихся из-за безработицы от Парагвая до Китая в качестве военных советников. Они вернулись с почетом. А Красная армия лишилась очень большой части своего золотого фонда.

Безусловно, велика вина в этом Сталина как руководителя страны. Но разве меньше вина Уборевича и Тухачевского, Якира и Гамарника, а также многих других руководителей РККА различного уровня?

Когда выяснилось, что Ягода арестовал несколько тысяч офицеров, сталинское руководство (и сам он, по-видимому) осознало пагубность таких мероприятий. Ворошилов выпустил из тюрем и лагерей военспецов, собрал их, принес извинения, выдал по тройному окладу, по два комплекта обмундирования и отправил на курорты. Увы, из расстрельных подвалов уже нельзя было никого вернуть.

Такой страшной была цена карьерных ухищрений кандидатов в Бонапарты или, как минимум, претендентов на место Ворошилова, старающихся повсюду расставлять «своих» людей и любыми методами избавляться от «конкурентов».

В результате германская армия начала Вторую мировую войну, имея даже командиров рот с боевым опытом Первой мировой. Поэтому они и начали так блестяще военные действия и против западных стран, и против СССР. Конечно, самое главное — это итог войны. Но если бы не «мероприятия», начатые Уборевичем, Красная армия в первые же месяцы войны смогла бы дать достойный отпор агрессору.

Вопрос в том, для чего «красные Бонапарты» упорно внедряли в руководство армией «своих» ставленников вместо военных дореволюционной закалки? Ведь и без того Уборевич или Тухачевский занимали достаточно высокие посты. Скажем, Тухачевский был заместителем Наркома военмора и членом ЦИК всех созывов.

Судя по всему, эти люди готовились к борьбе за власть не только в вооруженных силах, но и в стране. На первых этапах этой борьбы Уборевичу удалось в то время, когда Ворошилов был отправлен в длительный отпуск, замещать его на посту руководителя Красной армией, хотя в партийных кругах его репутация была невысока. Из-за интриг Тухачевского был снят с поста начальника штаба РККА военспец Б.М. Шапошников, едва не угодив за решетку, где оказались многие его сослуживцы.

Серьезные изменения произошли и в руководстве другой силовой структуры — ОГПУ. Его руководитель Менжинский безнадежно тяжело болел. На его наследство претендовал Ягода. Но сфабрикованное при его активном участии «дело военспецов» вызвало возмущение и противодействие некоторых влиятельных авторитетных чекистов, в частности Е.Г. Евдокимова.

Сталин встал на сторону Ягоды. Его оппоненты были сняты с руководящих постов. Один из них, Ольский, «за дискредитацию руководства ОГПУ» был выведен из этой организации и направлен заведовать общепитом.

По-видимому, поначалу Сталин действительно поверил в то, что его власти и вообще СССР угрожают совместные действия белоэмигрантов и бывших царских офицеров, оставшихся в Красной армии. Но в дальнейшем агентурные данные, прежде всего Фермера, заставили усомниться в такой версии. Многие из обвинявшихся военспецов были освобождены из-под стражи прямо в зале суда. Однако, бывший царский генерал и барон В.Ф. Ольдерогге стараниями Тухачевского угодил в расстрельный подвал.

Это трагическое обстоятельство ярко характеризует личность Михаила Николаевича Тухачевского. Он не простил разноса, который учинил ему Ольдерогге, бывший в период Гражданской войны командующим Восточным фронтом.

Зимой 1920-го командарм 5-й Красной армии Тухачевский из-за гулянок в своем штабе прозевал окружение вверенной ему армии колчаковцами и едва не погубил свои войска (как позже он это сделал под Варшавой).

В конце концов этот «Красный Бонапарт» в июне 1931 года был назначен вместо Уборевича заместителем Наркома военмора и председателя Реввоенсовета, когда затянувшийся отпуск Ворошилова закончился. Восхождение Уборевича к вершинам власти закончилось, и он был отправлен командовать Белорусским военным округом, пойдя на понижение.

Удивительно, что то же самое не произошло с Тухачевским, который не был в хороших отношениях с Ворошиловым, однако неожиданно получил поддержку с его стороны.

Надо отдать должное Тухачевскому: он умел приноравливаться к различным людям и ситуациям. Возможно, такова была его установка на жизнь: используй все возможности для того, чтобы достичь своих целей; используй для этого самых разных людей, играй на их слабостях. А цель у него была, как показал весь его жизненный путь, подняться как можно выше по лестнице власти.

Весной 1918 года по рекомендации своего давнего приятеля, а тогда члена ВЦИК Н.Н. Кулябко и секретаря ВЦИК А.С. Енукидзе Тухачевский вступил в РКП(б), работая в военном отделе ВЦИК. Чуть позже он вошел в доверие к Троцкому. Это обстоятельство позволило ему в кратчайшие сроки сделать головокружительную карьеру. О некоторых его шагах на этом пути убедительно написал публицист-исследователь Г.В. Смирнов. Он привел телеграмму, посланную Тухачевским Кулябко 8 июля 1918 года: «Тщательно подготовленная операция Первой армии закончилась блестяще. Чехословаки разбиты и Сызрань взята с бою. Командарм 1-й Тухачевский».

«Из этой удивительной телеграммы следует, — продолжает Смирнов, — что, во-первых, Михаил Николаевич, прежде не командовавший даже ротой, не только легко справился с командованием армией, но и привел ее к победе через каких-нибудь двенадцать дней после вступления в командование. А во-вторых, что он первым, раньше всех других начал применять эпитет «блестящий» в оценке своей собственной деятельности!

Каково же было мое удивление, когда через некоторое время в энциклопедии «Гражданская война и военная интервенция в СССР» я прочитал: «В июне—июле 1918 года войска Восточного фронта вели оборонительные действия против мятежных чехословацких и белогвардейских войск... Попытка перехода Восточного фронта в августовское наступление не имела успеха...Сызрань была взята Красной Армией... лишь 3 октября 1918 года!».

Оказывается, командующий Восточным фронтом М.А. Муравьев разработал план, по которому армия Тухачевского должна была нанести по Сызрани отвлекающий удар, а по Самаре — главный. В начале операции Сызрань действительно взяли на несколько дней, а затем Муравьев изменил советской власти и вся операция захлебнулась.

Обстоятельно проанализировав восхождение Тухачевского на командные должности, Г.В. Смирнов приходит к выводу: «Стремление приукрасить события, представить себя в выгодном свете, пустить пыль в глаза было свойственно Михаилу Николаевичу не только в молодые годы. Оно сопровождало его на протяжении всей жизни и породило множество связанных с его именем легенд, вольно или невольно распространяемых, развиваемых и дополняемых многочисленными почитателями и биографами. Но стоит попытаться привести эти легенды в согласие с житейской логикой и здравым смыслом — и меркнет обаятельный образ блестящего военачальника, усиленно насаждаемый лукавыми или искренне заблуждающимися людьми...»

Уже после отстранения Троцкого от власти Тухачевский попытался разрабатывать стратегические планы агрессивных действий против Польши в духе идеи мировой революции. 28 марта 1927 года, находясь на посту начальника штаба РККА, Тухачевский писал военному атташе СССР в Германии Луневу о необходимости формировать красные вооруженные силы в треугольнике Киль—Бреслау—Штольп. Им следовало — по этому плану — не только соединиться с наступающими войсками РККА в Польше, но в первый период также отвлекать внимание Польши к ее западной границе. «При известных условиях, возможно, будет даже необходимо открытое наступление красных немецких формирований на польскую границу со стороны коридора с целью вызвать общие политические осложнения в Западной Европе».

Столь грандиозные геостратегические планы он предполагал осуществить в союзе с Германией, а также Италией и Венгрией.

В данном случае Тухачевский рассуждает не как военный, а как политик, причем недальновидный, упоенный собственными планами и не способный оценить реальную ситуацию. Возможно, ему не терпелось отомстить полякам за то сокрушительное поражение, которое они нанесли его армии в августе 1920 года. Кстати, тогда поражение Красной армии было во многом предопределено неспособностью Тухачевского реально оценивать обстановку и осмысливать поведение противника.

Вот, к примеру, что пишет о том эпизоде бывший генерал Г. Иссерсон (между прочим, поклонник Тухачевского): «Тухачевский по своей молодости и недостаточной еще опытности в ведении крупных стратегических операций в тяжелые дни поражения его армий на Висле не смог оказаться на должной высоте. В то время, как на Висле разыгрывалась тяжелая драма и когда обессиленные войска Западного фронта без патронов и снарядов, без снабжения и управления сверху дрались за свое существование, прижатые к восточнопрусской границе, Тухачевский со своим штабом находился глубоко в тылу. Все его управление ходом операции держалось на телеграфных проводах, и когда проводная связь была прервана, командующий остался без войск, так как не мог больше передать им ни одного приказа. А войска фронта остались без командующего и без управления. Весь финал операции разыгрался поэтому без его участия».

Самое удивительное, что даже поражения не помешали Тухачевскому получать повышение по службе. Его немецкий знакомый, генерал-майор К. Шпальке, по этой причине предполагал в нем «чрезвычайную способность подстраиваться, позволившую ему обойти стороной неисчислимые рифы в водовороте революции».

Заметим, что Тухачевский сумел «подстроиться» к Сталину, который утвердил его летом 1931 года заместителем председателя РВС СССР и начальником вооружения РККА. Через два года он был награжден орденом Ленина и принимал военный парад на Красной площади 7 ноября 1933 года. Еще через два года ему присвоили высшее воинское звание Маршала Советского Союза...

Впрочем, на этом следует остановиться, перейдя к другой теме. Мы еще не завершили рассказ о заговорах и оппозиционных группировках первой половины 30-х годов.

Конечно, мы наметили лишь наиболее общие черты портрета Тухачевского. Следовало бы упомянуть, что он был активным участником подавления Кронштадтского мятежа весной 1921 года, а чуть позже руководил зверскими карательными операциями в Центральной России, подавляя крестьянские восстания с отменной жестокостью.

Так или иначе, личные качества Тухачевского, его умение «подстраиваться» к высокому начальству и делать свою карьеру, беспринципность (служил, если надо, и Троцкому, и Сталину; тысячами убивал не только восставших, но и мирных русских крестьян, терроризируя население) — все это делает обоснованными его претензии на лавры «Красного Бонапарта», его способность планировать государственный переворот. Однако возможности и способности еще не доказывают того, что заговор, в котором он был одним из лидеров, действительно существовал, а не был, как полагают некоторые историки-публицисты и политики, «организован» органами НКВД по указанию Сталина.

Однако об этом — чуть позже.

До убийства Кирова

Четвертое десятилетие XX века в СССР можно разделить — по взаимоотношениям Сталина и оппозиции — на две части. Первая закончилась на исходе 1934 года выстрелами в Смольном. До этого момента внутрипартийная борьба велась главным образом политическими методами.

В Политбюро тогда сформировалось руководящее ядро: Сталин, Молотов, Каганович, Киров. К ним примыкали не входившие в этот орган секретарь ЦК П.П. Постышев, председатель Центральной контрольной комиссии А.А. Андреев и некоторые другие.

О том, как относились оппозиционеры к этим людям, можно судить по сообщению Б. Резникова в ЦК ВКП(б) о совещании группы Сырцова Сергея Ивановича, члена ЦК, председателя СНХ РСФСР. Вот что, судя по этому документу, говорил Сырцов:

«Политбюро — это фикция. На самом деле все решается за спиной Политбюро небольшой кучкой, которая собирается в Кремле, в бывшей квартире Цеткиной (Клары Цеткин. — *Авт.*), что вне этой кучки находятся такие члены Политбюро, как Куйбышев, Ворошилов, Калинин, Рудзутак, и наоборот, в «кучку» входят не члены Политбюро, например Яковлев, Постышев и др.

Далее он сказал, что тов. Ворошилов отшит от работы, его заменили Уборевичем, человеком беспринципным, дьявольски самолюбивым, явным термидорианцем...

Каврайский поставил ему (Сырцову. — *Авт.) такой вопрос: можно ли рассчитывать на поддержку некоторых членов Политбюро? Сырцов сказал: «Да, когда дело станет по-серьезному. Из местных работников, можно полагать, что когда наступит решительный момент, могут пойти против Сталина: Андреев, Колотилов, Эйхе и, пожалуй, еще кое-кто. Но это, конечно, в крайнем случае», — поспешил добавить он».*

Как видим, речь идет о противодействии главным образом двум деятелям: Сталину и Уборевичу. Получив такой «сигнал», Сталин, конечно же, должен был подумать не только о том, чтобы «обезвредить» группу Сырцова, но и обратить серьезное внимание на кандидатуру Уборевича. Тем более, что арестованный Каврайский дал в ОГПУ по этому эпизоду такие показания:

«Т. Сырцов отметил, что т. Ворошилов по сути дела в Наркомвоене не работает — всеми военными делами занимается главным образом тов. Уборевич, который, как известно, при выборах в ЦК получил несколько сот голосов против. Это в случае интервенции представляет особую опасность в смысле возможности проявления бонапартизма».

Все эти события относятся к концу октября 1930 года. Вместе с Сырцовым выступал (подпольно) против Сталина В.Г. Ломинадзе — бывший в 20-е годы лидером компартии Грузии, затем Коммунистического интернационала молодежи и руководителем большевиков Закавказья.

Какие же кары последовали после того, как был раскрыт антисталинский блок Сырцова—Ломинадзе? Политбюро решило не выносить сор из партийной избы. Оба деятеля отделались только падением с партийных вершин: их вывели из состава ЦК. Сырцова отправили на хозяйственную работу, а Ломинадзе стал парторгом авиационного завода, и даже удостоился в 1933 году ордена Ленина.

Если исходить из концепции Р. Конквиста и многих его последователей, то в те годы (до конца 1934) Сталин еще не обрел своих маниакальных наклонностей. Ведь по его словам: «Личные побуждения Сталина были основной пружиной террора». Более того, как писал этот «политисторик»: «Вопреки всем идеям Маркса, в Советском Союзе сталинской эпохи создалось положение, при котором экономические и общественные силы не определяли метода правления. Наоборот, центральным фактором были личные соображения правителя, которые выливались в действия, часто противоречившие естественным тенденциям этих сил».

Это высказывание вызывает изумление не только само по себе, но и своей популярностью в определенных кругах «интеллектуалов». Считается, что Сталин выступает едва ли не всемогущим демоном, Воландом, который способен по своему желанию менять естественное движение экономических и общественных сил, да еще в течение трех десятилетий! Обычное объяснение: он создал такую систему. Да ведь создать систему, успешно противостоящую естественному ходу событий, да еще такую, при которой страна достигла небывалого экономического и культурного подъема, под силу только гению!

И еще одно нелепое утверждение некоторых историков: будто открытые процессы оппозиционеров и массовые репрессии — верный способ укрепления государства. Но для такого гигантского общественного организма как СССР этот метод имеет смысл использовать лишь в крайнем случае и тогда, когда позиции правящей группы достаточно надежны. А в начале 30-х обстановка в стране была чрезвычайно накалена. В частности, недовольство насильственной коллективизацией, раскулачиванием вылилось в широкую волну крестьянских бунтов. Успехи индустриализации были еще впереди.

При такой взрывоопасной ситуации было бы неразумно выставлять на общее обозрение противоречия в правящей верхушке и недовольство ряда крупных партийных работников политикой Сталина.

Как видим, «либеральное» отношение к оппозиционерам группы Сырцова—Ломинадзе было вполне оправданным, целесообразным. И даже если оно определялось личным желанием Сталина, то его действия следует признать вполне разумными.

Показательно и то, что он обратил внимание на опасность «бонапартизма» Уборевича, лишив его высокого поста без особого шума.

О том, что сталинцы вовсе не собирались осуществлять террор против партии, свидетельствует следующий документ:

«Постановление Политбюро по вопросам ОГПУ

10 июля 1931 г.

(тт. Молотов, Сталин, Ворошилов, Андреев, Орджоникидзе)

1) Никого из коммунистов, работающих в органах ОГПУ или вне этих органов, как в центре, так и на местах, не арестовывать без ведома и согласия ЦК ВКП(б).

2) Никого из специалистов (инженерно-технический персонал, военные, агрономы, врачи и т.п.) не арестовывать без согласия соответствующего наркома (союзного или республиканского), в случае же разногласия вопрос переносить в ЦК ВКП(б).

3) Граждан, арестованных по обвинению в политическом преступлении, не держать без допроса более, чем две недели, и под следствием более, чем три месяца, после чего дело должно быть ликвидировано либо передачей суду, либо самостоятельным решением Коллегии ОГПУ.

4) Все приговоры о высшей мере наказания, выносимые коллегией ОГПУ, вносить на утверждение ЦК ВКП(б)».

Судя по этому постановлению, оно призвано было ограничить репрессивные возможности ОГПУ и поставить эту организацию под контроль партии. А это свидетельствует о том, что ОГПУ стало превращаться в орган, в значительной мере независимый от партии и в чем-то даже конкурирующий с ней.

Случай со снятием Уборевича и некоторые ограничения властных возможностей ОГПУ раскрывают, по нашему мнению, один очень важный «секрет» сталинского управления страной, созданной им системы. Он старался держать в состоянии «динамического равновесия» такие важные государственные структуры как партия, армия, органы госбезопасности, а также руководство промышленностью и местными органами власти.

У каждой из этих структур были свои интересы, порой трудно совместимые с интересами других структур и общества в целом. Более того, отдельные группы в руководстве партией, армией, органами госбезопасности могли совершить переворот и захватить власть. Требовалось наладить систему взаимного подчинения, а рычаги управления держать в своих руках.

О том, что опасность переворотов была не мнимой, а реальной, говорить не приходится. Положение в стране было чревато народными восстаниями и гражданской войной, а курс государственного развития определял прежде всего Сталин. Многим должно было казаться, что если «убрать Сталина», дела пойдут на лад. Это совершенно закономерное мнение (никто же не мог знать, что будет происходить в скором времени, как изменится ситуация в стране). Поэтому и формирование оппозиционных групп было вполне оправдано.

Другое дело, как их официально именовали. Например, такое клише: «Антипартийная контрреволюционная группировка». Ясно, что контрреволюции не могло быть уже хотя бы потому, что революция давно завершилась. Вдобавок речь обычно шла не о тех, кто выступал против партии как таковой, а лишь против ее генеральной линии. Так что это были по сути антисталинские блоки, заговоры.

О том, что в руководстве СССР существовали силы, противостоящие сталинскому курсу, с нескрываемой радостью констатировал «Бюллетень оппозиции», орган троцкистов:

«Из Московского сообщения. (В последнюю минуту)

24 и 25 ноября арестованы Наркомснаб РСФСР Эйсмонт, Завдортранспорт Толмачев, быв. Наркомзем А. Смирнов.

Смирнов, Эйсмонт и Толмачев обвиняются в том, что они якобы образовали тройку, ставящую себе целью создание организации для свержения Сталина...

Арестована также другая группа: Немченко, Гинзбург и др. по такому же обвинению...

Каменев сослан в Минусинск. Зиновьев — в Кустанай. Стэн — в Акмолинск. Слепков — в Тару. Рютин заключен в Челябинский изолятор. Смилге предложено покинуть Москву.

Наши связи и работа расширяются.

Москва, 6 декабря 1932 г.».

И на этот раз никаких страшных репрессий не было. Даже такой активнейший антисталинец как Рютин оставался в живых.

На следующий год в том же «Бюллетене» были опубликованы сообщения, утверждающие, что большинство партийцев или отвергают сталинскую позицию, или обуреваемы сомнениями:

«Можно смело утверждать, что из 10 партийцев — 8 разъедено сомнениями. В частных разговорах они говорят об этом, а на ячейках и конференциях все решения принимаются единогласно».

Была еще одна группа «непримиримой оппозиции», о которой в книге Н.В. Старикова сказано так:

«Антипартийная контрреволюционная группа правых Слепкова и др.» («бухаринская школа») — по официальной сталинской версии, «контрреволюционная организация, раскрытая НКВД в 1932. Дело было организовано в окт. 1932 — апр. 1933, аресту подверглись 38 человек, большая часть которых являлась работниками и слушателями Института красной профессуры, учениками и последователями Н.И. Бухарина. Инкриминировалась «контрреволюция» (контрреволюционная организация, пропаганда, агитация), подготовка к осуществлению террора. Дело проводилось с грубыми нарушениями законности, основными исполнителями являлись Ягода и Молчанов. По решению коллегии ОГПУ в апр. 1933 подсудимые были осуждены к различном срокам лишения свободы...»

Как видим, и тут вряд ли можно говорить о каких-либо ужасных репрессивных мерах. А ведь «Бюллетень оппозиции», приведенный выше, вполне определенно намекал на то, что Сталину надо бороться с большинством членов партии, применять массовые репрессии с целью запугивания недовольных или сомневающихся. Ничего подобного, однако, не последовало.

Но может быть, упомянутое дело было действительно «дутым», и его организовали органы госбезопасности то ли по наущению Сталина, то ли по инициативе желавших отличиться Ягоды и Молчанова?

Прежде всего еще раз подчеркнем: искусственно «состряпать» политическое дело, да так, чтобы оно не развалилось в процессе суда или на коллегии, — задача не из легких, а главное — опасная даже для исполнителей и вредная в идеологическом плане. Ведь если оно рассыпется, карать будут неумелых исполнителей. А демонстрировать, что в стране существуют серьезные оппозиционные группировки, совершенно не выгодно для руководства. Не случайно же о процессах против оппозиционеров сразу же оповещал «Бюллетень» Троцкого.

Снятие с постов крупных государственных деятелей, осуждение за призывы к свержению существующего строя показывают, что в данной стране существуют серьезные политические разногласия в руководстве и есть немало радикальных элементов, готовых оказывать активное сопротивление существующей власти. Вот почему на этом концентрировали свое внимание троцкисты и вообще враги Сталина, партии большевиков, советской власти.

Ну, а что касается «безвинности» представителей бухаринской школы, то на этот счет есть свидетельство А. Авторханова, которого никак нельзя заподозрить в симпатиях к Сталину. В книге «Технология власти» он привел разговор с одним из радикально настроенных представителей правой оппозиции, слушателем Института красной профессуры, который заявил:

«Государственный переворот не есть контрреволюция, это только чистка партии одним ударом от собственной подлости. Для этого не нужен и столичный гарнизон Бонапарта. Вполне достаточно одного кинжала советского Брута... Ни одна страна не богата такими Брутами, как наша. Только надо их разбудить».

Вновь и вновь встает вопрос: так почему же не удалось разбудить этих многочисленных Брутов? Почему не нашлось никого, кто решился бы избавить страну от тирана?

Согласно общей концепции Конквиста и ему подобных, причина в том, что подавляющая масса населения была либо запугана чудовищным террором, либо оболванена просталинской пропагандой. Оставалась вроде бы небольшая часть скептически настроенных интеллектуалов, которые пали жертвами болезненной мнительности и жестокости Сталина.

Но, во-первых, никакого страшного террора по отношению к большинству населения не было. Во-вторых, группы интеллектуалов не были смирными и робкими овечками. В-третьих, возможности массовой пропаганды в те времена были несравнимо меньше, чем в более позднее время, когда стали широко использоваться электронные средства пропаганды, агитации и оболванивания населения. Они-то и определили популярность конквистовской (с таким же успехом можно говорить о геббельсовской, даллесовской) версии.

Самое отвратительное в подобных концепциях то, что они представляют советский народ в виде огромного темного трусливого стада, которое гонит по одному ему ведомому пути злобный и тупой поводырь с помощью своры свирепых псов. Нетрудно понять иностранцев и врагов советского народа, русской культуры, которые внедряют в массовое сознание подобные гнусные антинародные идеи. Они служат нашим врагам, обеспечивая себе хорошее существование. Пожалуй, им даже приятно сознавать свое интеллектуальное превосходство над этим российским «быдлом».

Но как понять и простить тех, считающих себя русскими, культурными и образованными людьми, которые, сами того не сознавая, унижают себя и позорят своих отцов и дедов, подхватывая пошлую и подлую идейку зарубежных врагов России?

Ну, а что, если столь неприятная и унизительная для нас концепция представляет собой пусть горькую, но все-таки правду, если не полную, то хотя бы частичную? Разве тот факт, что Сталин остался жив и не нашлось на него советского Брута, не свидетельствует о том, что слишком немногие набирались смелости противостоять тирану?

Да, если считать, что все антисталинские группировки, заговоры, блоки были сфабрикованы ОГПУ-НКВД, то действительно оппозиционеры предстают какими-то жалкими людьми, осмеливавшимися только в немногих высказываниях и намеках хоть как-то критиковать некоторые действия Сталина, даже не помышляя о более серьезных и решительных мероприятиях.

Однако факты свидетельствуют об обратном. Оппозиционеры были в большинстве своем настроены решительно, а то и беспощадно по отношению к сталинцам. И в народе, особенно в среде зажиточных крестьян, остатков привилегированных прежде социальных прослоек, представителей националистических течений, даже в немалой части «ленинской гвардии» бродили антисталинские настроения.

Понимал ли это Сталин? Понимал. Вот, к примеру, его письмо Кагановичу от августа 1932 года:

«Самое главное сейчас — Украина. Дела на Украине из рук вон плохи... Коли не возьмемся теперь же за выправление положения на Украине, Украину можем потерять. Имейте в виду, что Пилсудский не дремлет и его агентура на Украине во много раз сильнее, чем думает Реденс или Косиор (начальник ОГПУ Украины и генсек ЦК КП(б)У. — *Авт.*).

Имейте также в виду, что в Украинской компартии (500 тысяч членов, хе-хе) обретается немало (да, немало) гнилых элементов, сознательных и бессознательных петлюровцев, наконец — прямых агентов Пилсудского. Как только дела станут хуже, эти элементы не замедлят открыть фронт внутри (и вне) партии, против партии. Самое плохое это то, что украинская верхушка не видит этих опасностей».

Можно возразить: а если таких опасностей вовсе не было? Если все эти опасения — плод болезненной подозрительности Сталина? Конечно, предположить можно все, и воссоздать во всей полноте обстановку на Украине той поры вряд ли возможно. Но у нас есть очевидный пример: распад СССР в 1991 году, отделение Украины от России. Странным образом все получилось так, как того опасался Сталин 60 лет назад, когда, безусловно, обстановка в стране была значительно более напряженной, чем в 1991 году.

Сразу же на Украине громогласно заявили о себе прозападные и националистические группировки, а среди членов компартии оказалось значительное количество предателей и приспособленцев, выступивших против ее политики. Вообще-то, ничего криминального нет ни в том, что произошло отсоединение Украины от России, ни в том, что многие коммунисты стали, как теперь говорят, «перевертышами». Вопрос в другом: стал ли украинский народ после этого более свободным и процветающим? Ответ ясен: нет. Уровень жизни украинского народа резко упал, возникла массовая безработица, а страна откатилась в разряд слаборазвитых. Страна находится в политической зависимости от Запада и в энергетической — от России...

В приведенном выше письме обращает на себя внимание адресат: Л.М. Каганович. Его сила и влияние к этому времени значительно возросли. По занимаемым им постам он стал вторым человеком в партии после Сталина.

Из опубликованной недавно переписки Сталина с Молотовым известно, что Каганович замещал Сталина во время отпуска. Советские газеты печатали приветствия «И.В. Сталину и Л.М. Кагановичу». Но в 1932 году в белоэмигрантской прессе было опубликовано сообщение о крупном конфликте между Сталиным и Кагановичем. Правда это или нет, утверждать невозможно. Но факт остается фактом: с 1935 года газетные приветствия адресовались только Сталину. А с 1932 года во главе многих крайкомов и ЦК компартий союзных республик людей Кагановича сменили люди Кирова—Сталина. Особенно выросло значение Кирова на XVII съезде партии, проходившем в начале 1934 года.

Этот съезд объявил о выполнении первой пятилетки ранее намеченного срока и утвердил второй пятилетний план. На самом деле все обстояло не так гладко. Впоследствии сам Сталин признал, что первая пятилетка не была выполнена полностью. Поставленные цели, как и предупреждали некоторые, были нереальны.

Пожалуй, таков был сталинский стиль: ставить перед людьми и организациями нереальные, явно завышенные задачи, чтобы при их решении достичь максимально возможных результатов. И такие результаты были достигнуты. Страна в социально-экономическом отношении стала заметно преображаться. Правда, цена была тяжела: введение карточной системы, беспощадного нормирования, жесточайшей экономии на самом насущном; ценой жизни в бараках и общежитиях, жилищного кризиса, отказа от минимального комфорта.

Но это были лишения, на которые люди шли во имя СОЗИДАНИЯ, ради будущего, в которое верили.

Большинство советских людей тридцатых годов были носителями сплава дореволюционных христианско-патриотических и послереволюционных новаторско-коллективистских моральных ценностей. Они видели перед собой великую цель — создание Нового Общества, восстановление силы и величия Родины. Среди этих людей были разные слои населения: от буржуазно-монархической старой интеллигенции до комсомольцев, мечтавших изменить мир.

Важно то, что они видели: их усилия и лишения не напрасны. В предвоенное десятилетие каждый год приносил ощутимые улучшения в жизни (хотя и бывали отдельные спады).

Осенью 1931 года было принято решение о полной ликвидации частной торговли, ударившее по спекулянтам. На следующий год открыли колхозные рынки, на которых колхозникам разрешалось — после расчета с государством — продавать излишки зерна и другой сельхозпродукции. В 1933-м были частично отменены карточки, а на следующий год — окончательно. Одновременно началась реабилитация истории Российского государства, укрепление патриотизма.

И все-таки ситуация была чрезвычайно напряженной, чреватой крушением сталинского курса. Противодействие ему продолжало расти, чему способствовал голод 1932—1933 годов.

Личное и общественное

9 ноября 1932 года все советские газеты вышли с некрологом. Из траурной рамки смотрело лицо молодой симпатичной женщины, которая, как писали, «скончалась от приступа аппендицита». Эта женщина — жена Сталина Надежда Сергеевна Аллилуева.

Среди подписей жен членов Политбюро под текстом соболезнования почему-то отсутствовали подписи жен Кирова и Куйбышева. Возможно, причина была в том, что им была известна причина смерти Аллилуевой: самоубийство. Этот тяжелейший удар завершил для Сталина полосу стрессов 1932 года. Несчастье произошло подозрительно «вовремя», как будто руку его жены направляли личные враги вождя.

Известно, что Надежда Сергеевна страдала болезненной формой истеричности и повышенной нервной возбудимостью. Из-за этого друзья семьи Сталина, в частности С.М. Буденный, неохотно ходили к нему в гости: им было неприятно присутствовать при ее частых истериках и скандалах.

Не было ли политических поводов этого самоубийства?

В период «перестройки» муссировалась версия о том, что самоубийца оставила письмо, в котором обвиняла мужа в политических преступлениях. Но теперь выяснено, что на столике рядом с кроватью, на которой она застрелилась, лежал текст «платформы Рютина» с резкими нападками на Сталина.

Надо иметь в виду, что Аллилуева интересовалась политическими новостями не только по «семейным обстоятельствам», но и как член партии, вступивший в нее еще в Гражданскую войну. Правда, в 1921 году она была исключена из РКП(б) во время первой генеральной чистки партийных рядов с мотивировкой «за поддержку анархо-синдикалистского уклона и неучастие в общественной жизни».

За нее сначала ходатайствовал Сталин перед Лениным, а затем Владимир Ильич отправил записку в Центральную комиссию по чистке, в которой очень положительно характеризовал Аллилуеву, отмечая ее заслуги в 1917 году. Ее неучастие в общественной жизни он объяснял рождением сына Василия и необходимостью ухода за ним.

По-видимому, более серьезным было обвинение в поддержке анархо-синдикалистского уклона «рабочей оппозиции», руководимой А.Г. Шляпниковым. Поэтому несмотря на ходатайство и заступничество Ленина Надежда Сергеевна была восстановлена в партии только в 1924 году. Сохранились мемуарные свидетельства того, что Аллилуева впоследствии проявляла сочувствие к Троцкому и Бухарину. Можно усомниться в полной правдивости таких свидетельств, но верно и то, что «дыма без огня не бывает».

Если симпатии Аллилуевой были на стороне анархо-синдикалистских взглядов (хотя бы частично), то она никак не могла поддерживать линию Сталина на укрепление государственных структур, усиление центральной власти, введение военной дисциплины и соответствующего стиля руководства. В таком случае текст «платформы Рютина» должен был сыграть роль катализатора для ее трагического решения.

Пуля, убившая его жену, была нацелена и в Сталина. Ведь, судя по всему, причина самоубийства была главным образом политической. Так проявилось либо категорическое неприятие сталинского курса перехода к коммунизму путем укрепления, а не отмирания государства; либо осознание силы и правоты тех оппозиционеров — и левых, и правых, — которые стали объединяться против Сталина в стремлении убрать его не только политически, но и физически.

Нетрудно себе представить, с каким гневом и ненавистью взглянул Сталин на текст рютинской платформы, лежавший на столике возле трупа его жены. Странно, и даже удивительно, что даже после этого Рютин не был приговорен к расстрелу или уничтожен как-либо иначе. Разве не мог Сталин дать соответствующее указание своим «сатрапам»?

Если этого не произошло, то, значит, не было чудовищно коварного и злобного тирана, так же как не было его безропотно покорных прислужников.

Кстати сказать, Киров, выступивший против казни Рютина, говорил на пленуме Ленинградского обкома 9 февраля 1933 года:

«Новое, что раньше было в потенции, заключается в том, что сейчас всякое оппозиционное отклонение от генеральной линии нашей партии ведет гораздо дальше, чем в предшествующие годы... прямо и непосредственно ведет в лагерь контрреволюции. Тут дело не во фракции внутри нашей партии, а в неизбежном переходе по ту сторону баррикад...

Группа Эйсмонта—Смирнова, вступившая на путь борьбы с партией, повторила по существу рютинско-слепковскую платформу, с первых же шагов своей деятельности стала вбирать в себя антисоветские элементы».

А как вел себя на том пленуме Н.И. Бухарин — любимец «перестроечной» прессы, провозглашавшей его «альтернативой Сталину»?

О группе Эйсмонта—Смирнова, выступившей фактически с его же прежней позиции, он сказал, что «с ней должна быть суровая расправа». И требовал беспощадно расправиться с ней, «не смущаясь никакими сентиментальными соображениями о прошлом, личной дружбе, о связях, об уважении над человеком как таковым и т.д. Это все абстрактные формулировки».

Кривил ли он душой? Возможно. Он словно и не подозревал, что те же слова вскоре могут быть обращены в его адрес.

Неудивительно, что 1933 год начался с жестких мер против оппозиционеров. Были арестованы руководители троцкистского подполья Е.А. Преображенский и И.Н. Смирнов. Прошла новая волна арестов рютинцев и сторонников И.Н. Смирнова. Труднее было с его однофамильцем.

Александр Петрович Смирнов — крестьянин, затем рабочий, профессиональный революционер — был одним из основателей большевистской партии. Он входил в ее ЦК еще до революции, а затем был, что называется, на виду: долголетний нарком Земледелия и заместитель Рыкова по РСФСР, лидер Крестьянского Интернационала в системе Коминтерна, секретарь ПК ВКП(б) в 1928—1930 годах. Такого деятеля арестовать было нецелесообразно. Он отделался выводом из состава ЦК (был исключен из партии после убийства Кирова, а 1937-й подвел черту его жизни).

Выступая на январском пленуме ЦК ВКП(б) по делу группы Эйсмонта—Смирнова, Сталин сказал:

«Ведь это только враг может говорить, что стоит только убрать Сталина и все будет хорошо».

Была ли правда в этих словах? Скорее всего, была. Только на первый поверхностный взгляд все дело заключалось в его личных амбициях или маниакальных идеях. К тому времени имя Сталина превратилось в глазах миллионов, уверовавших в верность избранного им пути, в символ партии большевиков и советской власти (хотя, объективно рассуждая, советы всех уровней являлись реальной альтернативой власти партийной верхушки).

Развенчание Сталина, снятие его с высоких постов или, наконец, его убийство сокрушило бы не столько его авторитет, сколько авторитет курса развития страны, который провозглашался именем партии, а не Сталина. Это стало бы, пожалуй, не только расколом, но началом стремительного распада советского общества.

Дело, конечно, не в Сталине как таковом, а дело в той общественной системе, основанной на вере в социальные идеалы, в счастливое будущее, в возможность построить общество социальной справедливости и высокого достоинства человека труда, которая сложилась во многом вне его воли и желания. Имя Сталина стало одним из символов этой веры.

Именно это обстоятельство, как можно предположить, явилось главным препятствием на пути потенциальных «российских Брутов», спасло его жизнь. Ведь настойчивые призывы «убрать Сталина» (убить или снять) раздавались и «слева» и «справа» и громогласно звучали из-за рубежа.

Сравнительно небольшая по численности группа Эйсмонта—Смирнова привлекла к себе пристальное внимание Сталина прежде всего потому, что в нее входили ответственные лица, ранее работавшие под руководством Рыкова и связанные с лидерами «правых». С этой группой контактировали и относились к ней сочувственно некоторые члены и кандидаты в члены ЦК ВКП(б) — «двурушники», как называл их Сталин, которые всегда голосовали за вносимые им предложения, а втайне были готовы в любой момент поддержать оппозицию для его свержения. Тем более что такой момент назревал в связи с усилением влияния Кагановича, который пользовался поддержкой Орджоникидзе.

Теперь среди различных оппозиционных групп зрели террористические устремления в отношении Сталина. Согласно сообщению хозяйственника Никольского, А.П. Смирнов однажды заявил: «Неужели не найдется ни один человек, который убрал бы Сталина!»

Вызванный по делу этой группы в КПК А.П. Смирнов признал, что произнес эту фразу, но уточнил: слово «убрать» он использовал в смысле смещения с поста генсека. На это присутствовавший на заседании секретарь ЦК ВКП(б) П.П. Постышев, курировавший ОГПУ, заметил: «Для меня убрать значит убить».

Действительно, если Смирнов говорил об одном человеке, который убрал бы Сталина, то это могло означать только «убить» и ничего больше, ибо снять с поста генсека единолично невозможно.

После того как с той поры прошли долгие, насыщенные событиями тридцать лет, в первой половине 1960-х годов по инициативе Хрущева было принято решение реабилитировать группу Эйсмонта—Смирнова, поскольку ни один из ее членов до начала 30-х годов не входил ни в какую оппозицию; данное дело хотели представить как фальсификацию сталинцев.

Тогда и вызвали к партследователю того самого Никольского. Но он упрямо продолжал стоять на своем: «И все-таки Смирнов произнес это слово — убрать».

Таким образом, в конце 1932 — начале 1933 годов на Сталина обрушилось не только личное горе. И оно, судя по всему, было тесно связано с теми процессами антисталинского направления, которые происходили в верхних этажах власти, а также в обществе.

Тучи над головой генсека сгущались, и выстрел его жены был словно одна из тех молний, которые грозили поразить его.

По свидетельству «Бюллетеня оппозиции» за 1936 год (№51), один ссыльный троцкист в 1932 году при встрече с бухаринцами убедился, что они «совершенно изменились и не скрывали — разумеется, в интимных кругах — свое новое отношение к Троцкому и троцкистам».

Подобные факты позволили В.З. Роговину сделать вывод: «В 1932 году стал складываться блок между участниками всех старых оппозиционных течений и новыми антисталинскими внутрипартийными группировками».

Все это вряд ли не знал или хотя бы не ощущал Сталин. Ему необходимо было принимать какие-то меры, чтобы противодействовать усилиям своих тайных противников. Этим, вероятно, можно объяснить «Постановление Секретариата ЦК ВКП(б) от 13 ноября 1931 г.»:

«О реорганизации секретного отдела ЦК.

а) Реорганизовать Секретный отдел ЦК путем выделения из него аппарата, обслуживающего Политбюро ЦК...

б) Секретный отдел подчинен непосредственно т. Сталину, а в его отсутствие т. Кагановичу.

Прием и увольнение работников Секретного отдела производится с ведома и согласия секретарей ЦК».

Судя по всему, существенно уменьшилось доверие Сталина ко многим членам ЦК, если пришлось создавать аппарат, обслуживающий Политбюро, а следовательно, держащий под контролем Центральный Комитет.

Не только оппозиционеры разного уклона, но и сам генсек имели все основания ждать выступления «советского Брута». Но почему бы оппозиционерам не начать с «верных сталинцев», его опоры, проводников его идей?

Если рассуждать логически, то этот путь был наиболее верным и наименее уязвимым для того, чтобы снять Сталина с его высоких постов. Достаточно было «убрать» двух-трех человек из его окружения, чтобы все колеблющиеся, скрытые противники Сталина смогли совместными усилиями одолеть его группировку.

Исходя из этой логики, «на прицеле» у оппозиции должны были бы находиться три человека: Молотов, Каганович, Киров. Из них последний был наиболее ярким, быстро растущим на партийной работе и по авторитету среди партийцев, твердым и темпераментным сталинцем.

Правда, подобные соображения еще не доказывают, будто убийство Кирова было организовано противниками Сталина. Исторические события свершаются порой нелогично, по каким-то иррациональным закономерностям, примерно так же, как наш жизненный путь определяется не только разумными соображениями, на основе рассудка, но и подсказками подсознания, эмоциональной сферы, смутными потребностями и желаниями.

Причины и следствия

Существует мнение, что Сталин в начале 30-х годов искал какого-нибудь серьезного повода для того, чтобы начать массовые репрессии в партии и окончательно запугать своих противников. Мол, по этой причине он приказывал фабриковать мнимые антипартийные и террористические группировки, стремясь доказать необходимость партийных чисток и террора.

Однако известно, что еще за год до выстрела в Смольном произошли два события, которые при желании Сталин мог бы использовать в качестве повода для ликвидации своих врагов и подозреваемых в оппозиционных настроениях.

Во второй половине августа 1933 года Сталин, Ворошилов, Жданов и Паукер (начальник оперативного отдела ОГПУ) находились в отпуске. 25 августа незадолго до полуночи они прибыли на поезде в Сочи, а спустя примерно час выехали на автомашинах на одну из правительственных дач — «Зеленую рощу» близ Мацесты.

При проезде через небольшой Ривьерский мост в центре Сочи на машину «бьюик», в которой сидели Сталин с Ворошиловым, налетел грузовик.

Охрана, находившаяся во второй машине, немедленно открыла стрельбу. Шоферу грузовика удалось скрыться.

Все признаки злодейского покушения на жизнь вождя!

Правда, ни Сталин, ни Ворошилов не пострадали. После непродолжительной задержки они отправились дальше.

Шофером грузовика оказался некий Арешидзе, изрядно выпивший перед злополучным рейсом. Никаких заранее продуманных или спонтанно возникших криминальных намерений у него не было. Но какое все это могло иметь значение, если бы Сталину нужно было исполнить свои коварные политические планы? Неужели трудно было представить случившееся как заранее продуманный и неудавшийся теракт?

Дело, однако, завершилось тем, что на следующее утро в Сочи были приняты экстраординарные меры: по улицам расклеили постановление горисполкома, ужесточившее правила дорожного движения. Все без исключения шоферы обязаны были незамедлительно пройти перерегистрацию и дать расписку, что готовы нести самое строгое наказание за нарушения новых правил.

Месяц спустя, 23 сентября, Сталин продолжал отдыхать на юге. (Отметим, что его не тревожило столь долгое пребывание вне Москвы, которое его враги могли вроде бы использовать для осуществления переворота.)

На этот раз он был на даче «Холодная речка» близ Гагры. Он решил совершить морскую прогулку. В 13 часов 30 минут на катере «Красная Звезда» Сталин отправился на юг к мысу Пицунда. Здесь Сталин сошел на берег. После пикника он отправился назад.

Неожиданно разыгралась непогода, поднялось сильное волнение. Это затянуло возвращение на два часа. Уже при подходе к Гагре, примерно в 17 часов, катер был обстрелян с берега из винтовки. Пули ушли в воду. На борту никто не пострадал.

На этот раз были налицо все признаки покушения на жизнь Сталина. Теперь-то можно было сфабриковать дело о террористическом акте вне зависимости от того, что и почему произошло в действительности.

Поздним вечером из Тбилиси в Пицунду прибыли Л. Берия и А. Гоглидзе (соответственно первый секретарь крайкома и начальник ОГПУ Закавказья).

Согласно бытующей и поныне легенде, они якобы инициировали это покушение, чтобы Берия смог в опасной ситуации продемонстрировать свою верность вождю и доказать этим свою решимость рисковать ради него своей жизнью. Наивность такой версии сопоставима только с ее нелепостью.

В действительности же Берии пришлось доказывать свою непричастность к этому инциденту. Вместе с Гоглидзе и Власиком, отвечавшим за охрану высших должностных лиц страны, отдыхавших на Черноморском побережье Кавказа, Берия проводил расследование случившегося. За два дня удалось докопаться до истины.

Дело в том, что пограничный пост не был информирован о задержке правительственного катера. Командир отделения Лавров, проявив излишнюю инициативу, сделал положенные по уставу три предупредительных выстрела по неожиданно появившемуся в закрытой зоне неопознанному им судну.

Трудно ли было представить случившееся иначе? Разве нельзя было высказать предположение, что стрелял один из законспирированных агентов оппозиции? Разве не могло это быть реализацией призывов «левых», «правых» и прочих — убрать Сталина? Такая версия прозвучала бы вполне правдоподобно.

Тем не менее Сталин даже не пытался представить эти два инцидента неудавшимися террористическими актами и никак не вмешивался в ход расследования.

Ситуация изменилась коренным образом только после убийства Кирова. И конечно же не потому, что Сталин с того момента стал панически бояться за свою жизнь. Оснований для такой паники у трусливого человека или, тем более, обуянного манией преследования было и раньше предостаточно.

Все свидетельствует о том, что Сталин таким человеком не был. И еще: он не искал поводов для начала репрессий против своих партийных противников.

...Занятный казус: те «исследователи», которые объясняют массовые репрессии в партии сталинской паранойей, основывают свой диагноз о паранойе на данных проведения этих же репрессий. Логика абсурда. И самое печальное, что она для многих оказалась привлекательной и даже убедительной.

Правда, возможно, ради дополнительного обоснования психопатологии Сталина приводят в пример судьбу известного психиатра В.М. Бехтерева. Рассказывают, будто он поставил диагноз — паранойя, после чего (и по этой причине) был вскоре отравлен.

Однако, во-первых, Бехтерев никогда клинически или как-то иначе не обследовал Сталина, который в те годы (1923) находился в расцвете сил. Во-вторых, если бы даже он провел такое обследование, то как настоящий врач старой закалки, давший клятву Гиппократа, не выдал бы эту врачебную тайну. А вообще-то, надо сказать, Бехтерев искренне поддерживал советскую власть. Но могло ли это стать причиной его отравления, доказать невозможно.

Вообще, сам по себе метод объяснения исторических событий мирового масштаба особенностями психического склада одной личности должен вызывать у образованного человека лишь скептическую усмешку.

Оставим в стороне психические аномалии Сталина, наличие которых никто еще не доказал. Для объективного исследователя, даже не испытывающего симпатии к личности Сталина, достаточно правдиво выглядит его признание немецкому писателю Эмилю Людвигу в беседе, происходившей в конце 1931 года:

«Задача, которой я посвящаю свою жизнь, состоит в возвышении... рабочего класса. Задачей этой является не укрепление какого-либо «национального» государства, а укрепление государства социалистического, и значит — интернационального».

Правда, через несколько лет он (без особых декларативных заявлений) пришел к мысли, что основой такого государства должна быть русская культура, а первым среди равных — русский народ.

Следует отметить, что Сталин не прилагал усилий к созданию культа своей личности. Да и как можно организовать действительный, а не показной культ? Он поступил более хитро или, если угодно, мудро: формируя культ Ленина, а себя называя его скромным учеником.

В этом отношении он принципиально отличался от Гитлера, который поистине упивался своей ролью фюрера, вождя, пророка. О поведении Сталина такого не скажешь. Тем не менее его 50-летний юбилей в 1929 году прошел с необычайной помпой, которую Рютин справедливо называл отвратительной: «Тысячи самых подлых, гнусных, холуйски-раболепных резолюций, приветствий от «масс», состряпанных вымуштрованным партийным, профсоюзным и советским аппаратом, адресованных «дорогому вождю», «лучшему ученику Ленина», «гениальному теоретику»; десятки статей в «Правде», в которых многие авторы объявляли себя учениками Сталина... — таков основной фон юбилея». А чуть выше тот же Рютин (но уже без доказательств) утверждал: «В теоретическом отношении Сталин показал себя за последние годы полнейшим ничтожеством, но как интриган и политический комбинатор он обнаружил блестящие «таланты». После смерти Ленина он наглел с каждым днем».

А чуть дальше следует сокрушительная характеристика: «Ограниченный и хитрый, властолюбивый и мстительный, вероломный и завистливый, лицемерный и наглый, хвастливый и упрямый — Хлестаков и Аракчеев, Нерон и граф Калиостро — такова идейно-политическая и духовная физиономия Сталина». (Полезно заметить, что даже этот яростный враг вождя не приписывает ему параноидальных черт, напротив, подчеркивает его полнейшую вменяемость.)

Чем же объясняет Рютин (и не он один) феномен сталинского культа? «Он пришел к своему теперешнему безраздельному господству путем хитрых комбинаций, опираясь на кучку верных ему людей и аппарат, и с помощью одурачивания масс».

Мнение достаточно распространенное и очень сомнительное. Ведь любой руководитель государства, а в особенности демократического, приходит к власти путем хитрых махинаций, опираясь на кучку верных ему людей, а правит, используя государственный аппарат и — в той или иной мере — методы одурачивания масс.

Подлинный устойчивый авторитет не может долго держаться только на запугивании. Да и для того, чтобы так запугать народные массы, чтобы они восхваляли тирана, требуются какие-то особенные действия и особенные народы. Так не бывает. В подобных случаях скорее «народ безмолвствует», по точной реплике Пушкина.

Сталин был проницательным правителем. Секрет своего авторитета он не скрывал: «Чтобы поднять рабочий класс на трудовой подъем и соревнование и организовать развернутое наступление, надо было, прежде всего, похоронить буржуазную теорию троцкизма о невозможности построения социализма в нашей стране». И о непопулярности правого уклона он тоже высказался вполне определенно и убедительно: «Было бы глупо думать, что наш рабочий класс, проделавший три революции, пойдет на трудовой энтузиазм и массовое ударничество ради того, чтобы унавозить почву для капитализма».

Дело в том, что в последовательности исторических событий складывается своеобразная цепь, которая сковывает общество, вынуждает его следовать определенным путем, предпринимать определенные действия. (Сходным образом судьба каждого человека во многом определяется чередой поступков, и чем серьезнее поступки, тем существенней они определяют последующий жизненный путь.)

Победив в Гражданской войне, российский народ, а конкретнее — рабочий класс превратился в заложника своей победы. Вступив на неизведанный в истории путь развития, пришлось, как мы уже прежде говорили, опираться на веру в авторитеты и вождей. Такова стратегия поведения в неопределенности. Культ личности был объективно необходим для общества данного типа на данном этапе его развития. Сталин, получивший религиозное образование в юности, если не понимал, то чувствовал необходимость культа личности для консолидации общества. И сам тоже становился заложником этого культа.

Такими представляются нам объективные причины появления «вождизма» в советском обществе на решающих этапах его развития. Никакие ухищрения Сталина или любого другого правителя не смогли бы организовать его культ искусственно, а тем более насильно.

Рютин выступил в роли мальчика в сказке Андерсена, который крикнул: «А король-то голый!» Однако на этот раз получилась не так, как в сказке. Король был голым только под своим одеянием. Это одеяние было выделано не ловкими жуликами-портняжками, но исторической необходимостью и теми успехами, которые были достигнуты страной под его руководством. Их признавали даже недруги Советского Союза. Вот что было написано в американском журнале «Нейшн» в ноябре 1932 года: «Четыре года пятилетнего плана принесли с собой поистине замечательные достижения. Советский Союз работал с интенсивностью военного времени над созидательной задачей построения основ новой жизни. Лицо страны меняется буквально до неузнаваемости».

Или такое свидетельство английского журнала «Форвард»: «СССР строит новое общество на здоровых основах. Чтобы осуществить эту цель, надо подвергаться риску, надо работать с энтузиазмом, с такой энергией, какой мир до сих пор не знал, надо бороться с огромнейшими трудностями, неизбежными при стремлении построить социализм в обширной стране, изолированной от остального мира».

К пользе для СССР изоляция эта была не абсолютной. Так, еще в 1928 году было заключено 49 договоров с крупными капиталистическими фирмами. Но главным был, безусловно, труд советских людей. За пятилетку было возведено полторы тысячи промышленных предприятий, у которых концентрировались рабочие поселки и города (Магнитогорск, Кузнецк, Комсомольск-на-Амуре, Хибиногорск и др.). Объем промышленного производства возрос в 2,7 раза по сравнению с 1913 годом, и почти всю продукцию давали социалистические предприятия. Численность рабочих возросла за пятилетку почти вдвое (с 11,6 до 22,9 млн. человек). Зарплата выросла вдвое при стабильном рубле. Число студентов технических вузов увеличилось с 48,9 тыс. до 233,5 тыс. человек.

Большое внимание было уделено развитию Украины. Там за пятилетку ввели в строй 400 предприятий (в том числе Днепрогэс, Харьковский тракторный, Краматорский завод тяжелого машиностроения). Об этом тоже теперь не принято упоминать, возможно потому, что после отделения Украины от России ее экономический потенциал за десятилетие не только не вырос, а упал; и это при уже созданной в 30-е годы мощной производственной базе!

За первую «сталинскую» пятилетку, пусть даже недовыполненную, страна сделала мощный рывок вперед, и ее достижения стали очевидны и для ее трудящихся, и для тех многочисленных приезжих предпринимателей, журналистов, писателей, делегаций. И все это — на контрастном фоне экономического кризиса, обрушившегося на развитые индустриальные державы!

Как видим, основания для культа личности Сталина имелись вполне реальные. И это обстоятельство вызывало озлобление у его врагов, мешавшее понять причины такого явления. Как ни отвратителен сам по себе культ личности, но у него имелись, как мы могли убедиться, причины не только умозрительные, основанные на общих представлениях о жизни общества, но и реально-материальные.

Впрочем, взлет культа личности Сталина приходится на более поздние сроки. А пока, в первой половине 33-го года, несмотря на значительные достижения в социалистическом строительстве, ему приходилось предпринимать немалые усилия для того, чтобы обеспечить единство партийного руководства и сохранить в дальнейшем «интенсивность военного времени» при строительстве могучего индустриально развитого государства на социалистической, а не капиталистической основе.

Но чем ощутимей и неопровержимей становились успехи СССР на этом пути, чем выше поднимался авторитет Сталина, тем больше было причин для его врагов прибегать к террористическим методам. До сих пор были вполне резонные ожидания скорого краха генеральной линии Сталина: чем хуже, тем лучше. Но теперь, когда перемены к лучшему произошли, а трагический голод 1932—1933 годов был пережит страной без социальной катастрофы, надежд на естественное устранение Сталина оставалось совсем мало. Нужны были радикальные меры.

Однако на «советских Брутов» был явный дефицит. Культ Сталина, в отличие от культа Цезаря, осуществляла не кучка его сторонников и сообщников. Он был если не всенародным, то поддерживался большей частью общества, прежде всего ведущей в ту пору социальной группой — рабочим классом.

Но главное — что принесет такая акция? Кроме почти неминуемой смерти ее исполнителям. А затем? Ведь большинство Политбюро оставалось бы сталинским, а его генеральная линия оставалась бы неизменной, так как была принята и одобрена всеми руководящими органами страны. Тогда надо было бы признать, что весь курс на социалистическое строительство в одной стране, на индустриализацию, на выполнение очередного пятилетнего плана — весь этот курс ошибочен... Однако факты в рассматриваемое время свидетельствовали о прямо противоположном.

В этом смысле С.М. Киров имел все основания заявить в феврале 1933 года: «Сейчас всякое оппозиционное отклонение от генеральной линии нашей партии ведет гораздо дальше, чем в предшествующие годы... прямо и непосредственно ведет в лагерь контрреволюции».

Следовательно, наиболее разумной стратегией следовало считать не убийство Сталина (он погиб бы как герой, на гребне славы и в ореоле успехов), а устранение его ближайших сподвижников. Так мы вновь приходим к тому выводу, что убийство Кирова было бы самой целесообразной акцией противников сталинизма.

Означает ли это, что Киров пал жертвой контрреволюционного, антисоветского, антипартийного или хотя бы антисталинского заговора?

Попытаемся в этом разобраться.

Верный сталинец

Завершивший 1-ю пятилетку XVII партсъезд с немалым основанием был назван «Съездом победителей». В составе Политбюро на нем не произошло изменений. А вот ЦК, его Организационное бюро и секретариат значительно изменили свой состав. Этим Сталин еще более упрочил свои позиции в руководстве страной и партией.

В эти особо важные органы, руководившие подбором и расстановкой кадров, повседневной работой, «текучкой», был избран С.М. Киров. Ему было поручено руководить организационной работой партии и массовых организаций.

Сделаем небольшое отступление. Стал трафаретным упрек Сталина в том, что он, завзятый «аппаратчик», создатель бюрократической системы, совершал хитроумные кадровые перестановки с целью упрочить свое руководящее положение и проводить свою политику.

В этом его обвинял, помнится, еще Троцкий. И был прав по существу: Сталин действительно был умелым создателем и руководителем партийного и государственного аппарата (в СССР они были тесно переплетены), а не пламенным трибуном-демагогом. Но только это следует считать его достоинством как руководителя, а не недостатком. Если не умеешь подбирать кадры и работать с ними, если чураешься постоянной организационной работы, если готов только давать указания и требовать их выполнения, приказывать и карать за ошибки, то ты — плохой руководитель. И партийные верхи поступили совершенно верно, отдав предпочтение Сталину, а не Троцкому.

...Итак, теперь коснемся личности другого руководителя — Сергея Мироновича Кирова. Он принадлежал к тем редким, считанным членам и кандидатам в члены Политбюро, не допускавшим ни левого, ни правого уклона. Более того, левые, особенно находившиеся в эмиграции, относились к нему с ненавистью.

Троцкий имел для этого и личные основания. Все узловые моменты кировской карьеры, все этапы возвышения Сергея Мироновича были так или иначе связаны с политическими крушениями Троцкого или его сторонников.

Конфликт наркомвоенмора Троцкого с Реввоенсоветом XI Красной армии изрядно потрепал ему нервы еще в Гражданскую войну. В 1921 году Киров, выдвинутый Лениным и Сталиным, сменил на посту руководителя Азербайджанской компартии и Бакинской парторганизации троцкиста Г.Н. Каменского.

В 1926 году именно Киров на октябрьском пленуме ЦК предложил вывести Троцкого из состава Политбюро, Каменева из кандидатов в члены Политбюро и снять Зиновьева с поста председателя Коминтерна. Эти предложения были приняты. Что касается зиновьевцев, то их в Ленинграде Киров исключал из партии тысячами.

Имели на него «зуб» и правые. Их поражение в 1929—1930 годах было в значительной мере обусловлено тем, что Киров вычистил Ленинградское руководство от их сторонников (снял Н.К. Антипова — 2-го секретаря в Ленинграде, Н.Д. Комарова — председателя Ленсовета и прочих).

Непростым было положение Кирова и в центристской группировке партии. По свидетельствам современников, очень напряженными были его отношения с Л.М. Кагановичем, чьи позиции в Оргбюро и Секретариате ЦК после избрания на XVII съезде в них Кирова оказались очень ослабленными. К этому добавлялось традиционное соперничество двух столиц: Каганович возглавлял Московскую партийную организацию, а Киров — Ленинградскую.

Недавняя работа О.В. Хлевнюка «Сталин и Орджоникидзе. Конфликты в Политбюро» (1993), основанная на документах, заставляет серьезно усомниться в версии о личной трогательной дружбе Кирова и Г.К. Орджоникидзе, которая была пущена в ход супругой Григория Константиновича. По этой версии, Киров, приезжая в Москву, всегда останавливался на квартире Орджоникидзе. А по опубликованным отрывкам из воспоминаний начальника охраны Сталина Н.С. Власика, написанным в 1950—1960-е годы, Киров в каждый свой приезд в Москву останавливался на квартире... Сталина. А вот документы из архива Кагановича свидетельствуют о дружбе между ним и Орджоникидзе.

Все имеющиеся свидетельства указывают на то, что Сергей Миронович не был двуличным человеком, не лицемерил и не пресмыкался перед Сталиным, но был его верным честным соратником. 17 декабря 1929 года на пленуме Ленинградского обкома ВКП(б) Киров одним из первых провозгласил здравицы накануне пятидесятилетнего юбилея Сталина:

«Если кто-нибудь прямолинейно и твердо, действительно по-ленински, невзирая ни на что, отстаивал и отстаивает принципы ленинизма, так это именно товарищ Сталин...

Надо сказать прямо, что с того времени, когда Сталин занял руководящую роль в ЦК, вся работа нашей партийной организации безусловно окрепла...

Пусть наша партия и впредь под этим испытанным, твердым, надежным руководством идет и дальше от победы к победе».

Киров не был лукавым царедворцем. Он действительно был не только предан, но и дружен со Сталиным, поддерживая хорошие отношения с некоторыми другими руководителями страны. Вот, например, что писал он Орджоникидзе в марте 1926 года:

«Я, брат, провалялся неделю из-за гриппа. Дурацкая болезнь, температура доходила до 40,6. Еще и сейчас не очухался как следует.

Неделю назад был в Москве один день. Сталина застал в постели, у него тоже грипп (не от него ли заразился Киров? — *Авт.*). Много говорили о нашем хозяйстве, о финансах. Очень много открывается интересного, а лучше сказать печального. По словам Сосо, дело определенно выправляется и несомненно, по его мнению, выправится».

О том, что Киров не любил торжественных встреч и славословий, свидетельствует, в частности, его телеграмма в сентябре 1934 года, когда он находился на вершине своей карьеры: «Алма-Ата. Молния. Мирзояну. Случайно стало известно, что на вокзале Алма-Ата готовится встреча. Если это так, категорически протестую. Настаиваю никаких встреч, рапортов и пр.».

Наконец, следует отметить, что Киров, в отличие, скажем, от Кагановича или Хрущева, не был сторонником крутых мер по отношению к оппозиционерам. Это отчасти по его настоянию был поначалу избавлен от расстрела Рютин. Или такой случай.

Арестованный в 1935 году начальник Ленинградского управления НКВД Ф.Д. Медведь, в частности, показал:

«В оперативных списках, представленных мной для согласования с обкомом ВКП(б) на ликвидацию бывших представителей троцкистско-зиновьевской оппозиции, ведущих контрреволюционную работу в 1933 году, по агентурным материалам секретно-политического отдела, были Румянцев, Левин и другие, фамилии коих я сейчас точно не помню. При согласовании мною оперативного списка с товарищем Кировым, товарищ Киров не санкционировал арест Румянцева и Левина, в частности, он имел в виду поговорить лично с Румянцевым».

А вот многие оппозиционеры, прежде всего сторонники Зиновьева в Ленинграде, относились к Кирову с неприязнью, а то и ненавистью. Вот что Киров писал жене в январе 1926 года:

«Произошло то, что намечалось несколько раз, то есть меня из Баку берут и переводят в Ленинград, где теперь происходит невероятная склока (имеется в виду борьба с зиновьевцами. — *Авт.)...*

Во время съезда нас с Серго посылали туда с докладами, обстановка невозможная. Отсюда ты должна понять, как мне трудно ехать. Я делал все к тому, чтобы отделаться, но ничего не помогло. Удержусь я там или нет, — не знаю. Если выгонят, то вернусь в Баку».

«Приехали позавчера в Ленинград, встретили нас здесь весьма и весьма холодно. Положение здесь очень тяжелое».

Несколькими днями позже он уточняет: *«Положение здесь отчаянное, такого я не видел никогда».*

О том, какой культ личности Зиновьева существовал тогда в Ленинграде, можно судить по приветствию, адресованному ему от XI губернской Ленинградской конференции РЛКСМ:

«Григорий Евсеевич! XI губконференция РЛКСМ в день своего открытия приветствует Вас как вождя и руководителя Ленинского комсомола и в частности Ленинградской организации РЛКСМ. Примером твердокаменного большевика, надежнейшего ученика Ленина являетесь Вы для нас — молодого большевистского поколения».

Понятно, выспренние слова в адрес высокого начальства были тогда в ходу, почти как обязательная форма обращения. Тем не менее и без того в Ленинградских партийной и комсомольской организациях руководили почти сплошь ставленники и сторонники Зиновьева.

Вот фрагмент письма членов зиновьевской оппозиции Кирову (декабрь 1926 года):

«Тов. Киров, а тебе мы, оппозиционеры, заявляем: перестань барствовать, мы знаем, где ты живешь. И если поедешь в автомобиле, то мы, оппозиционеры, в одно прекрасное время будем ловить таких паразитов, как ты, тов. Киров... и мы вас всех, паразитов, постараемся уничтожить».

Стиль определенно показывает стремление автора (или авторов) запугать Кирова. Обращение «тов.» показывает, что пишут действительно члены партии.

Готовились ли в действительности покушения на Кирова? Об этом судить трудно. Но безусловно врагов его в Ленинграде (да и за его пределами тоже) было немало.

Когда многие исследователи в наше время стараются разгадать тайну убийства Кирова, а вдобавок критикуют или даже вовсе отвергают версии, которые предлагались в то время официальными органами, то при этом почему-то забывается, что вообще при расследовании серьезного преступления принято исходить из принципа: кому это надо, выгодно?

И тут выясняется, что многим людям и организациям была выгодна смерть Кирова. Это обстоятельство чрезвычайно затрудняет поиски тех (или того) конкретных исполнителей, которые спланировали и совершили это преступление.

Вот письмо студента Ленинградского инженерного института путей сообщений С.М. Логинова, отправленное Кирову 2 июля 1933 года:

«Т. Киров! Извините меня, что я у Вас отрываю драгоценные минуты от Вашей работы, но это сообщение я не могу не послать Вам. Дело вот в чем. Однажды на представлении в цирке (числа не упоминаю) я сидел по соседству (по внешнему виду) с двумя иностранцами, от которых случайно, невольно подслушал некоторые слова и фразы. Они говорили по-немецки, но я сидел рядом и по-немецки, хотя и не хорошо, но понимаю. Они долго упоминали Вашу фамилию... и фразу, которую передаю не полностью: «При отъезде его с Балтвокзала в марте ты будь готов», т.е., как потом я узнал, при отъезде на дачу или в дом отдыха...

И после я много уловил слов вроде военных складов заводов в ряде наших городов. В общем люди были сильно подозрительны...

К вам обращаюсь потому, что против Вас затеян шантаж. Лично сообщить не могу, ибо не пропустили, в ГПУ также не пустили... Заканчивая, я хочу лишь сказать, что Вы должны быть осторожнее при выездах, а особенно с Балтийского вокзала, если Вы выезжаете с него, ибо они этот вокзал упоминали. Может быть, я ошибаюсь во всем этом, но все-таки, по-моему — нет. Ну пока все».

Письмо это не производит впечатления фальсификации или записок сумасшедшего. Как мы позже убедимся, эти таинственные «иностранцы», говорившие по-немецки, вполне могли быть секретными сотрудниками РОВС или герман-

по-германски

ских спецслужб. Вообще, «немецкий след» в деле Кирова прослеживается достаточно отчетливо.

Из предлагающихся версий, выдвинутых исследователями, есть и довольно экзотическая. Работник Комитета партийного контроля Романов, принимавший участие в расследовании убийства Кирова, а затем собиравший любую информацию по этой теме, высказывал убеждение, что это дело рук английской разведки. Он исходит из «стиля» преступления: тщательной продуманности деталей, методике исполнения, подготовке прикрытия.

Какой смысл для спецслужб Великобритании имела эта акция? Они последовательно убирали многообещающих деятелей компартии, мешавших продвижению наверх их агентуры. Романов имел в виду Л.П. Берию, который, по его мнению, был связан с английской контрразведкой еще со времен Гражданской войны.

Если такую версию и нельзя исключить, то она выглядит не слишком правдоподобной. В момент убийства Кирова Берия был далек от вершин власти. А позже, судя по имеющимся сведениям, он едва не угодил в мясорубку «ежовщины», удержавшись буквально на краю бездны. И до этого были признаки того, что он отнюдь не двигался наверх. В 1936 году он в одной из своих речей говорил о критике, которой подверг Сталин руководство компартии Грузии, которое он возглавлял. В том же году была расформирована Закавказская федерация и распущен Заккрайком, которым руководил Берия. Сфера его власти в Закавказье сузилась и была восстановлена только спустя полтора года, после разгрома ЦК компартии Армении осенью 1937 года.

Вообще-то для любых террористов Киров был доступной мишенью. В отличие от остальных членов Политбюро он был очень общительным, тяготился охраной и даже однажды сбежал от нее. К нему можно было подобраться быстро и легко.

Но может быть, оппозиционеры со временем прониклись уважением и доверием к Сергею Мироновичу, который, в отличие от Сталина, был, как порой говорят, либеральней и гуманней? В таком случае стало бы очевидно, что сталинская «чистка партии», проведенная после убийства Кирова, не имела никаких объективных оснований, а была вызвана лишь стремлением генсека избавиться от всех тех, кто мешал или хотя бы мог помешать его единовластию.

Нет, в ленинградских партийных и комсомольских чистках 1926—1932 годов, проводимых по указанию и под руководством Кирова, пострадали тысячи оппозиционеров. Тогда же стали создаваться в райкомах списки участников троцкистско-зиновьевской оппозиции или подозреваемых в этом. Они составлялись по определенной форме и направлялись в обком партии Кирову. Таким образом, вполне могли быть желающие отомстить ему за эти «чистки».

У Кирова была неплохо налажена слежка за «неблагонадежными». Как признавался один бывший оперуполномоченный Ленинградского ОГПУ, «у нас везде были осведомители, в том числе и в партийных органах... Мы точно знали, кто и где ведет антисоветские разговоры, плохо отзывается о Сталине. На каждого вели формуляры. Агенты были под кличками. Мой человек была женщина «Елена Сергеевна» — жена ответственного работника, беспартийная».

Кстати, упомянутые выше списки имели «Примечания», где сообщались результаты наблюдений за подозреваемыми. Там были такие пометки: «ничем себя не проявляет», «полностью отошел от оппозиции», «в н/в секретарь ячейки», «выбыл в Красную Армию», «ведет себя хорошо» и т.д. Некоторые из тех, кто был занесен в эти списки, проходили по делу «Ленинградского центра».

Таким образом, вряд ли можно сомневаться в том, что Киров во многом, если не во всем, был верным сталинцем, и его смерти могли желать многие оппозиционеры. Но это, конечно же, еще не доказывает их прямого участия в его убийстве.

Мы попытаемся проанализировать некоторые документы, относящиеся к данному делу. Сразу скажем, что мы далеки от надежды разобраться в нем досконально и вынести приговор его организаторам и участникам. Да это и не входит в нашу задачу. Для нашей темы важно, что убийство Кирова так или иначе связано с антисталинизмом. Если исключить личные мотивы убийства (о них мы, конечно же, упомянем), то три других «следа» вполне могли привести и к покушению на Сталина:

заговор непримиримых оппозиционеров,

акция, организованная РОВС,

результат действий германских спецслужб.

Но прежде чем рассмотреть наиболее вероятные версии, обратимся к документам, касающимся самого убийства.

Выстрелы в Смольном

Днем 1 декабря 1934 года в кабинете 2-го секретаря Ленинградского обкома ВКП(б) М.С. Чудова шло совещание, посвященное отмене продовольственных карточек. В январе 1935-го планировалась (и была осуществлена) эта отмена.

В 16 часов 30 минут вдруг в коридоре раздались два выстрела. Выбежавшие увидели двух лежащих человек.

Из показаний охранника Кирова М.В. Борисова:

«Пока я вытащил револьвер из кобуры и взвел курок, я услышал второй выстрел. Выбежав на левый коридор, я увидел двух лежащих у дверей приемной т. Чудова. Лежали они на расстоянии 3/4 метра друг от друга. В стороне от них лежал «наган». В том же коридоре я видел находился монтер обкома Платоч. Тут же выбежали из дверей работники обкома. Их фамилии я не помню».

Тело Кирова перенесли в кабинет Чудова. Прибежали врачи и констатировали смерть, наступившую мгновенно.

Было проведено опознание стрелявшего. Им оказался недавний работник Ленобкома ВКП(б) Л.В. Николаев.

Примчавшийся в Смольный начальник Ленинградского управления НКВД Ф.Д. Медведь, друг Кирова, приказал арестовать и доставить на допрос в управление жену Николаева М.П. Драуле — работницу Ленинградского обкома ВКП(б). Как явствует из имеющихся документов, Драуле в здании на Литейном допрашивали уже тогда, когда потерявший сознание муж еще не пришел в себя. О чем допрашивали — неизвестно.

К Смольному стягивались войска НКВД, взявшие его в кольцо.

Из донесения в Москву начальника Ленинградского управления НКВД Ф.Д. Медведя и второго секретаря Ленинградского горкома ВКП(б) А.И. Угарова:

«...По предварительным данным, тов. Киров шел с квартиры (ул. Красных Зорь) до Троицкого моста. Около Троицкого моста сел в машину, в сопровождении разведки (охраны. — *Авт.*), прибыл в Смольный. Разведка сопровождала его до третьего этажа. На третьем этаже тов. Кирова до места происшествия сопровождал оперативный комиссар Борисов...

Жена убийцы Николаева по фамилии Драуле Мильда, член ВКП(б) с 1919 года, до 1933 года работала в обкоме ВКП(б).

Арестованный Николаев отправлен в управление НКВД ЛВО. Дано распоряжение об аресте Драуле. Проверка в Смольном производится».

Нетрудно отметить некоторые несовпадения в документах. Как показал Борисов, он не сопровождал Кирова до места происшествия, и даже не находился в том коридоре, где было совершено убийство; он не был, судя по его словам, очевидцем происшествия.

Другое несовпадение, возможно, не столь существенное: Мильду Драуле допрашивали уже тогда, когда еще Николаев находился в обмороке. Добавим, что до сих пор нет сведений (открытых) о том, что показал на допросе монтер Платоч. Известны только отрывки из его показаний.

Еще более важно отметить: Киров в этот день не должен был приезжать в Смольный!

С утра 1 декабря он находился дома, готовясь к докладу во дворце Урицкого. Доклад должен был начаться в 18 часов. Он утром несколько раз звонил в Смольный и просил все необходимые для доклада и текущие материалы отправить к нему домой, что и было выполнено.

Из воспоминаний курьера Ленинградского обкома М.Ф. Федоровой:

«Я в этот день была у Сергея Мироновича четыре раза, возила ему материалы. В этот день он не должен был быть в Смольном, так как готовился к докладу».

Из воспоминаний М.В. Рослякова, одного из немногих ленинградских ответственных партийных работников, уцелевших в последующих репрессиях:

«Наступило 1 декабря. Мы у себя в бюро заканчивали заказанную С.М. Кировым справку; я позвонил в обком к Н.Ф. Свешникову, чтобы узнать, когда сдать для Кирова материал. Николай Федорович сказал, что Сергея Мироновича в Смольном нет и вряд ли будет. «Звони ему на квартиру». На звонок ответил Киров, попросил прислать справку ему домой. И добавил, чтобы я обязательно был у Чудова на комиссии».

Росляков еще раз повторил: «Киров не должен был 1 декабря заезжать в Смольный, но он приехал».

Известно, что около 15 часов или чуть позже Киров звонил в Смольный. В это время у М.С. Чудова уже началось

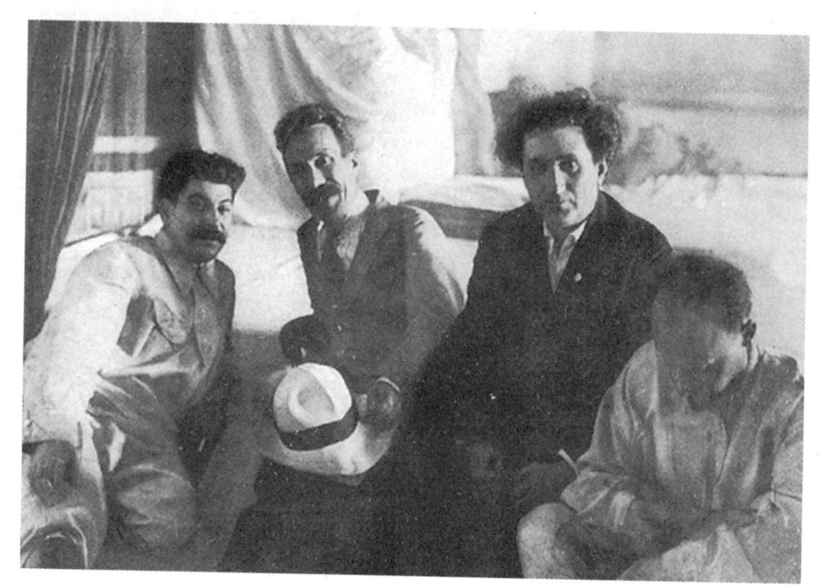

1924 год. И.В Сталин с А.И. Рыковым, Г.Е. Зиновьевым и Н.И. Бухариным

1934 год. Стоят: А.С. Енукидзе, К.Е. Ворошилов, Л.М. Каганович, В.В. Куйбышев. Сидят: С.Орджоникидзе, И.В. Сталин, В.М. Молотов и С.М. Киров

И.В. Сталин с сыном Василием и дочерью Светланой в Кунцеве

К.Б. Радек

И.В. Сталин, А.И. Рыков, Л.Б Каменев и Г.Е. Зиновьев

С. Орджоникидзе

И.В. Сталин. 21 декабря 1929 г.

А. Я. Вышинский

С.М. Киров (убит в Ленинграде 1-го декабря 1934 года)

И.В. Сталин с А.М. Горьким

И.В. Сталин среди детей на Тушинском аэродроме. 1936 год

И.В. Сталин на трибуне

Заседание Президиума Верховного совета СССР

Л.Д. Троцкий

Плакат, призывающий крестьян к коллективизации

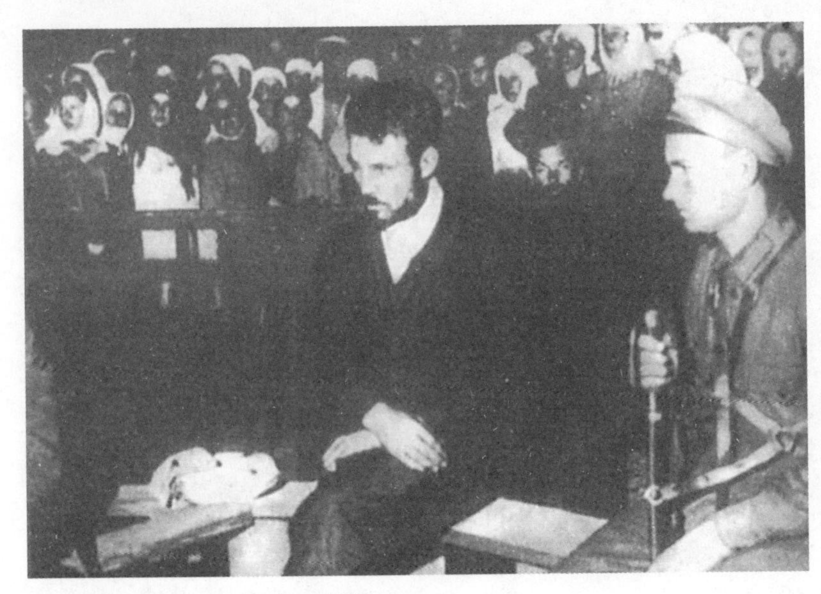

Суд над «кулаком». Одесса, 1932 год

Осужденные «кулаки» перед отправкой в ссылку

Между заседаниями XVII партсъезда рядом с К.Е. Ворошиловым: Я.Б. Гамарник, И.Е. Славин, И.Н. Дубов, П.Е. Дыбенко, А.И. Корге, И.А. Халепский, И.Э. Якир

1935 год. И.В. Сталин, Н.И. Ежов, К.Е. Ворошилов

К. Е. Ворошилов, В.М. Молотов, И.В. Сталин и Н.И.Ежов на канале Москва-Волга

И.В. Сталин и Лион Фейхтвангер

В президиуме: Я.М. Свердлов, Л.Д. Троцкий и М.С. Урицкий

27 июля 1937 года. Н.И. Ежов на заседании Президиума ЦИК СССР

Б.З Кобулов

В.М. Курский

Г.С. Люшков

Я.С. Агранов

М.П. Фриновский

А. Орлов с дочерью Верой

Г.Г. Ягода

В.В. Ульрих

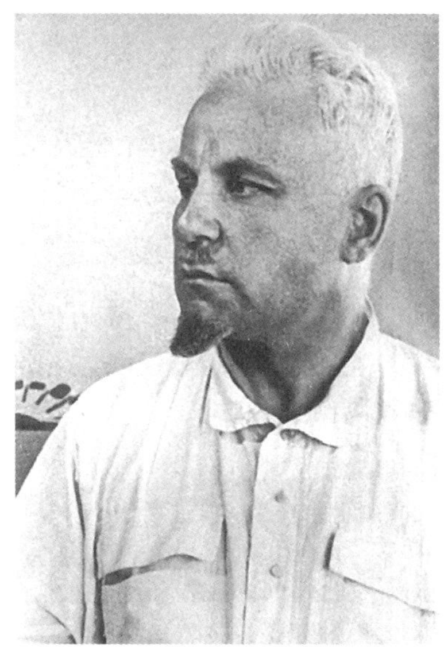

А.Х. Артузов

С.М. Шпигельгласс

И.А. Пятницкий

Жена Н.И. Ежова Евгения Соломоновна с приемной дочерью Наташей

Ноябрь 1938 года. Н.И. Ежов

И.В. Сталин у гроба С.М. Кирова

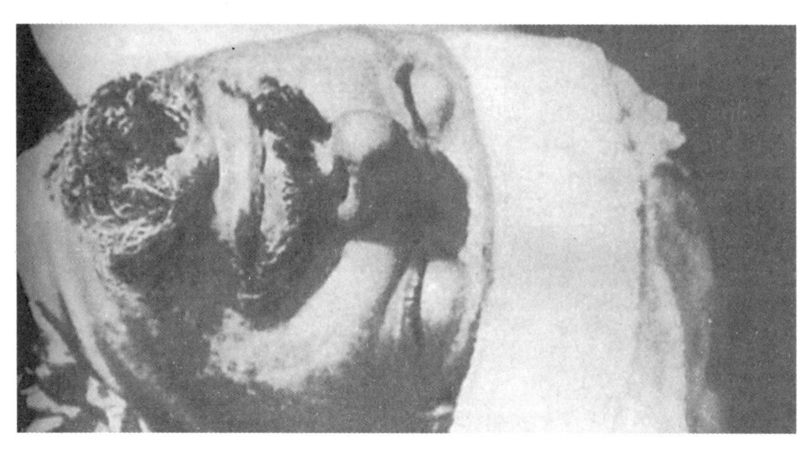

Л.Б. Троцкий на смертном одре

И.В. Сталин с М.И. Калининым и В.М. Молотовым

И.В. Сталин и К.Е. Ворошилов

И.В. Сталин и Н.С. Хрущев

Парад физкультурников

Посмертная маска И.В. Сталина

совещание. Как свидетельствовали присутствовавшие в кабинете, из телефонного разговора было ясно, что Киров не собирался быть в Смольном. Однако около 16 часов он неожиданно позвонил в гараж и попросил своего второго шофера Ф.Г. Ершова подать машину.

Что же произошло с момента разговора Кирова с Чудовым и до звонка в гараж? Какое событие заставило Кирова круто изменить распорядок дня и, как оказалось, пойти навстречу смерти? Возможно, кто-то позвонил ему и попросил срочно приехать в Смольный? Этот человек должен был знать о том, что там его поджидает Николаев. И сам Николаев (если он не был этим звонившим) тоже знал, что Киров в это время должен прибыть в Смольный, и поджидал его, с заряженным наганом.

Складывается впечатление, что Кирова просил срочно приехать на какой-то серьезный разговор хорошо известный ему человек по делу, скорее всего, личного характера (иначе чем объяснить, что Киров не разрешил личному охраннику присутствовать при встрече и даже находиться далеко; ведь прибежавший телохранитель увидел двух лежащих людей).

Увы, предположения и догадки ничего не доказывают. Хотя трудно усомниться в том, что произошло нечто такое, что заставило Кирова изменить свое намерение не приезжать в Смольный.

Есть один документ, призванный доказать, что у Николаева были соучастники. Вот он:

«Секретарю ЦК ВКП(б) товарищу Сталину.

9 марта с.г. выездная сессия Военной коллегии Верховного суда СССР под моим председательством рассмотрела на закрытом судебном заседании в г. Ленинграде дело о соучастниках Леонида Николаева: Мильды Драуле, Ольги Драуле и Романа Кулинера (имеется в виду Кулишер. — *Авт).*

Мильда Драуле на тот вопрос, какую она преследовала цель, добиваясь пропуска на собрание партактива 1 декабря с.г. (имеется в виду прошлый год. — *Авт.), где должен был делать доклад т. Киров, ответила, что «она хотела помогать Леониду Николаеву». В чем? «Там было бы видно по обстоятельствам». Таким образом, нами установлено, что подсудимые хотели помочь Николаеву в совершении теракта.*

Все трое приговорены к высшей мере наказания — расстрелу. В ночь на 10 марта приговор приведен в исполнение.

Прошу указаний: давать ли сообщение в прессу.

11 марта 1935 г. В. Ульрих».

Если такое признание Мильды Драуле было единственным намеком на то, что у Николаева были соучастники, то как доказательство его признать трудно. Тем более что тогда можно было ставить вопрос только об одной соучастнице — Мильде Драуле. Казалось бы, следовало продолжить допрос, уточнить обстоятельства, по которым Мильда хотела помогать мужу. Однако по какой-то причине на этом, как говорится, самом интересном месте допрос был закончен (или было еще что-то, о чем Ульрих не счел нужным упомянуть?), а подозреваемых объявили виновными и поторопились расстрелять.

Мильда была любовницей Кирова. Возможно, она хотела помочь мужу объясниться с любовником? Была ли это просто «семейная разборка»? А может быть, любовный треугольник был искусственно создан для того, чтобы разделаться с Кировым, а у убийцы было смягчающее обстоятельство: сильная ревность, преступление в состоянии аффекта?

Вопросы остаются.

До приезда Сталина и сопровождавших его руководителей страны Медведь и другие ленинградские чекисты допрашивали Николаева, не настаивая на политических мотивах преступления. Сам Л. Николаев упорно называл личные мотивы (ревность, партийные неприятности, отсутствие работы, необходимость существовать на иждивении жены).

Казалось бы, такая версия была наиболее очевидной и предельно обоснованной. Но в действительности все обстоит не так просто. Что касается Николаева, то его позиция понятна в любом случае, кроме единственного: если бы он был идейным убийцей, то мог бы тогда с гордостью заявить о совершенном теракте. Однако идейным убийцей он вряд ли был.

Относительно бытовой версии, разрабатывавшейся Ленинградскими чекистами, то она безусловно более всего устраивала тех, кто отвечал за безопасность Кирова и должен был отслеживать все возможные заговоры на его жизнь, имеющие политические мотивы. То, что они настаивали на бытовой версии, на «обыкновенном» убийстве из ревности, сугубо уголовном преступлении вполне естественно, и это, конечно же, понимали те, кто принимал от них дела.

Правда, большинство современных историков склонно принимать бытовую версию как если не единственно верную, то наиболее вероятную. Даже если все так видится в ретроспективе, надо учитывать, что в те времена большинство охотно поверило в верность официального сообщения о смерти Кирова: «...от руки убийцы, подосланного врагами рабочего класса». И мало кто обратил внимание на то, что этот убийца не назван и вроде бы даже не опознан: «...Стрелявший задержан. Личность его выясняется». Но в таком случае откуда известно, что он подослан врагами рабочего класса, а не одиночка-убийца?

По мнению авторитетного исследователя А.А. Кирилиной, «сработало традиционное мышление руководящих партийных работников и сотрудников НКВД. Тем более, что большинство из них находились, несомненно, в определенном психологическом шоке.

«Убийство Кирова, — сказал мне в беседе, состоявшейся в 1968 году, один из оперуполномоченных Ленинградского управления НКВД тех лет... — это было что-то ужасное. Все были растеряны. Сначала нам сказали, что он ранен. Ведь террористического акта такого масштаба не было после покушения на Ленина и Урицкого. Ведь был убит член Политбюро, Оргбюро, секретарь ЦК ВКП(б)».

События 1 декабря 1934 года создавали атмосферу подозрительности, беспощадной ненависти и страха».

Тут уместнее вместо шаблонного «страха» употребить выражение «некоторая растерянность» или что-то в этом роде.

Судя по всему, ленинградские чекисты знали об интимных отношениях Кирова с Мильдой Драуле, а потому сразу же арестовали ее. Но если предположить, что кто-то из этих чекистов был соучастником, одним из организаторов преступления, то такая поспешность может вызвать подозрение.

Более того, в период горбачевской «перестройки» получила широкое распространение версия о конкретных организаторах убийства Кирова: Сталин, Ягода, Медведь, его зам. Запорожец. Вроде бы Сталин таким образом избавлялся от опаснейшего конкурента, которого многие партийцы предпочитали ему, а также получил возможность развязать давно и коварно задуманный массовый террор.

Насчет поводов к террору, мы уже знаем, что они были и раньше. Да и какие особые поводы для развязывания террора требуются для диктатора? Для этого вовсе не обязательно убивать своего друга, верного соратника...

Тут-то и утверждают версификаторы, что на выборах в ЦК против Сталина голосовали многие, тогда как за Кирова были почти все или все поголовно. Но вот что получается согласно документам, с которыми знакомилась А.А. Кирилина. Оказывается, единогласно были избраны только двое: М.И. Калинин и председатель Ленсовета И.Ф. Кодацкий (Калинина почему-то после этого Сталин не приказал уничтожить). Пятеро получили по одному голосу «против», а пятеро — по два голоса. Еще пять делегатов и среди них Сталин получили по три голоса «против». Наконец, четыре голоса против получили трое и среди них С.М. Киров. Остальные делегаты получили голосов «против» еще больше, из них больше всех противников оказалось у Я.А. Яковлева.

Выходит, никаким конкурентом Сталину Киров не был, да и никак не мог быть: слишком велика была разница в их положении, если учесть существование культа личности Сталина.

Официальная комиссия в конце 1980-х пришла к выводу, что причина убийства Кирова — личные мотивы. (Можно не сомневаться, что если бы имелись хоть какие-либо зацепки, позволяющие заподозрить Сталина в организации этого преступления, о них сообщили бы во всеуслышание.)

Ну, а как же бытовая версия?

Существуют веские доводы в ее пользу.

Вот что пишет один из «последних могикан» НКВД 30-х годов генерал П.А. Судоплатов: «От своей жены, которая в 1933—1935 годах работала в НКВД в секретном политическом отделе, занимавшемся вопросами идеологии и культуры (ее группа, в частности, курировала Большой театр и Ленинградский театр оперы и балета, впоследствии им. С.М. Кирова), я узнал, что Сергей Миронович очень любил женщин, и у него было много любовниц как в Большом театре, так и в Ленинградском. (После убийства Кирова отдел НКВД подробно выяснял интимные отношения Сергея Мироновича с артистками.)».

«Материалы, показывающие особые отношения Мильды Драуле с Кировым, — продолжает Судоплатов, — о которых я узнал от своей жены и генерала Райхмана, в то время начальника контрразведки в Ленинграде, содержались в оперативных донесениях осведомителей НКВД из ленинградского балета. Балерины из числа любовниц Кирова, считавшие Драуле своей соперницей и не проявившие достаточной сдержанности в своих высказываниях на этот счет, были посажены в лагеря за «клевету и антисоветскую агитацию...»

По справедливому мнению Судоплатова, если бы официально был обнародован роман Кирова с чужой женой, была бы выставлена неприглядная картина его личной жизни, и тем самым был нанесен вред престижу партии и ее руководителей, которые должны были служить примером высокой морали.

Все очевидцы утверждали, что Николаев кричал: «Я ему отомстил! Я ему отомстил!» То есть вел себя как ревнивый, оскорбленный муж. Ленинградским чекистам он говорил, что совершил преступление в порядке личной мести.

Когда его привели на допрос к приехавшим советским руководителям во главе со Сталиным, Николаев сначала их не узнал, потом стал кричать: «Что я наделал! Зачем я это сделал!» С ним опять началась истерика.

По мнению А.А. Кирилиной: «При проработке следствием версии «убийцы-одиночки»... мало внимания уделялось исследованию изъятых на квартире Николаева документов: личного дневника, заявлений в адрес различных учреждений, где говорилось о «его личном отчаянии», «о несправедливом отношении к живому человеку со стороны государственных лиц»...

Действительно, в дневнике Николаева есть немало записей, которые свидетельствуют о его переживаниях в связи с изменой жены, его возрастающей неприязни к Кирову. Но насколько допустимо доверять подобным сведениям? Ведь если преступление заранее и хорошо продумано, то дневниковые записи должны быть именно такими.

Правда, облик Николаева не свидетельствует в пользу версии «советского Брута». Вот как вспоминала его соседка:

«Небольшого роста, тщедушный, но очень большая круглая голова. У него очень кривые ноги. Одевался скорее как рабочий, но вел себя дико надменно. Жена выше его. Ходила всегда в мужской шапке, скромная. С нами они не дружили...»

Прервем цитату (мы чуть позже к ней еще вернемся). Из нее следует, что психологический тип такого человека с завышенными амбициями вполне соответствует болезненно-ревнивому человеку. На этом, казалось бы, можно и завершить рассказ об убийстве Кирова. Но...

Куда ведут следы?

Продолжим цитировать свидетельство соседки Николаева М.В. Шмеркиной «...С нами они не дружили, а дружили с немцами из 74-й квартиры».

Стоп! Это уже нечто любопытное.

Стоит разобраться в том, в каком материальном положении находилась семья Николаева. Ведь в марте 1934-го он был исключен из партии, а в следующем месяце — уволен с работы.

М.В. Росляков писал: «Итак, Николаев не работал с весны 1934 года. Естественно возникает вопрос: на какие деньги он кормил семью? (Заработок жены М. Драуле, конечно, не мог позволить содержать семью из 4 человек.) Летом 1934 года семья снимала дачу, что вызвало дополнительные расходы.

Кто материально помогал Николаеву? В райкоме он мог только изредка получать мелкие пособия».

Странно, что Росляков только коснулся этой темы, даже не попытавшись предположительно ответить на поставленный вопрос.

А.А. Кирилина в свою очередь отмечает: «В то время существовала жесткая карточная система, но для ответственных работников действовали определенные привилегии по снабжению. Николаев ими пользовался».

Это удивительное обстоятельство. Ведь Николаев никоим образом не принадлежал к числу ответственных работников. Выходит, ему помогало какое-то важное лицо (организация?). О Кирове речи быть не может. Он никак не мог так афишировать свои отношения с Мильдой. Подобная протекция быстро стала бы общеизвестна.

О каких-то высоких покровителях (покровителе) Николаева намекают некоторые документы.

«14.10.1933. Депеша культпропотдела Ленинградского обкома ВКП(б) директору института Истории ВКП(б): «Тов. Лидак! Сектор кадров направляет Николаева по договоренности для использования по должности.

Зав. сектором культкадров... (подпись неразборчива)».

Обращает внимание выражение «по договоренности». С кем? На каком основании?

На обороте депеши: «Тов. Хайкина. Прошу откомандировать тов. Николаева для работы в качестве инструктора. 15/X Лидак».

И прежде с Николаевым тоже происходило нечто странное при приеме на работу:

«Управление делами. Зачислить в группу Гуревича с месячным испытательным сроком инспектором Николаева Л.В. с 20 августа 1932 на оклад 250 руб. в месяц».

На документе подпись Н.С. Ошерова.

Что тут такого особенного? А дело в том, что все другие бумаги, поступавшие в РКИ, документально оформлялись несколько иначе. Были ходатайства трудовых коллективов, личные заявления и только затем — направление в отдел кадров. Кто мог рекомендовать Ошерову Николаева? Или, быть может, его лично знал Ошеров? Нет, об этом ничего не известно.

А.А. Кирилина предполагает, что ходатаем за Николаева мог быть его знакомый И.П. Сисяев, который длительное время служил в рабоче-крестьянской инспекции. Но, думается, был еще один более солидный покровитель, который и рекомендовал Николаева Ошерову. Рекомендация была столь весомой, что тот зачислил Николаева в РКИ с нарушениями тех правил, которые были обязательны для приема в это учреждение.

С Кировым у Николаева не было никаких сколько-нибудь близких отношений; возможно, они лично не были знакомы. На это косвенно указывает письмо, посланное Кирову Николаевым за 10 дней до убийства:

«Т. К-в! Меня опорочили и мне трудно найти где-либо защиты. Даже после письма на имя Сталина мне никто не оказал помощи, не направил на работу... Однако я не один, у меня семья. Я прошу обратить Ваше внимание на дела института и помочь мне, ибо никто не хочет понять того, как тяжело переживаю я этот момент... Я на все буду готов, если никто не отзовется, ибо у меня нет больше сил. Я не враг».

В общем, нетрудно понять бедствующего безработного. Только несколько непонятно выглядит приписка: «Я не враг». Словно человек заранее хочет подчеркнуть, что никаких политических претензий к властям у него нет.

А вот что показала на допросе его жена:

«В последнее время Николаев был в подавленном состоянии, больше молчал, мало со мной разговаривал. На настроение его влияло еще неудовлетворительное материальное положение и отсутствие возможности с его стороны помочь семье».

Или такое ее свидетельство:

«Дневник стал отражать упаднические настроения Николаева, который выражал тревогу по поводу материальной необеспеченности семьи...

До августа 1934 года я принимала участие в записях, в августе я находилась в отпуску в Сестрорецке...»

Обратим внимание на то, что проводила она отпуск в престижной дачной местности под Ленинградом, несмотря на «материальные затруднения». Странновато, что дневник Николаева вели, оказывается, они вместе!

Еще более удивительные обстоятельства выясняются при ознакомлении с показаниями на допросе М.Т. Николаевой, матери убийцы:

«В материальном положении семья моего сына Леонида Николаева не испытывала никаких затруднений. Они занимали отдельную квартиру из трех комнат в кооперативном доме, полученную в порядке выплаты кооперативного пая. Дети были тоже обеспечены всем необходимым, включая молоко, масло, яйца, одежду и обувь».

То же подтверждает и обвинительное заключение по делу «Ленинградского центра». Там, в частности, отмечено: «Об отсутствии у обвиняемого Николаева в этот период какихлибо материальных затруднений говорит и то обстоятельство, что Николаев занимал прилично обставленную квартиру из трех комнат».

У его жены официальное материальное положение тоже было не блестящим. Однако некоторые моменты ее биографии также заслуживают внимания.

Мильда Петровна Драуле была дочерью латышского батрака, она была серьезней, спокойней и на три года старше мужа, защищала революционный Петроград от Юденича. Имела партстаж с 1919 года, была уважаема товарищами в Лужском уездном комитете партии, где работала заведующим сектором учета. Ее избрали председателем товарищеского суда.

Мильда Драуле была хорошо сложена, имела прекрасный цвет лица и роскошные рыжие волосы. Сдержанная, прекрасная хозяйка. Выйдя замуж и родив сына, она долго не могла устроиться на работу. Пришлось трудиться чернорабочей на заводе «Прогресс». И это — после прежних значительных должностей!

Можно предположить, что на этом этапе жизни она переменила свое отношение к существующей власти. И кто-то помог ей в трудную минуту: в 1930 году она удивительным образом из чернорабочей перешла на работу в самое высшее ленинградское учреждение — обком ВКП(б)! Сначала она была учетчиком в отделе статистики, а затем техническим секретарем сектора кадров легкой промышленности.

Что помогло ей так быстро получить престижную должность? Какие силы и почему способствовали этому? Или сказались знакомства ее мужа? Какие?

Правда, летом 1933-го ее перевели на работу в управление уполномоченного наркомата тяжелой промышленности: сначала временно, а с ноября постоянно — инспектором управления по кадрам с окладом 275 рублей. В данном случае рекомендовать ее мог Г.И. Пылаев — уполномоченный наркомата тяжелой промышленности по Ленинграду и области, один из друзей Кирова. Этот перевод мог быть связан с появившимися слухами о ее связи с Кировым.

Складывается впечатление, что Мильда Драуле была не таким простым и наивным человеком, невинно пострадавшим из-за преступной ревности мужа, как может показаться с первого взгляда. На допросах она вела себя спокойно.

Из воспоминаний работника Ленинградского управления НКВД Р.О. Попова: *«В 8 или 9 утра 2 декабря... мы допрашивали с Пашей Малининым Мильду Драуле. Она провела ночь в холле, спала на стульях. Типичное чухонское лицо. Миловидная.*

Допрос продолжался около двух часов. Я писал протокол сам. Она считала его (мужа) скрытным человеком, никогда не слышала от него политических разговоров.

Ходил угрюмый. У него ничего не получалось с работой, она считала его неудачником».

Трудно поверить в искренность ее слов. Если он переживал свою неустроенность, был неудачником, то почему он никогда не заговаривал с ней на политические темы? Странно и неправдоподобно. Конечно, реальность нередко бывает неправдоподобной, но если иметь в виду версию заговора, то показания Николаева и его жены, а также его дневник, который он вел, как оказалось, при участии жены, — все это очень похоже на отработку заранее заготовленной «легенды».

И тогда есть смысл обратить внимание на «германский» след в деле Кирова.

Мы уже упоминали о соседях-немцах, с которыми была дружна чета Николаевых. Но это, как говорится, только еще намеки. Дело в том, что при обыске у Николаева была обнаружена записная книжка с номером телефона немецкого консульства в Ленинграде.

На допросах Николаев показал, что получал в германском консульстве значительные суммы в марках, которые тратил в магазинах с оплатой в инвалюте «Торгсин».

«Я указал в своем показании от 20 декабря 1934 года, — говорил Николаев, — что мы всегда готовы помочь консулу правильным освещением того, что делается внутри Советского Союза...

Далее, я просил консула оказать нам материальную помощь, указав, что полученные от него деньги мы вернем ему, как только изменятся наши финансовые дела».

По словам Николаева, он сам после своих настоятельных просьб явился в германское консульство, телефон которого узнал из справочника «Весь Ленинград». Это действительно похоже на правду: в этом справочнике приведен тот самый номер телефона Германского генерального консульства, который записан у Николаева.

Однако трудно поверить в то, что германский консул под честное слово давал взаймы явившемуся к нему странному советскому гражданину немалые суммы. Вряд ли нужен был консулу такой осведомитель о внутренней жизни Советского Союза. Разумнее предположить, что консул постарался навести по своим тайным каналам справки о Николаеве или даже уже знал о нем кое-что, смог удостовериться, что супруги Николаевы не являются агентами НКВД, а готовы к сотрудничеству с иностранной державой.

В пользу этой версии говорит весьма показательный факт: сразу после объявления по радио об убийстве Кирова консул Германии срочно покинул Ленинград!

Тогда же в Москве появились слухи об антисоветском перевороте, а все члены партии в столице были переведены на казарменное положение, как в Гражданскую войну. Впрочем, в этом случае слухи о перевороте могли возникнуть в результате предпринятых экстраординарных мер.

Подобные мероприятия и последующие репрессивные меры позволили Р. Конквисту безапелляционно заявить о том, что убийство Кирова было спланировано и осуществлено под руководством Сталина и Ягоды. «Фактически же смерть Кирова стала фундаментом всего исполинского здания террора и насилия — здания, выстроенного Сталиным для того, чтобы держать население СССР в абсолютном подчинении». А то, что даже в хрущевские времена не говорилось с определенностью об ответственности Сталина за убийство Кирова, этот антисоветский публицист объясняет тем, что «такое определенное заявление все еще, по-видимому, застревает в советской глотке».

Уже сами выражения, которые употребляет Конквист, свидетельствуют о том, что опирается он не на факты и логику, а на эмоции и клеветнические измышления (да и в самом описании убийства у него много лживых, но «художественно» оформленных утверждений). В приведенной цитате отсутствие здравого смысла видно уже в том, что нелепо выглядит его «исполинское здание террора и насилия», воздвигнутое на таком шатком основании как убийство Кирова. К тому же выходит, что до конца 1934 года СССР вовсе не был той «империей зла», образ которой старательно выписывает в своей работе Р. Конквист.

Впрочем, вернемся к делу об убийстве Кирова.

На наш взгляд, в нем достаточно ясно виден «германский след». В дополнение к сказанному выше он читается еще и в характерном почерке политического преступления.

Международный террор

Без малого за два месяца до убийства Кирова, 9 октября, раздались выстрелы в Марселе. Ими были сражены король Югославии Александр I и министр иностранных дел Франции Луи Барту. Так была осуществлена операция германской разведки под кодовым названием «Тевтонский меч».

Удар этого незримого меча рассек для гитлеровской Германии целый узел сложных и опасных для Рейха проблем.

Кто был исполнителем этого теракта? Хорватский националист-усташ. Он принадлежал к сепаратистской организации, стремившейся к ликвидации единой Югославии (так же как македонские сепаратисты Ванчо Михайлова).

И те, и другие тесно сотрудничали с итальянской спецслужбой ОВРА, которая, выполняя приказ Муссолини, снабжала югославских сепаратистов всем, что им требовалось. В их распоряжение были предоставлены специальные лагеря, где отрабатывалась методика терактов.

Но Бенито Муссолини в то время был заинтересован в союзе с Францией. Париж, так же, как и Рим, опасался аншлюса Австрии (присоединения ее к Германии). В следующем году вражда между Италией и Германией едва не привела к войне. Тем не менее Барту удалось убрать германским спецслужбам, которые использовали своих коррумпированных итальянских коллег, а они, в свою очередь, «подставили» югославских сепаратистов. Такая вот оказалась трехходовая комбинация, завершившаяся убийством короля и министра.

А еще раньше была Румыния.

Поначалу Бухарест не выказывал явных предпочтений, ведя дипломатичную игру и с Англией, и с Францией, и с Германией. Ситуация изменилась, когда румынский король Кароль II был вынужден под нажимом парламента назначить премьер-министром Иона Дуку, который стал проводить антигерманскую политику.

29 декабря 1933 года Дука, выйдя из загородного королевского дворца, направился на железнодорожную станцию. Здесь на платформе его ждали трое...

Когда убийство произошло, всех трех схватили. Они оказались членами «Железной гвардии» — организации, которая выделилась из национал-социалистической партии Румынии и ориентировалась скорее на Рим, чем на Берлин. Так германская разведка сумела избежать обвинений в свой адрес за террористический акт.

Промежуточным звеном между Берлином и «Железной гвардией» было королевское окружение, точнее — министр внутренних дел и префект полиции румынской столицы.

После Бухареста настала очередь Вены.

В Австрии нацисты были расколоты на два лагеря. Проитальянская и прогерманская их части вступали в схватки между собой с оружием в руках. Муссолини не хотел, чтобы эта стратегически важная страна перешла к Гитлеру.

У власти в Австрии стояла проитальянская фракция. Ее лидер Дольфус был австрийским канцлером.

Военная разведка Германии абвер и разведка СД и на этот раз действовали не прямолинейно. Они привлекли внешнеполитический отдел гитлеровской партии, а через него вышли на австрийских нацистов, сторонников Гитлера, которые предприняли попытку захватить власть в стране в июле 1934 года. Переворот не удался, однако Дольфус был убит. Муссолини лишился верного союзника.

Так началась активная подготовка к аншлюсу — присоединению Австрии к Германии.

У германских фашистов был преступный почерк, они вершили свою внешнюю политику не только за столами переговоров, но и с помощью террористических актов. Причем надо учитывать, что фашисты еще только разворачивали свою преступную деятельность.

Фельдмаршал Гинденбург вручил власть в Германии ефрейтору Гитлеру в январе 1933 года. Своих агрессивных планов Гитлер не скрывал; но у Германии еще не было ни сил, ни возможностей для открытой агрессии. Приходилось прибегать к «недипломатическим» методам во внешней политике.

В этом отношении Советский Союз был для них лакомым, но явно недоступным объектом. Нацисты были непримиримыми врагами коммунистов. Сталин и его группировка выступали против гитлеровского режима (который, кстати сказать, пришел к власти в Германии демократическим путем) и против идеологии фашизма.

Однако это еще не означает, будто в СССР не было прогермански настроенных группировок и отдельных лиц в высшем руководстве. Об одном из них мы уже упоминали: Уборевич. Вообще для некоторой части советских военачальников германская армия представлялась едва ли не идеалом отлично налаженной военной машины.

Сталин во главе СССР и его соратники явно не устраивали Гитлера. И в этом случае его разведка имела все основания использовать опыт террористических операций, успешно прошедших в Европе. Для этого достаточно было ликвидировать одного-двух ближайших соратников Сталина, вызвать в стране волну репрессий и на фоне общественных беспорядков попытаться организовать военный переворот. Для этого можно было использовать прогермански настроенные группировки не только внутри страны, но и вне ее — прежде всего почти миллионную армию РОВС, белоэмигрантского Российского Общевойскового Союза.

Конечно, в этих рассуждениях мы вынуждены много домысливать. Однако немало фактов склоняют нас к такой версии.

Вот, например, воспоминание работника Ленинградского ОРУДа А.П. Папчинского, участвовавшего летом 1934 года в поисках белогвардейских террористов:

«Они были заброшены в Ленинград убить Кирова, а на его похоронах совершить теракт против Сталина.

В операции приняло участие около четырех тысяч человек. Нам показывали словесные портреты террористов, но взять их не удалось. Они были обнаружены железнодорожной охраной и при перестрелке скрылись».

Это могло быть, конечно, и ложной тревогой. Но есть и другие сведения, подтверждающие реальность заброски террористов в Ленинград.

«В 1934 году, — пишет Роговин, — от зарубежных резидентов ОГПУ были получены сведения о направлении РОВСом в СССР двух лиц для осуществления убийства Кирова...

По-видимому, агенты РОВСа были связаны с существовавшим в Ленинграде антисоветским подпольем, о наличии которого свидетельствовало распространение в городе листовок белогвардейского содержания».

Теперь можно точно указать источник этой разведывательной информации: генерал Скоблин, Фермер.

Надо иметь в виду, что в руководстве РОВС были люди, напрямую связанные с германской разведкой. Об этом не мог не знать Скоблин. И то, что белогвардейцы готовы использовать в борьбе с советской властью любые средства, сотрудничая при этом даже с врагами России, толкнуло, по-видимому, Скоблина на путь предательства белогвардейского движения, так же, как еще раньше на этот путь встал генерал Слащёв.

Силами РОВС уже было совершено несколько террористических операций в СССР. Например, группа Виктора Ларионова совершила взрыв партклуба в Ленинграде в 1927 году. Именно в этот клуб должны были приехать тогда Сталин и Киров. Совершив эту акцию, террористическая группа Ларионова благополучно скрылась за границей. Подобные группы направлялись в Советский Союз и в последующие годы.

Террором занимался также Народно-трудовой союз (НТС). Только в июне 1933 года НТС формально отказался от террористических методов. В обращении «К новому поколению России» руководство организации заявило: «Бесполезно убивать за тысячу верст от Москвы мелкого партийца или жечь стога сена в совхозах». (Выходит, они действительно убивали на периферии партийцев и жгли совхозные и колхозные стога; а еще, по логике, получается, что полезно переходить к крупным партийным работникам в Центре.) Акт убийства Кирова НТС одобрил.

Ныне документально подтверждено: летом 1934 года по каналам РОВСа через Финляндию пытались перейти границу СССР член НТС Г.Н. Прилуцкий и его напарник. Чудом избежав ловушки НКВД, они вынуждены были вернуться.

В этой связи понятны вопросы, которые поздно вечером 1 декабря по телефону Ягода задавал заместителю Медведя Ф.Т. Фомину — единственному из уцелевших руководителей Ленинградского НКВД, которые были арестованы после убийства Кирова: «Одежда Николаева импортного или советского производства? А кепка? Нет ли на ней иностранного клейма?»

И только 15 декабря 1934 года было официально объявлено о том, что организаторами убийства Кирова являются зиновьевцы. На следующий день во двор дома, где жили Зиновьев и Каменев, в Карманицком переулке в Москве, въехали машины НКВД. Однако арестованных не привлекли к процессу «Ленинградского центра» над Николаевым и над

13 бывшими руководящими работниками ленинградского комсомола первой половины 20-х годов, входившими в троцкистскую и зиновьевскую оппозиции. Процесс проходил 28—29 декабря в Ленинграде.

Трудно сказать, насколько прочны были связи (и существовали ли они вообще) зарубежных и советских антисталинских группировок. Но было бы наивно предполагать, что заброшенные в СССР агенты РОВС или НТС «открывались» оппозиционерам. Так же как Николаев мог действительно не знать, что его «разрабатывают» и используют германские спецслужбы или подпольные антисталинские группировки. Профессиональные шпионы должны уметь играть разные роли, использовать особые подходы к каждому конкретному человеку.

В секретных документах РОВС, которые стали известны в Москве через Фермера, подчеркивалась необходимость подготовки кадров для террористических групп, а в случае войны с СССР — для ведения партизанской войны в тылу Красной армии.

Во Франции подготовкой террористов занималась организация «Белая идея», сформированная Миллером в 1934 году. Она сосредоточивала свои усилия на северном направлении, ее представители переходили через финско-советскую границу и действовали преимущественно в Ленинграде.

Подбором боевиков для «Белой идеи» занимался капитан Ларионов (мы уже о нём упоминали) — кумир белоэмигрантской молодежи. Боевое прошлое и репутация бесстрашного героя помогли ему отобрать в свою группу двадцать молодых людей, готовых рисковать или даже пожертвовать жизнью ради «Белой идеи».

Ларионов обучал их стрельбе, метанию гранат, изготовлению и закладке взрывных устройств, умению ориентироваться, маскироваться. Они учились обследовать объект диверсии и скрываться после взрыва. Капитан занимался с ними даже русским языком: они должны были отвыкнуть от привычных «старорежимных» слов и обогатить свой словарный запас новой, послереволюционной лексикой.

Пройдя полный курс обучения, они переходили в ведение Миллера, а затем — к Скоблину, который ведал «северным направлением». Скоблин связывал их с представителем РОВС в Финляндии генералом Добровольским и... сообщал советской разведке о планах очередной террористической группы. Та предупреждала пограничников, и, как правило, боевиков перехватывали на границе.

Так, в мае 1934-го два террориста — Носанов и Прилуцкий — с югославскими паспортами проехали через Бельгию, Германию, Латвию и Эстонию в Хельсинки и вошли в контакт с Добровольским. В одной из финских разведшкол они прошли дополнительную подготовку и были нелегально переправлены на советскую территорию. Там, в пятнадцати километрах от Ленинграда, их попытались захватить внутренние войска (об этом эпизоде мы уже писали). Возможно, этим двум агентам дали уйти специально, чтобы не «засвечивать» Скоблина.

После возвращения в Париж Носанов сменил Ларионова, который вскоре перебрался в гитлеровскую Германию и стал сотрудничать с ее разведслужбами — с благословения Миллера.

Это произошло не случайно. После прихода Гитлера к власти правые круги белой эмиграции, особенно монархисты, центр которых находился в Берлине, активно сотрудничали с фашистами. Сторонником союза с гитлеровцами был и сам Миллер.

Устанавливать тесные связи с германскими спецслужбами Миллер начинал не на пустом месте. Один из лидеров крайних монархических кругов русской эмиграции бывший кавалергард генерал-майор В. Бискупский (1878—1945) находился в доверительных отношениях с представителями нацистской элиты еще с начала 20-х годов. Он был хорошо знаком с А. Розенбергом и одним из основателей нацистской партии, близким другом Гитлера В. Шойбнером-Рихтером, погибшим 9 ноября 1923 года во время «пивного путча».

Еще раньше, после основания нацистской партии в 1919 году, когда ее лидером стал Гитлер, она существовала в значительной степени на деньги правого крыла российской эмиграции. После провала «пивного путча» и смерти Шойбнера-Рихтера Адольф Гитлер, сам легко раненный во время расстрела нацистской демонстрации, спасаясь от преследования полиции, некоторое время прятался в квартире генерала Бискупского. С той поры генерал пользовался полным доверием со стороны ефрейтора, сделавшего головокружительную карьеру.

Соединяя вместе все эти сведения и связи, можно предположить, что германские спецслужбы вполне могли готовить покушение на Кирова с помощью Николаева и в то же время, по каналам РОВС, попытались использовать Носанова и Прилуцкого.

Немецкие друзья Драуле и Николаева из 74 квартиры должны были знать о неурядицах в этой семье в связи с романом Кирова и жены Николаева. Эти немецкие друзья, по-видимому, посоветовали Николаеву обратиться в Германское консульство за материальной помощью. Николаев представился как потенциальный автор книги о жизни в СССР, которую можно было бы издать в Германии.

Если так рассуждать, то станет ясно, почему он обратился именно в Германское консульство, хотя в Ленинграде было много консульств других государств. Одновременно объясняется и благосклонное отношение германского генерального консула к ничем не примечательной личности Николаева, не имевшего вдобавок никаких литературных способностей или талантов или хотя бы публикаций. Сам факт доверия, оказанного консулом Николаеву, свидетельствует, что консулу уже было доложено об этом человеке.

В письме, найденном у Николаева, говорилось, что «Киров посеял вражду между мною и моей женой, которую я очень любил». Не очень понятно, зачем ему было это писать? Это вполне можно расценить как заранее подготовленное свидетельство того, что убийство произошло исключительно на почве ревности. «Романтическую» версию следствие имело основание объявить придуманной Николаевым «в целях сокрытия следов преступления и своих соучастников, а также в целях маскировки подлинных мотивов убийства Кирова».

В первые дни после покушения следствие разрабатывало и «германский след». Но затем это направление поиска было закрыто. И это понятно: Сталин не хотел окончательно разрывать отношения с Германией, которые были и без того плохи после прихода Гитлера к власти.

Однако вовсе игнорировать связи Николаева с иностранцами было нельзя. Нужно было выбрать для этого подходящее консульство, и выбор органов пал на латвийское, консул которого в то время в чем-то проштрафился. Когда советское правительство потребовало его отзыва, Совет консулов в свою очередь не возражал и не выразил протеста.

В связи с убийством Кирова советское руководство имело возможность устроить, что называется, «международный скандал», тем более что достаточно четкие следы вели не только в Берлин, но и в Париж. Но это с политической точки зрения был бы неразумный ход. Целесообразней было другое: сосредоточить удар на внутренних врагах, оппозиционерах.

Те, кто полагают, будто Сталину только и нужен был предлог для развертывания репрессий, и он был доволен тем, что убийство Кирова стало этим предлогом, плохо представляют себе основы внутренней политики любого руководителя — руководителя не только государства, но и любого мало-мальски значительного предприятия, любой организации. Каждый руководитель кровно заинтересован в том, чтобы как можно меньше выносить «сора из избы». Скорее, ему важно представлять вверенный коллектив сплоченным, дружно поддерживающим политику руководства.

Судя по всем имеющимся свидетельствам, смерть Кирова поразила Сталина. Убийство руководителя такого ранга, как принято считать, свидетельствует о нестабильности государства, существовании в нем активной и мощной оппозиции, о возможных социальных потрясениях и разобщенности общества.

Более того, оно демонстрирует, что руководители находятся «под прицелом», и жизнь их не может спасти даже охрана. Все это вносит немалую нервозность в общественную жизнь, будоражит общественное мнение, нервирует руководство и заставляет его прибегать к ответному террору. А в результате происходит социальная дестабилизация, резкое разделение на «друзей режима» и врагов, что само по себе уже чревато если не переворотом или революцией, то увеличением и ожесточением недовольных.

Зачем все это было Сталину? Чтобы окончательно разделаться с оппозицией? Но для этого существуют более эффективные, простые и, главное, тихие, негласные методы. Если уж он имел глупость (скажем, из-за паранойи) дать распоряжение о подготовке убийства своего верного соратника, то неужели ему было трудней распорядиться, чтобы постепенно «выкорчевывать» оппозицию тайными способами, путем отравлений, провокаций, имитации хулиганских нападений и т.п.

Нет, только очень наивный человек может поверить в то, что убийство Кирова обрадовало Сталина. Но то, что оно заставило прибегнуть к экстраординарным мерам, — это безусловно.

Внутренние враги

Суд над Николаевым и его «сообщниками» проходил, по-видимому, по заранее намеченному сценарию. Делу придали внутриполитическую направленность, что видно было уже из названия: дело «Ленинградского центра».

Выездная сессия Верховного суда СССР проходила в Ленинграде и была закрытой. Заседание продолжалось без перерыва с 14 часов 20 минут 28 декабря до 6 часов 40 минут следующего дня. Председательствовал В.В. Ульрих. Обвиняемых было 14. Из них 13 (кроме Николаева) не признали себя виновными в убийстве Кирова, хотя в той или иной степени признали свою оппозиционную антисталинскую деятельность

По-видимому, они отвечали честно. Но их участь была заранее предрешена. Началось физическое уничтожение оппозиционеров. Всех обвиняемых приговорили к высшей мере наказания.

В спецдонесении первый заместитель Ягоды Агранов указывал: «Почти все обвиняемые выслушали приговор подавленно, но спокойно. Николаев воскликнул: «Жестоко» и слегка стукнулся головой о барьер скамьи подсудимых. Мандельштам негромко сказал: «Да здравствует советская власть, да здравствует коммунистическая партия» и пошел вместе с остальными обвиняемыми к выходу».

Судя по всему, обвиняемые уже поняли, что начались политические расправы, лишь косвенно связанные с убийством Кирова или даже не связанные с этим преступлением. Например, Котолынова и М. Мандельштама взяли в ночь на 3 декабря. Об их причастности к «Ленинградскому центру» тогда и речи быть не могло. Тем более что ордера на арест были выписаны еще в октябре. Оба подозревались в возобновлении оппозиционной деятельности и присутствовали в списках тех, за кем велось наблюдение. Но Киров не дал согласия на арест.

В последнем слове на процессе И.И. Котолынов, в частности, сказал: «В этом убийстве я не участвовал, и в этом заключается моя трагедия... С полной ответственностью в последний раз заявляю, что виноват в контрреволюционной зиновьевщине. Я отвечаю за тот выстрел, который был сделан Николаевым, но я в организации этого убийства участия не принимал».

Все 14 приговоренных были расстреляны утром 29 декабря 1934 года, через час после вынесения приговора.

Командовал расстрелом комендант Ленинградского управления НКВД, который потом рассказывал сослуживцам: «...Я поднял Николаева за штаны и заплакал — так мне было жалко Кирова».

При расстреле среди присутствовавших были руководитель следственной группы Агранов и зам. генерального прокурора А.Я. Вышинский.

Обратим внимание на одно свидетельство. Эти показания дал работник НКВД Кацафа, присутствовавший при расстреле, член комиссии по расследованию обстоятельств убийства Кирова (после XX съезда КПСС):

«В начале были расстреляны Николаев, Шатский, Румянцев и другие. Котолынов остался последним. С ним стали беседовать Агранов и Вышинский.

Они ему сказали: «Вас сейчас расстреляют, скажите всетаки правду, кто и как организовал убийство Кирова».

На это Котолынов ответил: «Весь этот процесс — чепуха. Людей расстреляли. Сейчас расстреляют и меня. Но все мы, за исключением Николаева, ни в чем не повинны...»

Почему-то цитата оказалась прерванной. Почему? И что сказал дальше Иван Иванович Котолынов?

Уже одно то, что его оставили последним и стали спрашивать только его, косвенно свидетельствует о том, что только этот человек, по мнению Агранова, мог сообщить нечто существенное по данному делу. Что именно? Непонятно. Если нечто важное, то цитату решили прервать, чтобы не противоречить тем указаниям, которые были даны Хрущевым, стремившимся обвинить Сталина и обелить руководителей оппозиции.

16 января 1935 года Особое совещание при НКВД СССР рассмотрело дело «Ленинградской контрреволюционной зиновьевской группы Сафарова, Залуцкого и других». По этому

делу проходили родственники Л.В. Николаева. Его старшая сестра Е.В. Рогачева получила 5 лет лагерей, но в феврале 1938-го была расстреляна. Лагерный срок в 5 лет получили: младшая сестра Леонида Николаева А.В. Пантюхина, ее муж, двоюродный брат Николаева беспартийный Г.В. Васильев. На 4 года был заключен в лагерь сосед Николаева и Драуле И.П. Горбачев, беспартийный. Были высланы из Ленинграда на 4 года мать и жена брата Николаева. Брат Николаева был расстрелян.

Трудно усомниться в том, что данные дела были сфабрикованы НКВД. В какой степени сфабрикованы? На этот вопрос мог бы, возможно, ответить только Агранов. Складывается впечатление, что власти стремились наказать и изолировать всех тех, кто знал о «романтической» причине убийства Кирова. Надо было представить этот акт таким образом, чтобы никакая тень не смогла омрачить образ верного коммуниста-сталинца.

На следующий день после убийства Кирова рабочий П.И. Бердыгин, член партии с 1918 года, заявил: «Киров убит на почве ревности». Его исключили из ВКП(б) «за распространение клеветнических слухов, порочащих С.М. Кирова». А.А. Кирилина, подробно изучавшая ленинградские архивы тех лет, отметила: «Подобных заявлений было немало».

Например, слесарь одного из ленинградских заводов Ф.А. Ранковский высказал свое мнение: «Сергей Миронович Киров был убит Николаевым из-за ревности к жене». Это было сочтено контрреволюционным заявлением.

Казалось бы, «глас народа» отражает истину. Но ведь слухи о «романтической» причине преступления обязательно должны были распространять, если это убийство планировалось профессионально. Так что есть основание подозревать, что Николаева специально использовали (сам он мог об этом и не догадываться) как оружие преступления, а те, кто его направлял, постарались остаться в тени.

Те, сотни, а затем не менее тысячи людей, которые так или иначе связывались карательными органами с убийством Кирова, не имели к преступлению прямого, а в подавляющем большинстве даже косвенного отношения. Многие из них, судя по всему, не были даже врагами партии и, тем более, советской власти. Вина большинства из них заключалась только в том, что они были участниками или сочувствующими оппозиции, антисталинцами.

«Убийство Кирова, — писал меньшевистский журнал «Социалистический вестник» (№ 1, 1935), — могло быть и чисто случайным, индивидуальным актом, продиктованным личными мотивами...

Убийство могло быть случайным. Но не случайно, а планомерно задумана и проведена была реакция на это убийство».

Мнение справедливое. Преступление было хоть и экстраординарном, но единичным. После него не последовало каких-либо «контрреволюционных выступлений» (нельзя же таковыми считать распространение слухов, тем более отвечавших реальности).

Иногда высказывалось довольно странное мнение, что репрессии последовали прежде всего и преимущественно против интеллигенции.

В одном ленинградском архиве хранится документ, написанный начальником Ленинградского управления НКВД Заковским и начальником СПО ЛУ НКВД Лупекиным и адресованный секретарю партколлегии Богданову. Из документа следует:

«С 1-го декабря 1934 по 15 февраля 1935 г. всего было арестовано по контрреволюционному троцкистско-зиновьевскому подполью 843 человека».

Далее были сообщены данные на всех арестованных с указанием социального положения, возраста, пола, образования, партийного стажа. Данные таковы: «118 арестованных имели высшее образование, 288 — среднее и 337 — «низшее». Учтем, что в Ленинграде общий процент людей с высшим образованием был достаточно высок. Тем более что власти не были заинтересованы в репрессиях против рабочих, дабы не показать противоречия между руководством партии и рабочим классом. Поэтому преследованиям подвергались преимущественно служащие, среди которых действительно было сравнительно много оппозиционеров.

Несмотря на разгром в 1927 году и быструю капитуляцию на следующий год, зиновьевцы еще имели довольно значительное влияние среди ленинградских партийцев, а также среди беспартийных рабочих. Среди зиновьевцев были некоторые знакомые Николаева.

В Ленинграде еще оставалось немало бывших участников троцкистской и прочих оппозиций. Некоторые из них изменили свои взгляды и начали поддерживать сталинскую генеральную линию. Но были и непримиримые оппозиционеры. Например, в 1933 году была раскрыта зиновьевская подпольная организация. Убийство Кирова предоставляло Сталину прекрасную возможность вывести из политической игры не только зиновьевскую, но и вообще всю левую оппозицию своему политическому курсу.

...Фигура Зиновьева выглядит по-разному в зависимости от точки зрения. Одни писали о нем как о пассивной невинной жертве сталинизма. Другие называют его палачом, залившим кровью Петроград в Гражданскую войну. Третьи считают его идейным борцом против Сталина и его политики. Четвертые (в том числе Троцкий) подчеркивали моральную неустойчивость, идейные колебания и паникерство Зиновьева, проявившиеся в 1919 году, когда Юденич ворвался на окраины Петрограда, и в 1921 году, когда орудия восставшего Кронштадта взяли на прицел центр Петрограда.

Но были у Зиновьева и старые заслуги. Он вместе с Лениным входил в Заграничный центр большевистской партии до революции. В 1905 году руководил питерским большевистским подпольем. В Первую мировую войну под руководством Ленина закладывал фундамент Коминтерна, а позже его возглавлял. После Октябрьской революции он руководил не только Петроградом, но и всем Северо-Западом России. Зиновьеву было суждено стать первым (и последним) председателем Коммунистического Интернационала.

Он считался верным соратником Ленина, поддерживая его в боях с оппозициями, которые возникали едва ли не ежегодно. Вместе со Сталиным и Рыковым он яростно нападал на Троцкого в 1923—1924 годах.

У Зиновьева сохранялся немалый авторитет среди питерских рабочих — несмотря на его жестокие действия в 1918 году — за то, что он после трудной борьбы добился отклонения предложения Троцкого о закрытии крупнейших заводов Петрограда как «нерентабельных» (понятия о рентабельности были у Троцкого весьма смутными).

Внес свой вклад Зиновьев и в развитие послереволюционной разрухи промышленности Ленинграда, которая достигла довоенного уровня в 1925 году. Была проведена техническая реконструкция ленинградских промышленных гигантов. Были спущены на воду четыре огромных лесовоза, получившие имена: «Григорий Зиновьев», «Михаил Калинин», «Михаил Томский», «Алексей Рыков». В Политбюро Зиновьев курировал комсомол.

Таким образом, нельзя было недооценивать влияния Зиновьева среди партийцев как «первого призыва», знавших о его сотрудничестве с Лениным, так и молодых, прошедших школу комсомольской работы. Формальные основания для того, чтобы подозревать зиновьевцев в организации убийства Кирова, были: в этих кругах у Николаева были знакомые и три адреса идейных зиновьевцев были записаны в его книжке.

Как мы знаем, поначалу следственные органы рассматривали прежде всего бытовую версию, а также возможность теракта со стороны белого движения. Последней версии придерживались достаточно долго. Во всяком случае, выступая 6 декабря на похоронах Кирова, глава советского правительства Молотов обвинил в преступлении белогвардейцев.

Приехавший в Ленинград Сталин главным объектом подозрений и обвинений объявил оппозицию. Общее руководство следствием было возложено на Н.И. Ежова, а также на Агранова. Сначала разрабатывали троцкистов, потом даже вспомнили забытую группу 1923 года «Рабочая правда». Но в конце концов на прицел были взяты прежде всего зиновьевцы.

Не исключено, что Сталин их искренне подозревал. Ведь их связи и возможности в Ленинграде были огромными. Был на подозрении даже аппарат НКВД. Не случайно местных работников почти всех отстранили от ведения дела.

Вот что вспоминал работник Ленинградского управления НКВД Р.О. Попов:

«Эти дни мы были на казарменном положении. Москвичи заняли все кабинеты. Я, Коля Макаров, Илюша Новиков — в 629 комнате. Открывается дверь: входит Ежов. Гимнастерка, галифе. С ним Косарев, высокий, статный.

Ежов: «Как живете?» — «Трудно жить, Николай Иванович!».

Мы спросили, за что арестовали Филиппа Демьяновича (Медведя). Мы его очень любили, да и всех своих руководителей — их тоже загребли. А у Ежова лицо стало строгим: «Они не поняли самого главного, что оказались слепыми кутятами».

Как видим, Ежов удивительно быстро увидел то, чего не смогли разглядеть местные работники. Что именно? Об этом остается только догадываться.

Возможно, он имел в виду то, что этих начальников «использовали» враги Кирова и генеральной линии партии; или то, что они не смогли предотвратить террористический акт. Но не исключено, что он намекал на упорное отстаивание первых двух версий, а в особенности «бытовой», выставляющей крупного партийного деятеля в неприглядном виде.

Так или иначе, расследование перешло к активной разработке версии о внутренних врагах. О ней были информированы и крупные партийные работники. Об этом можно судить по выдержке из протокола закрытого партийного собрания Облисполкома, Ленсовета, Облплана, Ленплана, Дома Крестьянина, Комитета партийного и советского контроля, состоявшегося в декабре.

«КАСС (Ленсовет): Посмотрите, все бывшие оппозиционеры устроились на тепленьких местах, а мы прохлопали.

ИБРАГИМОВ (облисполком): Я не верю ни одному бывшему оппозиционеру, многих из них нужно исключить из партии, а террористов — врагов народа — физически истребить. По-моему, преступление Зиновьева, Каменева и других руководителей оппозиции не меньше преступления Николаева, и всем им одна дорога».

Тут уже даже и не связывается оппозиционная деятельность с организацией убийства Кирова, а без каких-либо доказательств провозглашается равенство между ними по степени ответственности. Этим заранее оправдываются любые, даже самые суровые репрессивные мероприятия.

О настроениях среди некоторой части рабочих можно судить по следующему документу:

«В Смольный, в областной комитет ВКП(б)

Заявление

Прошу разрешить мне отомстить за вождя города Ленинграда, тов. Кирова... Мы должны охранять всемирных вождей и если нашего одного вождя убили товарища Кирова, то попавших к нам классовых врагов... прошу дать мне их расстрелять под охраной и я бы стал стрелять не одной рукой, а с двух и сразу же уложил двух как паразитов всемирного пролетариата, и всех бы я их перестрелял...

Я лично беспартийный рабочий, бывший член партии и работаю на заводе «Электроприбор»...

Рябов»

(орфография подлинника).

Увы, нельзя выяснить, насколько искренним был этот человек в своей лютой ненависти к «паразитам всемирного пролетариата», и за что его исключили из партии, уж не за принадлежность ли к оппозиции?

Однако крупные партийные деятели по своей прыти и требованиям террора перещеголяли даже этого рабочего. Вот что говорил Н.С. Хрущев на партактиве Москвы в июне 1935 года:

«...На предприятиях у нас были случаи порчи оборудования, в столовых — отравления пищи. Все это делают контрреволюционеры, кулаки, троцкисты, зиновьевцы, шпионы и всякая другая сволочь, которая объединилась теперь под единым лозунгом ненависти к нашей партии, ненависти к победоносному пролетариату».

Тут уже видится стремление все подряд, даже собственные огрехи и недостатки в работе, свалить на врагов, которые всем скопом именуются контрреволюционерами.

В то же время Троцкий возлагал ответственность за убийство Кирова на Сталина. Но это не было примитивное и бездоказательное утверждение того, что Сталин сам приказал организовать это преступление. Троцкий исходил из общей политической ситуации:

«Политическая и моральная ответственность за самое возникновение терроризма в рядах коммунистической молодежи лежит на Сталине. Террористические тенденции в рядах коммунистической молодежи являются одним из наиболее болезненных симптомов того, что бонапартизм исчерпал свои политические возможности, вступил в период самой ожесточенной борьбы за существование».

(Из статьи «Сталинская бюрократия и убийство Кирова» — «Бюллетень оппозиции», 1935, № 41.)

Надо бы только заметить, что сам по себе терроризм возник и активно проявлял себя в политической жизни России задолго до Сталина, еще в XIX веке, а в революционные времена поощрялся и самим Троцким. Он приказывал беспощадно расстреливать, к примеру, отступивших бойцов Красной армии, а также выставлял сзади наступающих частей пулеметные отряды, которые должны были стрелять по своим, если они начнут отступать.

Однако дело не только в прошлом. Сейчас Троцкий лицемерил еще и потому, что старательно забывал недавнее прошлое. В эти тревожные годы еще до убийства Кирова он попытался перейти к террористическим действиям прежде всего против Сталина. Так что статья, отрывок из которой приведен, должна была служить еще и своеобразной «дымовой завесой», скрывающей подлинные замыслы Троцкого.

...С 1932 по 1939 год одним из секретарей и телохранителей Троцкого был француз Жан Ван Ейженорт. Последующие 30 лет он оставался консультантом архива Троцкого в Хогтонской библиотеке Гарвардского университета. Он написал книгу: «С Троцким в ссылке: от Принкипо до Койоакана».

Н.Г. Фельштинский — редактор-составитель и комментатор нескольких десятков томов архивных документов — писал о нем: «Трудно найти человека, ближе знавшего в те годы Троцкого».

Незадолго до смерти Ейженорт заявил своему биографу Аните Феферман: «Имело прямой смысл убить лично Сталина...

Конечно же Сталин должен был быть уничтожен... В Советском Союзе назревало очень много разных событий, начиная с 1932 года и до убийства Кирова в 1934 году».

Если доверять мнению такого авторитетного троцкиста, Сталин вынужден был действовать в целях личной защиты, разворачивая массированные репрессии против оппозиционеров разных направлений. В ту пору его личность олицетворяла единство СССР и генеральную линию партии, направленную на строительство социализма в одной стране.

Все дело в том, что нацеливались на Сталина, как мы знаем, и белогвардейская, и германская разведки. Можно предположить, как были распределены роли. Германский консул обеспечивал материальную «подкормку» Николаева. Немецкие друзья из 74-й квартиры или их знакомые выполняли роль раздражителя, подбрасывая и без того кипевшему ревностью, униженному и оскорбленному Николаеву письма, провоцирующие его на преступление.

Неуравновешенного ревнивца, по всей вероятности, разрабатывали «втемную», и он не догадывался (возможно) о предопределенной ему роли. Этим можно объяснить его поведение на следствии и на скоротечном процессе. Агранов писал, что он держался стойко. Однако, вполне возможно, такая стойкость объяснялась тем, что ему просто-напросто нечего было сказать из того, чего от него добивались следователи.

Тем не менее из 13 человек оппозиционеров, привлеченных по делу «Ленинградского центра», семеро были достоверно знакомы с Николаевым. Из этой семерки Котолынов, Шатский, Ханик знали его с детства, а также работали вместе с ним в комсомоле.

Потом их политические линии разошлись. Эти трое стали оппозиционерами. Николаев принял участие в борьбе с новой оппозицией. Однако их личные связи оставались: их адреса и номера телефонов были в записной книжке Николаева. Вполне вероятно, что исключенный из партии и потерявший работу Николаев изменил свое отношение к оппозиционерам, а они, в свою очередь, могли пробуждать в нем ненависть к большевику-вельможе Кирову. В любом случае «германский» след был надежно законспирирован.

Другое дело — попытки белогвардейцев РОВС осуществить теракт против Кирова. Их главная цель была в том, чтобы вызвать социальную дестабилизацию советского общества, ответный массовый террор, направленный против преимущественно старой «неперековавшейся» интеллигенции, которую партийцы всегда подозревали в сочувствии к белой эмиграции. Но эти планы генерала Миллера (а вместе с ним, пожалуй, и абвера и разведки СД — Канариса и Шелленберга) не смогли осуществиться, вызвав рецидив «красного террора» 1918 года: помешали Фермер и Фермерша — генерал Скоблин и певица Плевицкая.

А вот зиновьевцы были обречены.

Клубок завязывается

Из доклада Н.И. Ежова на пленуме ЦК ВКП(б) 6.VI.1935 г.:

«*Часть* (заговорщиков. — *Авт.*) *все свои планы строит на организации покушения вне Кремля, для чего собирает сведения и ведет наблюдения за маршрутами поездок товарища Сталина; узнает, где он живет за преде-*

лами Кремля, в какие часы он больше всего выезжает и, наконец, ищет удобного случая для организации покушения на Красной площади во время демонстрации.

Другая часть главную ставку ставит на организацию покушения в самом Кремле, в особенности рассчитывая и добиваясь проникнуть на квартиру к товарищу Сталину».

Кто-то может возразить: все это выдумки тех, кто подготавливал репрессии против оппозиционеров. Откуда, мол, мог Ежов знать такие деликатные подробности планируемых втайне покушений?

Однако мы уже не раз говорили о том, какие ценные сведения получали органы госбезопасности от Фермера. Кроме того, во многие подпольные группы были внедрены секретные агенты. В окружении Троцкого тоже могли быть люди, сообщавшие о некоторых его высказываниях, которые можно было истолковать как переход к террористическим актам.

Весьма информированный автор, получивший доступ к рассекреченным архивам — В.З. Роговин, — пишет: «В 1932—1933 годах лозунг Троцкого «Убрать Сталина» находил все большую поддержку среди новых оппозиционных групп... Его дословно повторяли члены группировок Рютина и А.П. Смирнова. Все большая часть оппозиционно настроенных членов партии сознавала, что выход... один: отстранить от руководства Сталина». И добавляет:

«Однако было столь же очевидно, что свергнуть Сталина... путем партийной реформы уже невозможно. Это не могло не рождать в сознании отдельных оппозиционеров террористических настроений».

По его сведениям, после ареста группы Смирнова нелегальная деятельность троцкистов не прекратилась.

Сформировался нелегальный всесоюзный центр троцкистской оппозиции, готовивший побеги ссыльных оппозиционеров для перевода их в подполье и собиравшийся весной 1934 года, то есть вскоре после окончания работы XVII съезда ВКП(б), созвать тайную всесоюзную конференцию троцкистов.

Зимой 1933—1934 годов ОГПУ, раскрыв этот центр, «узнало о сохранявшихся контактах Троцкого с оппозиционерами, находившимися не только на свободе, но и в местах заключения и ссылки».

Основу «Всесоюзного троцкистского центра» составляли нераскаявшиеся троцкисты, подвергшиеся репрессиям в 1927—1930 годах. По словам Роговина: «Предъявленное им обвинение в стремлении к консолидации, объединению и подпольной деятельности, по-видимому, имело известные основания». Было бы очень странно, если в стране, где вовсе не существовало единомыслия, исчезли сразу все сторонники Троцкого (многие из которых им искренне восхищались). А их опальный вождь был бы никудышным революционером, если бы не прилагал всех усилий к тому, чтобы объединить всех своих сторонников в СССР.

Практически все эти люди получили в 1934-м и 1935-м тюремные и ссыльные сроки, а в период «ежовщины» эти приговоры были изменены на расстрельные или лагерные.

Некоторые из них уцелели и дожили до хрущевских времен развенчания культа личности. В процессе «переследствия» 1956—1957 годов «эти лица, — по словам Роговина, — не сообщали всей правды о своей деятельности, поскольку они знали, что хрущевское правосудие по-прежнему считает нелегальную антисталинскую деятельность тридцатилетней давности уголовным преступлением». Тут только надо бы уточнить: речь шла, конечно, о противодействии генеральной линии партии, которую казуистически отделяли от антисталинской.

Подпольные антисталинские организации создавали не только «левые», но и «правые». Вновь сошлемся на Роговина: «Организация «правых» действительно существовала на протяжении 1930—1932 годов. Вступив в контакт с рютинской группой, она ставила те же задачи, что и последняя: добиться коренного изменения политики партии». А это означало, безусловно, свержение Сталина и его соратников.

Руководили этой организацией ученик Бухарина Слепков, а также бывший лидер московских большевиков во второй половине 20-х годов Н.А. Угланов, правый оппозиционер №4 после Бухарина, Рыкова и Томского. А среди ее членов был не кто иной, как сын «украинского президента», кандидата в члены Политбюро Г.И. Петровского — П. Петровский. В 1931 году они активно вербовали сторонников главным образом среди молодежи, как в столице, так и в провинции.

«К осени 1932 года, по словам Угланова, среди правых вновь началось «движение за возобновление борьбы против

ЦК. В этот период возобновились связи Угланова с рядом своих прежних сторонников по правой оппозиции». Он «считал и указывал на это ряду своих сторонников, что необходимо к руководству партией и страной вновь привлечь бывших лидеров бывших оппозиций, как-то: Рыкова, Бухарина, Томского, Зиновьева, Каменева, Сокольникова, Смилгу. Само собою понятно, что такая передвижка должна была привести к значительному изменению политики» (Роговин).

Подобные мысли были не только у него. Убийство Кирова ослабило положение Сталина в руководстве страны. Теперь ему приходилось опасаться некоторых своих бывших соратников. Когда Ежов на декабрьском пленуме ЦК ВКП(б) 1936 года доложил о вредительской деятельности правых (Бухарина, Рыкова и других), то, по словам старого большевика, бывшего члена Ленинградского обкома и горкома М.В. Рослякова: «Группа членов ЦК, и в первую очередь такие, как Г.К. Орджоникидзе, И.Ф. Кодацкий, С.С. Лобов, И.П. Жуков и другие, выступили с опротестованием материалов Ежова».

Но может быть, к этому времени сложилось такое положение, что бывшие руководящие оппозиционеры изменили свое отношение к политике, проводимой Сталиным? Мог же Ежов возводить на них напраслину.

Ответ на этот вопрос дает признание Зиновьева в процессе следствия по «Кремлевскому делу»:

«Каменев не был ни капельки менее враждебен партии и ее руководству, чем я, вплоть до нашего ареста...

Каменеву принадлежит крылатая формулировка о том, что «марксизм есть теперь то, что угодно Сталину»...

Читая «Бюллетени оппозиции», подробно информировал Каменева о содержании этих документов и о моем положительном отношении к отрицательным оценкам, которые давал Троцкий положению в стране и партии...

Призыв Троцкого «убрать Сталина» мог быть истолкован как призыв к террору... Контрреволюционные разговоры, которые мы вели с Каменевым и при Н.Б. Розенфельде... могли преломиться у последнего в смысле желания устранить Сталина физически, мы же говорили в смысле замены его на посту генерального секретаря ЦК ВКП(б)».

Надо сказать прямо: последняя оговорка не убедительна. Если уж Зиновьев соглашается с тем, что Розенфельд верно передал их разговоры, то в любом случае раз употребляли слово «убрать», а не «снять» (но вроде бы подразумевали второе), то это надо понимать по меньшей мере как желание избавиться от Сталина любыми способами.

Ситуация в Политбюро была для Сталина тревожной. Надо учесть, что такой влиятельный деятель, как Каганович (ставший вторым лицом после Сталина), сохранял прекрасные отношения с Орджоникидзе, который, в свою очередь, далеко не во всем соглашался с вождем.

Вот, к примеру, письмо Кагановича Орджоникидзе от 30 сентября 1936 года:

«Здравствуй дорогой, родной Серго!

1) Главная наша последняя новость — это назначение Ежова. Это замечательное мудрое решение нашего родителя назрело и встретило прекрасное отношение в партии и в стране. Ягода безусловно оказался слабым для такой роли, быть организатором строительства это одно, а вскрывать своевременно это другое.

У Ежова дела наверняка пойдут хорошо...

3) Испанские дела идут неважно. Кое в чем мы им помогаем, не только по части продовольствия. Сейчас намечаем кое-что большее по части танков и авиации... Тем не менее нельзя ни в коем случае считать падение Мадрида безнадежным, как это зачастую в шифровках считает наш не совсем удачный полпред.

Послали мы по предложению хозяина консулом в Барселону Антонова-Овсеенко, он, пожалуй, получше Розенберга...

Что касается контрреволюционных дел, то я не пишу тебе потому, что ты был у хозяина и все читал и беседовал».

Через 12 дней Каганович пишет Орджоникидзе:

«...Могу еще сказать, что у т. Ежова дела выходят хорошо! Он крепко, по-сталински взялся за дело».

Обращает на себя внимание преувеличенное едва ли не до иронии отношение к Сталину («родитель»). Что это: искреннее выражение чувств, аляповато высказанное, или действительно скрытая ирония? О том, что у Серго были непростые отношения со Сталиным, свидетельствует такое высказывание последнего на пленуме ЦК ВКП(б) 5 марта 1937 года, то есть через полгода после упомянутого выше письма Кагановича. Из этого высказывания следует, между прочим, что у Ежова дела и впрямь пошли хорошо, но только не в пользу Орджоникидзе.

«Я хотел бы выдвинуть, — говорил Сталин, — несколько фактов из области, так сказать, практической работы некоторых наших очень ответственных руководителей. Это было у т. Серго... но об ошибках его я должен здесь сказать для того, чтобы дать возможность и нам, и вам поучиться. Взять его отношения с Ломинадзе. У Ломинадзе замечались давно серьезные ошибки по партийной и государственной линии... Об этих ошибках знал т. Серго больше, чем любой из нас. Он нам не сообщал о них.

Он имел с ним богатую переписку — т. Серго с Ломинадзе. Мы только узнали это через 8 или 9 лет после того, как эти письма были написаны, мы впоследствии в ЦК узнали, что они были антипартийного характера. Тов. Серго об этом не сообщал».

Такое «недоносительство» Сталин имел все основания считать зародышем заговора против него. Но если при упоминании Серго Орджоникидзе он повторяет «товарищ», то Ломинадзе не удостаивается этого обращения.

Виссарион Ломинадзе был, судя по всему, идейным и непримиримым оппозиционером. Снятый с высокого партийного поста из-за создания блока «Сырцов—Ломинадзе», последний, став парторгом авиационного завода, организовал группу левой оппозиции и вошел с нею в единый антисталинский блок, установивший связь с троцкистским центром за границей.

Подобные его связи оставались незамеченными ОГПУ. Он снова стал подниматься по партийной лестнице, став первым секретарем Магнитогорского горкома ВКП(б). Магнитогорск был одним из флагманов индустрии первых пятилеток. Единая работа еще более сближала давних приятелей — Ломинадзе и главы Наркомтяжпрома Орджоникидзе.

Но тут над Ломинадзе нависла смертельная угроза. Он получил копию допроса арестованного 16 декабря 1934 года Л.Б. Каменева, который дал показания о своем разговоре с Ломинадзе летом того же года во время отдыха. Разговор этот носил антисталинский характер.

Почти все близкие соратники Ломинадзе по оппозиции были арестованы. На приеме в Кремле Сталин отказался с ним разговаривать и даже не поздоровался. Угроза ареста стала неминуемой.

Ломинадзе ясно сознавал, какой груз тайны лежит на нем. Желая скрыть многих участников подпольного антисталинского блока, опасаясь стать предателем, он предпринял попытку покончить с собой выстрелом из револьвера. С тяжелым ранением он был доставлен в больницу, где и скончался.

Несмотря на случившееся, Орджоникидзе добился установления персональной пенсии его вдове. Впоследствии Сталин упрекал Серго Орджоникидзе (к тому времени уже покойного) за эту дружбу в заключительном слове на февральско-мартовском пленуме ЦК ВКП(б) 1937 года.

Ломинадзе унес с собой в могилу тайну объединенного антисталинского блока старых и новых оппозиционеров, и поэтому НКВД не смогло выйти на этот след еще целых полтора года.

Таким образом, Сталину приходилось опасаться разящих ударов сразу с нескольких направлений. Ему угрожали террористы из-за рубежа: прежде всего разведки РОВС и Германии. Непростые отношения складывались у него с некоторыми членами Политбюро и ЦК, которые могли, сговорившись, снять его с поста генсека. Существовали отдельные оппозиционные группы, которые в случае объединения могли представлять серьезную опасность.

Был еще один возможный удар, который мог оказаться роковым для Сталина в этой сложнейшей ситуации: военный переворот, который могли произвести крупные военачальники и — что было бы особенно опасно — руководители органов государственной безопасности.

«Когда же мог возникнуть заговор с целью отстранения от власти группы Сталина? — задается вопросом историк Ю.Н. Жуков. И отвечает: — В протоколе допроса Ягоды утверждается — в 1931—1932 годах. Вполне возможно, ибо именно тогда разногласия в партии достигли своего очередного пика: «дела» Слепкова (школа Бухарина), Сырцова—Ломинадзе, «право-левой» организации Стэна, группы Рютина, высылка за связь с последней в Минусинск и Томск Зиновьева и Каменева.

Но скорее всего, тогда возникла еще неясная, неоформившаяся мысль. Заговор же как реальность... скорее всего следует отнести к концу 1933 — началу 1934 годов. Как своеобразный отклик на дошедший до СССР призыв Троцкого «убрать Сталина», совершить новую, «политическую» революцию, ликвидировав «термидорианскую сталинистскую бюрократию».

Не было полного доверия у Сталина к некоторым руководителям ОГПУ. Высказывалось мнение о его особо доверительных отношениях с Ягодой. Но это опровергает следующий документ: собственноручная записка Сталина Менжинскому (без даты, но, по-видимому, незадолго до смерти последнего):

«Т. Менжинский! Прошу держать в секрете содержание нашей беседы о делах в ОГПУ (пока что!). Я имею в виду коллегию ОГПУ (включая Ягоду), члены которой не должны знать пока что содержание беседы... Привет! И. Сталин».

Очевидно, были некоторые вопросы, которые Сталин считал нужным скрывать даже от первого заместителя Менжинского — Ягоды. И, надо сказать, подозрительность Сталина была оправдана.

В декабре 1934 года было арестовано много «белогвардейцев» в Москве и Ленинграде, якобы причастных к убийству Кирова. Судили их без долгого расследования. 37 человек были приговорены к смертной казни за «подготовку и организацию террористических актов против работников советской власти». Так было на суде в Ленинграде, а в Москве по такому же обвинению было расстреляно 33 человека.

Учтем, что не менее сурово были наказаны даже те, кто был знаком или находился в родственных отношениях с Николаевым, не имея прямого отношения к убийству. На этом фоне очень странными выглядели результаты суда над руководящими работниками Ленинградского НКВД, которые были ответственны за безопасность Кирова.

Судили 12 человек, среди них — Медведя и Запорожца, которых обвиняли в том, что «располагая сведениями о готовящемся покушении на тов. С.М. Кирова, проявили не только невнимательное отношение, но и преступную халатность к основным требованиям охраны государственной безопасности, не приняв необходимых мер охраны».

Медведь совершил прямое нарушение служебных обязанностей. Хорошо зная о взаимоотношениях Кирова с Драуле, он тем не менее не провел профилактической проверки их семейного окружения. А проведи он ее, то несомненно бы обнаружил, что муж Драуле бывает в германском консульстве и покупает на немецкие деньги продукты в магазинах «Торгсина». Выяснилось бы и то, что Николаев по характеру неуравновешен и очень ревнив.

В этой связи вспоминается весьма характерный случай: предотвращение царской охранкой теракта против Александра III, намечавшегося на 1 марта 1887 года. Покушение не состоялось именно из-за своевременной профилактической проверки.

Тогда в Крыму был арестован мирный пропагандист, распространявший нелегальную литературу. При обыске у него было обнаружено письмо в Петербург. Крымское жандармское управление телеграфировало в столицу с просьбой о проверке этого адресата. Столичные отнеслись к этой просьбе как к досадной нудной рутине, но все-таки исполнили ее. По данному адресу неожиданно обнаружили динамит, оболочки для бомб, график поездок Александра III по Санкт-Петербургу, схему его маршрутов.

Таким образом, обвинение против Медведя и Запорожца было совершенно оправданным и могло бы повлечь за собой суровые меры наказания.

Однако приговоры оказались удивительно мягкими. Медведь получил три года лагерей, другие по 2—3 года, и лишь один получил 10 лет, да и то за то, что вел себя неподобающим образом во время следствия.

Более того, как вскоре выяснилось, главные обвиняемые — Медведь и Запорожец — отделались и того легче, ибо их назначили на руководящие должности в лагерях.

«Как было позднее признано на процессе 1938 года, Ягода проявил исключительную и необыкновенную заботу об их судьбе, — писал Р. Конквист. — Его личный секретарь Буланов заявил, что «лично мне он поручил заботу о семье Запорожца, о семье Медведя, помню, что он отправил их для отбывания в лагерь не обычным путем, он их отправил не в вагоне для арестованных, а в специальном вагоне прямого назначения. Перед отправкой он вызвал к себе Запорожца и Медведя».

Невозможно, конечно, считать все это личной инициативой Ягоды, — продолжает Конквист, намекая на причастность к убийству Сталина. — Обвиняемые находились под более высокой протекцией. Больше того, сотрудники НКВД узнали, что Паукер и Шанин (начальник транспортного управления НКВД) посылали пластинки и радиоприемники высланному Запорожцу — вопреки строгим сталинским правилам, по которым связь даже с ближайшим другом обрывалась, если друга арестовывали.

Эта дополнительная странность кировского дела, после всех других, убедила многих сотрудников, что Сталин одобрил, если не организовал убийство Кирова».

Надо сказать, что если и были такие сотрудники, то из числа либо отъявленных врагов Сталина, либо умственно неполноценных. Так политические убийства не организовываются, если приговаривают к расстрелу неких «белогвардейцев», тогда как непосредственные тайные организаторы оставлены в живых, не были «ликвидированы» как опаснейшие свидетели.

В общем, Конквист придерживается мнения Хрущева, высказанное в связи с его нападками на Сталина: «После убийства Кирова, — говорил Хрущев, — руководящим работникам ленинградского НКВД были вынесены очень легкие приговоры. Можно предполагать, что их расстреляли [потом] для того, чтобы скрыть истинных организаторов убийства Кирова».

И хотя Конквист посетовал, что этот намек «сделан слишком грубо», в действительности даже Никита Сергеевич намекал более тонко и хитро, чем ярый антисоветчик Конквист. Если последний безо всяких оснований обвинил в убийстве Кирова Сталина, то Хрущев оказался не так глуп (или лжив).

Дело в том, что если Запорожец и Медведь знали о том, что Сталин им приказал содействовать убийству Кирова, то их следовало бы, как мы уже сказали, уничтожить сразу, но никак не при дополнительном следствии и суде, потому что уж тогда-то они, зная о неизбежности расстрельного приговора, вполне могли рассказать правду.

Относительно того, будто всех арестованных тут же забывали друзья и знакомые, надо сказать, что это ложь или заблуждение. Например, существуют опубликованные свидетельства того, что В.И. Вернадский вел активную переписку со своим другом и учеником Б.Л. Личковым, осужденным в Ленинграде в 1934 году по политической статье. Более того, Вернадский ходатайствовал за своих арестованных учеников и помогал их семьям. Это отнюдь не расценивалось как предосудительные действия.

Странно выглядит высказывание Конквиста: «Как только было решено разоблачить роль Ягоды в убийстве Кирова и рассказать все о соучастии НКВД в преступлении, пришло время принести в жертву всех замешанных».

Логика, мягко говоря, странная. Почему и кем «было решено» разоблачать Ягоду? Если и тут намек на Сталина, то оправдать такое его решение останется только тем, что на него нашло затмение и он проявил не только шизофренические симптомы, но и несусветную глупость. Столь верных исполнителей такого дьявольски коварного преступления следовало бы беречь и поощрять, используя их на подобной кровавой работе и впредь. Подвергнуть их следствию и суду, пусть даже закрытому, значит рисковать тем, что все нити преступления будут раскрыты. В таком случае участь Сталина была бы печальной. Только безумец будет поступать так, как предполагает Конквист, и дни такого правителя были бы сочтены.

То, что Ягода проявил поначалу необыкновенную заботу о Запорожце, Медведе и их семьях, работники НКВД должны были знать, ибо все это проходило именно через них (не по линии же ЦК). А вот до Сталина эти факты могли дойти не сразу. И когда он узнал об этой заботе, у него должно было укрепиться мнение о том, что Ягода старается помочь своему соучастнику (или двум соучастникам), чтобы они помалкивали о преступных связях с ним, Ягодой. Точнее, такое подозрение должно было возникнуть еще раньше, при вынесении мягких приговоров тем, кто отвечал за безопасность Кирова. Ведь эта мягкость могла свидетельствовать о том, что преступная халатность охранников и их начальников — дело допустимое и проступок не особенно тяжкий. Выходит, что если б покушение было совершено на Сталина, то и тут охранники имели все основания бездействовать и не подвергать себя риску, пытаясь остановить террористов.

Более того, как мы видели по тексту записки Сталина Менжинскому, доверие вождя к Ягоде вовсе не было полным. Подозрения могли возникнуть еще до 1934 года, а затем стали переходить в уверенность: Ягода — враг.

Учтем и то, что Ягода не был сразу снят и казнен, а был сначала понижен в должности и лишен высшего поста в

НКВД. Но материалов против него накапливалось все больше. И Сталин написал 31 марта 1937 года заявление Политбюро ЦК ВКП(б), адресованное членам ЦК:

«Ввиду обнаружения антигосударственных и уголовных преступлений наркома связи Ягоды, совершенных в бытность им наркомом внутренних дел, а также после перехода его в наркомат связи, Политбюро ЦК ВКП(б) предлагает исключение его из партии и немедленный арест. Политбюро ЦК ВКП(б) доводит до сведения ЦК ВКП, что ввиду опасности оставления Ягоды на воле хотя бы на один день, оно оказалось вынужденным дать распоряжение о немедленном аресте Ягоды. Политбюро ЦК ВКП просит членов ЦК ВКП санкционировать исключение Ягоды из партии и его арест. По поручению Политбюро ЦК ВКП Сталин».

Как видим, соблюдались все необходимые формальности, связанные с арестом высокопоставленного партийного работника. Оказывается, на Ягоду, как виновника гибели Кирова, определенно указал еще Орджоникидзе. Вот что писал секретарь ЦК КПСС П.Н. Поспелов (из записки в президиум ЦК КПСС, 1956 год):

«Нельзя сказать, что мало людей охраняло Кирова. Несли дежурство по охране Кирова 9 сотрудников НКВД...

Были ли в Политбюро предложения привлечь Ягоду к ответственности за убийство С.М. Кирова? Видимо, были. Как заявлял Енукидзе, на одном из заседаний Политбюро С. Орджоникидзе выступил с прямым обвинением Ягоды, бросив ему:

«Вы являетесь виновником смерти Кирова».

Спору нет, это обвинение никак не может служить доказательством того, что Ягода является организатором преступления. Вполне возможно, что имелась в виду виновность в халатном отношении к обеспечению безопасности высших лиц государства. Но не исключено, что Орджоникидзе уже тогда знал что-то о роли Ягоды в убийстве Кирова.

Другой вопрос: насколько в этом преступлении мог быть замешан, например, такой человек как Бухарин. Однако и в этом случае обвинения (прямо скажем — весьма шаткие) строились не на пустом месте. Вот выдержка из протокола пленума ЦК ВКП(б), проходившего в феврале—марте 1937 года:

«ЕЖОВ. ...Второй документ — тоже дружба такая, довольно подозрительная: известный человечек был такой, Котолынов, организатор убийства т. Кирова, наводчик Николаева. Так вот, видите ли, тоже в 1934 году Бухарин пишет...

ГОЛОС. Кому?

ЕЖОВ. Медведю в Ленинград. Он пишет: «Дорогой товарищ Медведь, у тебя зашился один работник», и просит потом «хорошо бы разгрузить от административных дел, есть у вас в Ленинграде такой парень Ваня Котолынов», словом, сообщает ему подробную характеристику со слов других, называет о том, что его может рекомендовать Смородинов (так в тексте; правильно — Смородин: бывший генсек ЦК комсомола, 2-й секретарь Ленинградского, затем первый секретарь Сталинградского обкома, прототип главного героя кинотрилогии о Максиме; расстрелян в феврале 1939-го — *Авт.*). Потом пишет: «Я оставляю в стороне, что он исключался из партии, и знаю только, слышал о нем как об очень талантливом парттысячнике».

БУХАРИН. Один... научный работник просил меня дать этого Котолынова. Я написал Медведю и просил его проверить об этом человеке.

ЕЖОВ. Странное знакомство с террористами.

БУХАРИН. Я могу свидетелей вызвать, по чьей просьбе я это сделал».

Позже, уже из внутренней тюрьмы НКВД Н.И. Бухарин писал Сталину 15 апреля, разъясняя данный эпизод:

«*...Ко мне пришел Д.Л. Талмуд* (физико-химик, член-корреспондент АН СССР с 1934 года, когда начал работать в Институте биохимии АН СССР. — *Авт.), физик и сотрудник ОГПУ, которому я помог в устройстве специального назначения лаборатории, находящейся в ведении ОГПУ. Он меня просил написать Медведю, чтобы тот дал ему Котолынова, о котором он, Талмуд, знает от Смородина*».

Бухарин просил передать свое письмо — 9 исписанных полностью страниц — Сталину. Просьба была выполнена. Прочтя письмо, Сталин пометил на сопроводительной записке: «Вкруговую. Ст.». По мере чтения члены Политбюро расписывались и высказывались:

«Читал. По-моему, писал жулик. В. Молотов»; «Все та же жульническая песенка «я не я, и лошадь не моя». Л. Каганович»; «М. Калинин»; «Безусловно жульническое письмо. В. Чубарь»; «Читал. К. Ворошилов»; «Бухарин продолжает свое провинциальное актерство и фарисейское жульничество. А. Микоян»; «Типичная бухаринская ложь. А. Андреев».

Против Бухарина оказались почти все. Судя по всему, дело его уже обсуждалось в узком кругу и решение о высшей мере наказания для одного из бывших руководителей оппозиции было принято. Теперь задача ставилась более широко: искоренять беспощадно оппозиционеров среднего и нижнего звена. Здесь уже проявляли свое усердие и преданность те, кто выстраивал свою партийную карьеру, буквально шагая по трупам.

Как вспоминал бывший 1-й секретарь Свердловского райкома Москвы И. Новиков:

«На пленуме МК и МГК ВКП(б) 14 августа 1937 г. присутствовали я, В.П. Пронин. Н. Хрущев вел пленум с Г. Маленковым. Это был полный разгром Московской партийной организации, ее руководящих кадров.

Мы с женой ночами дома не спали, боялись ареста. А за что? Так просто.

Н. Хрущев чистит троцкистов по трем пунктам: 1. Руководящие кадры МК ВКП(б) противопоставили себя товарищу Сталину. 2. Московская парторганизация вела антипартийный подбор кадров. 3. Утрата революционной бдительности».

В результате из 23 крупных партийных работников Москвы возвратились из заключения 3—5 человек. Остальные пропали без вести.

Аналогичный разгром ленинградской партийной организации учинил Жданов.

...Как обычно бывает в горах: лавина начинается с незначительных обвалов вверху крутого склона. Постепенно набирая массу и мощь, она несется по склону, сметая все на своем пути. Нечто подобное происходит и с катастрофическими общественными процессами, в частности с массовыми репрессиями. Но и в природе и в обществе необходим не только первый толчок, но и сложившаяся обстановка.

Бытует мнение, что массовые репрессии, прежде всего направленные против представителей партийно-комсомольского актива, были вызваны манией преследования у Сталина. Но если бы такая мания действительно была, то она распространялась бы прежде всего на близкое окружение вождя. Чего ему было бояться партийцев среднего и низшего звена, а также беспартийных оппозиционеров?

Про объективные обстоятельства, вызвавшие репрессии, непосредственно написал... все тот же Конквист:

«В комсомоле, например, еще в 1935 году наблюдалось удивительно сильное сопротивление сталинизму. Секретные архивы Смоленской области (они были захвачены немцами во время войны и позже попали на Запад) выявляют степень этого сопротивления. На комсомольской дискуссии по поводу убийства Кирова один член организации говорил: «Когда убили Кирова, то разрешили свободную торговлю хлебом; когда убьют Сталина, то распустят все колхозы»... Есть рапорт о девятилетнем пионере, который кричал: «Долой советскую власть! Когда я вырасту, я убью Сталина». Об одиннадцатилетнем школьнике сказали, что он говорил: «При Ленине мы жили хорошо, а при Сталине мы живем плохо». А 16-летний студент якобы заявил: «Кирова они убили; пусть теперь убьют Сталина». Время от времени даже высказывались случайные симпатии к оппозиции...»

Ясно, что подобные сообщения поступали не только из Смоленской области. Ситуация внутри страны была не столь благополучная, как порой представляют себе те, кто верит в полную необоснованность репрессий. Но мы знаем, что вокруг Сталина в 1932—1935 годах сгущались тучи. Да и внешнеполитическое положение страны было непростым.

Глава 5

«УБРАТЬ СТАЛИНА»

Обшая обстановка

Может создаться впечатление, будто Сталину в трудные годы до и после убийства Кирова только и было дел, что заниматься интригами в руководстве партии. Кто-то даже подозревает его в организации хитроумных убийств своих врагов (и друзей тоже).

Так могут думать лишь те, кто имеет довольно-таки смутное представление о руководстве огромной — самой большой по территории в мире — страной в нелегкий период ее истории. А те, кто обвиняют только Сталина за массовые репрессии против оппозиционеров — явных и мнимых, — по сути исходят из того, что он, являясь диктатором, занимал все руководящие должности сразу, включая пост Ягоды или Ежова.

Мелкими интриганами могут быть крупные вельможи, но не крупные руководители огромной страны. Когда благодаря хитростям, изворотливости, интригам и лицемерию к власти в нашей стране пришли такие деятели как Горбачев и Ельцин, великая держава в считанные годы без войн и стихийных бедствий превратилась в полунищую, слабо развитую страну с непомерно тяжелым грузом внешней задолженности.

А в 30-е годы XX века СССР за две пятилетки превратился из слабо развитой страны в могучую индустриальную державу. И это было результатом проведения генеральной линии партии под руководством Сталина.

Январь 1934 года ознаменовался для СССР скоплением грозовых туч на внешнеполитическом горизонте. Начавшееся советско-польское сближение было сорвано Варшавой. 26 января 1934 года была опубликована германо-польская декларация о ненападении.

Угроза германо-польского сближения и сотрудничества тревожила советское руководство. Из сообщения советского агента, внедренного в окружение влиятельного предпринимателя Флик-Штегера, о переговорах фон Папена с Парижем, можно было сделать вывод о возможности тайного соглашения между Германией, Польшей и Францией против СССР. В сообщении от 24 июня 1932 года говорилось: «За уступки Германии Польшу обещают вознаградить в широкой мере в сторону Советской Украины... Англия, видимо, вначале останется доброжелательным наблюдателем в случае союза Франции, Германии и Польши против Советского Союза, но, если эти страны пойдут походом на Украину, Англия постарается захватить Крым и под видом освобождения Грузии овладеть нефтеисточниками Кавказа».

На восточном направлении тоже дела обстояли неважно. Акты японской агрессии в Китае вызвали активное противодействие СССР. Советское руководство предприняло серьезные шаги по укреплению безопасности Дальнего Востока, увеличив количество войск в Особой Дальневосточной Краснознаменной армии и число боевых кораблей на Тихом океане. В первую пятилетку на Дальнем Востоке были созданы новые экономические и оборонные центры.

СССР перешел в контрнаступление на китайской территории, на северо-западе Китая в Синьцзяне. Этот регион — Синьцзян, или Восточный Туркестан, — граничащий с Афганистаном, Индией, Монголией и Советским Союзом, имел важное стратегическое значение. Здесь у СССР были преимущества перед Японией: близость территорий, буфер в виде Монголии, хорошо налаженная система коммуникаций, связывающая Синьцзян с советской Средней Азией.

Разгром основных сил басмачества способствовал усилению советского влияния в Северо-Западном Китае. В Восточном Туркестане с 1931 года активно действовали войска Красной армии, уничтожавшие базы басмачей в приграничном районе.

Басмачи представляли угрозу и для китайской администрации. В июне 1932 года была проведена первая совместная китайско-советская военная операция по разгрому басмачей в Западном Синьцзяне. Операция была настолько эффективна, что часть басмачей сочла за благо вернуться в СССР и продолжать борьбу с Красной армией непосредственно на территории Средней Азии.

Политика советского правительства в этом регионе оказалась продуманной и успешной. В Синьцзяне преобладали три основные силы: провинциальное китайское правительство, русские белогвардейские части, тюрко-исламская республика Восточного Туркестана. Белогвардейцы были слишком малочисленны, чтобы удерживать ситуацию под контролем. Они даже оказались на грани физического уничтожения, с трудом удерживая главный город Синьцзяна Урумчи и отбиваясь от десятков тысяч конных исламистов.

Москва решила резко увеличить помощь китайской администрации и белогвардейцам. В сентябре 1931 года советское правительство продало Урумчи военные самолеты, пилотируемые советскими летчиками. Действия авиации наводили панику на конные отряды мусульман.

Русские белогвардейские части были реорганизованы и поставлены под прямой контроль офицеров Красной армии, которые либо назначались на командные должности, либо присылались в качестве летчиков. Под контроль советских представителей была поставлена и Бараньчи — секретная полиция.

Важнейшей задачей советского руководства была нейтрализация агрессоров. С этой целью страна вступила в 1934 году в Лигу Наций и активно поддерживала французскую дипломатию в деле создания системы коллективной безопасности в Европе.

Вторая пятилетка шла под сталинским лозунгом «Кадры решают все». Если прежде основное внимание уделялось количественным показателям, то теперь на первый план вышли качество, рентабельность, подъем производительности труда. В результате к концу второй пятилетки в крупной промышленности производительность труда намного превысила плановые задания и возросла на 82%.

Произошло заметное усиление интенсификации производства. Валовая продукция увеличилась по сравнению с первой пятилеткой в 2,2 раза, но при этом число рабочих и служащих росло в 4 раза медленнее, а энерговооруженность увеличивалась в 4 раза быстрее.

Вытеснение экстенсивных методов труда стало отличительной чертой тех лет. Промышленность уже не приносила убытков, став к 1938 году в целом рентабельной. Люди 30-х годов добились важнейшего результата — преодоления технико-экономической отсталости страны, ставшей экономически независимой.

Трудности индустриализации во многом были связаны с тем, что СССР как наследник царской России не имел надежной минерально-сырьевой базы. Ее стали планомерно создавать с начала Первой мировой войны, когда выяснилось, что многие стратегически важные виды сырья приходится ввозить из-за границы, в частности из Германии. Советские геологи в необычайно трудных условиях, работая в малоизученных отдаленных районах, сумели открыть множество месторождений самых разнообразных полезных ископаемых.

Однако мало — открыть месторождения. Их необходимо разведать, а затем и разрабатывать. Все это требует не только хорошей техники, но и квалифицированных специалистов разного профиля. Так что стране все приходилось осваивать сразу: и природные ресурсы, и создание техники, и ее эксплуатацию, и обучение специалистов. Во многом приходилось опираться на старые дореволюционные кадры. Это заставило всерьез пересмотреть отношение к истории России, выставляя на первый план ее славное прошлое.

О том, что держава крепко встала на свои опоры, говорит такой факт: в 1936 году удельный вес импортной продукции в общем потреблении страны снизился до 1—0,7%, а торговый баланс к исходу второй пятилетки стал активным и принес прибыль.

Некогда преимущественно аграрная Россия добилась того, что по структуре промышленного производства вышла на уровень наиболее развитых стран мира. По объему промышленной продукции СССР обогнал Англию, Германию, Францию и занял второе место в мире, уступая лишь США.

Стремительная по темпам, грандиозная по масштабам советская индустриализация позволила успешно развиваться железнодорожному транспорту — основному виду транспорта в те годы. Руководитель железнодорожников Каганович спустя много лет вспоминал, что Сталин говорил наркомам, руководившим другими отраслями экономики, что экономика страны развалится без хорошо налаженного железнодорожного транспорта.

Сложней обстояло дело с сельским хозяйством. Здесь приходилось бороться не только с отсталостью, но и с последствиями раскулачивания и насильственной коллективизации. Принятый на II съезде колхозников-ударников в феврале 1935 года Примерный устав сельскохозяйственной артели обобщил и оформил новые отношения в колхозной деревне, определил главные принципы организации производства и распределения в колхозах, гарантировал существование личного подсобного хозяйства у колхозников.

Теперь стало ясно, что суровая, даже жестокая политика в области сельского хозяйства, которая господствовала в начале 30-х годов, была в значительной мере необходимой. В противном случае развитие страны регулировалось бы «снизу», в соответствии с возможностями и потребностями крестьянства. А крестьянин не станет трудиться на город по доброй воле, не получая взамен ничего, кроме бумажных денег, доверия к которым быть не могло. Требовалось бы сначала развивать легкую промышленность и спешно закупать зарубежные товары, чтобы удовлетворять потребности «свободного крестьянства».

Вот почему надо было заставить крестьян работать на индустриализацию силой, можно сказать, закрепостить их, организовав в подконтрольные сверху хозяйства. Это насильственное мероприятие, принесшее немало горя и страданий крестьянам, в перспективе давало возможность применять новую технику и научные методы ведения сельского хозяйства, провести и здесь индустриализацию.

Восстановление сельскохозяйственного производства началось в 1935—1937 годах, когда стали подниматься урожаи и на поля постепенно стало выходить все больше техники. Выросли валовые сборы зерна, хотя в целом за вторую пятилетку они оказались ниже, чем в первую: 729 млн. ц против 735,6 млн. ц. Однако, как известно, коллективизация особенно сильно ударила по животноводству, потому что крестьяне учинили массовый забой скота, не желая его «обобщать». Теперь возобновился рост поголовья скота. Поднялась оплата труда колхозников.

В 1937 году система МТС (машинно-тракторных станций) обслуживала $^{9}/_{10}$ колхозов. Одновременно завершался процесс коллективизации остававшихся еще единоличных хозяйств. К началу второй пятилетки их было около 9 миллионов. В 1937 году колхозы объединили 93% крестьянских хозяйств. Полностью сложился колхозный строй как составная часть советского общества (в стране насчитывалось 243,7 тысячи коллективных хозяйств).

Жизнь в СССР налаживалась. С 1 января 1935 года были отменены карточки на хлеб и муку. Осенью приняли новый закон о школе, укрепляющий власть учителя и дисциплину учеников. В городах упразднили потребительскую кооперацию и оставили только государственные магазины. Отменили карточки на мясо, жиры, сахар, картофель, рыбу. В конце года отменили ограничения на поступление в вузы по социальному признаку.

Объединение разрозненных — по национальному составу — частей страны проводилось не только политически и экономически, но и на основе единства культуры. В 1938 году правительственным указом было введено обязательное преподавание русского языка в школах всех нерусских республик (вспомним, что Сталин не без гордости называл себя человеком русской культуры, что было совершенно верно).

Казалось бы, укрепление экономической мощи страны и улучшение жизни народа должны были радовать Сталина и всех его соратников, а противников — убеждать в том, что проводимая генеральная линия себя оправдывает. Казалось бы, не было никаких веских оснований для той волны репрессий, которая последовала в 1937 году. Правда, антисоветская пропаганда почти вдесятеро преувеличивает количество осужденных за антисоветскую деятельность (цифры мы еще приведем). Но все равно их число исчислялось сотнями тысяч.

В чем же дело? Какие объективные причины могли определять массовые репрессии? Неужели только тем, как утверждал Сталин, что сопротивление строительству социализма увеличивается по мере успехов советской власти и обостряется классовая борьба.

С внешнеполитических позиций это положение логически оправдано. Раз уж ведущим капиталистическим державам не удалось в зародыше задушить пролетарское государство, а затем и не оправдались надежды на его экономический крах, то приходилось всерьез задуматься о том, к каким это может привести результатам. Чем более явными, определенными, бесспорными становились успехи Советского Союза, тем больше беспокойства это доставляло буржуазным государствам. Ведь их руководители помнили об угрозе мировой революции (хотя Сталин и отказался от этой бредовой идеи).

Ну, а как обстояли дела во внутренней политике? Уж здесь-то поддержка Сталину вроде бы должна была быть обеспечена, и чем лучше становилось положение трудящихся, чем больше увеличивалось благосостояние народа, тем меньше внутренних врагов должно было оставаться у Сталина. Разве не так?

Нет, не совсем так.

Враги бывают разные. Во-первых, враги среди народных масс. Их действительно могло становиться все меньше по мере улучшения жизни в стране. Тем самым укреплялся в народе и культ личности Сталина.

Во-вторых, у всякого удачливого руководителя существуют завистники и ненавистники, желающие захватить власть в свои руки. Одни из них готовы это сделать из идейных побуждений, полагая, что положение в стране могло быть значительно лучше при проведении их политики. Другие — карьеристы и честолюбцы, которым бы самим хотелось взойти на вершину пирамиды власти.

Естественно, что и у одних, и у других тайных противников существующей власти должны быть сочувствующие и пособники вне страны, и у разведок целого ряда государств были все основания налаживать с ними связи и помогать им.

Улучшение положения в стране и укрепление существующей власти заставляют активизироваться все эти враждебные силы и предпринимать самые решительные и радикальные меры для того, чтобы произвести переворот. И если при этом нет возможности опираться на недовольство широких народных масс, не приходится рассчитывать на их поддержку, значит, остается другое средство: дворцовый переворот, военный путч.

Таковы логичные действия в той обстановке, которая сложилась в СССР в середине 30-х годов. И при всей кажущейся иррациональности исторического процесса, в своих главных направлениях, суммирующих действие разнообразных сил, эти направления подчиняются определенной логике. В противном случае не могло быть никакой исторической науки: лишь перечень имен и событий.

В действительности существуют вполне определенные логичные закономерности как биологического и геологического, так и социального, экономического, общественного развития. Это еще не означает, что во всем права теория общественного развития, созданная Марксом и Энгельсом. Но на вторую половину XIX и первую половину XX века она оказалась во многом пророческой, уловившей основное направление эволюции капитализма и социалистической революции.

В середине 30-х годов совершить успешный государственный переворот в СССР было не так просто, как может показаться с первого взгляда: мол, уничтожить Сталина, и вся построенная им пирамида власти рухнет, как карточный домик. Однако укреплялось не только личное положение вождя и культ его личности. Укреплялась вся созданная им система.

Наиболее целесообразно было бы изолировать, убрать всех сталинцев в руководстве страной. А их стало много, особенно в верхних этажах власти. Поэтому успешный правительственный переворот требовалось хорошо подготовить, вовлекая в заговор достаточно много ответственных работников, прежде всего «силовиков»: представителей армии, органов внутренних дел, госбезопасности. На всякий случай неплохо было бы заручиться солидной поддержкой извне...

Вот что могло угрожать Сталину. И он это, пожалуй, понимал.

Амальгама

Прежде чем коснуться «Клубка» — дела, в котором бы замешано много людей разного ранга и положения, распутать который чрезвычайно трудно, вернемся к проблеме, способной снять все вопросы и рассматривать не заговоры против Сталина и его системы, а их имитацию, искусственно созданную органами НКВД. А если и было нечто похожее на заговор, то насколько серьезными они были?

Вот, к примеру, процесс по делу подпольного троцкистского центра (обвиняемые — Зиновьев, Каменев, Евдокимов, Бакаев, Мрачковский, Тер-Ваганян, И.Н. Смирнов и др.). «Согласно обвинительному заключению, — пишет Р. Конквист, — Троцкий посылал письменные инструкции Дрейцеру, который передавал их Мрачковскому. Инструкции требовали убийства Сталина и Ворошилова. Пятеро младших обвиняемых, вместе с Гольцманом, были лично посланы Троцким или его сыном Седовым для помощи в этих террористических актах. Ольберг к тому же имел связи с гестапо. Все обвиняемые полностью признали себя виновными, за исключением И.Н. Смирнова, чья полная виновность была, однако, подтверждена показаниями других обвиняемых».

Надо заметить, что на процессе только один Смирнов, пожалуй, вел себя как убежденный троцкист и не давал показаний на своих сообщников. Вот что сообщает о Зиновьеве Конквист: «Он поднялся и заявил, что убийство Кирова было совместным предприятием, участие в котором принимали как зиновьевцы, так и троцкисты, включая Смирнова. То же самое подтвердил и Каменев».

Более того, Зиновьев признался: «Да, я часто говорю неправду. Я начал лгать в тот момент, когда стал бороться против большевистской партии. Постольку, поскольку Смирнов стал на путь антипартийной борьбы, он тоже говорит неправду. Но мне кажется, что разница между нами состоит в том, что я твердо и безусловно решил говорить в этот последний момент правду, в то время как он, по-видимому, принял другое решение».

Однако на следующем заседании Смирнов сказал, пожалуй, правду: «Я признаю, что принадлежал к подпольной троцкистской организации, присоединился к блоку и центру этого блока, виделся с Седовым в 1931 году в Берлине, выслушивал его сообщения о терроре и передал эти соображения в Москву. Я признаю, что получал инструкции Троцкого о терроре от Гавена и, хотя я не был с ним согласен, передавал их зиновьевцам через Тер-Ваганяна».

Примерно то же подтвердила его жена А.Н. Сафонова: *«Отношение к террору Смирнова И.Н., насколько мне известно, было отрицательным. Из высказываний на эту тему со стороны Смирнова могу привести следующее:*

1. После получения сведений по делу Эйсмонта Смирнов по этому поводу сказал: «Эдак, пожалуй, Сталин будет убит».

2. Когда Мрачковский вернулся с приема от Сталина, где он был с ним с глазу на глаз, он... отметил свое удивление по поводу того, что Сталин был осведомлен о всех деталях хода строительства Байкало-Амурской магистрали. В связи с этим и Смирнов, и Мрачковский говорили о необычайной работоспособности и умении Сталина схватить основное. Причем после Мрачковский сказал: «Вот, мол, как просто было ликвидировать Сталина». Но на это Смирнов ответил, что да, но мы ведь этого делать не можем...

3. Как-то однажды, когда была получена информация о перегибах, имевших место в связи с коллективизацией по ряду областей, и особенно в Казахстане, Смирнов по этому поводу сказал: «За такие дела убить мало» (по отношению к Сталину).

Опять и такой факт я не могла расценивать как проявление террористических настроений».

По-видимому, она права. Но даже если Смирнов не был сторонником террористических акций, тем не менее он продолжал участвовать в тайной организации, которая, как он знал (и признался в этом), готовила покушения на руководителей страны.

По словам Сафоновой, в процессе следствия: «Моральное воздействие сводилось к одному — нам говорили: начали разоружаться, разоружайтесь до конца. Те показания, которые мы от вас требуем, нужны партии».

Здесь нельзя не отметить двусмысленность формулировки: «показания, которые мы от вас требуем». Это можно понимать так, что требуют признаваться в чем-то мнимом, подсказанном следователями со ссылкой на партийную дисциплину. Но Сафонова, к примеру, не давала никаких сенсационных показаний, которые могли навязать ей следователи. А Смирнов...

По словам Конквиста: «Смирнову было очень трудно продолжать свою линию частичных признаний, но в целом он преуспел в одном: он основательно спутал все карты. Когда противоречия в его показаниях становились для него особенно трудными, он просто не отвечал на вопросы».

И это пишет «политпублицист», который утверждает, будто едва ли не все дела против троцкистов, правых и других были сфабрикованы НКВД по указанию Сталина. Но ведь из его слов получается, что Смирнов признавался лишь частично, путал карты устроителям процесса, а когда его ловили на противоречиях в показаниях, отмалчивался. Так не пишут о невинной жертве сфабрикованных обвинений.

Трудно понять не поведение Смирнова, а тех обвиняемых, которые называли немало новых имен, выдавая все новых тайных оппозиционеров. Каменев, например, показал: «*В 1932, 1933 и 1934 годах я лично поддерживал связи с Томским и Бухариным и выяснял их политические взгляды. Они нам симпатизировали. Когда я спросил Томского об умонаст-*

роениях Рыкова, тот ответил: «Рыков думает то же, что и я». В ответ на мой вопрос, что думает Бухарин, он сказал: «Бухарин думает то же самое, что и я, но поддерживается несколько другой тактики: он не согласен с партийной линией, однако держится тактики настойчивого проникновения в партию и завоевания личного доверия у руководства».

По словам Конквиста, приведшего эту цитату, «это не было еще полным обвинением — во всяком случае теоретически, — но вряд ли могло означать что-либо другое, кроме намерения Сталина посадить Бухарина и его последователей на скамью подсудимых».

Получается, будто Каменева принудили говорить то, что требовалось Сталину. Однако в дальнейшем, на следующих процессах и Рыков, и Бухарин подтвердили верность того, о чем сообщил Каменев, а Томский, не дожидаясь ареста, застрелился. Но почему же тогда Каменев стал выдавать оппозиционеров, хотя мог бы, кажется, и промолчать, не подводить их под арест. Наиболее разумное объяснение: ему показали некие материалы, которые свидетельствовали о том, что следствию известны эти факты и настроения. Но эти материалы до поры до времени предполагалось держать в тайне прежде всего потому, что нельзя было выдавать источники этой информации.

Такой прием, судя по всему, был использован и на других подобных процессах.

Но может быть, признания были «выбиты» силой и не отвечали действительности? Это тоже вполне возможно, но лишь для некоторых случаев, а не для всех. Многие обвиняемые могли заявить об отказе от прежних показаний, данных под пыткой. Кто бы им помешал?

На отдельных процессах присутствовали иностранные журналисты. Они наверняка передали бы мировой общественности такое обвинение в адрес следствия, и тогда судебные заседания могли бы считаться трагическим фарсом.

Увы, почти все обвиняемые показывали себя не с лучшей стороны. Они признавались в том, что и раньше не раз обманывали партию, притворно (а кто-то искренне) раскаивались в своей оппозиционной деятельности.

По страшной иронии судьбы в газете «Правда» были опубликованы заявления с требованиями смертной казни для обвиняемых, подписанные теми, кому в скором времени суждено будет разделить ту же участь: Пятаковым, Рыковым, Раковским.

«Не хватает слов, — писал Пятаков, — чтобы полностью выразить свое негодование и омерзение. Эти люди, потерявшие последние черты человеческого облика. Их надо уничтожать, уничтожать как падаль, заражающую чистый, бодрый воздух советской страны, падаль опасную, могущую причинить смерть нашим вождям и уже причинившую смерть одному из самых лучших людей нашей страны — такому чудесному товарищу и руководителю, как С.М. Киров...»

Уже сами по себе подобные высказывания в адрес осуждаемых на расстрел своих бывших товарищей вызывают неприятное чувство. А тут еще закрадывается подозрение: да уж нет ли тут изрядной доли лицемерия?

Вот и еще один лицедей — Конквист — неожиданно признает:

«...сама мысль об убийствах со стороны Зиновьева и Каменева была возможна, и что Рейнгольд мог быть прав, рассказывая на суде следующее» (далее он приводит эти слова): «В 1932 году на квартире Каменева, в присутствии большого числа членов объединенного троцкистско-зиновьевского центра, Зиновьев следующим образом оправдал необходимость обращения к террору: хотя террор несовместим с марксизмом, но в настоящий момент эти соображения должны быть отставлены».

Ссылка на Конквиста дана здесь потому, что он постоянно утверждает, будто Сталин организовал убийство Кирова, даже несмотря на то, что Зиновьев и Каменев приняли эту вину на себя — но не как организаторов, а как вдохновителей этого преступления.

О том, как порой «выбивали» показания, очень красочно сообщил в 1937 году Радек:

«Руководитель следствия... мне сказал: «Вы же не маленький ребенок. Вот вам 15 показаний против вас, вы не можете выкрутиться и, как разумный человек, не можете ставить себе эту цель; если вы не хотите показывать, то только потому, что хотите выиграть время и присмотреться. Пожалуйста присматривайтесь». В течение двух с половиной месяцев я мучил следователя. Если здесь ставился вопрос, мучили ли нас во время следствия, то я должен сказать, что не меня мучили, а я мучил следователей, заставляя их делать ненужную работу. В течение двух с половиной месяцев я заставлял следователей допросами меня, противопоставлением мне показаний других обвиняемых раскрыть мне всю картину, чтобы я видел, кто признался, кто не признался, кто что раскрыл».

Поведение вполне естественное для умного и опытного конспиратора, желающего скрыть то, что еще не стало известно следствию. Нет никаких оснований усомниться в том, что Радек в последнем своем слове говорил правду.

Учтем, что он мог вполне предполагать, что его ждет смертная казнь. Зачем ему перед смертью выгораживать своих мучителей и палачей? Почему бы теперь, когда уже все решено, не сказать правду? (Его могли склонить к сотрудничеству со следствием обещанием сохранить ему жизнь.)

Радек признался, что до последних дней «упорно отказывался давать показания о Бухарине», но все же «понял, что не могу явиться на суд, скрыв существование другой террористической организации».

По его словам: «Троцкистская организация стала центром всех контрреволюционных сил»; «троцкизм есть орудие поджигателей войны».

До этого, отвечая на вопросы государственного обвинителя Вышинского, Радек признал, что новая программа Троцкого предполагала реставрацию капитализма в стране и помощь в этом иностранных государств. «Раньше стоял вопрос так, — пояснял Радек, — что мы деремся за власть потому, что мы убеждены, что сможем что-то обеспечить стране. Теперь мы должны драться за то, чтобы здесь господствовал иностранный капитал, который нас приберет раньше, чем даст нам власть». Не правда ли, верное суждение, которое полностью оправдалось спустя полвека.

Но Радек не остановился на этом. Он продолжил: «Что означала директива о согласовании вредительства с иностранными кругами? Эта директива означала для меня совершенно простую вещь, понятную для меня, как для политического организатора, что в нашу организацию вклинивается резидентура иностранных держав...» Разве это не похоже на правду?

Необходимо привести выдержку из записи судебного заседания:

ВЫШИНСКИЙ. Значит, вы были заинтересованы в ускорении войны и заинтересованы в том, чтобы в этой войне СССР пришел к поражению? Как было сказано в письме Троцкого?

РАДЕК. Поражение неизбежно, и оно создает обстановку для нашего прихода к власти, поэтому мы заинтересованы в ускорении войны. Вывод: мы заинтересованы в поражении.

ВЫШИНСКИЙ. А вы были за поражение или за победу СССР?

РАДЕК. Все мои действия за эти годы свидетельствуют о том, что я помогал поражению.

ВЫШИНСКИЙ. Эти ваши действия были сознательными?

РАДЕК. Я в жизни несознательных действий, кроме сна, не делал никогда. *(Смех.)*

ВЫШИНСКИЙ. А это был, к сожалению, не сон?

РАДЕК. Это, к сожалению, был не сон.

....

ВЫШИНСКИЙ *(к Пятакову)*: Вы подтверждаете свою осведомленность о письме Троцкого на имя Радека?

ПЯТАКОВ. Я уже вчера показывал и подтверждаю, что это полностью соответствует действительности.

ВЫШИНСКИЙ *(к Сокольникову)*. Такой же вопрос.

СОКОЛЬНИКОВ. Мне это тоже известно.

ВЫШИНСКИЙ. Вы тоже разделяли эту позицию?

СОКОЛЬНИКОВ. Да.

ВЫШИНСКИЙ *(к Серебрякову)*. Вы тоже разделяли эту позицию пораженчества?

СЕРЕБРЯКОВ. Я не возражал».

Разве не сознавали подсудимые, что этими ответами подписывают себе смертный приговор, признаваясь не только в антисталинской, но и антипартийной, более того, антисоветской деятельности? Безусловно, сознавали. В эту решающую минуту все они или кто-то хотя бы один могли бы отрицать такое обвинение, если бы оно не было убедительно доказано на следствии. Конечно, это было бы разумно и достойно. Никто из них этого не сделал.

Пятаков информировал суд о том, что они создавали троцкистские группы в Харькове, Днепропетровске, Одессе и Киеве, распространяли свою деятельность на Кузбасс. Зачем ему надо было бы наговаривать на невинных людей? Он мог бы умолчать о иногородних группах. По-видимому, во время следствия ему были показаны документы, свидетельствующие о том, что об этих группах уже стало известно органам госбезопасности.

Почему мы не должны верить последним — предсмертным — словам тех, кому грозила смертная казнь, а должны верить тем людям весьма сомнительных морально-нравственных качеств, которые предлагают вовсе не обращать внимания на такие признания, якобы ловко сфабрикованные следователями (конечно, по указаниям Сталина) и безвольно, бездумно, нелепо повторяемые обвиняемыми?

Какими бы ни были людьми Зиновьев, Каменев, Радек, Пятаков и другие осужденные, их последним словам на процессах веры, как мы думаем, больше, чем мнению откровенных антисоветчиков.

Если подсудимые оппозиционеры оговаривали не только себя, но и других, обрекая их на угрозу смертной казни ради призрачной надежды сохранить собственную жизнь, то такие люди не заслуживали бы ничего, кроме всеобщего презрения. Тем более что на процессах они не выглядели изможденными или подавленными.

И ради чего была бы такая преступная ложь? Только ради укрепления позиций Сталина?!

Нет, снова придется повторить мысль, которую мы высказывали раньше: к чести оппозиции, она была действительной, а не марионеточной, она реально угрожала не только Сталину, но и всему проводимому им и партией курсу. У Сталина и сталинизма в СССР были настоящие и сильные враги. И едва ли не самую главную опасность для него представлял тот заговор, который в процессе следствия получил наименование «Клубок». Некоторые нити этого «Клубка» до сих пор остаются нераспутанными, а многие материалы — засекреченными.

Вспомним о том, как оценил В.З. Роговин политические процессы 30-х годов в СССР: они носили амальгамный характер, потому что фальсификации накладывались на реальные события. Но если мы не будем вовсе доверять показаниям и признаниям обвиняемых, будем подозревать следователей в постоянных фальсификациях и вдобавок не будем иметь в своем распоряжении всех имеющихся документов, то у нас не останется никакой более или менее надежной основы для умозаключений, кроме личного субъективного мнения.

В любом расследовании политического процесса сталкиваются две позиции, каждая из которых в немалой степени оправдана. Даже если признать точно такую позицию Троцкого, о которой говорил Радек — ориентацию на поражение СССР в войне с внешним врагом и опору на иностранные спецслужбы, — то и она вполне логична, ибо к середине 30-х годов все меньше оставалось надежд на то, что СССР рухнет сам по себе, не справившись с теми задачами, которые стояли перед народным хозяйством и поначалу многими справедливо считавшимися невыполнимыми.

У Троцкого оставалось три главных линии дальнейшего поведения: отойти совершенно от политики и заняться писанием мемуаров, литературных сочинений или каких-либо исследований; признать победу Сталина и его генеральной линии; активно бороться за власть в СССР. Он выбрал, как известно, третий путь. А это означало, как мы уже выяснили, неизбежный переход к террористическим методам и к использованию в своих целях спецслужб заинтересованных государств, а в конечное счете стремление к ликвидации сталинского Советского Союза. Если так и произошло, то в этом нет ничего необычного. Напротив, это совершенно естественно, разумно, логически оправдано, а значит — очень правдоподобно.

Ясно, что правдоподобие — еще не правда. Но всей окончательной правды во многих исторических событиях, обремененных огромным количеством разнородных, порой противоречивых фактов, раскрыть не удается. Поэтому есть смысл предпочитать наиболее правдоподобные концепции.

Почему бы нам не доверять Бухарину в его последнем слове, которое не скажешь по принуждению: «*Я около трех месяцев запирался. Потом я стал давать показания. Почему?*

Причина эта заключалась в том, что в тюрьме я переоценил все свое прошлое. Ибо, когда спрашиваешь себя: если ты умрешь, то во имя чего умрешь? И тогда представляется вдруг с поразительной ясностью абсолютно черная пустота. Нет ничего, во имя чего нужно было бы умирать, если бы захотел умереть, не раскаявшись...

И когда спрашиваешь себя: ну, хорошо, ты не умрешь; если ты каким-нибудь чудом останешься жить, то опять-таки для чего? Изолированный от всех, враг народа, в положении нечеловеческом, в полной изоляции от всего, что составляет суть жизни...»

Конечно, в его положении невольно станешь надеяться на чудо, на возможность продлить свою жизнь. Более того, человек в таком положении может наговорить на себя напраслину, преувеличить свои прегрешения. Но лгать на себя и других — для чего?!

То, что в ходе разбирательств раскрывалась не вся правда, спорить не приходится. Вопрос в том, в каком направлении искать эту скрытую правду? По нашему мнению, многое оставалось скрытым по нескольким причинам. Следствие не хотело раскрывать всех карт уже потому, что нельзя было выдавать источники секретной информации, тем более что затрагивались интересы других государств и деятельность нашей контрразведки.

Кроме того, немало оставалось и «белых пятен» в связи с отсутствием целого ряда важных фактов, о которых приходилось только догадываться. Подсудимые тоже могли говорить не всю правду, могли они откровенно лгать... Вряд ли вообще возможно в столь сложных, запутанных и законспирированных политических заговорах распутать все нити до конца. Тут «амальгамы» неизбежны и в процессе следствия, и при изложении материалов в историческом или публицистическом сочинении.

Итак, с нашей точки зрения заговоры против Сталина и сталинизма действительно существовали, были очень серьезны и смертельно опасны как для него, так и для заговорщиков.

Но ставка была немалой: судьба СССР.

Клубок

В мемуарах декабристов и их современников нередко упоминается о встрече вождя декабристов П.И. Пестеля с организатором убийства Павла I графом фон дер Паленом. Говорят, Пален заявил Пестелю, что планируемый декабристами переворот обречен на неудачу.

— У вас слишком многие знают его план и цель, — сказал старик. — Тогда, в марте 1801 года, цель знал один я, несколько человек были посвящены в план переворота, а остальные знали только одно: когда, во сколько часов и куда нужно явиться.

Мы не намерены связывать и сравнивать замыслы Тухачевского о перевороте и традиции гвардейских переворотов в России, хотя Михаил Николаевич служил в лейб-гвардии Семеновском полку, который сыграл главную роль в 1801 году. Хотелось бы только подтвердить азбуку любого заговора: количество его участников должно быть минимальным.

Но надо сразу сказать: переворот перевороту рознь. Одно дело — убийство императора или тирана, другое — изменение государственного устройства. В первом случае достаточно иметь горстку верных людей, вхожих в покои правителя. Во втором — этого недостаточно: требуется как можно скорей искоренить то явление, которое олицетворяет правитель, в нашем случае — сталинскую систему и всех тех, кто осуществляет руководство страной.

Вот одна из причин того, что в 30-е годы в СССР так и не произошло успешного покушения на Сталина. Его спасала им созданная система. На сталинизм успешное покушение организовать было значительно трудней, чем на Сталина. И трудности эти усугублялись по мере успехов социалистического строительства и улучшения жизни народа.

Теперь требовалось вовлекать в заговор значительное количество людей и действовать совместно со спецслужбами иностранных держав. А такое расширение круга заговорщиков увеличивало вероятность провала.

В журналах «Отечественная история» (№ 1, 1999) и «Вопросы истории» (№ 9, 2000) были опубликованы две очень интересные статьи ведущего научного сотрудника Института российской истории РАН Ю.Н. Жукова. Их автор пишет: «В последнее время мне удалось познакомиться с некоторыми документами из Центрального архива ФСБ». Из них следует, что в начале 1935 года Сталин «получил донос от одного из очень близких ему людей».

Согласно доносу, комендант Кремля Петерсон с секретарем ЦИК СССР А.С. Енукидзе, при поддержке командующего войсками Московского военного округа А.И. Корка, из-за полного расхождения со Сталиным по вопросам внутренней и внешней политики составили заговор с целью отстранения от власти Сталина, Молотова, Кагановича, Ворошилова и Орджоникидзе.

Заговорщики намеревались в этой связи создать своеобразную военную хунту, выдвинув на роль диктатора замнаркома обороны М.Н. Тухачевского.

«Арест высшего руководства страны предполагалось осуществить силами кремлевского гарнизона по приказу Петерсона на квартирах «пятерки», или в кабинете Сталина во время какого-нибудь заседания, или, что считалось наилучшим вариантом, — в кинозале на втором этаже Кавалерского корпуса Кремля».

ОГПУ начало разработку по этому сигналу. Операция получила название «Клубок». Ею руководил сам нарком внутренних дел СССР Г.Г. Ягода.

Надо заметить, что соответствующие сигналы поступали в эту организацию и раньше. О них сообщено в «Военных архивах России» (вып. 1, 1993). Тайный агент ОГПУ Зайончковская докладывала в 1933 году о создании организации «из военных Путна, Корк, Эйдеман, Сергеев Е., Фельдман и другие».

В марте следующего года она сообщила: ей известно, «что существует заговор в армии, точнее, среди высшего комсостава в Москве, и еще точнее, среди коммунистов высшего комсостава».

Из донесения тайного агента НКВД Зайончковской начальнику особого отдела НКВД Гаю от 9. XII. 1934:

«Из среды военной должен раздаться выстрел в Сталина... Выстрел этот должен быть сделан в Москве и лицом, имеющим возможность близко подойти к т. Сталину или находиться вблизи его по роду своих служебных обязанностей».

Письменная резолюция Гая на этом донесении от 13. XII. 1934: «Это сплошной бред глупой старухи, выжившей из ума. Вызвать ее ко мне».

Однако на этом «бред глупой старухи» не прекратился. В 1936 году она донесла о том, что «разрабатывала Халепского — начальника мотомехчастей. Сосновскому, — продолжает она, — в своих сводках о Халепском я писала, что он создает группировку в частях Красной Армии, которая принадлежала к линии Тухачевского... Сведения о такой группировке мною были получены от Готовского Александра Николаевича — полковника, преподавателя Военно-инженерной академии, от Матуля М.А. — помощника Халепского и от его жены».

Эти донесения производят странное впечатление. Если это действительно бредовые домыслы «старухи», то почему она так долго оставалась на службе и ей позволяли три года писать о готовящемся заговоре, которого не было? Ее следовало бы уволить после того, как выяснилось бы, что она городит преступную чепуху, обвиняя славный комсостав Красной армии.

Но если она писала правду, то тогда чем объяснить, что по ее сигналам не были приняты своевременно необходимые меры? Ведь покушение на Сталина и «четверку» и военный переворот могли произойти в любой момент.

Ответ на оба эти вопроса напрашивается такой: у руководящих работников ОГПУ-НКВД, к которым поступали эти донесения, не было стремления поскорей покончить с заговором то ли потому, что они, эти работники, сочувствовали заговорщикам, то ли потому, что были с ними заодно.

М.И. Гай (не путать с героем Гражданской войны Г.Д. Гаем-Бтишкянцем) был начальником отдела Государственного Управления госбезопасности (ГУГБ), осуществляющего контроль за вооруженными силами. Он обязан был отреагировать на донесения своего секретного агента. Однако его реакция свидетельствует о том, что он не желал давать хода расследованию той версии, о которой узнал. Пусть она сначала показалась неправдоподобной... Впрочем, ничего неправдоподобного в том, что существует военный заговор, нет. Эта ситуация достаточно распространенная (вспомним хотя бы то же убийство Павла I или выступление декабристов). Создается впечатление, что М.И. Гай сознательно тормозил проведение расследования по донесению Зайончковской.

Это предположение подтверждается показаниями Ягоды, сделанными в конце мая 1937 года:

«Когда по прямому предложению Сталина я вынужден был заняться делом «Клубок», я долго его тянул, переключил следствие от действительных виновников, организаторов заговора в Кремле — Енукидзе и других, на мелких сошек, уборщиц и служащих...

Я уже говорил, что инициатива дела «Клубок» принадлежит Сталину. По его прямому предложению я вынужден был пойти на частичную ликвидацию дела. С самого начала мне было понятно, что тут где-то порвалась нить заговора Енукидзе, в Кремле, что если основательно потянуть за оборванный конец, вытянешь Енукидзе, а за ним всех нас — участников заговора. Так или иначе, но Енукидзе я считал в связи с этим проваленным, если не совсем, то частично...

В следствии я действительно покрыл Петерсона, но мне надо было его скомпрометировать, чтобы снять его с работы коменданта Кремля. Я же все время стремился захватить охрану Кремля в свои руки, а это был удобный предлог. И мне это полностью удалось...

Петерсон был после этого снят, вместе с ним из Кремля была выведена Школа (им.) ВЦИК. В Кремль были введены войска НКВД».

Выходит, Ягода участвовал в заговоре, но с таким расчетом, чтобы в случае провала одного из его сообщников не оставалось никаких документов, подтверждающих его, Ягоды, участия. Возможно, он узнал, что на Енукидзе есть у Сталина «компромат» (не тот ли донос Сталину, о котором мы уже упоминали?). Кроме того, была опасность со стороны слушателей Школы имени ВЦИК, среди которых вполне могли оказаться люди, верные Сталину. На эту опасность намекнул Ягода в другом своем показании:

«По словам Енукидзе, он активно готовит людей в Кремле и в его гарнизоне (тогда еще охрана Кремля находилась в руках Енукидзе. — *Авт.)... Енукидзе заявил мне, что комендант Кремля Петерсон целиком им завербован, что он посвящен в дела заговора. Петерсон занят подбором кадров заговорщиков-исполнителей в Школе ВЦИК, расположенной в Кремле, и в командном составе кремлевского гарнизона... В наших же руках и московский гарнизон... Корк, командующий в то время Московским военным округом, целиком с нами».*

Но если Ягода был готов к тому, что Енукидзе «провалится», и все-таки продолжал плести сети заговора, прибирая к рукам охрану Кремля и высших должностных лиц государства, значит, была еще одна группа заговорщиков, более влиятельных и весомых, чем Енукидзе, на которых Ягода делал основную ставку. Возможно, для того, чтобы скрыть их и пустить следствие по ложному следу, была организована операция, о которой нам следует упомянуть хотя бы потому, что она до сих пор остается загадочной.

...Летом 1935 года машина НКВД въехали во двор дачи вблизи польской границы. Ничего не подозревавший хозяин дачи — герой Гражданской войны и командующий Западной группой войск Г.Д. Гай (Гайк Бтишкянц) был застигнут врасплох. От неожиданности и беспомощности он не сопротивлялся аресту. Тем более что везли его не на запад, в сторону Польши, а на восток.

Значит, это не акция польской разведки, Дефензивы, а свои!

Когда его под конвоем посадили в вагон поезда, направлявшегося на восток, сомнений не оставалось: что-то необычное произошло в Москве. Или ему, отбросившему Колчака из Поволжья и Деникина от Орла, припомнили высказывания против раздувания культа личностей Ворошилова и Буденного? Вряд ли.

Было у него одно прегрешение против советской власти. В 1930-м, в самый разгар операции «Весна», когда Тухачевский и Ягода пачками хватали бывших царских офицеров, служивших в Красной армии, он, Гайк Дмитриевич, профессор одной из военных академий, тайно сжигал поступавшие к нему доносы на некоторых учащихся и преподавателей. Но это было давно, и с той поры отношение к бывшим царским офицерам изменилось в лучшую сторону...

Единственное объяснение: в Москве произошел переворот и его, красного командира, решено ликвидировать или заключить в тюрьму.

И тогда он решился. Улучшив момент, разбил кованым каблуком сапога оконное стекло и на полном ходу поезда выбросился в окно.

Ему повезло: скатился под откос, не разбив головы, только подвернул ногу. Поезд прошел. Никто из конвоиров, пожалуй, не решился спрыгнуть. Значит, свобода. Ночь, лес...

Несмотря на боль в ноге, надо было спешно двигаться прочь от железной дороги, уйти как можно дальше, ведь вскоре его начнут искать и район будет оцеплен.

Ему приходилось избегать поселков, питаться ягодами, закусывать сыроежками. Силы убывали.

Что произошло дальше, точно не известно. По одной версии, он встретил деревенских ребятишек в лесу и узнал от них, что ничего особенного вроде бы не произошло, и висят где надо красные флаги и портреты вождя. Тогда Гай решил добровольно явиться в милицию: в Москве должны разобраться!

По другой версии, его, грязного и оборванного, обнаружил в стоге сена поисковый отряд. Так или иначе, он оказался во внутренней тюрьме НКВД. Над ним стали «работать» следователи Ягоды, да и сам он, Ягода, выпытывал: что известно бывшему комкору о заговоре в армейских кругах против Сталина. Организовали «Дело группы Гая».

Что удалось выведать в результате допросов подозреваемого, остается неизвестно. Вполне возможно — ничего, связанного с заговором в армии. Вполне вероятно, что Гай не был вовлечен в него или отказался принимать в нем участие, а Ягода, арестовав его, попытался таким образом навести следствие на ложный след, выиграть время и вывести из-под возможного удара основных заговорщиков.

Единственным, кто посещал Гая в тюрьме, был Р.П. Эйдеман — рослый латыш, поэт и храбрец, герой легендарной Каховки. А ведь, как мы знаем, его в числе некоторых заговорщиков упомянула в своем донесении Зайончковская. Так что не исключено, что Гай был каким-то образом связан с троцкистской организацией в Красной армии, а Ягода хотел вывести «Клубок» на эту группу, чтобы вывести из-под удара Тухачевского.

Но может быть, и Гай, и Тухачевский стали невинными жертвами болезненной мнительности Сталина и дьявольской изворотливости и исполнительности Ягоды?

Ответить на этот вопрос помогает... сам Тухачевский. Вот что он показал 1 июня 1937 года, находясь в тюрьме:

«Зимой с 1928 г. по 1929 г., кажется, во время одной из сессий ЦИКа, со мной заговорил Енукидзе, знавший меня с 1918 года и, видимо, слышавший о моем недовольстве своим положением и о том, что я фрондировал против руководства армией.

Енукидзе говорил о том, что политика Сталина ведет к опасности разрыва смычки между рабочим классом и крестьянством... Я рассказал Енукидзе... о большом числе комсостава, не согласного с генеральной линией партии, и о том, что я установил связи с рядом командиров и политработников, не согласных с политикой партии.

Енукидзе ответил, что я поступаю вполне правильно... Я продолжал информировать Енукидзе о моей работе...

Когда на XVI партийном съезде Енукидзе имел со мной второй разговор, я весьма охотно принимал его установки...

Корка я завербовал летом 1933 г. во время опытных учений, организованных под Москвой штабом РККА ...стал его прощупывать, и мы быстро договорились. Я тогда не знал, что Корк был уже завербован Енукидзе... Я сообщил Корку, что имею связь с Троцким...

Единственно реальным представлялся «дворцовый переворот», подготавливаемый... совместно с работниками НКВД...

В 1935 г., поднимаясь по лестнице на заседание пленума ЦК, на котором рассматривался вопрос Енукидзе, я встретил последнего, и он сказал, что в связи с его делом, конечно, весьма осложняется подготовка «дворцового переворота», но что в связи с тем, что в этом деле участвует верхушка НКВД, он, Енукидзе, надеется, что дело не замрет...

Осенью 1935 г. ко мне зашел Путна и передал мне записку от Седова, в которой Седов от имени Троцкого настаивал на более энергичном вовлечении троцкистских кадров в военный заговор и на более активном развертывании своей деятельности. Я сказал Путне, чтобы он передал, что все это будет выполнено...

В связи с зиновьевским делом начались аресты участников антисоветского военно-троцкистского заговора. Участники заговора расценили положение как очень серьезное. Можно было ожидать дальнейших арестов, тем более, что Примаков, Путна и Туровский отлично знали многих участников заговора, вплоть до его центра.

Поэтому, собравшись у меня в кабинете и обсудив создавшееся положение, центр принял решение о временном свертывании всякой активной деятельности в целях маскировки проделанной работы. Решено было прекратить между участниками заговора всякие встречи, не связанные непосредственно со служебной работой».

...Трудно усомниться в том, что Тухачевский говорит правду. Енукидзе выступил, по-видимому, связующим звеном между руководителями кремлевской охраны, крупными руководящими работниками ОГПУ-НКВД и Красной армии. Эти три основные нити заговора были неравноценными. Когда выяснилось, что есть угроза раскрытия заговора, Ягода — вполне логично — постарался направить следствие и подозрения по ложным следам.

Когда в апреле 1937 года пришли арестовать Петерсона, он уже во время обыска написал покаянное письмо Ежову с добровольным признанием, где сообщил о своем участии в заговоре против Сталина, назвав соучастников: Енукидзе, Корка, Тухачевского, Путну.

Р.А. Петерсон на предварительном следствии и в закрытом судебном заседании признал себя виновным во всех предъявленных ему обвинениях. Он назвал 16 человек, завербованных им в антисоветскую организацию. Его расстреляли 21 августа 1937 года.

Чем объяснить такое охотное сотрудничество со следствием, после которого со всей очевидностью ему грозил расстрельный приговор?

Для людей, лишенных чести и совести, может показаться, что только насильно можно вынудить такое признание. Но уж к Петерсону-то никаких ухищренных методов пыток не применяли, это очевидно. Почему же он (как и многие другие) признался?

По нашему мнению, его мучили угрызения совести, чувство вины. С той поры, как он согласился участвовать в заговоре, обстановка в стране существенно изменилась. Успехи индустриализации, некоторое повышение жизненного уровня населения, очевидное укрепление могущества державы — все это подкрепляло позиции Сталина, подтверждало верность генеральной линии партии.

У Петерсона вряд ли были какие-либо честолюбивые амбиции. Он вступил в заговор по идейным соображениям. Однако время показало фальшь, ложность теоретических установок Троцкого на неизбежный крах СССР в капиталистическом окружении, верность идеи Сталина о возможности построения социализма в одной стране. К 1937 году это стало бесспорно.

Таким образом, Петерсон был, пожалуй, морально готов к покаянию, но не хотел становиться предателем. Когда случай представился и он понял, что заговор раскрыт, тогда и решил сразу же признать свою вину

В то же время, когда проводили арест Петерсона, на следствии давал показания о заговоре З.И. Волович — бывший заместитель начальника отдела охраны правительства и близкий к Ягоде человек. Он, в частности, назвал имя Тухачевского.

Вскоре был арестован дивизионный комиссар М.А. Имянинников, заместитель коменданта Московского Кремля.

Может ли быть, что все эти показания и признания были «выбиты» из подозреваемых, сфальсифицированы следователями? Вероятность этого нам представляется ничтожной. Так же считает целый ряд исследователей, которые за последние годы получили возможность ознакомиться с некоторыми рассекреченными материалами.

Например, Ю.Н. Жуков полагает: «В конце 1933 — в начале 1934 г. начал складываться заговор тех, кто решительно отвергал новый курс Сталина. Тех, кто ранее не участвовал ни в каких внутрипартийных оппозициях... Вполне возможно, реально существовал заговор, в центре которого находились Енукидзе и Петерсон, рассчитывавшие на поддержку если не армии в целом, то хотя бы ее высшего начсостава».

Как мы знаем из признания Тухачевского, основы заговора были заложены раньше.

Вот как Жуков аргументирует свой вывод:

«В день ареста Енукидзе 11 февраля в Харькове и Петерсон 27 апреля в Киеве дали разным следователям идентичные до деталей признательные показания. Рассказали о том, что готовили переворот и арест или убийство в Кремле Сталина, Молотова, Кагановича, Ворошилова и Орджоникидзе». При этом Ю.Н. Жуков ссылается на документы следствия над обоими, приведенные в книге О.Ф. Сувенирова «Трагедия РККА».

«Трудно себе представить, — пишет Жуков, — их предварительный сговор об идентичности показаний только ради того, чтобы обеспечить себе смертный приговор. Еще труднее представить и иное. То, что по крайней мере два, да еще работавших не в столице следователя, получив некие инструкции, добивались необходимых показаний Енукидзе и Петерсона.

Ведь то, о чем поведали бывший секретарь ЦИК СССР и комендант Кремля — четыре варианта ареста членов узкого руководства, все детали такой акции вплоть до указания расположения комнат и кабинетов, существующей там охраны, наилучшего варианта осуществления дворцового переворота — никак не могло быть доверено следователям».

Конечно, даже в таком случае кому-то может показаться возможным, что следователи получили директиву «свыше» добиваться именно таких показаний. Но тогда возникает другой, более общий вопрос: да зачем вообще было затевать такую игру в «Клубок»? Чтобы расправиться с Енукидзе, Ягодой, Тухачевским, Петерсоном и другими ни в чем не повинными людьми? Зачем?!

Никто из ключевых фигур заговора — Ягода, Енукидзе, Тухачевский ни в какой степени не были «конкурентами» не только Сталину, но и его ближайшим соратникам. Петерсон и вовсе даже в случае удачи переворота вряд ли мог претендовать на какой-то очень высокий пост.

Остается только предположить, что вся эта операция объясняется только ненормальным психическим и умственным состоянием Сталина, обуреваемого манией преследования и несусветным коварством... Да ведь маньяку будут мниться повсюду заговоры и опасности, он будет их бояться, остерегаться, но уж никак не создавать искусственно их видимость только для того, чтобы ухудшить свое положение, творя себе врагов.

Короче говоря, можно согласиться с Ю.Н. Жуковым: «На сегодняшний день — до существенного расширения источниковой базы, до рассекречивания материалов, хранящихся в Центральном архиве ФСБ, — приходится признать несомненным следующее. Из всех возможных гипотез... позволяет включить в себя все до единого известные факты лишь та, что исходит из признания реальности существования заговора против Сталина и его группы».

Прежде чем продолжить тему «Клубка», чуть основательней познакомимся с ключевыми фигурами заговора.

Действующие лица

Трудно найти автора, который отзывался бы о Г.Г. Ягоде с теплом и приязнью. Он был чрезвычайно хитер, высокомерен и тщеславен. Женат он был на племяннице Якова Свердлова, и это способствовало его карьере.

Он стал первым заместителем наркома внутренних дел Вячеслава Рудольфовича Менжинского, когда тот был тяжело болен, не покидал своего кабинета, работая по большей части полулежа. Ягода был основным посредником между ним и внешним миром, через него шел основной поток информации и постепенно к нему, Ягоде, переходили рычаги власти в наркомате.

Сталин, как мы знаем из приведенного ранее документа, не вполне доверял Ягоде, что вряд ли относится к Менжинскому. Доверием Сталина пользовался Я.С. Агранов, первый заместитель Ягоды.

Правой рукой Ягоды был Буланов. Как признавался в узком кругу начальник административно-организационного управления ОГПУ И.М. Островский: «Я боюсь Буланова... ведь он теперь, что сам Ягода, и может наградить или угробить любого из нас. Такая вот сейчас обстановка» (Шрейдер М.П. НКВД изнутри. Записки чекиста. М., 1995).

В мае 1934 года Менжинский скончался.

На процессе в 1937 году Ягода признался: «Я отрицаю, что в деле умерщвления Менжинского мною руководили личные соображения. На пост руководителя ОГПУ я претендовал не по личным соображениям, не из карьеристских соображений, а в интересах нашей заговорщической организации».

Что это — честное признание или самооговор? Учитывая общее состояние Менжинского, его смерть выглядит вполне естественной. Но искусственно ускорить его смерть тоже, в этой связи, было не очень трудно и почти безопасно.

Не исключено, что существовали какие-то сведения, подтверждающие слова Ягоды. В любом случае непонятно, если это был самооговор, какие цели он преследовал. Разве что государственному обвинителю хотелось добавить еще толику черной краски в и без того предельно мрачный портрет Ягоды как уголовного и государственного преступника: мол, вот они какие, враги советской власти!

«Я не отрицаю также факта, — дополнил признание Ягода,— посылки по требованию Енукидзе денег Троцкому через Мирова и Абрамова».

ВЫШИНСКИЙ. Вы признаете себя виновным в шпионской деятельности?

ЯГОДА. Нет, в этой деятельности я себя виновным не признаю...»

Странно, почему бы ему вдобавок ко всему не признать себя матерым шпионом, агентом иностранных разведок и прочее? Если уж наговаривать на себя, то без оговорок и возражений генеральному прокурору.

Создается впечатление, что по отношению к смерти Менжинского Ягода говорил правду. Ему, можно сказать, надоело ждать, пока естественным образом умрет его непосредственный начальник. Тем более что требовалось обезопасить заговор и приблизить время переворота.

Если верить Ягоде, заговорщицкой деятельностью он занимался сразу по двум-трем направлениям, но стараясь не выдавать своего участия до той поры, когда какая-то группа не произведет переворот. Такова, видно, была его стратегия: понимая, что позиции Сталина могут пошатнуться, он на всякий случай готовил «запасные пути» для отступления, чтобы остаться на той стороне, которая победит.

Вот что он показал в качестве подсудимого в 1937 году на процессе «право-троцкистского блока»:

«Томский информировал меня о плане правых в отношении захвата власти и намечающемся блоке троцкистов и зиновьевцев с правыми... К этому же периоду времени, 1931—1932 гг., относится создание мною в аппарате ОГПУ группы правых из работников ОГПУ. Сюда входили Прокофьев, Молчанов, Миронов, Буланов, Шанин и ряд других работников.

В 1932 году, по предложению Томского, я устанавливаю связь с Енукидзе. Предложение это было не случайно. Тогда ведущей идеей и отправным пунктом деятельности организации была ставка на контрреволюционный переворот путем захвата Кремля. В конце 1932 года, когда победа колхозного строя лишила нас ставки на массовые кулацкие восстания, ставка на так называемый «дворцовый переворот» стала главенствующей».

Прервем цитату. Возможно, он ошибся годом: все-таки отдельные крестьянские бунты были и в следующем году. Но хотелось бы обратить внимание на то, что подсудимый вполне деловито говорит о контрреволюционном перевороте, как будто их группа планировала нечто вроде «революции наоборот». Судя по всему, он так называл планы заговорщиков потому, что считал генеральную линию партии соответствующей той политики, во имя которой совершалась революция... Впрочем, не исключено, что он употреблял то понятие, которое ему навязало следствие.

Вступив на путь тайных сговоров с антисталинистами, он вольно или невольно стал занимать все более высокую позицию среди заговорщиков. Он и сам подчеркнул, что сама идея «дворцового переворота» толкала к этому:

«Отсюда совершенно ясно, что моя роль в организации, роль человека, занимающего должность заместителя Председателя ОГПУ, в руках которого находились технические средства переворота, то есть охрана Кремля, воинские части и т.д., была поставлена в центре внимания, и именно потому... установлена была мною связь с Енукидзе...»

Вновь прервем цитату. Далее он говорит об умерщвлении Менжинского. Логически такая акция вытекает из того, что говорилось до этого. Более того, Ягода мог почувствовать, что ему не вполне доверяет Сталин. И хотя ходили слухи среди чекистов, что их начальником станет А.И. Микоян (к которому они относились с симпатией), этого не произошло: Ягода, в отличие от него, был в курсе всех дел своего ведомства. Он стал естественным преемником Менжинского.

Можно полностью поверить Ягоде в том, что он не имел никаких принципиальных политических воззрений, ради которых стоило бы участвовать в заговоре. Он признавался:

«Я не разделял взглядов и программы троцкистов, но я все же очень внимательно приглядывался к ходу борьбы, заранее определив для себя, что пристану к той стороне, которая победит в этой борьбе».

Подельник и бывший помощник Ягоды Буланов тоже не имел каких-то твердых идейных убеждений. Он признался, что впервые узнал о заговоре в 1934 году. «Уже гораздо позже, — сказал он, — я услышал фамилию Тухачевского, который должен был в будущем правительстве быть народным комиссаром обороны».

Вышинский спросил его: «Кто такой Паукер?

БУЛАНОВ. Начальник оперативного отдела.

ВЫШИНСКИЙ. И вместе с тем кто он?

БУЛАНОВ. Человек, целиком посвященный в заговорщицкие дела и один из исключительно доверенных людей, который был связующим звеном с Енукидзе».

Карл Викторович Паукер был выходцем из румынской части Австро-Венгерской империи, работал парикмахером. В Первую мировую войну, попав в действующую армию, оказался в русском плену. Примкнув к большевикам, он стал ординарцем Менжинского. После смерти Ленина, в 1924 году, когда оказался в отставке начальник правительственной охраны Г.Я. Беленький, Паукер был назначен на его место. Он стал и начальником оперативного отдела ОГПУ. В руках его сосредоточилась охрана Политбюро и всех правительственных резиденций (личную охрану Сталина возглавлял Н.Г. Власик).

В этой связи Паукер был тесно связан по работе с Енукидзе. В 1936 году был создан целый отдел охраны Правительства, возглавляемый Паукером. Он же руководил арестами наиболее крупных руководителей оппозиции. После прихода в НКВД Ежова Паукер был снят с работы, весной 1937 года арестован, а осенью — расстрелян.

Его жена Анна Паукер всегда оставалась твердокаменной сталинисткой (не повлияло ли это на судьбу заговорщиков?); была в Коминтерне заместителем генсека ЦК румынской компартии, а после войны играла важную роль в правительстве Румынии, являясь членом Политбюро и министром иностранных дел РНР, одно время даже оттеснив от руководства Георгиу-Дежа, который в конце концов отправил ее под домашний арест, где она и умерла в 1960 году (возможно, ей «помогли» умереть)...

Однако вернемся к подчиненным Ягоды.

В августе 1936 года был арестован начальник наиболее важного секретно-политического отдела ГУГБ Г.А. Молчанов (человек Ягоды). После этого вскоре почти одновременно застрелились трое или четверо его сотрудников, которых он привез с собой на столичную работу из Иваново-Вознесенска. Эта группа самоубийц немедленно была провозглашена «врагами народа», которые испугались разоблачения.

После ареста Ягоды была взята под стражу его жена Ида Авербах, работавшая помощником прокурора СССР. В тот же день в Горьком застрелился начальник местного УНКВД Матвей Погребинский.

Рассказывали, что он проводил оперативное совещание, во время которого было получено и оглашено сообщение об аресте Ягоды. Узнав об этом, Погребинский вышел в туалет и там застрелился. (Такие факты самоубийства показывают, что некоторые близкие к Ягоде работники действительно участвовали в антиправительственном заговоре.)

Примерно в то же время покончил жизнь самоубийством Леня Черток (заместитель начальника оперативного отдела ГУГБ), выбросившись из своей квартиры, когда ночью к нему пришли работники НКВД.

Тогда же был арестован и вскоре расстрелян как «враг народа» еще один человек Ягоды — И.М. Островский, начальник административно-организационного управления НКВД СССР. Он ведал снабжением не только руководящих работников НКВД, но и членов ЦК ВКП(б), а потому был связан тесно, во всяком случае по работе, с Енукидзе.

Кто же это такой — Авель Сафронович Енукидзе?

Еще с дореволюционного подполья он был близок к Сталину. На XVII съезде ВКП(б) его избрали в состав ЦК даже без прохождения кандидатского стажа. Он был членом президиума и секретарем ЦИК СССР. В его подчинении находились важнейшие ведомства, ответственные за жизнь и здоровье высшего руководства страны; прежде всего комендатура Кремля и та служба, которая обеспечивала это руководство жильем, питанием, автотранспортом, лечебным и санитарным обслуживанием.

Енукидзе был, помимо всего прочего, личным другом Сталина. Они вместе посещали театры, проводили летний отдых на юге. Этот человек не вызывал у Сталина никаких подозрений. Благодаря этому Енукидзе имел прекрасную возможность организовывать «дворцовый переворот». Судя по всему, он не был согласен с генеральной линией, проводимой Сталиным, или предполагал, что дело Сталина провалится (как считал и Троцкий). Но этот хитрый царедворец умел хорошо скрывать свои мысли и притворяться другом того, кого он при случае собирался предать. Более того, он стал сам организовывать такой «случай».

Вряд ли случайно в подчинении Енукидзе оставался Рудольф Августович Петерсон, один из командиров латышских стрелков, который всю Гражданскую войну был начальником знаменитого в те времена «поезда председателя Реввоенсовета» Троцкого. Этот поезд был одновременно и руководящим, и агитационным передвижным центром военного ведомства. Тогда Петерсон и стал убежденным троцкистом. Троцкий приложил немало усилий для того, чтобы сделать этого человека комендантом Кремля. Задача была нелегкой: с момента переезда советского правительства из Петрограда в Москву данный пост занимал бывший революционный матрос П.Д. Мальков. Он пользовался особым доверием Я.М. Свердлова, который именно ему поручил расстрелять Фаину Каплан.

Так или иначе, Троцкий добился отставки Малькова и на его место «устроил» Петерсона — в апреле 1920 года. Через 2 года Петерсон был награжден орденом Красного Знамени. Но и после снятия с постов и высылки Троцкого он оставался в фаворе и был в 1934 году награжден орденом Ленина. По-видимому, его покровителем был Енукидзе.

Но вскоре грянуло «кремлевское дело». Точнее, грянули выстрелы в кремлевской библиотеке. Сталина попыталась убить, как говорили, молодая представительница графского рода Орлова-Павлова. Сталин не пострадал. Стрелявшая была схвачена (и вскоре расстреляна). Возможно, она назвала тех, кто был соучастником покушения. Около сорока человек было арестовано. Но это были все «мелкие сошки». Однако одновременно были сняты со своих постов Енукидзе и Петерсон. Хрущев клеймил Енукидзе, называя его «адвокатом злейших врагов рабочего класса», а Жданов — «гнилым обывателем, зарвавшимся, ожиревшим, потерявшим лицо коммуниста, меньшевиствующим вельможей».

По этим сравнительно «невинным» обличениям можно предположить, что Сталин поначалу не мог поверить в то, что его друг мог организовать покушение на него, а потому Енукидзе уличили в предосудительных, но не преступных связях со стрелявшей. Но не исключено, что такова была хитрость: не раскрывать до времени всех карт относительно участников заговора.

Через 27 лет после покушения в кремлевской библиотеке ЦИК, в хрущевские времена «Правда» опубликовала версию, мало похожую на правду: будто падение с постов, а затем и расстрел Енукидзе потребовались Сталину для того, чтобы возвеличить свою роль в истории революционного движения на Кавказе. Этот домысел показывает то ли убогость, то ли извращенность мышления его авторов. Кстати, общеизвестно, что Сталин как раз воспротивился постановке во МХАТе пьесы Михаила Булгакова «Батум», посвященной его, Сталина, революционным «подвигам».

В связи с «кремлевским делом» Петерсон отделался на удивление легко, скорее всего благодаря Ягоде. Петерсона сняли с поста коменданта Кремля не за близость к Троцкому, не за потерю бдительности и преступную халатность при исполнении служебных обязанностей, а всего лишь «за отсутствие большевистского руководства подчиненной комендатурой».

Его перевели на должность помощника командующего Киевским военным округом. Командующим, взявшим к себе проштрафившегося коменданта Кремля, был член ЦК ВКП(б) И.Е. Якир, друг М.Н. Тухачевского и Я.Б. Гамарника.

Вообще, всех тех, кого обвинили в 1937 году в военном заговоре, связывала многолетняя дружба. Так, был близок не только к Енукидзе, но и к Тухачевскому начальник Московского военного округа А.И. Корк, а его помощник Б.М. Фельдман и вовсе был давним закадычным другом и долгое время подчиненным Тухачевского.

В «клубке», связывающем крупных военачальников, важная нить вела к Яну Борисовичу Гамарнику — второму по рангу человеку в Красной армии, руководителю ее политического аппарата. Он осуществлял политический контроль над вооруженными силами. До революции он вел подпольную работу, затем руководил крупными партийными организациями, возглавлял ЦК КП(б) Белоруссии. Со Сталиным у него были расхождения в 1923 году, из-за чего Гамарник был переведен из Киева во Владивосток. Затем их отношения наладились.

Хорошие отношения были у Гамарника с Тухачевским (они были тесно связаны по службе), а также с Енукидзе. По воспоминаниям дочери Гамарника В.Я. Кочневой, к числу его ближайших друзей принадлежали Якир и Уборевич. В 1919 году Якир командовал Южной группой войск, членом реввоенсовета которой был Гамарник. Затем Якир командовал войсками на Украине; был избран кандидатом, а потом и членом ЦК ВКП(б).

А командующим Белорусским округом был Уборевич. Однако он был понижен в должности после того, как поступил донос о его бонапартистских наклонностях.

Конечно, вовсе не обязательно заговорщики-командиры устраивали тайные сходки, на которых обсуждали варианты умерщвления Сталина и его соратников. Скорее всего, они вовлекались в заговор постепенно (примерно так, как сговаривались Енукидзе и Тухачевский), и поначалу ограничивались личными встречами и обменом мнений по поводу политической ситуации в стране и за ее пределами, обсуждением, а то и осуждением генеральной линии, проводимой Сталиным.

«Клубок» складывался постепенно, и не все его нити были одинаково прочны. Всех этих людей связывали прежде всего личные доверительные отношения.

Якир, вероятно, привлек к заговору В.М. Примакова, человека очень решительного, командира Червонных казаков в Гражданскую войну, склонного к рискованным авантюрам. Он руководил советским военным вмешательством в дела Афганистана в 1928 году.

Для Тухачевского не составило большого труда привлечь на свою сторону В.К. Путну — командующего Приморской группой войск на Дальнем Востоке, своего давнего приятеля и соратника. Так обозначилось ядро военного заговора, в центре которого находился Тухачевский. Не исключено, что некоторые из входивших в этот своеобразный штаб лиц не были ознакомлены со всеми вариантами заговора и его конечной целью. Главное, в нужную минуту они были готовы к взаимной поддержке.

Однако произвести государственный переворот силами одних лишь военных было слишком опасно. Чем больше людей вовлекалось в заговор, тем реальнее становилась возможность разоблачения. В сталинской системе руководства соблюдался определенный баланс между партийными органами, ведомством государственной безопасности и вооруженными силами, которые к тому же были связаны между собой.

Заговорщикам требовалось надежное прикрытие «с тыла». И оно нашлось.

На фотографиях руководства страны тех лет нередко можно видеть, как во время официальных церемоний рядом с Тухачевским и Гамарником стоит человек, обладавший большой властью и огромным влиянием, а также колоссальными возможностями. Это — Г.Г. Ягода, ставший Наркомом внутренних дел СССР в июне 1934 года.

С Тухачевским Ягода близко познакомился еще в Гражданскую войну, когда занимал руководящие посты в Высшей военной инспекции. С 1922 по 1929 год Ягода возглавлял особый отдел ОГПУ, курировавший вооруженные силы СССР, и, по всей вероятности, был осведомлен о «бонапартистских» наклонностях Тухачевского. Согласно правдоподобной версии, Ягода совместно с Тухачевским проводил репрессивную операцию под кодовым названием «Весна» (мы уже о ней упоминали), во время которой были арестованы многие бывшие царские и белогвардейские офицеры, в том числе вернувшиеся из эмиграции.

Что же связывало всех этих людей идеологически?

По мнению Ю.Н. Жукова: «Часть наиболее сознательных, убежденных и, вместе с тем, самых активных коммунистов, особенно участники революции и гражданской войны, сохраняли собственное мнение по всем возникавшим проблемам, не желая ни принимать новый курс Сталина, ни становиться откровенными конформистами...

Енукидзе и Петерсон, Ягода и его заместители по наркомату, начальники отделов относились именно к такой категории большевиков. К тем, кого называли непреклонными, несгибаемыми». Их недовольство вызвали перемены во внешней политике: вступление СССР в Лигу Наций (ранее считавшейся буржуазной антисоветской организацией), сближение с Западом против Германии. Во внутренней политике ими не приветствовалась, как считает Ю.Н. Жуков, прежде всего подготовка к принятию новой Конституции. В ее проекте был задекларирован отказ от жесткого классового принципа...

Жукову хотелось бы возразить в одном: вряд ли можно называть крупных советских руководителей 30-х годов непреклонными, несгибаемыми большевиками. Они во многом превратились в очень важных вельмож. Такое превращение за 15 лет после революции вполне объяснимо.

Более логично предположить, что не случайно возникновение «Клубка» относится к тем годам, когда страна испытывала большие трудности, руководящее положение Сталина оказалось под угрозой, а его генеральная линия, прежде всего во внутренней политике, стала вызывать серьезные сомнения. О замене Сталина и его сторонников думали не только партийные лидеры.

Вспомним к тому же события 1933 года в Германии: приход Гитлера к власти и последовавший за этим разгром Германской компартии. Это было серьезнейшее поражение Коминтерна за все годы его существования: он потерял вторую по численности свою секцию в Европе.

В немалой степени это поражение было вызвано директивой Сталина, которая требовала от немецких коммунистов вести борьбу с социал-демократами, вместо создания с ними единого антигитлеровского фронта. По-видимому, Сталин опасался, что в коммунистические ряды может проникнуть социал-демократическая «зараза».

С Германией у некоторых наших военачальников были давние связи. Так, Тухачевский еще в 1920-х годах занимался разработкой планов возможной гражданской войны в Германии.

В секретном письме германского военного министра Фишера от 7 января 1926 года говорилось: «...Мы более всего заинтересованы в том, чтобы вскоре приобрести еще большее влияние на русскую армию, Воздухофлот и флот». Следовательно, к этому времени влияние это было уже немалым. Далее Фишер предлагает искать «через Уншлихта (зам. Ворошилова. — *Авт.*) пути к Ворошилову и к тов. Тухачевскому».

В 1932 году Тухачевский разрабатывал план операции по разгрому Польши, в котором он предусматривал нанесение «ударов тяжелой авиации по району Варшавы» (он вообще питал пристрастие к тяжелой авиации, что никак не соответствовало реалиям будущей войны, в которой огромную роль играли истребители и пикирующие бомбардировщики).

Вместе с тем Тухачевский подчеркивал: «В настоящей записке я не касался ни Румынии, ни Латвии. Между прочим, операцию подобного рода очень легко подготовить против Бессарабии».

Такое агрессивное настроение было достаточно характерно для целого ряда крупных советских военачальников тех лет. Они вольно или невольно поддерживали линию Троцкого на «экспорт революции». В этой связи их раздражала «примиренческая» позиция Сталина с необходимостью построить социализм в одной отдельно взятой стране.

У Тухачевского были свои счеты с Польшей, войска которой в 1920 году наголову разгромили его армию, во главе которой он мечтал войти в Варшаву. Были известны и симпатии Тухачевского к Германии. Он долго курировал секретное советско-германское сотрудничество в военной области, осуществлявшееся до прихода Гитлера к власти.

После официального прекращения советско-германского военного сотрудничества 13 мая 1933 года (фактическое прекращение произошло раньше), на прощальном приеме германской военной делегации Тухачевский заявил:

— Всегда думайте вот о чем: вы и мы, Германия и СССР, можем диктовать свои условия всему миру, если будем вместе.

Среди высокопоставленных немецких военных тоже бытовали подобные настроения. Они тоже с немалой долей неприязни смотрели на политические «игры» фюрера. Их тоже не устраивала идейная конфронтация между Гитлером и Сталиным. Так что Тухачевский высказал в значительной мере и их мнение о необходимости тесного сближения вооруженных сил Германии и СССР, что можно было легко осуществить, свергнув неуступчивых вождей.

В этом отношении интересы Гитлера и Сталина совпадали: им надо было опасаться военного переворота, причем германские и советские военные, не обремененные тяжелым идеологическим грузом и предпочитающие наступательные операции, вполне могли сговориться между собой.

Такой вывод можно было сделать из слов Тухачевского, обращенных к германским коллегам:

— Не забывайте, что нас разделяет наша политика, а не наши чувства, чувства дружбы Красной Армии к рейхсверу.

Совсем иначе относился он к Франции. Вот выдержка из рапорта французского военного атташе от 20 апреля 1933 года:

«13 апреля — представление вице-комиссару обороны Тухачевскому. Прием корректный, но холодный. По истечении нескольких минут Тухачевский перестал поддерживать беседу...

Тухачевский... долгое время пленный в Германии, представлял Красную Армию на маневрах рейхсвера, известен также как одно из орудий германо-русского соглашения... известен и своими крайне антипольскими настроениями».

Офицер французской контрразведки П. Фервак, товарищ Тухачевского по плену, достаточно проницательно отмечал: «У Тухачевского не было натуры Бонапарта. Этому молодому двадцатипятилетнему офицеру не хватало силы, «практицизма», соответствующей «школы», «культуры». Он не думал о тех необходимых жестоких уроках и задачах, которые мечтал и желал преодолеть. Это был мечтатель и фантазер. Он шел туда, куда влекло его собственное воображение».

Правда, многие биографы Тухачевского с восторгом отзывались о его культуре, образованности, военно-стратегических талантах. Однако все это — голословные утверждения. Как стратег и полководец он вообще себя не проявил, поднимаясь с головокружительной быстротой по служебной лестнице благодаря протекции Троцкого, Енукидзе и умению угодить начальству. Но может быть, он был крупным теоретиком военного дела и великолепным преподавателем? Да ведь он даже не имел высшего военного образования, а вдобавок и широкого опыта рутинной работы на должности командира батальона, полка, дивизии.

Нередко он не умел грамотно сформулировать даже тривиальные мысли. Так, на XVII съезде ВКП(б), выступая 4 феврале 1934 года, он завершил свою речь: «Товарищи! Я уверен, что мы сумеем овладеть чертежным и контрольно-измерительным хозяйством и правильным, дисциплинированным техническим контролем... И я не сомневаюсь, что под напором нашей партии, под напором Центрального Комитета, под руководящим и организационным воздействием товарища Сталина мы эту труднейшую задачу выполним и в случае войны сумеем выдвинуть такие гигантские технические ресурсы, которыми обломаем бока любой стране, сунувшейся против нас».

Интересно, каким образом даже под напором партии и под воздействием Сталина он собирался обломать ресурсами бока любой стране?

О его способности менять убеждение в угоду целесообразности говорит отзыв о нем ответственного сотрудника штаба сухопутных войск рейхсвера полковника Х. Миттельбергера: «Он является коммунистом исключительно по соображениям карьеры. Он может переходить с одной стороны на другую, если это будет отвечать его интересам. Здесь отдают себе отчет в том, что у него хватит мужества, способности и решимости пойти на риск разрыва с коммунизмом, если в ходе дальнейшего развития событий ему это покажется целесообразным».

Можно было сказать кратко: беспринципный карьерист.

Его умение нравиться начальству — даже иностранной армии — отметил в своих воспоминаниях немецкий генерал К. Шпальке. И в то же время, по его словам: «Менее приятное впечатление он, видимо, оставил у общавшихся с ним немецких офицеров более низкого ранга. Мой многолетний сотрудник... полковник Мирчински описывал Тухачевского как чрезвычайно тщеславного и высокомерного позера, человека, на которого ни в коем случае нельзя было положиться».

...Подчеркнем еще раз: у тех советских военачальников и партийных деятелей, которые замышляли произвести государственный переворот, не было единой прочной идеологической основы. Их объединяло более всего недовольство генеральной линией сталинского Политбюро, и, вероятно, вообще партийным руководством. Некоторые, прежде всего Тухачевский, лелеяли честолюбивые мечты. Другие не верили в то, что Сталин сможет удержаться у власти под объединенным напором оппозиционеров. Третьи стремились установить военную диктатуру и начать завоевание других, более слабых государств. Четвертые продолжали верить своему бывшему вождю Троцкому...

После 1933 года их решимость все более слабела из-за опасений, что даже если удастся произвести «дворцовый переворот», их не поддержит подавляющее большинство партийцев и трудящихся вообще, уже свыкшихся с культами Ленина, советского строя и лично товарища Сталина. Но на этот счет у заговорщиков имелись свои разработки.

Компромат на Сталина

В 1956 году оставшийся на Западе резидент разведки НКВД А. Орлов выступил с сенсационной статьей, в которой утверждал, что Сталин был до революции агентом царской охранки. Будто бы в ведомстве Ягоды была обнаружена папка со сталинскими донесениями жандармскому полковнику Виссарионову.

По утверждению этого перебежчика, данная папка была передана Якиру, который ознакомил с ней Гамарника и других высших военных руководителей. Возмущенные столь грязным прошлым генсека и вождя, эти люди решили устроить антисталинский заговор.

В таком случае понятна и та ярость, с которой обрушился Сталин на почти всех военных руководителей, стремясь уничтожить всех, кто хотя бы знал о существовании такого документа.

Эта тема в свое время (которое подозрительно точно совпадает с активными выступлениями Хрущева и его сторонников против культа личности Сталина) рассматривалась достаточно детально в отечественной и зарубежной прессе, публицистике, исследованиях. Мнения высказывались разные, но ясно одно: ни тогда, ни сейчас нет достоверных улик, подтверждающих провокаторскую деятельность Сталина до революции и его сотрудничество с царской охранкой.

Не исключено, конечно, что, как это водится с предателями, А. Орлов «запустил» дезинформацию в угоду своим новым хозяевам, чтобы как можно сильнее унизить бывшего руководителя СССР, а заодно и тех, кто считал его великим человеком. Мало того, что так и не были предоставлены соответствующие документы, но и находившиеся под судом и следствием крупные советские военачальники ни словом как будто не обмолвились о существовании неких материалов, которые подвигли их на такой заговор.

Однако многие авторы сходятся на том, что эта загадочная папка действительно существовала или даже существует до сих пор. Последнее кажется маловероятным, ибо с начала «перестройки» разного рода политики и публицисты, писатели и некоторые ученые постарались так густо очернить Сталина, что они бы непременно привели столь выигрышные для них документы, тем более что очернение шло с самых верхов партийного руководства, которые обладали всеми возможностями для открытия таких документов.

Не исключено, что Сталин действительно имитировал сотрудничество с царской охранкой с благословения своих товарищей по революционной борьбе: надо же было внедриться в стан противника. Но наиболее вероятно, что компромат на Сталина существовал, хотя, видимо, был сфабрикован соответствующими специалистами.

«В конце концов, это не столь важно — достоверны они или фальшивка, — высказал свое мнение С.Т. Минаков. — Важно, что эти документы должны были скомпрометировать И. Сталина. Эти документы могли хранить в качестве компромата на И. Сталина у себя В. Менжинский и Г. Ягода...»

И вполне возможно, что наличие этой «папки» ускорило смерть В. Менжинского в мае 1934 г., виновником которой на бухаринском процессе 1938 г. публично признал себя Г. Ягода.

Впрочем, это маловероятно: В. Менжинский давно и тяжело болел, и смерть его ожидалась, а Г. Ягода фактически выполнял функции главы ОГПУ еще с 1932 г.

Вряд ли «папку Виссарионова» как оружие против И. Сталина мог держать у себя В. Менжинский.

«Вероятнее всего, заинтересованность в антисталинском компромате была у Г. Ягоды. Именно Г. Ягода уже давным-давно мог разыскать в своей резиденции столь опасную для И. Сталина «папку Виссарионова» или, если таковой в природе не существовало, — изготовить, а в нужный момент, когда представится возможность...«случайно» обнаружить эту папку, в расчете на последующую вскоре после этого атаку против И. Сталина бывших «сталинцев», возмутившихся дореволюционными «преступлениями» И. Сталина против партии и революции».

Если данная папка действительно была сфабрикована (или распространялись слухи о ее существовании), то этот вариант с папкой призван был, судя по всему, скомпрометировать не живого генерального секретаря и вождя, а мертвого.

Вот что показал в 1937 году Н.Н. Кузьмин, который с конца 1929 по конец 1930-го был генеральным консулом СССР в Париже:

«1 ноября 1930 года был в Ленинграде на квартире М. Тухачевского и обедал у него. Эту дату я помню хорошо...

Беседуя с ним, я информировал его о встречах с Супариком в Париже. Я прямо сказал ему, что Суварин в беседах со мной просил передать ему привет от Троцкого и его личный, что он проинформирован о том, что группа наиболее талантливых военных во главе с ним находятся в опале, что пора перейти к активной борьбе, что провал сталинской политики ведет страну к гибели, что кризис переживает не только партия в СССР, но и компартии заграницей.

Тухачевский на это мне ответил, что те методы и формы борьбы, которые применяли троцкисты, ничего реального, кроме разгона по тюрьмам, дать не могут».

Приведя эти слова, Минаков добавляет, что по имеющимся сведениям Кузьмин «действительно встречался с Б. Сувариным — одним из лидеров французской компартии, ярым сторонником Троцкого».

Что имел в виду Тухачевский, критикуя методы, применявшиеся в то время троцкистами? Это была открытая (хотя бы частично) и подпольная оппозиционная идеологическая борьба против сталинской генеральной линии, его руководства страной. А что можно было противопоставить этому? Если не восстание, то по меньшей мере «дворцовый переворот» и ликвидацию Сталина и наиболее активных его сторонников.

Чем можно было оправдать в глазах общественности убийство Сталина? Самое простое, удобное и надежное — уличить его в каких-то серьезных преступлениях, направленных против партии большевиков или Ленина. После 1917 года вся жизнь Сталина проходила, можно сказать, на виду, и даже его конфликт с Лениным (в связи с женой Крупской) носил мелочный характер и наиболее убедительно объяснялся болезненным состоянием Ильича.

Другое дело — дореволюционная работа Сталина как революционера и экспроприатора на Кавказе. Здесь можно было отыскать правдоподобные детали, подобрать некоторые факты таким образом, чтобы представить Сталина-Кобу-Джугашвили двурушником, а отсутствующие «неопровержимые» документы сфабриковать.

Нельзя исключить, что к созданию такого компромата приложил руку, а вернее — свои знания, Авель Енукидзе. Ведь он был до деталей знаком с революционным прошлым Сталина на Кавказе.

Даже если и не было никакой «папки Виссарионова», то ее следовало создать или пустить слух о ее существовании; она или легенда о ней были необходимы заговорщикам для нейтрализации в обществе реального культа личности Сталина.

Есть еще одно косвенное свидетельство того, что заговорщики собирались убить Сталина.

В Москве и за границей с конца 1936 года активно распространялись слухи о тяжелой или даже смертельной болезни Сталина, о скорой его смерти. Предполагалось в этой связи, что тогда власть перейдет к генералам.

Вряд ли такие слухи возникли сами по себе, безо всякой причины. Такого не могло быть уже потому, что слишком многие знали о хорошем здоровье Сталина, встречались с ним, слушали его. Такие слухи были выгодны или даже необходимы в том случае, если предполагалось отравить Сталина или убить его во время «дворцового переворота». Помнится, что и Павел I по официальной версии умер от апоплексического удара. Возможно, удар действительно был, но только иного рода.

Не случайно в то самое время, когда поползли такие слухи, заговорщики хотели перейти к решительным мерам.

Итак, переворот готовился серьезный, а его информационная подготовка (в смысле дезинформации) была, судя по всему, хорошо продумана и умело осуществлена. Осталась только «самая малость»: убрать Сталина.

Убить тирана!

Правомерен вопрос: откуда известно, что заговорщики собирались не только совершить государственный переворот, но и убить Сталина и его соратников? Да, они могли встречаться, обсуждать текущие проблемы, высказывать недовольство по поводу тех или иных действий Сталина — только и всего.

Примерно так полагает и Р. Конквист: «Все жертвы были ведущими членами группы, объединенной вокруг Тухачевского общей заботой о пересмотре военных концепций в тридцатые годы... Группа разработала идею, а до некоторой степени и организационную схему эффективной современной армии.

Высшие военные руководители были еще молодыми людьми. Они становились командирами, не достигнув и тридцати лет. За исключением Корка, которому было ровно пятьдесят лет, жертвам было лишь немногим более сорока. Тухачевскому и Путне было по сорок четыре года, Якиру и Уборевичу по сорока одному. Они оба были ровесниками Жукова, которому предстояло сыграть важную военную и политическую роль на протяжении многих последующих лет. Покончившему с собой Гамарнику было тоже только сорок три года».

Получается такая картина: группа молодых (относительно) прогрессивных военачальников стремится предельно осовременить вверенную им армию, они разрабатывают соответствующие концепции, а некие ретрограды, уповающие по-прежнему на конницу, и болезненно подозрительный тиран решают покончить с ними.

Конквист напоминает, что Тухачевский, «двадцати семи лет от роду, командовал армиями, наступавшими на Польшу...

Якир, живой и моложавый командарм, был сыном бедного еврея-аптекаря из города Кишинева... С 1926 года Якир командовал ключевым Украинским военным округом... Среди членов Центрального комитета партии Якир был единственным профессиональным военным» (Ворошилова Конквист называет «военным» в кавычках).

Правда, выясняются некоторые интересные детали. Оказывается, Якира-то как раз с большой натяжкой можно отнести к профессиональным военным: он даже не имел высшего военного образования и достаточно надежного опыта военной службы, а взлетел в считанные годы на вершину карьеры благодаря тому, что был долго правоверным троцкистом. Кстати сказать, Тухачевский и Уборевич были лишь «причислены к лицам с высшим военным образованием», то есть не имели его.

Но может быть, это были самородки, которые и без всякого образования и с малым опытом выдвигали грандиозные военные стратегические и тактические идеи? Не случайно же Тухачевского назначили в 1921 году начальником Военной академии РККА!

«По воспоминаниям одного из коллег, — пишет Г.В. Смирнов, — первая лекция Михаила Николаевича вызвала у старых профессоров, видных военачальников и крупных военных специалистов настоящий шок. «Наши русские генералы, — говорил с кафедры молодой военачальник, только что проигравший одно из важнейших сражений этого периода (речь идет о полном разгроме армии Тухачевского под Варшавой. — *Авт.*), — не сумели понять гражданскую войну, не сумели овладеть ее формами... Лишь на базе марксизма можно обосновать теорию гражданской войны, то есть создать классовую стратегию. Пока что опыт гражданской войны в академии не анализируется и зачастую даже сознательно игнорируется старыми генералами».

Но может быть, по молодости лет, увлеченный идеями Троцкого о всемирной революции и развертывании партизанской войны «классовыми союзниками», он со временем избавился от подобных иллюзий? Может, он лучше всех остальных в стране понял значение техники в грядущей войне? Об этом пишут его восторженные биографы. Тогда, как они полагают, будь жив Тухачевский и руководи он Красной армией, мы бы с минимальными потерями в считанные месяцы завершили разгром гитлеровцев.

В действительности дело обстоит как раз наоборот. По мысли Тухачевского, надо готовиться к наступательной войне, для которой требуется, как он считал, множество легких танков и тяжелых бомбардировщиков, а также в большом количестве парашютно-десантные войска; вести активную диверсионную работу и поднимать на партизанскую борьбу рабочий класс вражеского государства.

О конкретных стратегических разработках Тухачевского можно судить по обширной докладной записке, над которой он трудился во время заключения в 1937 году (отметим, что сам факт такой работы в заключении указывает на то, что его вовсе не истязали пытками и не изматывали допросами). Каким предполагал он направление главного удара войск противника и общий ход будущей войны? Вот его предположения:

«Максимум, на что Гитлер может надеяться, это на отторжение от СССР отдельных территорий. Естественно, что самой вожделенной для него территорией является Украина. Именно сюда ударят основные силы фашистов. А белорусский театр военных действий только в том случае получает для Германии решающее значение, если Гитлер поставит перед собой задачу полного разгрома СССР с походом на Москву. Однако я считаю такую задачу совершенно фантастической».

Как видим, если бы этот стратег воплотил в жизнь свой план, гитлеровцы взяли бы Москву и Ленинград и скорее всего быстро бы дошли до Урала, что они и собирались сделать. Ведь они понимали, что отчленение от СССР Украины грозит затяжными военными действиями. Советский Союз, имея мощную новую индустриальную базу на Урале и в Западной Сибири, а также в Поволжье, способен наращивать военную мощь и в конце концов победить врага (что и произошло).

Немецкие стратеги были значительно более проницательны, чем Тухачевский. Но дело даже не в этом. К сожалению, у нас оставалось, можно сказать, нечто от тех настроений, которые повелись со времен Троцкого и Тухачевского: недостаточное внимание к оборонительной войне и расчет на преобладание с нашей стороны наступательных операций. Но когда за дело взялись наши действительно талантливые, грамотные и опытные военачальники, немецкая армия стала терпеть поражения: наши стратеги оказались сильней германских. (Бытует еще, правда, мнение, будто наши военачальники побеждали числом, а не умением; но на самом деле наши потери были всего на 30—40% больше, чем у противника; да и то надо учесть, что они наших пленных убивали, а мы ведь не поступали так, в противном случае их потери были бы больше наших; но об этом — позже.)

Впрочем, мы отклонились в сторону. Есть довод более веский, чем у Конквиста. Предположим, заговор был, но совсем не такой «кровожадный». Ведь если бы заговорщики хотели убить Сталина, то они имели для этого множество возможностей. Они встречались с ним неоднократно, порой наедине. Убить Сталина для каждого из них не представляло большого труда. И уж если они ни разу не попытались это сделать, значит, их планы не заходили так далеко.

Что можно возразить на этот довод?

Обратим внимание на такой реальный эпизод, описанный Конквистом: «На первомайском параде 1937 года Тухачевский первым появился на трибуне, предназначенной для военного командования. Он шел в одиночестве, заложив большие пальцы рук за пояс. Вторым пришел Егоров, но он не посмотрел на своего коллегу и не отсалютовал ему. К ним в молчании присоединился Гамарник. Военных окружала мрачная, ледянящая атмосфера. По окончании парада Тухачевский не стал дожидаться демонстрации и ушел с Красной площади».

В то время и он, и Гамарник догадывались, что над ними нависла смертельная угроза. Что мешало этим людям совершить геройский подвиг на глазах сотен тысяч людей — убить тирана! Вряд ли кто-нибудь смог помешать им. Но пусть бы даже и помешали, не лучше ли рискнуть и показать, что в этой стране есть свои Бруты.

Между прочим, есть свидетельство, что Сталин в те времена не без иронии отметил, что он бы на месте тех военачальников, которые решились на самоубийство, сначала застрелил бы Сталина.

Так в чем же дело? Что могло остановить доблестных военных, у которых были возможности ликвидировать Сталина хотя бы ценой собственной жизни?

Нам кажется, что объясняется все достаточно просто и логично: никого из них не устраивала такая цена. Они слишком высоко ценили свою жизнь.

Героические поступки совершают люди ради великих целей, а решаются отдать свою жизнь только в том случае, если верят в нечто более высокое. Ради комфорта, богатства, карьеры, прижизненной славы нормальный человек не пойдет на смерть.

Для убийства Сталина требовался исполнитель-смертник, не щадящий своей жизни. Скажем, для того, чтобы Николаев застрелил Кирова, обстоятельства были самые благоприятные, и оставалось только разжигать у Николаева ревность и обеспечить ему возможность покушения. В случае со Сталиным такого исполнителя не нашлось.

Не исключено, что слух о «папке Виссарионова» или сами эти документы создавались для того, чтобы пробудить у потенциального убийцы лютую ненависть к Сталину, а затем, в случае удачного покушения, иметь материалы, оправдывающие убийцу. Заговорщики не имели таких идей, за которые стоит идти на смерть. У каждого из них были свои претензии к Сталину и его генеральной линии, — не более того. Для Тухачевского на первом месте, по-видимому, были честолюбивые мечты о наполеоновской славе. Но ради карьеры не расстаются с жизнью. Существенно и то, что все высшие военачальники к этому времени превратились в важных вельмож.

Чтобы убить тирана, надо прежде всего его иметь. Воспринимался ли Сталин как тиран? Ни его поведение — спокойное и рассудительное, ни его действия, которые предпринимались от имени Политбюро, ЦК ВКП(б), Совнаркома, не обличали в нем тирана. Он был вождем, причем во многом религиозного «харизматического» типа. А убить вождя, за которым стоит великая страна, многомиллионный народ, это совсем не то, что убить тирана, которого поддерживает только горстка сатрапов.

Власть тирана опирается только на силу. Власть вождя опирается на поддержку масс. Убив тирана, можно заслужить лавры героя, убив вождя — клеймо предателя. Если убьешь тирана, даже его приверженцы могут перейти на твою сторону. Если убьешь вождя — от тебя могут отвернуться даже многие твои сторонники, а поведение народных масс и вовсе будет непредсказуемым.

Кстати, Сталин, судя по всему, не был склонен раздувать инцидент с выстрелами в кремлевской библиотеке до масштабов крупного заговора и уж, тем более, организовывать в этой связи массовые репрессии. Но, насколько известно, покушавшаяся принадлежала к представителям свергнутого класса, а потому могла питать «классовую ненависть» к народному вождю...

Тут нетрудно предугадать резкое возражение: да разве был Сталин народным вождем?! Он узурпировал власть над народом и держал его в страхе, терроризировал его!

Можно сказать, именно террором против русского народа «прославился» не кто иной, как Тухачевский, руководивший подавлением Кронштадтского мятежа и кровавыми операциями против крестьян Центральной России — не только участниками антоновского восстания, но также и сочувствующими, с убийством заложников, массовыми расстрелами местных жителей.

Власть Сталина держалась на доверии масс. И это доказала Отечественная война, а особенно ее первая стадия, когда Красная армия терпела сокрушительные поражения. Если бы в это время среди военачальников, солдат и значительной части советского народа преобладали пораженческие настроения, то война была бы наверняка проиграна. От страха перед тираном не идут на смертный бой и уж тем более не побеждают.

Проницательный австрийский писатель Лион Фейхтвангер, посетивший в 1937 году Советский Союз, уже тогда отметил, если так можно сказать, народность сталинской диктатуры. Вот что он писал:

«Поклонение и безмерный культ, которыми население окружает Сталина, — это первое, что бросается в глаза иностранцу, путешествующему по Советскому Союзу. На всех углах и перекрестках, в подходящих и неподходящих местах видны гигантские бюсты и портреты Сталина... Не только политические речи, но даже и доклады на любые научные и художественные темы пересыпаны прославлениями Сталина, и часто это обожествление принимает безвкусные формы...

Не подлежит никакому сомнению, что это чрезмерное поклонение в огромном большинстве случаев искренне. Люди чувствуют потребность выразить свою благодарность, свое беспредельное восхищение. Они действительно думают, что всем, что они имеют и чем они являются, они обязаны Сталину. И хотя это обожествление Сталина может показаться прибывшему с Запада странным, а порой и отталкивающим, все же я нигде не находил признаков, указывающих на искусственность этого чувства. Оно выросло органически, вместе с успехами экономического строительства. Народ благодарен Сталину за хлеб, мясо, порядок, образование и за создание армии, обеспечивающей это новое благополучие. Народ должен иметь кого-нибудь, кому он мог бы выражать благодарность за несомненное улучшение своих жизненных условий, и для этой цели он избирает не отвлеченное понятие, не абстрактный «коммунизм», а конкретного человека — Сталина. Русский склонен к преувеличениям...»

Трудно во всем этом полностью согласиться с Фейхтвангером. Безусловно, культ личности Сталина складывался не только естественно, стихийно, но и в значительной мере искусственно, благодаря мощному пропагандистскому аппарату. Но если бы при этом не сложилось системы с обратной связью, когда пропаганда подтверждается наглядными фактами, а факты, в свою очередь, тиражируются и приукрашиваются пропагандой, без этого взаимодействия никакие ухищрения не смогли бы сотворить мнимый культ, вызывая только иронию или отвращение.

Однако продолжим цитирование: «Сталин действительно является плотью от плоти народа... Он больше, чем любой из известных государственных деятелей, говорит языком народа...

...Его речи очень обстоятельны и несколько примитивны; но в Москве нужно говорить очень громко и отчетливо, если хотят, чтобы это было понятно даже во Владивостоке. Поэтому Сталин говорит громко и отчетливо, и каждый понимает его слова, каждый радуется им, и его речи создают чувство близости между народом, который их слушает, и человеком, который их произносит.

Впрочем, Сталин, в противоположность другим стоящим у власти лицам, исключительно скромен. Он не присвоил себе никакого громкого титула и называет себя просто секретарем Центрального Комитета. В общественных местах он показывается только тогда, когда это крайне необходимо...

Сталин выделяется из всех мне известных людей, стоящих у власти, своей простотой. Я говорил с ним откровенно о безвкусном и не знающем меры культе его личности, и он мне тоже откровенно отвечал. Ему жаль, сказал он, времени, которое он должен тратить на представительство. Это вполне вероятно: Сталин — мне об этом много рассказывали и даже документально это подтверждали — обладает огромной работоспособностью и вникает сам в каждую мелочь, так что у него действительно не остается времени на излишние церемонии...

Я указываю ему на то, что даже люди, несомненно обладающие вкусом, выставляет его бюсты и портреты — да еще какие! — в местах, к которым они не имеют никакого отношения, как например, на выставке Рембрандта. Тут он становится серьезен. Он высказывает предположение, что эти люди, которые довольно поздно признали существующий режим и теперь стараются доказать свою преданность с удвоенным усердием. Да, он считает возможным, что тут действует умысел вредителей, пытающихся таким образом дискредитировать его...»

В столь долгом цитировании не было бы никакого смысла, если бы имело целью только продемонстрировать частное мнение писателя. Ведь писатель, даже умный, может ошибаться. Тем более что чуть позже Фейхтвангер существенно изменил свое мнение. Дело в том, что дальнейшие исторические события полностью подтвердили верность именно этих, первоначальных суждений писателя, сложившихся при очном знакомстве со страной и ее руководителем. И самое бесспорное из этого ряда событий — победа советского народа в Великой Отечественной войне. Если не учитывать этого очевидного факта, то можно измышлять что угодно по поводу взаимоотношений Сталина и народа.

Итак, еще раз повторим: убить народного вождя — совсем не то, что убить тирана. Решиться на такое деяние можно только из-за каких-то очень веских оснований. Судя по явно сфабрикованным слухам о плохом здоровье Сталина и его возможной смерти в ближайшее время, заговорщики остерегались того, что его убийство в процессе государственного переворота, а точнее «переворота дворцового», станет известно. Они хотели повторить сценарий убийства Павла I. Мол, Сталин умер, и ввиду опасности войны власть перешла к группе видных военачальников.

Культ личности Сталина не только укреплял его авторитет и власть, но и в немалой степени становился гарантией его безопасности. Заговорщики, безусловно, должны были это понимать. Тем более что и сами они многократно произносили прилюдно здравицы, изливали свои восторги в его адрес и клялись ему в преданности. Если бы они, скажем, Тухачевский, Якир, Гамарник, осмелились застрелить Сталина, то они предстали бы перед партийными и беспартийными массами как предатели или подлые лицемеры.

Наконец, обратим внимание на довод против возможности заговора, выставленный Р. Конквистом: «Дело не в том, что люди поверили конкретным обвинениям. Некоторые из них, как выяснилось позднее, были абсолютно невообразимыми — например, что Якир и Фельдман, оба евреи, работали для нацистской Германии. Допустимым выглядел лишь центральный тезис о том, что генералы собирались ополчиться против Сталина».

Вроде бы тогда все дело только в личной неприязни? Но ведь «германский след» в заговоре прослеживается определенно. Так в чем же дело?

Нам кажется, что все дело в том, что Конквист невольно или сознательно забывает о том, что речь идет о Германии 1934—1936 годов, когда Гитлер еще только укреплял свою власть, а потому вынужден был сотрудничать, например, с еврейскими банкирами, предпринимателями, деятелями культуры и науки, которые составляли очень влиятельную и обширную часть германского общества.

Но главное даже не в этом. Гитлеровскую идеологию не разделяли некоторые влиятельные германские военачальники. Для них главным были не идеи расового превосходства арийцев или будущего торжества сверхчеловека (как для большевиков — идея диктатуры пролетариата и торжества коммунизма). Они были суровыми прагматиками и верили в могущество германской военной машины, воинственность немецкого народа и величие той Германии, какая она есть, а не мифической, образ которой воспевала геббельсовская пропаганда.

Этим военным не было дело до идеологических разногласий между Гитлером и Сталиным. Они прекрасно понимали, что объединение вооруженных сил Германии и СССР обеспечит им превосходство над любым противником, а война между этими двумя державами погубит одну из них и обескровит другую.

Такова была идеологическая основа, объединяющая обе группы высокопоставленных военачальников Красной армии Советского Союза и рейхсвера. И нельзя сказать, что она была глупа или фантастична. Напротив, она представляется вполне логичной и оправданной.

Итак, для создания заговора маршалов и генералов имелись веские причины и основания. Но еще более веские причины и основания были для того, чтобы этот заговор не реализовался.

Конечно, оценить все это сейчас несравненно легче, чем в то время. История основана на логике и определенных закономерностях, которые легче всего осознаются в ретроспективе. Как сказано в одной английской эпиграмме:

Мятеж не может кончиться удачей:
В противном случае его зовут иначе.

Глава 6

РАСКРЫТЫЙ ЗАГОВОР

Досье Бенеша

Говорят, 8 мая 1937 года президент Чехословакии Бенеш передал Сталину (естественно, через посредников) копии документов, доказывающих существование в СССР военного заговора, и с именами главных заговорщиков. Якобы это «досье Бенеша» (назовем его так) послужило поводом для обвинения Тухачевского, Якира, Гамарника и других в измене родине.

Надо сразу сказать, что до сих пор это загадочное досье так и не было обнаружено. Вот что сообщили «Известия ЦК КПСС» (1989, № 4): «Ни в следственном деле, ни в материалах судебного процесса дезинформационные сведения зарубежных разведок о М.Н. Тухачевском и других военных деятелей не фигурируют, — говорится в материалах Комиссии Политбюро ЦК КПСС по дополнительному изучению материалов, связанных с репрессиями. — Свидетельства о том, что они сыграли какую-либо роль в организации «дела военных», не обнаружено».

Однако все это не исключает того, что эти документы — подлинные или фальшивые — существовали и даже где-то хранятся и поныне. Их даже могли показывать обвиняемым для того, чтобы принудить их к показаниям, а затем засекретить и не прикладывать к другим материалам, дабы не выдать источник информации (им вполне мог быть все тот же Фермер — генерал Скоблин).

Было ли вообще это досье?

Согласно наиболее распространенной версии, история его такова. Шеф службы безопасности (СД) по указанию Гитлера распорядился изготовить фальшивые документы, изобличающие видных советских военачальников в заговоре с целью свержения Сталина и его соратников. Более того, они вошли в тайный сговор с группой немецких генералов, противников нацистской идеологии. Об этом якобы сообщил Гейдриху тайный агент СД белогвардейский генерал Скоблин.

Для того, чтобы фальшивка «сработала», Гейдрих обратился к шефу абвера адмирала Канарису с просьбой предоставить досье на советских военачальников, посещавших Германию в 1925—1932 годах и сотрудничавших с германскими военными еще до прихода Гитлера к власти.

Тут произошло нечто странное и удивительное. Чтобы преодолеть сопротивление адмирала Канариса, коварный Гейдрих осуществил невиданную операцию: налет на военное министерство, во время которого были похищены необходимые документы. Чтобы уничтожить следы преступления, в помещении, где они находились, устроили погром и пожар.

Остальное было делом техники: на основе подлинных и невинных материалов были сфабрикованы другие, компрометирующие советских военачальников. Их сфотографировали и хитроумными путями передали чехословацкому президенту, замеченному в сочувствии к русским, а точнее — к сталинскому режиму. Собрав дополнительные сведения, он убедился, что это — копии подлинных документов.

В этой истории немало сомнительных, а то и нелепых деталей, да и в целом она неправдоподобна.

Начнем с того, что если всю эту операцию замыслил сам фюрер, то как мог Канарис противиться его приказу? Совершенно невероятно.

Для изготовления достаточно достоверных фальшивок вовсе не обязательно проводить одному германскому разведывательному ведомству сложную и опасную операцию против другого. Сам по себе факт необходимости такой операции доказывает, что материалы на советских военачальников не должны были попасть на глаза фюрера и в них были сведения, компрометирующие не только советских, но и германских военных.

Да и зачем было Гитлеру проводить всю эту сомнительную операцию? Неужели он так опасался, что в будущей войне против его армии выступят столь великие полководцы? Вряд ли. Великими полководцами Тухачевский, Якир, Гамарник, Уборевич не были, и это знали Гитлер и его военспецы. Более того, получается, что фюрер по какому-то выверту ума подставил под удар именно тех советских военачальников — Тухачевского и Уборевича, — которые были настроены прогермански!

Вот, к примеру, выдержка из секретного письма советника германского посольства в Москве доктора фон Твардовски от 25 сентября 1933 года (полученного агентурным путем):

«В России существует очень сильное течение, направленное на то, чтобы отойти от нас и сблизиться с Францией. Это сильное течение представлено в Наркоминделе в лице Литвинова. Русские в большинстве настроены недоброжелательно... без заискивания перед нашими друзьями в СССР, которые, как я полагаю, еще имеются в рядах правящей партии и в военных кругах...

Тухачевский, технический заместитель Народного комиссара по военным делам, организовал грандиозный прием с участием русских военных, в числе которых, как это подчеркивалось также и в прессе, был и наш друг Уборевич».

Какой же бредовой идеей руководствовался Гитлер, избавляя Красную армию от слабых и не особенно преданных делу Сталина военачальников, да еще симпатизирующих Германии? Чего он мог опасаться и к чему стремиться, фабрикуя «досье Бенеша»?

Никакого разумного ответа на эти вопросы нет. Если «досье Бенеша» было сфабриковано, то только врагами Германии с целью окончательно разорвать ее связи с СССР.

Таким образом, если «досье Бенеша» существовало, то оно должно быть подлинным. Только в таком случае Гейдриху пришлось проводить опасную операцию по изъятию документов, компрометирующих советских военных (по причине их связи со своими германскими коллегами на почве стремления установить военные диктатуры в СССР и Германии).

В пользу такой версии говорит много документов. Приведем некоторые из них.

Из конфиденциальной сводки «Комсостав и военспецы Красной Армии» разведотдела белоэмигрантской организации от 15 февраля 1922 г.

«Лица, близко знающие Тухачевского, указывают... Он не лишен честолюбия и, сознавая свою силу и авторитет, мнит себя русским Наполеоном... В дружеской беседе Тухачевский, когда его укоряли в коммунизме, не раз говорил: «Разве Наполеон не был якобинцем?»

...Молодому офицерству, типа Тухачевского и других, примерно до 40-летнего возраста, занимающему командные должности, не чужда мысль о единой военной диктатуре».

Из показаний арестованного бывшего начальника Иностранного отдела ОГПУ А.Х. Артузова, 1937 г.

«Одним из ценнейших работников был агент № 270. Он выдавал нам информацию о работе в СССР целой военной организации, которая ориентируется на немцев и связана с оппозиционными элементами внутри компартии... Еще в 1932 г. из его донесений мы узнали о существовании военной организации, связанной с Рейхсвером и работающей на немцев. Одним из представителей этой организации, по сообщению 270-го, был советский генерал Тургуев — под этой фамилией ездил в Германию Тухачевский».

Из приказа генерала Е.К. Миллера по РОВС от 2 января 1937 г.

«Мы, чины РОВСа, являемся как бы естественными, идейными фашистами. Ознакомление с теорией и практикой фашизма для нас обязательно».

Из спецсообщения Иностранного отдела ГУГБ НКВД СССР Г.Г. Ягоде, его заместителям и начальникам отделов ГУГБ.

«Иностранным отделом ГУГБ получены сведения, что генерал Миллер в беседе сообщил своему заместителю адмиралу Кедрову, что при свидании с немецким журналистом он указывал последнему, что Германия может справиться с ненавистным ей коммунизмом коротким ударом по большевистской головке. Если Германия изберет этот путь для борьбы, вся эмиграция будет на ее стороне, больше того — пусть Германия даст средства, эмиграция даст необходимый людской материал...

В данный момент РОВС должен обратить все свое внимание на Германию, это единственная страна, объявившая борьбу с коммунизмом не на жизнь, а на смерть».

Из секретного обзора внешнеполитических событий с 23 апреля по 12 мая 1937 года, выпускаемого германским военным министерством.

«Действительные причины падения маршала Тухачевского пока неясны, следует предполагать, что его большое честолюбие привело к противоречиям между ним и спокойным, рассудительным и четко мыслящим Ворошиловым, который целиком предан Сталину. Падение Тухачевского имеет решающее значение. Оно показывает со всей определенностью, что Сталин крепко держит в руках Красную Армию».

Согласно подобным материалам (их количество можно умножить) нетрудно сделать вывод о тесной связи абвера, РОВС и группы советских высших военачальников. По всей вероятности, распутать этот клубок помог Фермер—Скоблин.

А теперь обратимся к свидетельству еще одного «заинтересованного лица» — президента Чехословакии Эдуарда Бенеша. Вот что сообщил он советскому полпреду в этой стране Александровскому:

«Бенеш заявил, — писал Александровский, — что он мыслит себе опору именно на СССР сталинского режима, а не на Россию и не на демократическую Россию... Уже начиная с 1932 г. он все время отдал решительной схватке между сталинской линией и линией «радикальных революционеров» (по-видимому, имеются в виду троцкисты. — *Авт.*). Поэтому для него не были неожиданностью последние московские процессы, включая и процесс Тухачевского...

Бенеш особо подчеркнул, что, по его убеждению, в московских процессах, особенно в процессе Тухачевского, дело шло вовсе не о шпионах и диверсиях, а о прямой и ясной заговорщицкой деятельности с целью ниспровержения существующего строя. Тухачевский, Якир, Путна (Бенеш почти все время называл только этих трех), конечно, не были шпионами, но они были заговорщиками...

Если представить себе, что Тухачевский видел единственное спасение родины в войне рука об руку с Германией против остальной Европы, в войне, которая осталась единственным средством вызвать мировую революцию, то можно себе представить, что Тухачевский казался себе не изменником, а даже спасителем Родины...

В связи с изложенным следует отметить, что Бенеш под большим секретом заявил мне следующее: во время пребывания Тухачевского во Франции в прошлом году Тухачевский вел разговоры совершенно частного характера со своими личными друзьями французами. Эти разговоры точно известны французскому правительству, а от последнего и Бенешу. В этих разговорах Тухачевский весьма серьезно развивал тему возможности советско-германского сотрудничества и при Гитлере...

Развивая тезис «субъективного фактора», Бенеш между прочим говорил, что ряд лиц мог руководствоваться такими побуждениями, как неудовлетворительность положением, жажда славы, беспринципный авантюризм и т.д. В этой связи он упомянул еще раз Якира и Путну. О последнем Бенеш знает, что он был под Варшавой со своей 27 дивизией и, очевидно, не мог примириться с тем, что от него ускользнула слава покорителя Варшавы.

В связи с этим же Бенеш упомянул о Ягоде. Он высказал предположение, что Ягода знал все о заговоре и занимал выжидательную позицию, что из этого выйдет. Пьяница, развратник и беспринципный человек, Ягода мог бы попытаться сыграть роль Фукэ (Фуше. — *Авт.*) из эпохи великой французской революции...

Бенеш был уверен в победе «сталинского режима» именно потому, что этот режим не потерял морали, в то время как крикуны о перманентной революции явно были не на моральной высоте. В Москве расстреливают изменников, и т.н. европейский совет приходит в ужас. Это лицемерие. Бенеш не только отлично понимает, но и прямо одобряет московский образ действий. Москва продолжает жить в эпоху революции...

Бенеш задавался и таким вопросом: что произошло бы, если бы в Москве победил не Сталин, а Тухачевский. Тогда Чехословакия вынуждена была бы оставаться в дружбе с Россией. Но Чехословакия тогда должна была бы достигнуть соглашения с Германией, а это опять-таки было бы началом зависимости либо от России, либо от Германии. Вернее всего, от Германии, ибо Россия Тухачевского не постеснялась бы заплатить Германии Чехословакией. Бенеш ценит именно «нынешний СССР», «сталинский режим»...

В заключение Бенеш еще раз повторил, что расценивает московские процессы как признак укрепления СССР».

При таких настроениях и внешнеполитических симпатиях, при стремлении сохранить независимость Чехословакии Бенеш безусловно должен был передать «досье на генералов» Сталину. Но тем абсурднее выглядит версия, будто это досье состряпала германская разведка по указанию Гитлера — с очевидным вредом для Германии, ибо в таком случае укрепились бы связи СССР с Францией и Чехословакией. Так что если «досье Бенеша» существовало, то оно содержало копии подлинных документов.

Для Гитлера такая акция преследовала две очевидные цели. Прежде всего она помогала ему нейтрализовать недружественно или даже враждебно настроенных военачальников германской армии, готовых параллельно с группой советских видных военных произвести государственные перевороты и в Германии, и в СССР.

Кроме того, Гитлер демонстрировал Сталину свое определенное расположение для уменьшения напряженности между двумя странами. Он опасался, как бы в предстоящей агрессии Германии против Польши, Чехословакии и других стран СССР совместно с Францией и Англией не выступил на их стороне.

Гитлер не мог не понимать, что переданный Сталину материал будет проверен и перепроверен, прежде чем принят как подлинный документ. Так и произошло в действительности. Более того, о заговоре Сталин знал еще до этого «досье Бенеша» (если оно было), и потому приказал начать операцию «Клубок».

Таким образом, неудивительно, что В.М. Молотов сказал в 1971 году писателю Феликсу Чуеву: «Мы и без Бенеша знали о заговоре, нам даже была известна дата переворота».

А вот его высказывание о Тухачевском: «До 1935 года он побаивался и тянул, а начиная со второй половины 1936 года или, может быть, с конца 1936-го он торопил с переворотом. И это понятно. Боялся, что вот-вот его арестуют».

Запутанные нити

Было бы неверно считать, будто главные военные заговорщики были тайными агентами РОВС или германской разведки. Некоторые из них, пожалуй, не имели ясного представления о конечных целях заговора, да и о заговоре вообще, полагая, что они действительно борются за влияние в Красной армии, в частности, за снятие К.Е. Ворошилова с поста наркома.

Однако по своим последствиям такое смещение или отставка Ворошилова, верного сталинца, нанесли бы сильнейший удар по позициям Сталина, сильно ослабив его влияние в Политбюро и ЦК, а в конечном счете могли привести к его падению. Сталин это понимал, а потому, по-видимому, «отслеживал» тех руководящих военачальников, кто выступал против Ворошилова, считая их своими потенциальными врагами. Не исключено, что именно такие соображения навели его на мысль начать операцию «Клубок».

У Тухачевского для реализации его честолюбивых планов было три пути. Наиболее безопасный, но политически сложный путь — добиваться отставки Ворошилова. Для этого надо было привлечь на свою сторону большинство крупных военачальников и поставить во главе наиболее ответственных военных округов своих людей.

Второй путь, к которому толкал его Енукидзе, — создание объединенной группы заговорщиков, в которую входили бы как политические деятели (Енукидзе) и работники НКВД (Ягода и некоторые его подчиненные), а также военные (Тухачевский, Корк). Были ли причастны к этой группе Якир, Уборевич и некоторые другие военачальники, неизвестно.

Третий путь был наиболее быстрым, радикальным, но в то время максимально опасным — «дворцовый переворот» по классическому типу с убийством руководителя государства и его главных сторонников, осуществляемый сравнительно небольшой ударной группой.

Первый тревожный звонок прозвучал для Тухачевского в августе 1936 года, когда на процессе Зиновьева и Каменева прозвучало его имя в связи с деятельностью оппозиции. Этот эпизод прошел на первый взгляд незамеченным, без скоротечных последствий. Но, безусловно, был взят на заметку Сталиным.

Вскоре последовал второй тревожный звонок: в сентябре был снят со своего поста Ягода с переводом на менее ответственную должность. Такова была манера Сталина: он не торопился с выводами и решительными действиями до тех пор, пока не получал достаточно полное представление о существе дела и его участниках. Можно предположить, что он вольно или невольно исповедовал принцип инквизиции: для осуждения подозреваемого требуется по меньшей мере два независимых показания против него, причем одним из них может служить его собственное признание.

Самое явное «штормовое предупреждение» прозвучало для Тухачевского в феврале 1937-го: аресты Молчанова, посвященного в заговор Ягоды и Енукидзе. Затем на февральско-мартовском пленуме ЦК ВКП(б) прозвучала уничтожающая критика в адрес Ягоды и в марте были арестованы он и его помощник Буланов.

Есть основания предполагать, что Сталин уже задолго до этого не доверял Ягоде. Возможно, это началось в конце 1935 года, когда произошло событие, о котором до сих пор очень мало известно. 16 декабря закрытым порядком были приговорены к расстрелу 4 человека за подготовку террористического акта на Красной площади 7 ноября. Вряд ли это были «самодеятельные» смертники-одиночки. Судя по скоротечности расследования и приведения приговора в исполнение, они или кто-то из них назвали того или тех, кто вдохновлял и подготавливал их к этой акции.

С 1935 года в окружение Ягоды стали вводить людей Сталина. По свидетельству С.Т. Минакова, московские процессы 1935 и 1936 годов готовил не Ягода, а один из его заместителей, Агранов, или другие лица, начальники отделов, отношения которых с Ягодой были не очень хорошими.

«Вплоть до июньского пленума ЦК ВКП(б) 1936 г., — пишет Минаков, — Г. Ягода вместе со своим близким сотрудником, начальником секретно-политического отдела Молчановым, которому было поручено готовить «первый московский процесс» о «троцкистских заговорщиках-террористах», пытались свести все дело к локальной конспиративной акции группы второстепенных лиц из числа прежних троцкистов, не связанных ни с Л. Троцким, ни с Г. Зиновьевым и Л. Каменевым».

Как предполагается, Ягода стремился к тому, чтобы предельно обезопасить партийную элиту, к которой принадлежал и сам. Тем более что ее укрепление могло привести к низложению Сталина и его группы «мирным путем». Теперь этот путь фактически закрывался, а потому надо было переходить к более решительным и радикальным действиям.

Когда была ухвачена одна из главных нитей «Клубка» (арестованы Молчанов и Енукидзе), а затем «вытянули» Ягоду и Буланова, Тухачевский еще мог надеяться на то, что не будут раскрыты сведения о заговоре военачальников. Однако эта надежда должна была рухнуть после того, как в начале апреля арестовали М.И. Гая — начальника особого отдела ГУГБ НКВД СССР, в обязанности которого входило наблюдение за армией, флотом и авиацией. Этот человек не давал хода доносам, поступавшим на заговорщиков-военачальников.

Для последних оставался «легальный» путь: ослабление позиций Ворошилова в Высшем Военном Совете, а затем и снятие его с поста наркома. Возможно, с этой целью был остро поставлен вопрос о снятии маршала В.К. Блюхера с поста командующего Дальневосточным фронтом. Справедливости ради надо сказать, что причин для такого решения было достаточно, и в другое время, в другой ситуации понижение маршала в должности вполне могло произойти без проблем.

Однако в той ситуации, которая сложилась в Высшем Военном Совете и в партийном руководстве вообще, снятие Блюхера и назначение на его пост Уборевича резко усилило бы позиции Тухачевского и ослабило власть Ворошилова. Поэтому Сталин заступился за маршала 2 июня 1937 года на Высшем Военном Совете. Говорил он с какой-то нарочитой, как нам кажется, простотой:

«Хотят Блюхера снять... Агитацию ведет Гамарник, ведет Аронштам. Так они ловко ведут, что подняли почти все окружение Блюхера против него. Более того, они убедили руководящий состав военного центра, что надо снять. Почему, спрашивается, объясните, в чем дело? Вот он выпивает. Ну, хорошо. Ну еще что? Вот он рано утром не встает, не ходит к войскам. Еще что? Устарел, новых методов работы не понимает. Ну, сегодня не понимает, завтра поймет, опыт старого бойца не пропадет. Посмотрите, ЦК встает перед фактом всякой гадости, которую говорят о Блюхере. Путна бомбардирует нас в Москве, Аронштам бомбардирует нас в Москве, бомбардирует Гамарник. Наконец, созываем совещание. Когда он приезжает, видимся с ним. Мужик как мужик, неплохой. Мы не знаем, в чем тут дело. Даем ему произнести речь — великолепно. Проверяем его и таким порядком...»

Какой можно сделать вывод из этой не очень-то убедительной речи, хотя Сталин как раз-то и славился простыми, убедительными, логично выстроенными речами. Тут ничего этого нет. Вывод можно сделать такой: каким бы ни был Блюхер, у него есть главное качество: он предан делу Сталина, а потому Сталин его защищает. И тот, кто будет и впредь нападать на Блюхера, тем самым выступит против Сталина, а те, кто до сих пор продолжали свои нападки на Блюхера, вызывают у Сталина серьезные подозрения в их преданности сталинской генеральной линии, преданности делу партии.

Надо полагать, именно так поняло большинство членов Высшего Военного Совета выступление Сталина. Никто не решился поддержать «антисталинскую» позицию, и Блюхера оставили на его посту. Сторонники снятия Блюхера доказывали, что дальневосточное направление военных действий является приоритетным, а потому нуждается в укреплении. Но Сталин настаивал на том, что приоритетным остается западное направление, где Советскому Союзу угрожает Германия, тогда как на Дальнем Востоке Япония всерьез и надолго завязла в Китае.

Можно, безусловно, усомниться в том, что на Совете велась такая сложная политическая игра. Разве не могли Гамарник, Путна и другие искренне верить в необходимость укрепления дальневосточного направления безо всяких политических подтекстов? Могли, конечно. И у Гамарника как главного политработника в армии могли быть вполне обоснованные претензии к Блюхеру.

И все-таки, пожалуй, во всей этой истории с Блюхером подспудно велась политическая борьба. Не зря же Гамарник покончил жизнь самоубийством, когда понял, что будет арестован и судим. Поставить на место Блюхера Уборевича — это было бы немалой победой заговорщиков. К тому же это назначение показало бы, что Уборевич и Гамарник находятся вне всяких подозрений. С этой надеждой пришлось расстаться после выступления Сталина в защиту Блюхера.

С апреля по июнь 1936 года в вооруженных силах СССР произошли некоторые загадочные и подозрительные события. В номере «Красной Звезды» от 6 апреля были помещены сразу два некролога: скоропостижно скончались высокопоставленные авиационные военачальники: Наумов, зам. начальника ВВС РККА, и Павлов, зам. инспектора ВВС, прославленный советский летчик, герой Гражданской войны. В мае неожиданно сняли с должности начальника штаба Московского военного округа Степанова, который столь же неожиданно умер. В июне смерть вырвала из рядов Красной армии одного из высших руководителей ВВС Лавиновского и начальника автобронетанковых войск Ленинградского военного округа Шаумяна.

Трудно поверить, что произошло случайное совпадение смертей этих нестарых или даже сравнительно молодых (скажем, Шаумяну было 36 лет) и крепких людей. Но кто и почему мог их тайно убить? Или кто-то из них покончил жизнь самоубийством?

«Эти смерти, — считает С.Т. Минаков, — не могли быть случайны и, как мне представляется, находились в связи с обострившимися отношениями и внутренней борьбой в высшем комсоставе РККА и между армейской элитой, с одной стороны, и И. Сталиным и К. Ворошиловым, с другой».

Однако сама по себе подобная внутренняя борьба между различными группировками в армии вряд ли может быть смертельной. Снятие с должности, перевод на другое место работы или в другую группу войск — вот основные методы такой борьбы, но уж никак не убийства. Иное дело, если эти люди так или иначе были связаны с заговором или знали о нем. Тогда от них следовало избавиться. И это вряд ли могло быть в интересах Сталина и Ворошилова: ведь им было бы очень важно и полезно допросить, а не уничтожать подобных свидетелей. А вот Ягода, к примеру, был бы кровно заинтересован в устранении ненадежных участников заговора или тех, кто знал о нем и отказался в нем участвовать. Ведь успешный военный переворот, как он ясно понимал, должен спасти его жизнь. А то, что она в опасности, он понимал уже достаточно давно.

Но все это остается в области предположений и домыслов. «Клубок» слишком сложно запутан, в нем переплетаются множество нитей, и не всегда можно отличить подлинные, «естественные» нити от искусственно «приплетенных» — вольно и невольно — теми, кто проводил расследования. Ведь тот же Ягода мог, заметая следы реального заговора, направлять следствие по ложным путям.

«Для осуществления этого переворота нужны будут все средства: и вооруженное выступление, и провокация, и даже яды, — говорил Ягода Буланову. — Иногда бывают моменты, когда нужно действовать медленно и чрезвычайно осторожно, а бывают моменты, когда нужно действовать и быстро и внезапно» (М. Сейерс и А. Кан. Тайная война против Советской России. М., 1947. С. 288—289).

Как мы знаем, он старался действовать разнообразно и, вдобавок, готовил как пути к отступлению, так и материалы на тот случай, если покушение на Сталина удастся. Можно только удивляться, что при всем этом ему, ловкому и предусмотрительному злоумышленнику, злодею и провокатору, не удалось осуществить своих замыслов и спасти свою шкуру.

Можно возразить: да не было у него никаких особых злодейских замыслов, ему их приписали, а он наговорил на себя и на других напраслину.

Но нет, оказывается, даже у этого беспринципного деятеля был свой «кодекс чести». Когда на суде его объявили иностранным шпионом и организатором убийства Кирова, он отверг эти обвинения (хотя прекрасно знал, что и без того его приговорят к высшей мере):

«Нет, в этом я не признаю себя виновным. Если бы я был шпионом, то, уверяю вас, что десятки государств вынуждены были бы распустить свои разведки...

Неверно не только то, что я являюсь организатором, но неверно и то, что я являюсь соучастником убийства Кирова».

(Отметим, что если верить этим словам, сказанным незадолго до смерти, то надо бы вновь обдумать версии убийства Кирова.)

Маршалы и генералы

Когда пытаешься распутать «Клубок» — казалось бы, всего лишь одно уголовно-политическое дело о заговоре, попутно возникает множество других вопросов и проблем, не говоря уж о том, что все это происходило на фоне множества событий, и, скажем, Сталин не был занят только распутыванием или запутыванием этого клубка интриг. В действительности страна и мир жили совсем иными интересами, свершались знаменательные события во внешнеполитической, экономической, культурной сферах. Обо всем этом придется упомянуть чуть позже.

Даже в теме «заговора военных» приходится отходить от хронологического описания, возвращаясь к событиям прошлого и упоминая о том, что выяснилось значительно позже. Приходится лишь вскользь упоминать об особенностях личности и карьеры того или иного советского маршала или генерала той поры, хотя такой анализ многое может объяснить. Например, то, что своим положением и невероятно быстрым взлетом по служебной лестнице — буквально через три-пять ступенек, они обязаны были чаще всего сумятице Гражданской войны и своему политическому чутью и происхождению, умению выявить, а то и выпятить свои достоинства и достижения.

Почти наверняка они не смогли бы противостоять немецким командирам в Великую Отечественную войну (хотя, конечно, об этом приходится судить в сослагательном наклонении), потому что в большинстве своем, как мы уже говорили, не имели не только высшего военного образования (чего не было и у таких прославленных полководцев как Жуков и Рокоссовский), но и достойного практического опыта. Неудивительно, что один из них, И.П. Уборевич, побывавший на маневрах в Германии, писал в отчете от 13 января 1929 года:

«Немецкие специалисты, в том числе и военного дела, стоят неизмеримо выше нас. Мне кажется, что мы должны покупать этих специалистов, привлекать умело к себе, чтобы поскорее догнать в том, в чем мы отстаем. Я не думаю, чтобы немецкие специалисты оказались бы хуже политически, или более опасными, чем наши русские специалисты».

Суждение более или менее справедливое в первой своей части (тем более, что он подразумевал свой уровень знаний и опыта), но очень сомнительное или даже ложное — во второй.

Претензии Тухачевского на роль «красного Бонапарта» были смехотворны. Ведь не «красный», а настоящий Бонапарт несколько лет тянул лямку в провинциальном гарнизоне, познал военную службу изнутри, досконально. Попутно написал несколько работ по математике и баллистике, очень много читал.

А Тухачевский попал прямо из военного училища в окопы Первой мировой войны, а участвуя в боевых действиях несколько месяцев, оказался в плену. Зато потом хвастал, будто за эти несколько месяцев получил чуть ли не все боевые ордена Российской империи.

Однако наиболее подробное и точное впечатление об этих людях оказалось ошеломляющим, когда через полвека были открыты (лишь частично) материалы их процесса. Выяснилось, что обвиняемые признавались потрясающе, неправдоподобно быстро! Это даже привело в замешательство некоторых исследователей.

«До сих пор не содержится ответа, — пишет В.З. Роговин, — на многие законные вопросы, возникающие при анализе дела генералов. Я имею в виду прежде всего вопрос о причинах признаний подсудимых и написания ими перед судом рабских писем Сталину. В большинстве исторических работ, посвященных делу Тухачевского, эти признания объясняются исключительно применением физических пыток. Однако такое объяснение представляется несостоятельным по целому ряду причин».

Он перечисляет эти причины. От профессиональных военных, находящихся в расцвете сил, «следовало ожидать значительно большей стойкости, чем, например, от Зиновьева и Бухарина». (Можно припомнить Радека, который около двух месяцев изводил своих следователей.) Известно много случаев, когда даже самые жестокие пытки не могли вырвать у подследственных лживые признания. А тут не только признавали свою вину, но и выдавали своих реальных или мнимых (как некоторые считают) соучастников.

Добавим такой факт, о котором мы уже упоминали: находясь под следствием, Тухачевский написал обширную докладную записку, посвященную возможной будущей войне. Если у него достало физических и моральных сил для такого сочинения, то почему он перед следователями оказался таким слабым и робким, что по их указке давал ложные показания на себя и на своих друзей и знакомых?

Трудно считать всех тех, кто давал признательные показания, такими жалкими и подлейшими доносителями на ни в чем не повинных людей.

В то же время и не следует слишком преувеличивать их морально-волевые качества. Тем более, как мы уже говорили, они не имели твердой идеологической опоры, не имели высокой цели, ради которой люди могут идти на смерть. Они собирались совершать переворот не ради величия родины (СССР и без них под руководством Сталина необычайно быстро, буквально у них на глазах превращался из обескровленной войнами и междоусобицами страны, находящейся в разрухе, в могучую индустриальную державу). Их не волновала и судьба русского, советского народа (Тухачевский сам проводил карательные операции против крестьян).

Некоторые из заговорщиков, не потерявших окончательно совесть, узнав, что их заговор раскрыт, с некоторым даже облегчением давали свои показания, потому что подсознательно понимали, чувствовали, что их заговор преступный.

Надо отметить и то, что многие из антисталинцев — среди военных и гражданских лиц — были из числа «раскаявшихся», притворно отказавшихся от своих оппозиционных убеждений, но в действительности продолжавших находиться в скрытой оппозиции сталинскому курсу. Такая двурушническая позиция тоже не способствовала крепости их духа.

...6 июля 1936 года был арестован комдив Д.А. Шмидт, один из соратников В.М. Примакова по Гражданской войне в составе «Червонных казаков». «Член партии с 1915 года Дмитрий Шмидт, — пишет Конквист, — был сыном бедного еврейского священника». В Гражданскую войну он быстро стал командиром бригады. Не без умиления описывает Конквист случай анекдотический. «Рассказывали, что, прибыв в Москву во время съезда 1927 года, на котором было объявлено исключение троцкистов, он встретил Сталина, выходившего из Кремля. Шмидт в своей черной черкеске с наборным серебряным поясом и в своей папахе набекрень подошел к Сталину и полушутя-полусерьезно стал осыпать его ругательствами самого солдатского образца. Он закончил жестом, имитирующим выхватывание сабли, и пригрозил Сталину, что в один прекрасный день отрубит ему уши.

Сталин побледнел и сжал губы, но ничего не сказал. Инцидент истолковали как скверную шутку...»

Такая вот байка о том, как сын еврейского сапожника посрамил сына грузинского сапожника. Классический пример воздействия на наивного читателя с помощью простого приема: сначала мимолетное «рассказывали» (кто, где, когда? ссылка на Бармина), а затем детали, вызывающие иллюзию достоверности (черкеска, пояс, папаха набекрень) и общая история, не похожая на правду. Почему? Да потому, что к тому году Сталин был уже 5 лет генеральным секретарем партии, а Дмитрий Шмидт был раскаявшимся троцкистом, который отказался от своих взглядов и поклялся в верности генеральной линии партии. Кстати заметим, что когда вооруженный человек угрожает безоружному, это производит скверное впечатление.

Кем и для чего был придуман этот анекдот? Догадаться нетрудно: теми, кто ненавидит Сталина и хотел бы доказать, что он приказал арестовать доблестного Шмидта после того, как 9 лет таил на него личную обиду. Вот какой злобный и коварный тиран!

А в действительности доблестный Шмидт вскоре после ареста стал давать показания о заговоре среди военных против Сталина, и следующим за ним арестованным стал В.М. Примаков, который тоже вскоре дал признательные показания.

Шмидта арестовали в Киеве в отсутствие его начальника Якира, который отдыхал в Чехословакии, в Карловых Варах. Ягода, едва Шмидта привезли в Москву, сообщил об этом Гамарнику, чего он в принципе не обязан был делать. Можно предположить, Ягода этим сообщением хотел предупредить Гамарника, что вынужден арестовать человека из окружения Гамарника и Якира, ибо обстоятельства следствия фактически вышли из-под его, Ягоды, контроля, и теперь этим делом занимается Ежов и преданный ему Агранов. Да и положение самого Ягоды стало угрожающим.

Чем же все-таки можно объяснить удивительно быстрое признание своей вины и последующую выдачу своих сообщников со стороны арестованных генералов и маршалов?

Кроме того, что они могли понимать и чувствовать, что правда, народ не на их стороне, что они действительно замыслили преступное деяние, главное, на наш взгляд, это предъявляемые им документы, свидетельства, показания арестованных ранее, донесения секретных агентов. По этим материалам выходило, что следствию почти все уже известно (вспомним, как об этом говорил на суде Радек). Оставалось на первый случай хотя бы подтвердить эти материалы.

В некоторых случаях, как например, с Тухачевским, Гамарником, Якиром, эти люди уже заранее ощущали, а затем и ясно понимали, что они находятся на подозрении, что за ними наблюдают, что их могут в скором времени арестовать. Такое состояние неопределенности, постоянной угрозы деморализует человека, подавляет его психику, и он может с некоторым даже облегчением начать давать показания.

Примечательно, что только после того, как был арестован Д. Шмидт, в августе 1936 года один из обвиняемых на процессе «объединенного троцкистско-зиновьевского блока» И.И. Дрейцер сообщил, что среди военных существует оппозиционная группа и назвал причастных к ней комкоров В.М. Примакова и В.К. Путну. Они были арестованы.

Ниточки «Клубка» потянулись к высшему военному руководству Красной армии после того, как арестованный 11 февраля 1937 года Енукидзе стал давать показания. Ровно через месяц был взят под стражу комкор И.И. Гарькавый — командующий Уральским военным округом, родственник Якира и близкий друг Гамарника. Это вызвало переполох в окружении этих двух начальников. Якир срочно вылетел на самолете в Москву и стал добиваться приема у Ежова. Реакция Гамарника была еще более панической. Тем более что уже через день, 13 марта, его назначили уполномоченным Наркомата обороны при Совнаркоме РСФСР.

Назначение Яна Борисовича на столь незначительный пост при его очень высоком положении в партии и армии должно было навести его на самые тяжелые мысли. То же должно было произойти с Ягодой, когда в том же марте арестовали комдива Н.К. Кручинкина — начальника Главного управления пограничных и внутренних войск НКВД. Именно в этих войсках, по воспоминаниям старых чекистов, была особая спецчасть, состав которой был подобран лично Ягодой, подчинявшаяся лично ему. Судя по всему, она готовилась для того, чтобы в нужный момент арестовать Сталина и его ближайших соратников.

Однако мучиться сомнениями Ягоде долго не пришлось: 29 марта настал и его черед.

Кстати сказать, показания Дрейцера, о которых мы упомянули выше и которые помогли распутывать «Клубок», были не единственной зацепкой в этом деле. По крайней мере, еще одно веское показание было получено примерно тогда же или несколько ранее от И.И. Рейнгольда, участника левой оппозиции, политработника и сторонника Троцкого, занимавшего сначала руководящий пост, потом исключенного из партии, а после «покаяния» вновь восстановленного в ней и на руководящей работе. Он сообщил не только о создании объединенного блока левых и правых оппозиционеров, раскинувшего сеть по всей стране, проникшего во многие государственные учреждения. По его словам, тайная троцкистская организация существует в РККА; ее возглавляют комкоры Примаков и Путна. Так что эти два военачальника оказались на прицеле у следователей сразу с двух позиций, согласно показаниям Рейнгольда и Дрейцера, а затем еще вдобавок и Д. Шмидта.

После ареста Ягоды «Клубок» стал разворачиваться все быстрей и быстрей. В апреле 1937-го были взяты М.М. Ольшанский, заместитель начальника автобронетанкового управления РККА; Г.Н. Кутателадзе, командир 9 стрелкового корпуса Московского военного округа; К.В. Паукер, бывший начальник отдела охраны Правительства; Р.А. Петерсон, а затем дивизионный комиссар М.А. Имянинников — заместитель коменданта Московского Кремля.

Может показаться странным, что все это время оставался на свободе и на своем посту Тухачевский. На него уже были собраны некоторые косвенные материалы, указывающие на его причастность к заговору. Например, в середине января 1937 года Сталин получил от корреспондента «Правды» в Берлине А. Климова письмо, в котором тот со ссылкой на достоверные источники в Германии сообщил о связи немецких правящих кругов с руководством Красной армии и лично с Тухачевским.

По-видимому, сходные сведения были получены и от генерала Скоблина («Фермера») из Парижа. В них, в частности, шла речь о циркулирующих в белоэмигрантских кругах слухах, что в СССР готовится военный переворот. В апреле 1937 года начальник Главного управления РККА комкор С. Урицкий доложил Сталину и Ворошилову о том, что в Берлине поговаривают об оппозиции советскому руководству среди высшего комсостава Красной армии.

На Тухачевского скопилось уже много компромата, и кольцо вокруг него стало сжиматься. На параде 1 мая, как мы знаем, его поведение ясно показывало, что он это понимает. Еще раньше он стал чересчур «баловаться» коньячком, чего ранее за ним не водилось. Сестре он высказал сожаление, что не стал в юности музыкантом (как известно, он неплохо играл на скрипке и даже сам мастерил неплохие инструменты).

Только 11 мая нарком обороны К.Е. Ворошилов подписал приказ о смещении Тухачевского и Якира. В ночь на 14 мая был арестован командарм 2-го ранга А.И. Корк.

Уже 16 мая, то есть через день после ареста, Корк написал два признания Ежову. Первое — о намерении произвести переворот в Кремле. Второе — о штабе переворота во главе с Тухачевским, Путной и Корком. Он доложил, что в заговорщицкую организацию его вовлек Енукидзе. И писал: «Основная задача группы состояла в проведении переворота в Кремле».

Надо отметить, что далеко не один он «раскололся» так быстро. Вот еще несколько примеров.

Сравнительно долго, около месяца, не давали признательных показаний работники НКВД Гай и Прокофьев (им безусловно требовались особая осторожность и предусмотрительность), но все-таки они сообщили о преступных связях своего шефа Ягоды с Тухачевским. Тогда же Волович показал на Тухачевского как участника заговора, обеспечивающего поддержку воинскими частями.

Арестованный 6 мая комбриг запаса М.Е. Медведев (исключенный из партии за разбазаривание государственных средств) через день заявил о своем участии в заговорщической организации, «возглавляемой заместителем командующего войсками Московского военного округа Б.М. Фельдманом» («Известия ЦК КПСС», 1989, № 12).

Если Корк, как мы знаем, тоже поспешил признаться в заговоре и назвал своих подельников, то хитроумный Ягода стал давать показания на Енукидзе, Тухачевского, Корка и Петерсона примерно через полтора месяца после ареста. А вот заместитель командующего МВО Б.М. Фельдман, арестованный 15 мая, уже на четвертый день признался в заговоре и начал выдавать соучастников.

С этой поры следствие, а вместе с ним и аресты новых подозреваемых стали одновременно совершаться по трем линиям.

По «Клубку» проходили Енукидзе, Корк, Петерсон, Медведев, Тухачевский, Путна, Якир. По «заговору в НКВД» — Ягода и его ближайшие подчиненные, в том числе начальник отдела охраны Правительства К.В. Паукер и его заместитель З.И. Волович. А по делу «о военном заговоре» — Тухачевский, Якир, Уборевич, Корк, Эйдеман, Фельдман, Примаков, Путна.

20 мая Ворошилов издал приказ о перемещении Уборевича на должность командующего Среднеазиатским военным округом, а Гамарника — на должность члена военного совета того же округа. 22 мая были арестованы Тухачевский и Эйдеман.

Через три дня заключенный № 94 внутренней тюрьмы НКВД подписал признательные показания о руководстве заговором с целью государственного переворота. Этим заключенным был Тухачевский.

28 мая арестовали Якира, на следующий день — Уборевича.

30 мая Политбюро ЦК ВКП(б) постановило отстранить Гамарника и Л.Н. Аронштама, родственника жены Тухачевского, от работы в Наркомате обороны, а также исключить их из состава Военного Совета при наркоме обороны. На другой день в квартире Гамарника раздался револьверный выстрел. Было сообщено о его самоубийстве (по другой версии, его застрелил во время ареста заместитель Ежова Фриновский).

1 июня последовал арест комкора М.В. Сангурского — заместителя командующего Дальневосточным фронтом, пользовавшегося покровительством Гамарника. Через четыре дня был арестован начальник бронетанковых войск Красной армии комдив Г.Г. Бокис.

С 1 по 4 июня проходило заседание Военного Совета при наркоме обороны СССР по делу Тухачевского и его товарищей, обвиняемых не в организации государственного переворота, а в шпионаже и вредительстве. Хотя при этом звучала и фамилия Енукидзе (возможно, Ворошилов и Сталин просто проговорились).

В день окончания совещания Сталина постигло личное горе: скончалась в Грузии его мать Е.Г. Джугашвили. Однако дело «Клубок» было настолько важным, что Сталин даже не присутствовал на ее похоронах, организованных с беспрецедентной пышностью Л.П. Берией.

Вряд ли надо доказывать, что арестованные маршалы и генералы не были ни иностранными шпионами, ни диверсантами-вредителями. По масштабам их личностей это было бы чересчур мелко. Даже сотрудничая с представителями других государств, главным образом Германии, они сохраняли самостоятельность и надежды стать во главе СССР и его вооруженных сил.

Якир сразу же после очной ставки с арестованным ранее Корком, как сообщили в 1989 году «Известия ЦК КПСС», «написал заявление Ежову, в котором признал себя участником заговора, и что в заговор его вовлек Тухачевский в 1933 году. Уборевич, категорически отрицавший свое участие в шпионаже и вредительстве, показал, «что заговор возник в 1934 году и тогда же его вовлек в заговор Тухачевский».

В недавно вышедшей книге Н.А. Зеньковича «Маршалы и генсеки» опубликованы показания Тухачевского, написанные им во внутренней тюрьме НКВД. По крайней мере, значительную их часть можно считать правдивой.

Он писал, что переворот первоначально планировался на декабрь 1934 года. Его пришлось отложить, потому что произошло покушение на Кирова, в этой связи возникла волна негодования у населения, и эта реакция вызвала опасения заговорщиков. (По-видимому, сказалось и то, что была усилена охрана руководителей государства.)

Молотов утверждал, что попытки произвести государственный переворот (покушение на Сталина?) были и в 1935, и в 1936 годах. Есть версия о попытке переворота 1 мая 1937 года. Во всяком случае, в тот день было отмечено, что на поясе наркома обороны Ворошилова был револьвер в кобуре, чего не наблюдалось никогда ни раньше, ни позже.

Нераспутанный «Клубок»

Казалось бы, в связи с арестами большого количества подозреваемых в заговоре и тем более их признаниями, «Клубок» должен был быть полностью распутан. Однако этого не произошло, по-видимому, тогда, так же как до сих пор остаются оборванные и спутанные нити, связанные с заговором.

Сложности возникают уже потому, что выяснилось существование не одного, а вроде бы трех заговорщицких групп, у которых могли быть разные цели и большинство из членов которых могли вовсе не знать о существовании еще двух групп. Более того, многие из причисленных к заговорщикам могли быть просто «сочувствующими».

Во все три группы входил как будто один лишь Тухачевский, а об их существовании знать еще мог только Ягода и кто-нибудь из его ближайших сотрудников. Все эти обстоятельства безусловно запутывали расследование.

Деликатность этого дела была еще и в том, что оно выводило на зарубежные связи. Одна из наиболее прочных нитей заговора вела в Германию. В тот период СССР не желал обострять отношения с этой страной, которая стала направлять свои агрессивные устремления на государства Центральной и Западной Европы, остерегаясь вступать в конфронтацию с Советским Союзом, имея ненадежные тылы и недружественных соседей.

Вот один из примеров того, как освещался в германской прессе заговор советских военачальников:

«Обвинения против Тухачевского были собраны полностью и объявлены в присутствии всех Народных комиссаров: Тухачевский готовил переворот для того, чтобы объявить национальную военную диктатуру во главе с самим собой... Ни один человек никогда не узнает, что происходило на процессе...

Наводит на размышления тот факт, что к Тухачевскому присоединились три таких известных представителя младшего поколения, как Уборевич, Якир и Эйдеман. Если при этом еще учесть самоубийство Гамарника, который отвечал за политическое состояние армии и также принадлежал к младшему поколению, то дело становится еще более серьезным.

Тухачевский хотел быть «русским Наполеоном», который, однако, слишком рано раскрыл свои карты, либо же, как всегда, его предали в последний момент».

Здесь, как видим, все представлено прежде всего как некий конфликт «двух поколений» военачальников, а также результат личных амбиций Тухачевского.

Не исключено, что даже такие высокопоставленные заговорщики, как Якир, не предполагали, что готовится военный переворот с убийством Сталина и его соратников (или делали вид, будто они об этом не догадываются). Во всяком случае, на это может навести заявление И.Э. Якира И.В. Сталину от 9 июня 1937 года. В нем, помимо всего, говорится:

«Родной близкий тов. Сталин. Я смею так к Вам обращаться, ибо я все сказал, все отдал, и мне кажется, что я снова честный, преданный партии, государству, народу боец, каким я был многие годы.

Вся моя сознательная жизнь прошла в самоотверженной честной работе на виду партии, ее руководителей — потом провал в кошмар, в непоправимый ужас предательства...

Следствие закончено. Мне предъявлено обвинение в государственной измене, я признал свою вину, я полностью раскаялся. Я верю безгранично в правоту и целесообразность решения суда и правительства...

Теперь я честен каждым своим словом, я умру со словами любви к Вам, партии и стране, с безграничной верой в победу коммунизма».

Письмо наводит на некоторые размышления. Оно несколько истерично, что вполне оправдано. Вряд ли оно лицемерно во всем, и выражение «я умру» звучит вполне реалистично, а не аллегорически. Почему бы перед смертью признаваться в любви к тому, кто санкционировал смертный приговор? Надежда на помилование? Якир не был настолько наивным или потерявшим разум от страха, чтобы не понимать, что это невозможно.

Написал бы он так, если бы не чувствовал за собой никакой вины? Нет, так бы не стал в этом случае писать ни один нормальный человек. Он бы уж в крайнем случае упомянул о целесообразности приговора, но уж никак не о его правоте. Даже если он лукавил ради того, чтобы спасти от репрессий своих родственников, то и тогда следовало бы писать с достоинством невинно страдающего, но готового идти на смерть ради дела партии преданного большевика. Ничего подобного в письме не просматривается.

Можно спросить: ну, а как же реабилитация Якира (а также Тухачевского и других)?

На этот вопрос помогает ответить справка, предоставленная Н.М. Шверником Н.С. Хрущеву по его просьбе. В ней говорится:

«Посылаю Вам справку по проверке обвинений, предъявленных в 1937 году судебными и партийными органами тт. Тухачевскому М.Н., Якиру И.Э., Уборевичу И.П. и другим военным деятелям в измене Родине, террору и военном заговоре.

Материалы о причинах и условиях возникновения дела на т. Тухачевского М.Н. и других видных военных деятелей изучены Комиссией, созданной Президиумом ЦК КПСС решениями от 5 января 1961 года и от 6 мая 1961 года.

Н. Шверник. 26.VI.1964 г.».

Тут самое интересное, что, оказывается, высокая Комиссия изучала дела на военных через 5 лет после того, как этих людей реабилитировали. Получается, что такая реабилитация носила политический, если не сказать, конъюнктурный, характер, а потому и доверять ей трудно.

Однако, повторим, вполне возможно, что группа, назовем ее условно «Якира—Гамарника», не была посвящена во все детали и конечные цели «дворцового переворота». По крайней мере, относящийся к ней В. Примаков показал: троцкистская организация считала, что Якир наиболее подходит на пост Народного комиссара обороны вместо Ворошилова.

На процессе право-троцкистского блока обвиняемый А.П. Розенгольц рассказал об одном конкретном эпизоде заговора:

«Момент, на котором я остановился, — это совещание, которое было у меня на квартире с Тухачевским и Крестинским. Это было в конце марта 1937 года. На этом совещании Тухачевский сообщил, что он твердо рассчитывает на возможность переворота, и указал срок, полагая, что до 15 мая, в первой половине мая ему удастся этот военный переворот осуществить».

По словам Розенгольца, «у Тухачевского был ряд вариантов. Один из вариантов, на который он наиболее сильно рассчитывал, это возможность для группы военных, его сторонников, собраться у него на квартире, под каким-нибудь предлогом проникнуть в Кремль, захватить кремлевскую телефонную станцию и убить руководителей партии и правительства».

Было ли задумано все точно так, как здесь сказано, ручаться наверняка нельзя. Косвенным свидетельством реальности такого тайного совещания может служить самоубийство 8 июля 1937 года В.М. Курского, бывшего начальника Секретно-политического отдела ГУГБ НКВД СССР (с ноября 1936-го по апрель 1937-го), а затем, в апреле—июне, начальника отдела охраны Правительства. Не на него ли полагался Тухачевский, планировавший проникнуть в Кремль и убить Сталина и его ближайших сторонников? Вполне вероятно, хотя и в точности неизвестно.

Если разговор с Тухачевским был действительно таким по дате и содержанию, как показал Розенгольц, то можно с уверенностью сказать: было уже поздно, переворот был обречен на провал, потому что Тухачевский находился под подозрением.

«Сам механизм осуществления переворота, — пишет С.Т. Минаков, — представляется вполне достоверным и стыкующимся со... свидетельством М. Фриновского (1-го заместителя Ежова. — *Авт.*) о том, что были отменены все пропуска в Кремль в ожидании выступления Тухачевского».

«Теоретически этот план, — продолжает Минаков, — имел шансы на реализацию. Именно реализации этого плана ожидали Сталин, Н. Ежов, М. Фриновский и др., не зная точно, какого числа, в какое время М. Тухачевский решится провести его в жизнь. Очевидно, речь шла о 11—15 мая 1937 года.

...Мне представляется вышеизложенная версия заговора и попытки переворота, задуманные М. Тухачевским в конце марта — начале мая 1937 г., фактом, действительно имевшим место».

На наш взгляд, с таким выводом можно согласиться.

«По некоторым неофициальным свидетельствам посвященных в это дело лиц, — добавляет Минаков, — на квартире маршала М. Тухачевского был найден и черновик воззвания к стране». Был ли этот документ, а если был, то где хранится или каким образом исчез? Его вполне могли скрыть или даже уничтожить те доверенные лица Хрущева, которым он приказал срочно реабилитировать маршалов и генералов, связанных с делом Тухачевского. Ведь черновик такого воззвания мог послужить веским доказательством задуманного государственного переворота.

Возможно, целый ряд важных нитей «Клубка», равно как многие документы, свидетельствующие о диком рвении Хрущева в период массовых репрессий, были ликвидированы или особо засекречены в период его правления и борьбы с «культом личности Сталина».

Вместе с тем мы не знаем, что происходило с подобными документами в период так называемой «перестройки» и последующего «ельцинизма», когда к руководству государством пришли деятели не только антисталинского, но и антисоветского, антисоциалистического толка.

Во всяком случае, нет никаких фактических данных, которые свидетельствовали бы о том, что «Клубок» был нарочито запутан из искусственно сфабрикованных нитей, и не было никаких заговоров (а одни лишь наговоры), что в руководстве партией, государством, Красной армией пребывали только люди, преданные Сталину, стремящиеся проводить его генеральную линию. Такого нельзя предположить даже чисто теоретически.

Столь же неубедительно выглядит версия о том, что если и были враги у Сталина и его сторонников, то весьма деликатные, покладистые, робкие, не способные к активным действиям, тайным заговорам и переворотам. Они, мол, если и ошибались, то раскаивались искренне (странно, правда, что не один раз!), и расхождения с генеральным курсом у них были не принципиальные.

И вовсе бессмысленными выглядят тоже расходящиеся с фактами и ничем не подтвержденные идеи о том, что все политические процессы, которые проводились в сталинское время, были сфабрикованы, все свидетельства обвиняемых были выбиты — в буквальном смысле — следователями или принадлежат тайным сотрудникам ОГПУ-НКВД, что вся эта колоссальная машина репрессий была запущено только в результате злой воли и маниакального бреда Сталина.

Но как же тогда быть с той волей Сталина, которая укрепляла державу и улучшала благосостояние советского народа, повышала его культурный уровень? Как быть с удивительно верно продуманной внутренней и внешней политикой Сталина (будет с немалой долей преувеличения называть только это имя, хотя не он же один думал, работал, действовал на благо государства и народа)? Как объяснить его тонкую прозорливость, благодаря которой страна экономически и морально подготовилась к великой войне и победила?

Глава 7

РАСПРАВА

В стране и вне

В середине 30-х годов международная обстановка все более осложнялась. Германо-польские соглашения нанесли удар по французским позициям в Европе. Это создавало основу для советско-французского сближения, за которое так ратовал нарком иностранных дел М.М. Литвинов.

Поначалу его замыслы были более масштабны. Он выступал за региональное соглашение о взаимной защите от германской агрессии с участием СССР, Франции, Чехословакии, Польши, Бельгии, Литвы, Латвии, Эстонии и Финляндии. Однако этот проект был отложен в связи со сменой руководителей французской внешней политики.

Между тем в марте 1935 года Гитлер объявил о введении всеобщей воинской повинности и о своем намерении сформировать 36 армейских дивизий (Версальским договором после Первой мировой войны число их не должно было превышать 7). Тогда Литвинов добился заключения советско-французского договора о взаимной помощи 2 мая 1935 года.

Но ставка на такой союз оказалась несостоятельной. 7 марта 1936 года, через 8 дней после ратификации парламентом Франции советско-французского договора, германские войска вошли в Рейнскую демилитаризованную зону, растоптав Версальский договор. Гитлер блефовал. Германская армия тогда еще не смогла бы противостоять Франции, да и гораздо более слабому противнику. Гитлер потом признавался, что носил тогда в кармане пистолет, чтобы застрелиться, если Франция начнет военные действия. Но французский генеральный штаб высказался против военной акции. Министр иностранных дел Фланден метнулся в Лондон, но Англия постаралась избежать обсуждения конкретных обязательств о совместном с Францией антигерманском выступлении. Фактически это стало поддержкой Германии.

Но главное даже, пожалуй, было не это. Подлинные хозяева Французской Республики — банкирские дома Ротшильдов, де Ванделей и Комете де Форж (ассоциация крупных промышленников) были крайне напуганы набиравшим силу и одерживавшим успех за успехом движением левых сил — Народным фронтом, где важную роль играли коммунисты. Уже тогда французские монополисты склонялись к мнению: Гитлер лучше, чем Народный фронт.

После прихода к власти правительства Народного фронта, осуществившего значительную часть социально-экономических реформ, обещанных левыми силами, французские капиталисты утвердились в своих прогитлеровских симпатиях. Они сдавали позиции Франции в Европе одну за другой. Запад словно откармливал фашистского зверя для того, чтобы он набросился на Советский Союз.

Летом—осенью 1936 года на Пиренейском полуострове франкистские мятежники при поддержке Германии, Италии и Португалии теснили сторонников правительства Народного фронта. Испания была залита кровью, но Париж словно не обращал на это внимания.

Вооруженные силы Германии — вермахт — быстро разворачивался и наращивал мощь. Вскоре он стал превосходить французскую армию в авиации; но и это не вызывало тревогу в Париже. Европейские державы, союзники Франции, вынуждены были менять ориентацию, понимая, что она не будет их защищать. 14 октября 1936 года Бельгия расторгла военный союз с Францией и объявила о своем нейтралитете. При ее сильном военно-экономическом потенциале (мощная тяжелая промышленность, крупная богатая колония в Африке — Бельгийское Конго) Бельгия такой акцией ослабила позиции потенциальных противников Германии и прежде всего СССР. Польша тоже все пристальней посматривала в сторону Берлина как союзника.

В Румынии ушел в отставку антигитлеровски настроенный министр иностранных дел Николае Титулеску, и Бухарест стал налаживать союзнические отношения с Берлином. В 1937 году правительство Милана Стоядиновича заключило германо-югославский договор о дружбе и сотрудничестве.

Литвинов продолжал настаивать на союзе с Францией. Однако такая политика не устраивала Сталина, понимавшего, что Париж и Лондон желают оставить Советский Союз наедине с усиливающей свою мощь Германией. Он стал искать альтернативу линии Литвинова. И нашел ее в позиции первого заместителя наркома иностранных дел (с марта 1937 года) В.П. Потемкина, который находился в весьма натянутых отношениях со своим непосредственным начальником. Потемкин считал попытки сближения с Англией и Францией бесперспективными, предлагая установить контакты с Германией для ее нейтрализации. (По этой причине, как нам кажется, и был затушеван в информации о «Клубке» германский след.)

До 1936 года отношения потенциальных союзников — Германии и Италии — были напряженными. Муссолини грезил о новом великом Риме, мечтал превратить Средиземное море в «итальянское озеро» и противился присоединению Австрии к Германии. В апреле 1935 года Италия вместе с Англией и Францией осудила нарушение Германией военных статей Версальского договора. Но вот в октябре этого года Италия напала на Эфиопию, чем чувствительно затронула интересы Англии и Франции в Африке. А Германия, напротив, оказала Италии поддержку. Сотрудничество этих двух государств еще более окрепло во время их совместной интервенции в Испании. Неудачи в войне с Эфиопией и поражение итальянских войск в Испании подтолкнули Муссолини на сближение с Берлином.

Сходство идеологий фашистских государств и агрессивные их устремления способствовали созданию оси Рим—Берлин—Токио. Япония заключила с Германией 25 ноября 1936 года «Антикоминтерновский пакт», что обеспечивало ей поддержку сильного союзника в связи с нападением на Китай. Ведь советское правительство продолжало наращивать свои вооруженные силы на Дальнем Востоке и укрепляло стратегически важный плацдарм в Синьцзяне, куда были введены два полка Красной армии с танками, артиллерией и самолетами. Одеты они были в форму, похожую на ту, которая была на белогвардейцах, и формально вместе с ними составляли так называемую Алтайскую добровольческую армию. Под ее ударами перестала существовать тюркско-исламская республика Восточного Туркестана.

По просьбе правительства Китая в этом районе остались части Красной армии. Сюда прибыли обеспечивать боеспособность китайских войск ставшие впоследствии известными советские военачальники И.Ф. Куц и П.С. Рыбалко.

Тем не менее 7 июня 1937 года Япония начала войну против Китая и в короткий срок захватила его важнейшие торгово-промышленные центры. Только СССР пришел на помощь жертве агрессии, заключив в августе договор о ненападении с Китаем, который смог сосредоточить все силы для войны с Японией. Кроме того, СССР оказывал Китаю разнообразную помощь, в том числе военную и техническую.

Японские армии застряли на китайской территории, завязли в людском море самой населенной страны мира, вели продолжительные бои с китайскими вооруженными силами. Угроза японской агрессии против СССР резко ослабла.

Советскому Союзу приходилось вести сложные политические игры, имея на Западе и Востоке агрессивные фашистские державы, которые постоянно наращивали свою военную мощь и захватывали все новые территории. Промышленно развитые буржуазные страны совершенно определенно натравливали исподволь этих агрессоров на СССР — первую в мире страну социализма, где власть и все богатства принадлежали трудящимся. (Оговоримся: при диктатуре одной партии, но без диктатуры капитала.)

Те, кто полагает, будто Сталину только и было дел, что давить оппозицию, плести интриги в руководстве страны и выдумывать изощренные заговоры, а затем их раскрывать, крепко заблуждаются и не способны оценить те реальные и острейшие проблемы, которые стояли перед руководителем СССР.

В апреле 1937 года Совнарком СССР обязал плановые органы приступить к составлению третьего пятилетнего плана развития народного хозяйства, его проект одобрил XVIII съезд ВКП(б) в марте 1939 года. Пятилетка проходила в резко обострившейся международной обстановке и была прервана нападением Германии.

Однако несмотря на это ее достижения были впечатляющими. За три с половиной года было введено в строй три тысячи промышленных предприятий — вдвое больше, чем в годы первой пятилетки. Продолжалось освоение вновь разведанных месторождений полезных ископаемых; страна стала полностью удовлетворять свои потребности в минеральном сырье за счет собственных природных ресурсов.

На востоке страны форсированными темпами велось строительство заводов-дублеров, промышленная продукция которых до этого производилась только в центральных районах

Европейской России. Это тоже было одной из важных составляющих подготовки к грядущей войне, к нападению агрессора как с Запада, так и с Востока.

Наряду с бесспорными успехами в развитии промышленности, в конце 30-х годов выявились и существенные недостатки. Остановился прирост и даже наметилось снижение выпуска целого ряда видов промышленной продукции. Это было обусловлено различными обстоятельствами, в частности, текучестью кадров, низкой квалификацией рабочих, акцентированием внимания на оборонной промышленности. Сталин подчеркнул и вредность линии, проводимой руководством профсоюзов во главе с Н.М. Шверником, направленной на обострение конфликта рабочих с администрацией, поощрение рваческих настроений среди рабочего класса, ослабление трудовой дисциплины.

Правительством были приняты самые энергичные меры по устранению причин, мешавших развитию узловых участков промышленности. В результате валовая продукция промышленности в 1940 году увеличилась по сравнению с 1937 годом на 45%. Таких высоких темпов не знала ни одна из капиталистических стран.

Сталин максимально использовал экономические связи с заграницей, в основном с США. Это крупнейшее государство было с огромным трудом вытащено из пучины страшного экономического кризиса «новым курсом» президента Ф.Д. Рузвельта, использовавшего советский социалистический опыт планового управления экономикой, когда кризис в Соединенных Штатах сменился тяжелейшей депрессией. Поэтому для американской экономики оказался спасительным выход на обширный советский рынок. Сначала это происходило в частном порядке (например, соглашение с автомобильным «королем» Фордом), а затем и по линии межгосударственных связей, когда в 1933 году США признали СССР.

Сталин впоследствии признавал, что оборудование на советских заводах, построенных до войны, было преимущественно иностранного производства. И это естественно: таково было наследие, полученное от царской России, которая не имела надежной базы по созданию средств производства и была ориентирована главным образом на сельскохозяйственную продукцию. Сказывался и дефицит в стране высококлассных специалистов разного профиля.

Продукция легкой и пищевой промышленности за те же три года выросла «всего» на 33%. Достижения в этих областях могли быть и выше, если бы не определяющее влияние международной обстановки: большая часть средств направлялась на укрепление обороноспособности страны.

Осуществлялись энергичные меры по организационно-хозяйственному укреплению колхозов, упорядочению землепользования, переходу к новой системе заготовок, введению дополнительной оплаты труда за повышение урожайности сельскохозяйственных культур и продуктивности животноводства.

Очень важное достижение: укрепление технической базы сельского хозяйства. Если в 1928 году оно располагало 27 тысячами тракторов, то в 1940-м это число выросло до 531 тысячи. Три четверти всех пахотных работ теперь выполнялось тракторами, почти половина зерновых культур убиралась комбайнами. Большое внимание уделялось производству технических культур.

Индустриализация сельского хозяйства стала, убедительным подтверждением верности общего направления политики партии (Сталина) в сельском хозяйстве, хотя и проводилась она жестокими методами, как в военное время. Увеличилось производство сельскохозяйственных продуктов. В 1940 году валовой сбор зерна превысил 95 млн. т. В стране создавались крупные резервные запасы продовольствия. И все-таки зерновая проблема еще не была полностью решена. Медленно росла продуктивность животноводства.

Подобные трудности объяснялись прежде всего тем, что часть материальных и финансовых средств, предназначенных для сельского хозяйства, была переключена на нужды обороны.

Для жизнеспособности страны важнейшее значение имел железнодорожный транспорт. Те люди, которые привычно сетуют на ужасные дороги России по сравнению с Западной Европой, пожалуй, знакомы с географией нашей державы на уровне фонвизиновского Митрофанушки. Надо отдавать себе отчет не только в огромнейших размерах государства, но и в непростых природных условиях, сильно затрудняющих дорожное строительство и эксплуатацию шоссейных дорог на большей территории.

Итак, в конце 30-х годов были построены новые железнодорожные магистрали и транспортные узлы, прежде всего в восточных районах. Началась электрификация важнейших железных дорог. На стальные магистрали вышли мощные паровозы и большегрузные вагоны. Л.М. Каганович вспоминал, что Сталин требовал от него максимального накопления резерва железнодорожных вагонов. Это гарантировало экономику от всяких случайностей, особенно на случай надвигающейся войны.

Кроме того, были построены важные автомобильные дороги. Увеличивалась протяженность магистральных нефтепроводов.

Размер национального дохода увеличился в период с 1937 по 1940 год с 96 до 128 млрд. рублей. Повысилась средняя заработная плата рабочих и служащих, возросли доходы колхозников. Быстро увеличивался товарооборот. Государство выделяло все больше средств на культурно-бытовые нужды, здравоохранение. Росла средняя продолжительность жизни, уменьшалась смертность.

Несмотря на значительное повышение общего культурного уровня народа, всесоюзная перепись населения 1939 года показала, что каждый пятый человек старше 10 лет еще не умел читать и писать (это относилось главным образом к жителям Средней Азии, Казахстана, северных регионов). Не хватало специалистов с высшим образованием в народном хозяйстве, где их насчитывалось не более миллиона; не лучше обстояли дела со специалистами со средним специальным образованием.

Между прочим, низкий средний культурный и профессиональный уровень в немалой степени определял разгул массовых репрессий 1937—1938 годов. С одной стороны, «врагов народа», «вредителей» находили там, где их не было, а с другой — подлинные враги народа пользовались некомпетентностью или неграмотностью немалой части трудящихся для искусственного раскручивания маховика репрессий.

Массовым репрессиям, размах которых обычно чрезмерно преувеличивается, благоприятствовал карьеризм ряда крупных работников партии, НКВД, в частности Ежова и Хрущева.

Ежов поднялся к самым вершинам партийного руководства, став кандидатом в члены Политбюро. Столица Карачаево-Черкессии была переименована в Ежово-Черкесск (несмотря на некоторую комичность такого сочетания слов).

Однако в январе 1938 года его стремительное восхождение было остановлено, когда пленум ЦК осудил перегибы в репрессиях. Против Ежова все более открыто интриговал Маленков.

После мартовского 1938 года процесса над рядом крупнейших деятелей партии и государства, аресты и расстрелы широко захватили руководящие кадры во всех сферах советского общества. Это было, можно сказать, «лебединой песней» Ежова.

На январском пленуме 1938 года произошло, как показало дальнейшее, важное событие: в состав Политбюро был избран Н.С. Хрущев, пока еще в качестве кандидата в члены. Меньшевик в 1917-м, троцкист в 1923—1924-х, участник троцкистской оппозиции, вовремя «раскаявшийся», выдвиженец Л.М. Кагановича. Он вошел в доверие к Сталину через его жену, свою однокурсницу по промышленной академии Н.С. Аллилуеву. Он умел приспосабливаться к меняющимся условиям и под видом простачка умел нравиться начальству, а также быть энергичным, а то и ретивым исполнителем (и умелым интриганом).

Хрущев сумел показать себя свирепым борцом против правой оппозиции, которая имела сильные позиции в Московской партийной организации. Хрущев — в 1935—1937 годах первый секретарь МК — без удержу осуществлял террор. Он без устали звонил в Московское управление НКВД, требуя ужесточения и ускорения репрессий (это управление возглавлял муж сестры жены Сталина С.Ф. Реденс). Никита Сергеевич настаивал на том, чтобы по масштабам борьбы с оппортунистами столица опережала периферию.

Иными словами, он проводил ту самую линию, которую осудил январский пленум 1938 года. Но снят с понижением был не Хрущев, а Реденс, отправленный в Казахстан в качестве наркома внутренних дел этой союзной республики, а в ноябре того же года и сам угодивший в маховик репрессий.

А вот Хрущев ухитрился пойти на повышение, став первым секретарем ЦК ВКП(б) Украины и сменив члена Политбюро ЦК ВКП(б) С.В. Косиора, истребившего все партийные кадры Постышева на Украине и переведенного в Москву. На своем новом месте Никита Сергеевич припомнил, как украинские коммунисты дружно выступили против него в 1936 году, когда Хрущеву не помогло даже покровительство Кагановича и Молотова.

Теперь на Украине к косиоровским жертвам прибавились хрущевские. Обильной была кровавая жатва, собранная будущим «борцом с культом личности» в Киевском военном округе, членом которого он являлся.

В апреле 1938-го для Ежова прозвучал «первый звонок»: его назначили по совместительству наркомом водного транспорта. Значит, ему подыскивали замену. Ежов все чаще пускался в запой. Замену ему — первого секретаря ЦК КП(б) Грузии Л.П. Берию — предложил Маленков.

В мае 1938 года покончил жизнь самоубийством начальник управления НКВД по Московской области Каруцкий. Для Ежова это был нелегкий удар. Еще более сильный удар ждал его через месяц, когда, нелегально перейдя границу, бежал к японцам начальник Дальневосточного управления НКВД Г.С. Люшков. Переведенный из центрального аппарата, где он занимался троцкистами, в Ростов, а затем на Дальний Восток, он ожидал вызова в Москву и догадывался, что это может означать.

Понятно, что бежал он к новым хозяевам не с пустыми руками. Он выдал японцам, в частности, всю дислокацию советских войск на Дальнем Востоке, серьезно осложнив положение маршала Блюхера. Маршал и без того переживал трудные времена. Проведенная проверка показала крайне слабую подготовку войск Дальневосточного фронта, доходившую порой до небоеспособности. Чрезвычайно некомпетентное, заставляющее подозревать вредительство, руководство Блюхером войсками во время боев у озера Хасан летом 1938 года ударило не только по нему, но и по Ежову.

Репрессии обрушились теперь на ежовское окружение. Осенью 1938 года был снят с должности начальник Московского управления НКВД Цесарский. Тогда же, катаясь в лодке на Москве-реке, застрелился секретарь Ежова Илицкий. 5 ноября был арестован руководящий работник НКВД Дагин, отвечавший за охрану членов правительства. На следующий день застрелился комендант Московского Кремля Рогов и был арестован начальник контрразведывательного отдела НКВД Минаев-Цихановский. 12 ноября грянул выстрел в Ленинграде: покончил с собой близкий сотрудник и выдвиженец Ежова, бывший начальник секретно-политического отдела НКВД М.И. Литвин.

15 ноября произошло загадочное событие. Утром не явился на работу нарком внутренних дел Украины Александр Успенский. Он тоже был выдвиженцем Ежова и соратником тогдашнего первого секретаря ЦК ВКП(б) Украины Н.С. Хрущева, вместе с которым они проводили жесточайшие репрессии в этой республике.

В предыдущий день он поздно вечером неожиданно вернулся в наркомат в штатском, с чемоданом. Работал всю ночь, утром ушел пешком и... пропал. Дома его не оказалось, на работу он не вернулся.

В его кабинете лежала записка: «Ухожу из жизни. Труп ищите на берегу реки». Содержание странное, если учесть его совет искать труп в определенном районе.

На берегу Днепра действительно обнаружили... нет, не тело утопленника, а одежду Успенского. По непонятной прихоти самоубийца решил отправиться на тот свет раздетым. Уже одно это заставило предположить, что он постарался уйти не из жизни, а от карательных органов. Догадка подтвердилась, ибо поиски тела в реке и на ее берегах были безрезультатными. Имея оружие, Успенский мог бы застрелиться.

Начались поиски несостоявшегося утопленника. Он метался по стране с поддельными документами. Арестовали его жену, и она вспомнила, что видела дома паспорт на имя Шмаковского с фотографией мужа. Его задержали в апреле 1939 года на Южном Урале. По его словам, предупреждение об аресте он получил от Ежова. Хотя, по другой версии, он подслушал разговор, в котором Хрущев предлагал Сталину арестовать Успенского.

Настал конец «ежовщине», унесшей десятки тысяч жизней и сломавшей сотни тысяч судеб.

19 ноября 1938 года Ежов, подвергнувший себя самокритике был снят. Через неделю на его вакантный пост был назначен Берия. В том же ноябре при загадочных обстоятельствах умерла жена Ежова Е.С. Хаютина-Файгенберг. Ее первый муж, директор Харьковского инструментального завода А.Ф. Гладун, арестованный весной 1939 года, показал, что Хаютина, редактировавшая журнал «СССР на стройке» (ответ-

ственным редактором которого являлся Пятаков), была тесно связана с троцкистами.

Ежов пил, опаздывал или совсем не являлся на работу, оставаясь наркомом водного транспорта. Председатель Совнаркома СССР Молотов вынес ему письменный выговор за нарушение трудовой дисциплины.

6 апреля 1939 года был арестован бывший первый заместитель Ежова по НКВД М.П. Фриновский. На очереди был сам бывший «железный нарком», державший страну в «ежовых рукавицах». Через три дня он был арестован при выходе из кабинета Маленкова в ЦК ВКП(б) на Старой площади.

Проведя оставшиеся месяцы своей жизни в тюрьме, в начале февраля 1940 года перед прочтением расстрельного приговора подсудимый Ежов признал: «Я почистил 14 тысяч чекистов, но огромная моя вина заключается в том, что я мало их почистил». На расстрел он шел с пением «Интернационала».

Мало ли «почистил» Ежов? Были репрессированы: все 7 комиссаров государственной безопасности, 10 из 13 комиссаров 2-го ранга (один умер), 15 из 20 комиссаров 3-го ранга (3 покончили жизнь самоубийством и 1 бежал за границу), 39 из 49 старших майоров (один покончил жизнь самоубийством).

Надо подчеркнуть, что «ежовщина» ударила главным образом по представителям высшего и среднего звена армии, НКВД, партии, госаппарата. Положение рядовых партийцев и беспартийных продолжало улучшаться.

В конце 1938 года бывшие «кулаки» получили паспорта, хотя к началу 1941 года в местах поселения находилось еще их немало — почти миллион человек (вместе с семьями). Началось восстановление в рядах ВКП(б) некоторого числа ее бывших членов. Если в 1933—1937 годах было исключено из партии свыше 1 млн. человек, в 1937—1938-х — почти 216 тысяч, а в 1939—1940-х — около 55 тысяч, то за три года — с 1938 по 1940 год — в партии были восстановлены 164,8 тысячи человек.

На 1 января 1941 года в исправительно-трудовых лагерях и колониях находилось 1 930 000 человек, преимущественно уголовников (осужденных за контрреволюционные преступления — 445 тысяч), что резко расходится с несусветными цифрами, пущенными в ход Хрущевым, Солженицыным, Конквистом и др.

Как бы ни относиться к репрессиям, проводимым в СССР, необходимо учитывать сложившуюся тогда международную обстановку. Она заставляла переводить страну на режим военного времени, туго «закручивать гайки». Тем, кому это представляется недопустимым и преступным, можно привести в пример Францию, слишком быстро рухнувшую под ударом Германии. То же самое произошло бы с Советским Союзом, не будь он экономически, а главное морально, идеологически подготовлен к войне.

Англия и Франция шли на любые уступки Германии, лишь бы она в своих агрессивных планах была нацелена на Восток. Ей «простили» аншлюс Австрии и оккупацию Чехословакии. Вообще, страны оси одерживали победы. Японцы постепенно завоевывали Китай, итальянцы весной 1939 года вошли в Мадрид, раздавив Испанскую республику. Муссолини двинул свои корабли и сухопутные войска на Албанию; агенты его спецслужбы ОВРА захватили столицу Албании Тирану.

В марте 1939 года немцы заняли часть Литвы — Клайпедскую область, в результате чего Литва потеряла треть своей промышленности и морской порт, через который шло 80% ее экспорта. Буржуазные правительства прибалтийских государств все более склонялись к сближению с Германией. Однако осенью того же года были заключены советско-прибалтийские пакты о взаимопомощи. Вмешательство Сталина вынудило их предоставить СССР военные базы на своей территории и сформировать приемлемые для Москвы правительства. Возможно, Сталину следовало бы на этом и остановиться, но он летом 1940 года присоединил Прибалтику к СССР (можно сказать, сотворив из дружественных соседей недружественных родственников).

Желая обезопасить Ленинград, отодвинув от нее советско-финскую границу, Сталин предложил Финляндии взамен часть советской территории. Еще крупный военный теоретик А.А. Свечин (которого критиковал и посадил в 1931 году Тухачевский) называл Ленинград «Севастополем будущей войны» (по аналогии с Крымской войной). Финляндия не приняла предложения Сталина, и он решил развязать против нее военные действия, тем более что советская разведка докладывала о якобы сложившейся в этой стране революционной ситуации, что оказалось на поверку дезинформацией.

Опытнейший начальник Генштаба Б.М. Шапошников предупреждал об опасностях этой войны, и план военных действий было поручено разработать штабу Ленинградского военного округа. Около полугода продолжались ожесточенные и часто проигранные Красной армией бои. К этим трудностям добавились международные неприятности: исключение СССР из Лиги Наций, обострение конфронтации с Англией и Францией, рост уверенности Берлина в слабости Красной армии.

Комиссия по проверке Народного комиссариата обороны, руководимая Маленковым, возложила всю вину за неудачи финской компании на К.Е. Ворошилова, совершенно не учитывая оплошности других руководящих военных, в частности руководителей отраслевых управлений наркомата. В начале мая 1940 года Ворошилов был снят с должности (с повышением), а новый нарком С.К. Тимошенко энергично взялся за устранение недостатков.

Когда много позже «перестроечники» вспомнили о советско-финской войне, то стало казаться, будто в ней победила Финляндия, а потери Красной армии были огромными, едва ли не 1—2 миллиона бойцов. В действительности победили мы, а потери составили несколько сотен тысяч, в том числе раненых и обмороженных.

Успех войск Жукова на Халхин-Голе летом 1939 года обеспечил отказ японских руководящих кругов от агрессии против СССР в ближайшем будущем. Между Москвой и Токио началось зондирование возможности подписания пакта о ненападении. А помощь Советского Союза Китаю продолжалась, не позволяя Японии одержать здесь окончательную победу. Восточные границы СССР оказались в относительной безопасности, что позволяло сосредоточиться на более угрожающем западном направлении.

И тут Берлин предложил Москве заключить договор о ненападении. Сталин не сомневался: главной целью Гитлера было уничтожить СССР. Но фюрер извлек уроки из неудач своих предшественников. Он решил заручиться поддержкой максимального числа стран Западной Европы, а строптивых подчинить силой. Ему для победы над Россией-СССР требовался экономический потенциал Центральной и Западной Европы; тем более что он рассчитывал на помощь Турции и Японии.

Нападение Германии на Польшу в сентябре 1939 года устранило угрозу создания антисоветского германо-польского союза, возможность которого сильно беспокоила Кремль. При этом СССР получил возможность отодвинуть на запад свою границу. А Германия повернула свои армии на Запад: ей нужно было обезопасить свои тылы при нападении на Советский Союз, для чего надо было захватить Бельгию, Францию, а желательно и Англию.

Сталин мог торжествовать победу своего внешнеполитического курса. Он по-прежнему был уверен, что столкновение с фашистами неизбежно; предполагал, что сильная в военном и экономическом (но не в морально-политическом!) отношении Франция с помощью Англии сможет оказать достойное сопротивление гитлеровцам и будет обороняться по крайней мере до 1942 или 1943 года. А уж тогда СССР будет вполне готов к победоносной войне с Германией и ее союзниками.

Эти предположения Сталина (да и не только его) были опрокинуты катастрофически быстрой капитуляцией Франции в июне 1940 года. В течение трех-четырех недель потерпела крах одна из сверхдержав того времени.

Англия тоже была фактически выведена из строя. Ее армия была дезорганизована, а значительная ее часть, державшая оборону вместе с французами, только чудом избежала полного разгрома и уничтожения. Огромное количество военной техники и тяжелого вооружения было потеряно. Авиация и ПВО страны с трудом отбивались от немецких воздушных налетов. Немцы полагали, что им удалось уничтожить весь воздушный флот Англии, однако английские истребители вновь и вновь поднимались навстречу немецким бомбардировщикам, что вынудило прекратить бомбежки. Немцы не учли, что англичане защищали свою родину, их поврежденные самолеты спешно ремонтировались, а сбитые и легко раненные летчики снова вступали в воздушные бои с фашистами.

На морях пиратствовали немецкие подводные лодки. Шли ко дну корабли британского флота — лучшего в ту пору в мире. И позиции США заметно слабели. Из всех более или менее крупных латиноамериканских стран только Мексика и Колумбия занимали антигитлеровскую позицию. Остальные предпочитали извлекать выгоду от сотрудничества с США,

Англией, Францией и осью Берлин—Рим—Токио. Крупнейшие страны Южной Америки Бразилия и Аргентина прямо поддерживали ось.

Япония захватывала азиатские колонии Франции. Германия и Италия воевали в Африке. Центральная и Западная Европа (за исключением островной Англии) была фашистской.

Если некогда Ленин и Троцкий грезили о мировой пролетарской революции, то эта идея была обречена на провал. Ведь в большинстве стран мира пролетариат был слаб и неорганизован.

Мировое господство фашизма — иное дело. Тут речь идет прежде всего о сильном государстве с диктаторским режимом, которое можно установить практически в любой стране. Оно выступало надежным гарантом защиты населения от уголовных преступников и спекулянтов, от безработицы и в значительной мере от социальной несправедливости, непомерной разницы между богачами и нищими.

Правда, по сути своей фашистская идеология и ее материальное воплощение — экономика — являются хищническими. Они направлены на подавление и эксплуатацию покоренных стран и народов, на военную экспансию. В отличие от СССР, обходившегося собственными людскими и природными ресурсами, Германия была ориентирована на захват чужих территорий, на расширение «жизненного пространства». В этом нацистам помогала дополнительная вполне бредовая идея о превосходстве арийской расы. Тем не менее она прочно соединяла тех, кто считал себя арийцами, и пробуждала в них героический дух. Не случайно же нацистская Германия подчинила себе почти все европейские государства, а германская армия была до некоторых пор непобедимой.

Буржуазная идеология, основанная на стремлении к наживе и индивидуализме, утвердившись в индустриально развитых странах, со временем утратила свой героический дух и стала порождать «героев» преимущественно в криминальной сфере, творя приспособленцев и потребленцев.

Единственной державой, которая могла идеологически (в первую очередь), а также вооруженными силами противостоять распространению фашизма, был Советский Союз. Решительное столкновение между этими двумя системами было неизбежно.

Кто — кого?

«Объяснять эти процессы — Зиновьева и Радека — стремлением Сталина к господству и жаждой мести было бы просто нелепо, — писал Лион Фейхтвангер, присутствовавший в Москве на процессе Пятакова, Радека и их сторонников. — Иосиф Сталин, осуществивший, несмотря на сопротивление всего мира, такую грандиозную задачу, как экономическое строительство Советского Союза, марксист Сталин не станет, руководствуясь личными мотивами, как какой-то герой из классных сочинений гимназистов, вредить внешней политике своей страны и тем самым серьезному участку своей работы».

С этим мнением следует согласиться. Жаль только, что во второй половине XX века уровень не только писателей, но и большинства публицистов, историков, ученых снизился настолько, что они порой стали склоняться к рассуждениям на гимназическом уровне (вспомним когда-то нашумевших «Детей Арбата» А. Рыбакова). И удивительно только, что такие выдумки подхватывают и смакуют широкие массы «интеллектуалов».

До 1937 года Сталин старался проводить выборочные «чистки» и достаточно благосклонно принимать «раскаяния» оппозиционеров, порой даже вторичные. Но после того как выяснилось, что против него выступают с самыми радикальными намерениями объединенные силы не только оппозиции, но и часть руководства НКВД и Красной армии, даже те, кого он считал личными друзьями (например Енукидзе), только тогда он мог осознать, какая опасность угрожает не только ему лично, но и делу всей его жизни.

То, что до этого он был настроен более спокойно, доказывает такой факт: признавшие свои ошибки (безусловно, не все искренне) левые и правые оппозиционеры заняли немало важных постов в советской партийной и государственной системе. Многие заместители наркомов (например Пятаков, Сокольников), наркомы (финансов — Гринько, внешней торговли — Розенгольц), лидеры советских и партийных органов на местах, руководители армии (Гамарник, Якир, Корк и другие) и органов государственной безопасности (например Дерибас) были из числа подвергших себя в 20-х годах самокритике «левых» и «правых» уклонистов. Много их было в партийном аппарате и вообще в важных звеньях государственной системы.

Вспомним еще одно суждение Фейхтвангера: «Большинство этих обвиняемых, — он имел в виду процесс Пятакова, Радека, Сокольникова и других, — были в первую очередь конспираторами, революционерами; всю свою жизнь они были страстными бунтовщиками и сторонниками переворота — в этом было их призвание... К тому же они верили в Троцкого, обладающего огромной силой внушения. Вместе со своим учителем они видели в «государстве Сталина» искаженный образ того, к чему они сами стремились, и свою высшую цель усматривали в том, чтобы внести в эти искажения коррективы.

Не следует также забывать о личной заинтересованности обвиняемых в перевороте. Ни честолюбие, ни жажда власти у этих людей не были удовлетворены. Они занимали высокие должности, но никто из них не занимал тех высших постов, на которые, по их мнению, они имели право...»

Когда Сталин окончательно выяснил, какие значительные объединенные силы ополчились против него, он должен был понять, что находится в положении Робеспьера летом 1794 года накануне термидорианского переворота, который закончился гибелью робеспьеристов и их вождя. Уже спустя много лет Л.М. Каганович — одно из главных действующих лиц 1937 года — вспоминал на склоне своих без малого ста лет: «Что же, Сталин должен был ждать, как Робеспьер, когда его прикончат?» (в беседе с Ф.И. Чуевым).

В общем, можно поверить и в более простую формулировку, которую дал Ворошилов в 1956 году: «Сталин осатанел, сражаясь с врагами». Эти слова во многом объясняют кровавую сумятицу 1937—1938 годов.

Возможно, Сталин в то время принял всерьез хвастливое и провокационное заявление Троцкого: «Красная Армия пойдет за мной!» Не это ли имел в виду Молотов, когда, уже находясь в отставке, сказал Ф.И. Чуеву про погибших в мясорубке «ежовщины» маршалов и генералов: «Это кадры Троцкого. Это его люди».

Такая огульная характеристика вызывает естественные сомнения. Вот два наиболее ярких примера: бывшие заместители наркома обороны Александр Ильич Егоров и Иван Федорович Федько (их сменил на этом посту С.М. Буденный, о котором один из московских резидентов иностранной разведки высказался так: «Он слабее Егорова и Федько»).

Маршал А.И. Егоров со Сталиным в Гражданскую, что называется, хлебали из одного котелка, защищая Царицын в 18-м и освобождая Киев в 20-м. В 19-м у ворот, казалось, обреченной Москвы они оба, ломая сопротивление предреввоенсовета Троцкого, создали Первую конную армию, разбившую кавалерийский «кулак» Деникина. Правда, год спустя, когда Тухачевский, Троцкий и сам главком С.С. Каменев попытались свалить на них вину за поражение Тухачевского под Варшавой, они оба рисковали угодить под суд, если бы не защита Ленина. И впредь отношения Егорова с Троцким оставались плохими.

В 1930-м, в накаленной событиями раскулачивания атмосфере, ряд руководителей Реввоенсовета занял антисталинскую позицию, на XVI съезде партии Егоров выступил на стороне Сталина. Шесть лет он возглавлял Генштаб, председательствовал на обсуждении Тухачевского в Военном Совете при НКО.

Чего только в перестроечные годы не писали о причинах его ареста. Вспоминали даже то, что штабс-капитан царской армии Егоров якобы разгонял в Тбилиси демонстрацию рабочих, возглавляемую молодым революционером Сталиным. И то, что подполковник Егоров только в 18-м перешел от левых эсеров к большевикам, и даже то, что в 1937-м, разглядывая картину «Сталин руководит разгромом Деникина», имел неосторожность спросить: «А где же я?» Все это — из разряда анекдотов.

Но серьезная причина — это прежде всего плохие отношения Егорова с Ворошиловым и начальником ГлавПУРа (Политического управления армии) Мехлисом. И еще — обстановка всеобщей подозрительности и выискивания Ежовым «врагов народа» там, где их не было, — так, на всякий случай. Тем более, жена Егорова, певица Большого театра Т.А. Цешковская была арестована по обвинению в разведывательной деятельности в пользу иностранной державы.

В конце февраля 1938 года пленум ЦК ВКП(б) постановил освободить маршала А.И. Егорова от обязанностей командующего Закавказским военным округом, отчислить из армии и вывести из состава кандидатов в члены ЦК партии.

Он пытался защищаться. Писал Ворошилову 28 февраля 1938 года: «...Тяжело переживать всю ту обстановку, которая сложилась в отношении меня. Тяжесть переживаний еще более усугубилась, когда узнал об исключительной подлости и измене родине со стороны бывшей моей жены, за что я несу величайшую моральную ответственность... Но за собой я не могу признать наличие какой бы то ни было политической связи с врагами...

Дорогой Климент Ефремович! Я подал записку Сталину с просьбой принять меня хоть на несколько минут в этот исключительный для моей жизни период. Ответа нет... Прошу Вас, Климент Ефремович, посодействовать в приеме меня тов. Сталиным. Вся тяжесть моего переживания сразу же бы спала, как гора с плеч. Я хочу, мне крайне необходимо моральное успокоение, какое всегда получаешь от беседы с товарищем Сталиным».

Через три дня он пишет Ворошилову вновь: «...Только что получил решение об исключении из состава кандидатов в члены ЦК ВКП(б). Это тяжелейшее для меня политическое решение партии признаю абсолютно и единственно правильным... После того как порвал безвозвратно с прошлым моей жизни (офицерская среда, народническая идеология и абсолютно всякую связь, с кем бы то ни было, из несоветских элементов или организаций), порвал и сжег все мосты и мостики, и нет той силы, которая могла бы меня вернуть к этим старым и умершим для меня людям и их позициям. Вокруг меня (помимо предательства бывшей жены — за это я несу исключительную моральную вину) создалась ничем не объяснимая трагическая обстановка, в которой я гибну, невиновный в какой бы то ни было степени перед партией, родиной и народом в деле измены, как их враг и предатель».

27 марта 1938 года Егоров был арестован на своей квартире в Москве. Легенду о том, что он якобы стрелял в арестовывавших, следует отбросить.

Его дело вел сам Ежов. Материалы этого следствия пока остаются недоступными. Можно предположить, что одним из пунктов обвинения были контакты Егорова с военным министром буржуазной Эстонии генералом Ладойнером, однополчанином Егорова в царской армии. Правда, эти контакты осуществлялись в рамках официальных визитов.

Летом этого же года Ежов представил Сталину большой список партийных, советских и военных деятелей, прося санкцию на их расстрел. Фамилию Егорова Сталин из этого списка вычеркнул. Александр Ильич погиб в числе жертв февральских казней 1939 года.

Есть сведения, что в трагический день 22 июня 1941 года, измученный сумятицей противоречивых донесений и неизвестностью из-за отсутствия связи, Сталин устало произнес: «Нет ясности. Нет полной ясности, как говорил товарищ Егоров».

А Иван Федько? Мог ли он быть троцкистом?

Зимой 1918—1919 годов он выводил из-под ударов Деникина остатки 11-й Красной армии, брошенной на произвол судьбы Троцким и замороженной в приволжских степях. Пониженный Троцким до начдива, прошел всю Гражданскую на переднем крае. Был удостоен четырьмя орденами Красного Знамени!

Сталин рекомендовал его к зачислению в Военную академию. Получив высшее военное образование, бил басмачей и ругался с Тухачевским. Затем командовал округами. В январе 1938-го сменил Егорова на посту 1-го заместителя наркома обороны. А уже в апреле у него начались неприятности. На Ивана Федоровича дали показания арестованные командармы Белов, Каширин, Седякин. На очных ставках Федько уличал их в лжесвидетельствах.

Учтем, что его могли привлечь к ответственности не за участие в заговоре, а за то, что он не донес на тех своих товарищей, которые при нем могли вести предосудительные разговоры, критикуя Ворошилова и Сталина.

Федько сняли с должности, а в июле арестовали. Его ввели в кабинет ежовского начальника Особого отдела Федорова в полной форме командарма 1-го ранга. А вытащили окровавленного, без орденов и знаков различия. Затем начались допросы...

В феврале 1939-го он разделил участь Егорова.

Могли ли быть эти два командира «кадрами Троцкого»? Трудно в это поверить, да и никаких доказательств этому нет. Создается впечатление, что Ежов и его подчиненные упивались своей властью и слишком часто видели «врагов народа» там, где их не было; основывались в своих обвинениях на косвенных данных и требовали наказания, несоразмерного с содеянными преступлениями, а то и просто оплошностями, проступками, упущениями по службе.

Еще один пример — маршал В.К. Блюхер (настоящая фамилия — Медведев). Есть только неясные намеки на его предосудительные контакты с Гамарником и Тухачевским. Судя по тому, как защищал его поначалу Сталин, он считал Блюхера в числе своих сторонников.

Однако надо признать, что его военные доблести, проявившиеся на Перекопе и Урале, на КВЖД и в Китае, остались в прошлом; в 1930-е годы он жил капиталом былой славы. Причина его отставки обозначена в приказе №0040 Ворошилова от 4 сентября 1938 года. Вот его фрагменты:

«Главный военный совет рассмотрел вопрос о событиях в районе озера Хасан...

События этих немногих дней обнаружили огромные недочеты в состоянии ДК фронта (Дальневосточного Краснознаменного. — *Авт.*). Боевая подготовка войск, штабов и командно-начальствующего состава фронта оказались на низком уровне. Войсковые части были раздерганы и небоеспособны... Основная задача, поставленная Правительством и Главным военным советом войскам ДК фронта, — обеспечить на ДВ полную и постоянную мобилизационную и боевую готовность войск фронта, — оказалась невыполненной...

Основными недочетами в подготовке и устройстве войск, выявленными боевыми действиями у озера Хасан, являются:

а) Недопустимо преступное растаскивание из боевых подразделений бойцов на всевозможные посторонние работы...

б) Войска выступили к границе по боевой тревоге совершенно неподготовленными. Неприкосновенный запас оружия и прочего боевого имущества не был заранее расписан и подготовлен для выдачи на руки частям, что вызвало ряд вопиющих безобразий в течение всего периода боевых действий. Начальники управлений фронта и командиры частей не знали, какое, где и в каком состоянии оружие, боеприпасы и другое боевое снабжение имеются. В многих случаях целые батареи оказались на фронте без снарядов, запасные стволы к пулеметам не были подогнаны, винтовки выдавались непристрелянными, а многие бойцы и даже одно из стрелковых подразделений 32-й дивизии прибыли на фронт вовсе без винтовок и противогазов. Несмотря на громадные запасы вещевого имущества, многие бойцы были посланы в бой в совершенно изношенной обуви, полубосыми, большое количество красноармейцев было без шинелей. Командирам и штабам не хватало карт района боевых действий...

Руководство командующего ДК фронта маршала Блюхера в период боевых действий у озера Хасан было совершенно неудовлетворительным и граничило с пораженчеством.

...Т. Блюхер, выехав к месту событий, всячески уклоняется от установления непрерывной связи с Москвой, несмотря на бесконечные вызовы его по прямому проводу Народным комиссаром обороны. Целых трое суток при наличии нормально работающей телеграфной связи нельзя было добиться разговора с т. Блюхером.

...Оперативная «деятельность» маршала Блюхера была завершена отдачей им 10.08 приказа о призыве в 1-ю армию 12 возрастов. Этот незаконный акт явился тем непонятней, что Главный военный совет в мае с.г. с участием т. Блюхера и по его же предложению решил призвать в военные на ДВ всего лишь 6 возрастов. Этот приказ т. Блюхера провоцировал японцев на объявление ими своей отмобилизации и мог втянуть нас в большую войну с Японией. Приказ был немедля отменен Наркомом.

На основании указаний Главного военного совета приказываю:...Управление Дальневосточного Красного знамени фронта расформировать... Маршала т. Блюхера от должности командующего войсками Дальневосточного Краснознаменного фронта отстранить...»

Негодование Сталина по поводу бездарного руководства Блюхера было, по-видимому, особенно сильным: ведь вождь защищал Блюхера от справедливых, как выяснилось, нападок Гамарника и его сторонников. В том случае противники Сталина определенно были правы, хотя этой деловой правдой пришлось пренебречь ради «политической целесообразности».

Создается впечатление, что Ежов и его команда ждали хотя бы малейшей зацепки для того, чтобы осудить или даже расстрелять того или иного партийного или государственного деятеля. А тех, кто к ним попал, уже почти невозможно было спасти, как это было, например, с Егоровым, Федько, Блюхером. Ежовцы упивались своей властью над людьми.

Сталин нанес упреждающий удар по своим противникам, развязав настоящий государственный террор. Если бы он этого не сделал, то, пожалуй, был бы осуществлен подобный террор против его сторонников.

По всей вероятности, Сталин сознательно предоставил огромные полномочия Ежову и карательным органам, потому что он и сам не знал, откуда можно ожидать ударов внутренней оппозиции. Перед ним постоянно маячил «призрак Троцкого» — образ лютого врага Сталина и объединителя всех оппозиционных сталинскому курсу сил.

Германский историк Г.Т. Риттер-Спорн, опираясь на «смоленские архивы», захваченные немцами во время войны, пришел к выводу, что в 1936—1938 годах Сталин «не всегда был способен управлять ходом событий». Это вполне вероятно.

Можно даже сказать, что иначе и не могло быть. Ведь Сталину — придется снова повторить — приходилось постоянно решать сложнейшие вопросы внешней и внутренней политики, осуществлять оперативное руководство гигантской страной в очень непростой период ее существования, обдумывать новые, еще не бывалые в истории проблемы экономического, социального и культурного, научно-технического развития социалистического общества. У него слишком мало оставалось времени — в отличие от Троцкого — на всяческие интриги и козни.

И еще одна важная особенность ситуации: страна находилась под угрозой агрессии как с Запада, так и с Востока. При этом она еще не была подготовлена к ведению современной войны.

Можно возразить: да почему же он тогда разгромил руководящие армейские кадры?!

Масштабы такого «разгрома» впечатляют только, если учитывать высший командный состав: маршалов, «генералов» (формально тогда такого воинского звания не было). Из них действительно пострадало большинство. Относительно офицерского состава этого никак нельзя сказать.

Правда, некоторые публицисты называют цифру 40 тысяч. Откуда она взялась? Оказывается, общее число уволенных из Красной армии офицеров в 1937—1939 годах составило 37 тысяч. Из них около 8 тысяч приходится на «естественную убыль» (по смерти, болезням, возрасту, моральному разложению, преступлениям). Оставшиеся 29 тысяч были уволены по политическим мотивам. Из них было расстреляно по одним данным 1, по другим 3—4 тысячи. Арестовано и попало в заключение 6—8 тысяч. А около 13 тысяч офицеров было восстановлено в армии до 1 января 1941 года. Таким образом, общие потери по «политическим мотивам» составили 16 тысяч офицеров.

Много это или мало? На 1 января 1941 года в РККА служило 580 тысяч офицеров, а через 5 месяцев, после выпуска военно-учебных заведений, число их выросло до 680 тысяч.

О том, каков был стратегический гений главного репрессированного маршала Тухачевского, мы уже говорили. Некоторые публицисты утверждали, что он был специалистом по ведению войны в новых условиях, когда многое решает техника, но это — глубокое заблуждение.

Или такое гадание: а что, если все-таки произошло бы столкновение гитлеровской Германии с Красной армией, вооруженной так, как предполагал Тухачевский?

Он заказывал промышленности только танки, считая, что в Красной армии их должно быть более 10 тысяч, совсем не обращая внимания на сопровождающую технику. А немцы, имея всего 2 тысячи танков, захватили половину Центральной и Западной Европы в 1940—1941 годы. Их танковые части и соединения были насыщены бронетранспортерами, вездеходами, передвижными ремонтными мастерскими, грузовиками, мотоциклами.

Как мы знаем, Тухачевский ратовал за тяжелые бомбардировщики, тогда как немецкие асы господствовали в небе Европы на истребителях и пикирующих бомбардировщиках. У них широко использовались самолеты-разведчики, взаимодействовавшие с артиллерией. Об этом Тухачевский не думал. Наконец, он собирался снять с вооружения ствольную артиллерию, заменив ее аэродинамическими пушками, которые так и не были приняты на вооружение. Фактически он мог бы оставить Красную армию без артиллерии, обрекая на поражение в грядущей войне. Только личное вмешательство Сталина спасло от такого непродуманного шага. Кстати сказать, Тухачевский приказал отменить вооружение пехоты минометами, чтобы заменить их неэффективными ручными мортирами, которые так и не были запущены в производство...

Многие из тех, кто борется за права отдельной конкретной личности, слишком часто при этом забывают о правах миллионов. И это отвратительно уже потому, что миллион тоже состоит из конкретных личностей, порой ничем не хуже тех, о которых пекутся ревнители «прав человека», забывая вроде бы о том, что есть еще права людей, народа, миллионных масс.

Тем самым мы не стараемся оправдывать разгул репрессий, при котором неизбежно страдают и невинные люди или те, вина которых минимальна. Просто следует иметь в виду, что государственный деятель, так же как военачальник во время боевых действий, ориентируется прежде всего на интересы многих, иначе он за отдельными деревьями не увидит леса и заблудится в дебрях проблем.

Операция «Медведь»

Общая ситуация в мире в конце 30-х годов и в последующие десятилетия могла бы существенно измениться, если бы удалось одно из нескольких покушений на Сталина. О некоторых из них стало известно лишь сравнительно недавно.

Историк Черкасов, изучая документы французского особого архива, обнаружил донесение французской разведки, в котором сообщалось, что 11 марта 1938 года во время вечерней прогулки по территории Кремля на Сталина было совершено покушение. Человек в форме офицера войск ГПУ попытался его убить. Как выяснилось позже, это был лейтенант Данилов, военнослужащий тульского гарнизона. В Кремль он попал по поддельным документам.

На допросе Данилов показал, что его целью было отомстить за маршала Тухачевского. Он признался, что состоит в тайной террористической организации.

«Можно относиться к этому признанию как угодно, — пишут А. Колпакиди и Е. Прудникова, — однако четыре человека, которых он назвал как своих сообщников, не дожидаясь ареста, покончили с собой. Это были инженер Астахов, штабной майор Войткевич, капитан Одивцев и капитан Пономарев».

К сожалению, обстоятельства этого покушения в деталях неизвестны. Зато удалось выяснить достаточно подробные сведения о другой, более серьезно подготовленной акции, имевшей ту же цель.

...В июле 1938 года по таежной тропе с советской стороны в сторону границы с Маньчжурией шли два пограничника, сопровождая начальника Дальневосточного управления НКВД Г.С. Люшкова. Он шел, как предполагалось, на встречу с особо ценным тайным агентом, — настолько законспирированным, что его не должны были видеть наши пограничники. Провожатые оставили его у самой границы: дальше он пошел один.

Ожидать его пришлось долго — до того времени, когда выяснилось, что он перешел к японцам. Белоэмигрантская пресса писала, что это был один из немногих уцелевших «ягодинцев» — ценнейшее приобретение для тех, кто борется с советским режимом.

Как вспоминал сотрудник разведки японского генштаба Масаюки Сагуэси: «Большую значимость для разведки представляла информация Люшкова... что было поистине бесценным, о советской шпионской сети в Маньчжурии».

Но даже этот высокопоставленный чекист не знал самых главных резидентов, которые подчинялись непосредственно Москве. У них были клички Као и Лео.

Люшков предложил своим новым хозяевам разработать и осуществить операцию по ликвидации руководителя СССР. В этом его охотно поддержал генштаб Японии.

Так была утверждена тайная диверсионная операция под кодовым названием «Медведь». Она имела целью уничтожить Сталина в одной из его резиденций.

В качестве исполнителей были отобраны шесть белогвардейцев из «Союза русских патриотов». Им следовало тайно перейти границу СССР и приехать в Сочи. Там, как известно, а точнее — в Мацесте Сталин периодически принимал лечебные ванны. Принимая процедуры, он оставался в комнате один.

Вот что пишут Колпакиди и Прудникова: «Люшков в свое время был начальником Азовско-Черноморского управления НКВД, знал весь ритуал «омовения» до тонкостей.

По ночам напор воды в ванный корпус уменьшали, уровень ее опускался, и можно было по водостоку добраться до подземного накопителя. Высота его около 3 метров. В углу в потолке имелся люк, который вел в кладовку, где хранились метлы, тряпки и прочее хозяйство уборщиков. Так можно было проникнуть в банный корпус.

В бойлерной работали двое техников, которых должны были заменить террористы. В лагере в Чангуне соорудили макет корпуса. Террористы учились обращаться с механизмами, чтобы ни у кого не возникло подозрений, что техники — вовсе не техники.

После приезда Сталина двое одетых в халаты техников должны открыть люк и впустить остальных. Затем предполагалось уничтожить охрану и только потом убить Сталина. Все было продумано до мелочей. На репетициях в девяти случаях из десяти охрана не успевала среагировать. Возвращение группы не планировалось. Все террористы были смертниками».

Последнее утверждение звучит излишне категорично. Можно предположить, что участники покушения имели советские документы и были вооружены, им, по-видимому, предписывалось после совершения теракта рассредоточиться и попытаться выбраться из страны поодиночке.

В начале 1939 года группа отплыла на пароходе «Азия-Мару» в Неаполь. 19 января она прибыла в Стамбул.

Операция началась 25 января. Группа диверсантов подошла к турецко-советской границе у селения Борчка. Они вышли в глухое ущелье, ведущее на территорию СССР. И тут внезапно по ним был открыт пулеметный огонь. Они попали в засаду. Трое были убиты, остальные бежали.

По всей вероятности, в группе был агент НКВД. Или, во всяком случае, с деталями операции, вплоть до места перехода через границу диверсантов, был знаком такой агент, участвовавший в разработке всей операции. Как полагает японский исследователь Хияма Исикаки, скорее всего это был Борис Безыменский, переводчик Министерства иностранных дел марионеточного государства Маньчжоу-Го.

Вполне вероятно, что он был тем самым Лео, о существовании которого ничего не знал Люшков. А сам предатель-перебежчик и неудавшийся руководитель покушения на Сталина, как вспоминали очевидцы, плакал от бессильной ярости, когда операция сорвалась.

Крупнейшие японские газеты представляли его как активного участника антисталинской организации в СССР. Это похоже на правду, если предположить, что в заговоре принимали участие видные работники НКВД. Вряд ли случайно Люшков стал готовить покушение на Сталина только после того, как перешел к японцам. По-видимому, эту акцию он, а также его сообщники в СССР продумали раньше, наведя соответствующие справки, собрав весь комплекс необходимых сведений.

Японцы всерьез отнеслись к его предложению «убрать Сталина» столь непростым способом. Это свидетельствовало о том, что операция была обстоятельно разработана, представлялась вполне осуществимой. Но будучи начальником Азово-Черноморского управления НКВД, Люшков вряд ли мог знать до тонкости детали медицинских процедур, которые принимал Сталин. Тем более что «ритуал омовения» мог со временем существенно измениться, и надо было быть твердо уверенным в том, что все в Мацесте остается именно таким, как в то время, когда там бывал Люшков.

Надо иметь в виду, что Генрих Самойлович Люшков был назначен начальником УНКВД по Азово-Черноморскому краю согласно приказу Ягоды (до этого он был в Москве заместителем начальника секретно-политического отдела). Здесь он провел большую чистку и, возможно, по договоренности с Ягодой стал собирать материалы и верных людей с целью подготовки покушения на Сталина.

Правда, Ежов на допросах в НКВД утверждал, что сам вовлек Люшкова в заговор с целью государственного переворота (хотя и отрицал, что предупредил его об аресте и тем самым помог скрыться за границу). Но подобным показаниям Ежова верить трудно, потому что он был полностью деморализован и вполне мог находиться под влиянием следователей, которые старались обвинить его в организации заговора.

Несмотря на то что Люшков оказался ценным приобретением для японских спецслужб и активно сотрудничал с ними, в конце войны, перед капитуляцией Японии, они убили его и тайно кремировали под чужой фамилией. По-видимому, ему были известны секреты японской разведки, которых не должны были ни в коем случае знать победители в войне. В частности, это могло относиться к организации покушения на Сталина.

В 1938—1939 годах, параллельно с операцией, которую разрабатывал Люшков, японцы готовили еще одно покушение на Сталина. Была предпринята попытка пронести на Мавзолей мину замедленного действия. Ее предполагалось взорвать

1 мая в 10 часов утра. Однако и на этот раз чекисты были своевременно информированы о готовящемся покушении — они получили сведения от Лео.

Провал этих двух операций японских спецслужб показывает, насколько профессионально, четко и оперативно работали агенты НКВД в Маньчжурии (как, впрочем, и во многих других странах). С другой стороны, нетрудно понять, в каком напряжении находился Сталин, который прекрасно понимал, что является вожделенной мишенью для многих внутри и вне страны. Дело тут, безусловно, не в его болезненной мнительности или подозрительности. Со временем появляются все новые и новые свидетельства того, что жизнь его в 30-е годы не раз подвергалась смертельной опасности.

Это были не столько его личные враги, сколько прежде всего те, кто выступал против строительства социализма по сталинскому образцу и его методами, кто был противником советской власти и, конечно же, кто сам стремился к власти.

«Ежовые рукавицы»

В период 1937—1339 годов в стране резко возросло число политзаключенных («осужденных за контрреволюционные преступления»). Если на 1 января 1937 года их было в лагерях 104,8 тысячи человек, то спустя год число это превысило 185 тысяч, а в конце 1938 года составило 454,4 тысячи, после чего стало постепенно снижаться.

Кроме того, в 1938 году произошел необычайный скачок лагерной смертности — с 2,6% до 6,9% — при уменьшении процента сбежавших с 8 до 0,3. Это свидетельствует об ужесточении лагерного режима. Страна оказалась, как тогда говорили, в «ежовых рукавицах».

Таковы некоторые объективные показатели того периода, который получил название «ежовщины». Начало его окутано тайной.

Через неделю после того, как прогремели выстрелы, покончившие с Тухачевским и его сопроцессниками, произошли странные события. Пленум ЦК ВКП(б), намеченный на 20 июня, открылся лишь через два дня. Продолжался он долго — до 29 июня включительно — и остался во многом окутан непроницаемой завесой секретности.

Небывалый случай: он не стенографировался, или во всяком случае стенограмма его не сохранилась, кроме разрозненных листов в архивах. Остались почти исключительно устные или косвенные свидетельства. О чем они сообщают?

На пленуме вне официальной повестки (хозяйственные проблемы) стояли два вопроса: вручение Ежову чрезвычайных полномочий и утверждение смертных приговоров Бухарину и Рыкову. Вот что пишет об этом В. Пятницкий, сын видного деятеля Коминтерна Осипа Пятницкого (Таршиса):

«23 июня на пленуме рассматривался вопрос о продлении чрезвычайных полномочий карательному аппарату советской власти — органам НКВД. С докладом по этому вопросу выступил сам «железный нарком» Николай Ежов. Основное внимание в его докладе было акцентировано на том, что органами государственной безопасности раскрыт широко разветвленный заговор бывших военных и партийных советских работников. Усилиями Ежова и его заместителя Фриновского была создана картина грандиозного контрреволюционного правотроцкистского блока против советской власти. В связи с тем, что срок чрезвычайных полномочий, выданных партией органам НКВД после убийства Кирова, истек год назад, Ежов просил пленум ЦК ВКП(б) продлить эти полномочия на неопределенное время. Он обосновал это тем, что в стране существует глубоко законспирированное контрреволюционное подполье, страна стоит на пороге новой гражданской войны, и только органы государственной безопасности под мудрым руководством И.В. Сталина могут ее предотвратить и окончательно выкорчевать гнездо контрреволюции. После выступления Ежова слово взял Сталин. Он предложил поддержать просьбу Ежова...»

Судя по тем сведениям, которые стали известны к нашему времени, выводы о существовании контрреволюционного подполья и опасности гражданский войны или по меньшей мере государственного переворота не были преувеличением.

Характерно, что книга В. Пятницкого, из которой приведена эта цитата, называется «Заговор против Сталина». Однако о самом заговоре сказано в ней косвенно и весьма неопределенно. Более того, постоянно подчеркивается то, что признательные показания подозреваемых в таком заговоре выбивались силой и они были фальсифицированы. Непонятно, были ли это действительно идейные противники Сталина, или никакого заговора не было?

На пленуме категорически против предложений Ежова выступил кандидат в члены ЦК ВКП(б), нарком здравоохранения РСФСР Г.Н. Каминский. Его неожиданно поддержал Осип Пятницкий, после чего Сталин прервал заседание и объявил перерыв.

«Уже тогда, — пишет В.О. Пятницкий, — никто не поверил в стихийность всего, что произошло на июньском пленуме. Пошли разговоры о «чашке чая» — совещании, на которое якобы перед пленумом Пятницкий созвал многих секретарей обкомов, старых большевиков и своих соратников по Коминтерну. Предполагалось, что именно там и была достигнута предварительная договоренность о единой позиции по отношению к сталинскому террору. Я думаю, что их было не пятнадцать человек, а гораздо больше. Людей, осознавших, что в сложившихся условиях разгула «ежовщины» партия пожирает своих детей. Однако многие не решились открыто выступить, открыто продемонстрировать свою позицию, что, впрочем, не уберегло их от расправы уже по другим обвинениям.

Как рассказывал А. Темкин, а ему об этом поведал в камере внутренней тюрьмы НКВД на Лубянке сам Пятницкий, одним из участников совещания (так называемой «чашки чая») был секретарь Московского областного совета Филатов, который тут же обо всем, что там происходило, рассказал Сталину. Результаты этого доноса сказались сразу же».

Таким образом, подтверждается, что «за чашкой чая» состоялась тайная встреча ряда членов и кандидатов в члены ЦК, на которой они пришли к решению противостоять положительному решению этих двух вопросов. Среди «заговорщиков» были руководители крупных партийных организаций: И.П. Румянцев (Смоленск), И.Д. Кабаков (Урал), В.П. Шеболдаев (Курск) и др.

Был ли это действительный или лишь мнимый заговор против Сталина? На этот вопрос ответить трудно. Вполне возможно, что участники данного совещания имели разные резоны для выступления против предоставления чрезвычайных полномочий НКВД и утверждения смертной казни крупным (в прошлом) партийным деятелям. Вряд ли кто-то мог предвидеть размах грядущих репрессий против партийных и советских работников. Скорее всего, они были обеспокоены возможностью самим угодить в «ежовые рукавицы».

Если Каминский и Пятницкий выступали только против предоставления органам госбезопасности чрезвычайных полномочий, то это никак нельзя считать заговором против Сталина: всего лишь возражение против двух предложений Ежова, поддержанных Сталиным. Однако не исключено, что за этим стояло нечто более существенное и радикальное: попытка отстранить Сталина от верховной власти, выразить недоверие его политической линии. Только в таком случае есть основание говорить о реальном заговоре против генсека.

Но как бы то ни было, разговоры и замыслы участников тайного совещания стали ему известны. В результате на пленум было приглашено все руководство НКВД: Фриновский, Заковский, Курский, Бельский, Берман, Литвин, Николаев-Журид. Их присутствие сыграло свою устрашающую роль. Большинство «заговорщиков» не осмелилось на открытое выступление.

В течение работы этого пленума произошло нечто такое, чего не было ни до, ни после: был арестован 31 член и кандидат в члены Центрального Комитета ВКП(б). Эта череда арестов терроризировала часть тех, кто был настроен антисталински, и они послушно проголосовали так, как он хотел.

Есть версия, что смелость Каминского объясняется отчасти тем, что он не был посвящен в тайны партийного руководства и нанес удар, оказавшийся для него самоубийственным, — не только по Ежову, но и быстро поднимающемуся по ступеням карьеры Л.П. Берии. Ненависть Григория Наумовича к Лаврентию Павловичу сохранялась еще с 1921 года. Тогда молодой чекист Берия помогал своему покровителю Кирову отстранить от партийного руководства в Азербайджане Каминского и его сторонников. Теперь Каминский выбросил свою козырную карту — обвинение Берии в сотрудничестве с полицией азербайджанских националистов. (Действительно, очень темная страница в биографии этого темного человека.)

Каминский не оценил силу покровителей Ежова и Берии, став потенциальным смертником. Та же участь постигла О.А. Пятницкого и его сторонников. Не помогло им и заступничество Крупской, если не считать того, что Пятницкого арестовали не сразу, а через неделю после пленума.

Пятницкий был авторитетной фигурой в партии и руководстве Коминтерна. Он являлся одним из ближайших соратников Ленина со времен подполья и долго руководил всей секретно-технической деятельностью Коммунистического Интернационала. В его руках находились все тайные нити этой мощной международной организации. А с 1935 года он был руководителем политико-административного отдела ЦК ВКП(б) — очень весомый пост в партийном аппарате.

По всей вероятности, его выступление должно было послужить сигналом для тех, о кем он договорился на тайном совещании «за чашкой чая». Но об этом уже знал Сталин от одного (или их было больше?) из раскаявшихся «чаевников». Когда он прервал заседание, в перерыве была проведена «профилактическая работа» с участниками заговора (на этот случай, пожалуй, пригодились приглашенные руководители НКВД). Если кто-то из них и осмелился выступить против Сталина, то мы об этом можем никогда не узнать, поскольку полная стенограмма этого пленума отсутствует.

Попытка этого заговора объективно только значительно ухудшила ситуацию. Начался разгром в Коминтерне и резня в руководстве ВКП(б) и среди рядовых партийцев в еще больших, чем планировалось, масштабах. Пятницкий, клеветнически обвиненный в провокаторстве и шпионаже, подставил под удар многие секции Коминтерна, работавшие в подполье. Его сторонниками были также руководители крупных парторганизаций Советского Союза, например М.И. Разумов (Восточная Сибирь), А.И. Криницкий (Саратов).

Летом 1937 года Сталин направил своих представителей на места, и они разгромили почти все обкомы, крайкомы и ЦК компартий союзных республик. Лето и осень 1937 года стали апогеем «ежовщины». Многие руководящие работники на местах были расстреляны, множество партийцев угодило в ГУЛАГ. Кровавый вихрь пронесся по стране.

Так все-таки существовал ли заговор против Сталина на июньском пленуме ЦК ВКП(б) 1937 года? Факты свидетельствуют, что заговор был, но вряд ли с целью смещения его с поста генсека (хотя это, возможно, не исключалось), и уж тем более не уничтожения. Было стремление ряда крупных партийных работников противостоять некоторым его решениям. Но и это, как бывает в военное или предвоенное время, воспринималось недопустимым, преступным неподчинением начальству.

Надо еще раз подчеркнуть, что репрессии были направлены главным образом против руководящих партийных работников; в меньшей степени, хотя и значительно, пострадали рядовые партийцы и совсем незначительно — беспартийные. Это была жесточайшая «чистка» прежде всего партийного и государственного аппарата.

По поводу причин «ежовщины» существует несколько версий. Одни объясняют ее подозрительностью и жестокостью Сталина; другие — некомпетентностью, амбициями и садистскими наклонностями Ежова. Третьи указывают на объективные обстоятельства: множество тайных врагов партии, сталинского курса, СССР; необходимость укреплять устои государства перед неизбежной войной, очистить партию и общество от «сомнительных элементов».

Субъективные факторы, безусловно, должны были сказываться. И дело не в характере Сталина вообще: ведь он был чрезвычайно сдержанным и расчетливым человеком, умевшим подавлять свои личные чувства и амбиции. Но в ту пору он находился почти постоянно в сильнейшем интеллектуальном и нервном напряжении из-за лавины проблем, которые следовало обдумать, и вопросов, которые требовалось оперативно решать.

Добавим еще смерти родных и близких, неоднократные покушения. Он знал, что является мишенью для тайных организаций и разведслужб ряда государств. Убедился он и в том, что его могут предать даже еще недавние друзья. Все это содействовало тому, что он настаивал на предоставлении НКВД возможности проводить репрессии без серьезного их обоснования в кратчайшие сроки.

Личность Ежова (а также его ближайшего сподручного Фриновского) тоже сыграла свою отрицательную роль. И дело не в том, каким он был вообще. Важно — каким он стал, сосредоточив в своих руках власть над сотнями тысяч, а в принципе — над миллионами людей. Он ощутил себя вершителем человеческих судеб, впав в административный и садистский раж. Нередко он карал тех, кто не был врагом Сталина, тем самым ослабляя его позиции, вызывая не только страх, но и недовольство, а то и возмущение в обществе. Объективно это было на руку врагам Сталина (прежде всего

Троцкому), которые рассчитывали на массовые беспорядки и бунты в ответ на репрессии. И если бы террор проводился против советского народа, то так бы и произошло.

Но был еще один фактор, определявший разгул «ежовщины»: освобожденная стихия репрессий, которая развивалась с нарастанием, ускоренно, как большинство процессов с обратной связью, характерных для биологических и социальных систем. Брали одну группу подозреваемых, от них переходили к их сторонникам, а то и просто сочувствующим или даже хорошим знакомым, от которых якобы тянулись нити к другим участникам заговоров или тайных организаций. Надо было демонстрировать свою бдительность и проницательность, раскрывая все новых и новых противников советской власти. Приходилось добиваться — правдами и неправдами — признаний задержанных, чтобы не оставалось никаких сомнений в правильности арестов и подозрений. Добавим, что в органах НКВД было немало скрытых недругов Сталина. Они могли сознательно ужесточать репрессии, вовлекая в их круг его сторонников.

Благодаря полученным чрезвычайным полномочиям, руководство НКВД оказалось на положении высшей власти в стране, поставив под свой контроль не только военачальников, но и партаппарат. Сталин наверняка это понимал.

«Лишь в 1963 году, — писал П.А. Судоплатов, — я узнал, что действительно стояло за кардинальными перестановками и чисткой в рядах НКВД в последние месяцы 1938 года. Полную правду об этих событиях, которая так никогда и не была обнародована, рассказали мне Мамулов и Людвигов, возглавлявшие секретариат Берии, — вместе со мной они сидели во Владимирской тюрьме. Вот как была запущена фальшивка, открывшая дорогу кампании против Ежова и работавших с ним людей. Подстрекаемые Берией, два начальника областных управлений НКВД из Ярославля и Казахстана обратились с письмом к Сталину в октябре 1938 года, клеветнически утверждая, будто в беседах с ними Ежов намекал на предстоящие аресты членов советского руководства в канун октябрьских торжеств. Акция по компрометации Ежова была успешно проведена. Через несколько недель Ежов был обвинен в заговоре с целью свержения законного правительства. Политбюро приняло специальную резолюцию, в которой высшие должностные лица НКВД объявлялись «политически неблагонадежными». Это привело к массовым арестам всего руководящего состава органов безопасности... В декабре 1938 года Берия официально взял в свои руки бразды правления в НКВД...»

Трудно поверить, что столь серьезные и крутые меры были приняты только благодаря доносу двух, пусть даже ответственных работников. Почему надо было доверять фальшивке, а не высшим должностным лицам НКВД?

Должны были существовать веские объективные причины для прекращения «ежовщины». Ее требовалось остановить, ибо масштабы репрессий грозили перейти все допустимые пределы и вызвать общественный протест. Было нарушено равновесие между главнейшими группами (можно сказать — партиями по интересам), стоявшими во главе СССР: руководством партии, вооруженными силами, органами НКВД, государственным аппаратом, советской властью на местах.

Требовалось как можно скорее покончить с гегемонией НКВД, который стал претендовать на абсолютную власть в стране. Ради этого пришлось пожертвовать многими его работниками. Такова была последняя «великая чистка», после того как сами карательные органы расправились с оппозиционерами и заговорщиками в партии, РККА, госаппарате, в местных органах советской власти.

Можно согласиться с мнением П.А. Судоплатова: «Жизнь показала, что ненависть Сталина и руководителей ВКП(б) к политическим перерожденцам и соперникам в борьбе за власть была оправданной. Решающий удар по КПСС и Советскому Союзу был нанесен именно группой бывших руководителей партии. При этом первоначально узкокорыстные интересы борьбы за власть эти деятели маскировали заимствованными у Троцкого лозунгами борьбы с бюрократизмом и господством партаппарата».

Впрочем, партаппарат со времен Хрущева действительно захватил всю власть в стране, а потому его руководителям удалось под лживыми лозунгами провести «революцию сверху».

...Проводником «либеральной реформы», ограничившей всевластие карательных органов, стал автор приказа по НКВД СССР № 00762 от 26 ноября 1938 года. Там, в частности, говорилось:

«...В целях обеспечения неуклонного проведения в жизнь постановления СНК СССР и ЦК ВКП(б) от 17 ноября 1938 г.

все органы НКВД при осуществлении этого постановления обязываются руководствоваться следующими указаниями:

1) Немедленно прекратить производство каких-либо массовых операций по арестам и выселению...

2) Аресты производить в строго индивидуальном порядке... Отменить практику составления так называемых справок или меморандумов на арест. Аресты должны быть предварительно согласованы с прокурором...

...12) В отношении советских граждан, посещающих иностранные посольства и консульства, практиковать задержание и выяснение личности задержанных. Задержание не должно длиться больше 48 часов...

15) Отменить практику продления наказания находящимся в ссылке и лагерях. Лица, отбывающие установленный для них срок наказания, освобождаются...

Народный комиссар внутренних дел Союза ССР Берия».

1 декабря 1938 года появилось постановление СНК СССР и ЦК ВКП(б), в котором указывалось, что разрешения на аресты военнослужащих высшего, старшего и среднего начальствующего состава РККА могут даваться только самим наркомом обороны.

А летом следующего года Берия издал приказ о порядке вызова военнослужащих в органы НКВД, в котором говорилось:

«От командования частей поступают жалобы, что в практике работы особых отделов имеют место случаи вызова военнослужащих без ведома и согласия командования.

Вызовы военнослужащих производятся по всякому, даже незначительному поводу, а зачастую просто по «усмотрению» оперативного работника... Каждый подобного рода необоснованный вызов военнослужащего нервирует личный состав РККА и РККФ...»

Как видим, и на местах, в воинских частях, представители НКВД были не прочь показать свою власть над военными. Теперь этому пришел конец. «Вызовы военнослужащих в органы НКВД, — сказано в приказе, — проводить только с ведома и согласия комиссара части».

Началось оздоровление обстановки не только в НКВД и Красной армии, но и по всей стране. Несколько сократилось количество политзаключенных. Перед реальной угрозой войны требовалось консолидировать народ, укрепляя решимость противостоять врагу.

На этом фоне несколько странно выглядят демографические показатели. Если в 1937—1939 годах рождаемость составляла 3,9—3,7%, а естественный прирост был высок: 2,0—1,9%, то в 1940 году эти цифры заметно снизились, соответственно до 3,1 и 1,3%, несмотря на то что народ в целом стал жить лучше, а масштабы репрессий резко сократились.

Чем объяснить такой феномен?

Главная причина — предчувствие войны. Не локальной, как с Финляндией, а смертельно опасной, жесточайшей — с фашистской Германией.

Смерть врага

Как свидетельствуют «Очерки истории российской внешней разведки»: «Активная работа по троцкистским организациям за границей началась с марта 1936 года». Столь позднее развертывание борьбы с этими антисталинскими группировками некоторые исследователи склонны объяснять происками Ягоды, связанного с Троцким. Однако Ягода был вовсе не всесилен, и если бы последовала команда «свыше», его подчиненные вынуждены были бы по меньшей мере создавать видимость бурной деятельности. Судя по всему, такой команды не поступало.

Сам Лев Давидович вынуждал советское руководство приступать к решительной борьбе с ним самим, а затем и перейти к операциям по его уничтожению. Мы уже приводили его высказывания, призывающие «убрать Сталина». А вот что писал он в манифесте IV Интернационала:

«Подготовка революционного низвержения московской касты есть одна из центральных задач IV Интернационала. Это не простая и не легкая задача. Она требует героизма и жертв».

Это уже призыв не просто к свержению существующего в СССР строя, но и указание на необходимость сделать это путем вооруженного восстания внутри страны и участия в этом интернациональных сил. Иначе говоря, Интернационал, по Троцкому, должен был в первую очередь героически и не считаясь с жертвами подготовить и осуществить контрреволюцию.

Можно возразить: а разве не Сталин первым перешел к террору в отношении Троцкого и его близких? Ведь 16 февраля в парижском госпитале во время операции по удалению аппендикса при загадочных, как нередко пишут, обстоятельствах умер сын и первый помощник Троцкого Лев Седов. Говорят, узнав об этом известии, Ежов сказал:

— Хорошая операция. Вот здорово мы его!

Присутствовавший при этом один из главных руководителей закордонных акций С.М. Шпигельглас едва сдержался. Было от чего прийти в замешательство: ведь, по его сведениям, не поступало приказа ликвидировать Седова. До этого Шпигельглас был одним из организаторов похищения в Париже генерала Миллера, возглавлявшего Русский общевоинский союз, а также устранения (убийства) в Швейцарии Игнатия Рейсса (капитана госбезопасности Натана Порецкого), оказавшегося тайным троцкистом и пытавшегося скрыться.

Как это не покажется странным на первый взгляд, но ликвидация Льва Седова была совершенно не выгодна советской разведке. Его внезапная смерть была равносильна потере чрезвычайно важного источника информации о троцкистской сети за рубежом и в СССР.

Дело в том, что основной центр троцкизма находился в Париже. Возглавлял его Лев Седов. Его окружали наиболее доверенные лица.

С 1933 года в Париже действовала группа советских разведчиков, руководил которой Борис Манойлович Афанасьев. Она освещала работу эмигрантских центров. Однако постепенно подрывная деятельность белогвардейцев пошла на убыль (их постоянные провалы во многом определялись работой советских агентов — Фермера и его жены). В марте 1936 года группа Афанасьева была переориентирована преимущественно на разработку троцкистского центра.

Им было поручено блокировать и дезорганизовать деятельность троцкистов. Для этого следовало проникнуть в руководящий состав троцкистского центра и получить доступ к архивам Троцкого. Они подразделялись на две части: личные и оперативные документы. Последние и представляли наибольший интерес для советской резидентуры, ибо в них отражались нелегальные формы текущей работы этого центра.

Кроме Тюльпана (Зборовского) в окружение Седова проник иностранец — советский агент по кличке Томас. Он быстро сблизился с наиболее влиятельными функционерами троцкистского центра, занял в нем солидное положение и установил хорошие личные отношения с Львом Седовым.

Прежде всего требовалось узнавать, какие инструкции и указания давал Троцкий сыну. Томас сумел добиться того, что корреспонденция Троцкого до ее поступления к Седову попадала к нему. Была налажена ее перлюстрация, письма и документы фотографировались и отправлялись в Москву. Иногда корреспонденция Троцкого ложилась на стол руководству внешней разведки раньше, чем с ней успевал ознакомиться Седов.

«В результате планы и деятельность Троцкого, — говорится в «Очерках истории российской внешней разведки», — в том числе и по засылке эмиссаров в СССР, его связи со сторонниками в стране, работа по созданию IV Интернационала своевременно становились известны советскому руководству».

Успешная работа Томаса и Тюльпана позволяла советским органам госбезопасности контролировать конспиративную деятельность троцкистов. В то же время, вполне возможно, из тех же источников были получены сведения о контактах Троцкого с некоторыми крупными деятелями не только партийного и государственного аппарата, но и НКВД. От Тюльпана—Зборовского было получено донесение, что Троцкий и его сообщники говорят, что необходимо убить Сталина для того, чтобы произвести государственный переворот в СССР.

Таким образом, советской разведке был прямой смысл получать ценнейшую информацию от Тюльпана и Томаса, а значит не покушаться на жизнь Седова, во всяком случае до той поры, пока не будут раскрыты эти агенты.

Действительно, не обнаружено никаких документов, которые хотя бы намекали на то, что были даны указания на уничтожение Седова. Об этом, в частности, пишет и генерал П.А. Судоплатов.

По заключению французских врачей, проводивших хирургическую операцию, смерть Седова была вызвана послеоперационными осложнениями и низкой сопротивляемостью организма. С соответствующей медицинской документацией ознакомился один авторитетный врач, друг семьи Троцкого. Он согласился с выводами коллег из парижской клиники.

Правда, жена Седова решительно утверждала, что эта смерть вызвана «рукой Москвы» и организована агентами ОГПУ. По ее требованию было проведено полицейское расследование, но и оно не нашло никаких доказательств преднамеренного убийства.

Однако за последние годы выяснилось, что покушение на Седова все-таки планировалось, хотя с целью не убийства, а тайной доставки в Советский Союз. План похищения был детально разработан. Об этом написал начальник спецгруппы ОГПУ-НКВД Я.И. Серебрянский. По его словам, он получил в 1937 году задание доставить «Сынка» (то есть сына Троцкого) в Москву. Седов должен был внезапно и бесследно исчезнуть, но живым и невредимым оказаться в СССР. Подготавливались два варианта его доставки: по морю и по воздуху.

Подобрали судно, капитан которого знал, что, возможно, придется совершить переход в Ленинград с «группой товарищей», чтобы взять там снаряжение для республиканской Испании. Кроме того, группа имела в своем распоряжении самолет, который базировался на одном из аэродромов под Парижем. Летчик был надежным агентом. Он распространил в авиационных кругах легенду, будто готовится спортивный перелет по маршруту Париж—Токио.

Пилот начал проводить тренировки, доведя время постоянного пребывания в воздухе до 12 часов. Этого времени должно было с лихвой хватить для того, чтобы долететь из Парижа до Киева без посадки даже при встречном ветре. В подготовке похищения участвовали 7 агентов и доверенных лиц, о которых не знала резидентура в Париже.

По ряду обстоятельств эту операцию не удалось осуществить. Сыграло свою роль, в частности, быстрое ухудшение здоровья Седова, ограниченность его передвижения, а затем и перевод в больницу. Шпионская операция потеряла всякий смысл после двух хирургических операций в парижской клинике, за которыми последовал летальный исход.

Теперь острейшей необходимостью была для Сталина ликвидация Троцкого.

По свидетельству П.А. Судоплатова, первую такую акцию попытались провести в 1937 году. Шпигельглас не справился с этим заданием. Как пишет Судоплатов, он вместе с Берией был вызван к Сталину, который сказал:

— В троцкистском движении нет важных политических фигур, кроме самого Троцкого. Если с Троцким будет покончено, угроза Коминтерну будет устранена.

Он имел в виду, по-видимому, опасность раскола Коминтерна и всего мирового коммунистического движения, на руководство которым претендовал Троцкий. Но дело было не только в этом. По словам Сталина:

— Троцкий должен быть устранен в течение года, прежде чем разразится неминуемая война. Без устранения Троцкого, как показывает испанский опыт, мы не можем быть уверены, в случае нападения империалистов на Советский Союз, в поддержке наших союзников по международному коммунистическому движению...

Для «устранения» Троцкого были созданы две группы: «Конь» под началом ветерана Гражданской войны в Испании мексиканского художника Сикейроса, и «Мать» под руководством Каридад Меркадер, старший сын которой геройски погиб во время Гражданской войны в Испании, а средний — Рамон — должен был стать исполнителем смертного приговора, вынесенного Троцкому.

Однако и эта операция могла сорваться. Стал перебежчиком резидент в Испании Орлов (Фельбин), которого вызвали в Москву, чтобы арестовать, и который понял, что пришла пора бежать. Он направил Ежову письмо, в котором предупреждал: «Если Вы меня оставите в покое, я никогда не стану на путь, вредный Сов. Союзу».

И все-таки этот перебежчик был, по-видимому, не так уж прост. Во-первых, он захватил с собой всю кассу резидентуры — около 60 тысяч долларов, по тем временам огромную сумму. Во-вторых, перебравшись в Америку, он послал анонимное письмо Троцкому, в котором предупреждал его о готовящемся покушении. Более того, он сообщил, что в покушении будут участвовать люди, приехавшие из Испании.

Можно предположить, что Орлов действительно симпатизировал Троцкому или даже был на его стороне.

Как известно, первое покушение группы «Конь», руководимой Сикейросом, не удалось. Они не были профессиональными диверсантами и лишь обстреляли из-за закрытой двери комнату, где находился Троцкий, спрятавшийся под кроватью, не пострадавший.

Тогда пришел черед группы «Мать». Рамон Меркадер, вошедший в доверие ко Льву Давидовичу, сразил его небольшим ледорубом, который ухитрился пронести под плащом, не вызвав подозрений у охраны. Рамона схватили (он действовал под другой фамилией). Шесть лет ему удавалось скрывать свою причастность к советской разведке, но в конце концов его выдал еще один чекист-предатель. Только через 20 лет он вышел на свободу и в СССР получил звезду Героя.

Итак, Троцкий был убит за год до начала Великой Отечественной войны. Личным заклятым яростным и очень опасным врагом Сталина он был по меньшей мере 15 лет. Только в конце этого периода, когда деятельность Троцкого стала наносить существенный урон безопасности Советского Союза, был отдан приказ о его ликвидации. «С 1940 года, — пишут А.Г. Колпакиди и Д.П. Прохоров, — Троцкий стал передавать сотрудникам американского консульства в Мексике «конфиденциальные меморандумы» на известных ему деятелей коммунистического движения, представителей Коминтерна, агентов советской разведки в США, Франции, Мексике и других странах... У Сталина были все основания для непримиримой борьбы с Троцким и его приверженцами».

Заключение. Жестокий экзамен

Согласно легенде, сложнейший узел, завязанный фригийским царем Гордием (оракул предсказал, что развязавший его станет правителем Азии), Александр Македонский не стал распутывать, а разрубил одним взмахом меча.

Некоторые путаные проблемы целесообразно решать сходным путем, и не обязательно насильственным, волевым (так проблема не решается, а уничтожается, устраняется). В истории таким радикальным фактором становится время.

Многие историки, анализируя непростой довоенный этап существования СССР, сознательно или невольно отстраняются от последующих событий, не учитывают их. В этом случае можно дискутировать бесконечно, высказывая разные мнения и подбирая для их обоснования соответствующие факты. Теоретики и политики, таким образом, имеют возможность утверждать то, что кажется им верным или полезным для каких-либо целей.

Для достаточно далекого прошлого этот метод неэффективен и порочен потому, что на самом деле уже известно, чем все завершилось. Так, нам известно, что в период строительства, укрепления и превращения СССР в сверхдержаву победила генеральная линия партии, руководимой Сталиным, а все заговоры и покушения на его жизнь потерпели крах. Мы знаем, что в Великой Отечественной войне победил Советский Союз, а Верховным главнокомандующим был Сталин.

Проницательный читатель вправе заявить: да ведь СССР, построенный по проекту и под руководством Ленина и Сталина, рухнул. Разве это не доказало его нежизнеспособность?

О факторах и причинах развала СССР мы вкратце поговорим особо. Пока лишь заметим, что в противоборстве двух систем, так же как на дуэли, вовсе не обязательно побеждает самый честный и благородный. Тем более, когда речь идет о победе не в открытом поединке, а в информационной войне, где игра на низменных инстинктах, клевета и ложь приобретают решающее значение. В истории человечества известно немало побед позорных и подлых, мрачные последствия которых сказываются через десятки, а то и сотни лет.

Итак, для 30-х годов в СССР, для всех запутаннейших проблем этого периода мы должны помнить, что было важное завершение и их разрешение: Великая Отечественная война. Она разрубила многие из тех узлов и «клубков», о которых шла речь в этой книге. Победа в жестоком кровопролитном открытом противоборстве доказала величие, достоинство, идейную и экономическую мощь той общественной системы, которой руководил Сталин. Таков безусловный неопровержимый исторический факт.

На это обычно возражают: а как же поражения и огромные потери на первых этапах войны? Разве не показали они слабость СССР и недальновидную политику Сталина?

Да, конечно, были жесточайшие удары фашистов и крупные поражения Красной армии. Да, враги захватили 40% населения страны... Вдумайтесь только: были потеряны целиком Украина, Белоруссия, Молдавия, Прибалтика и значительная часть центра Европейской России. Немцы захватили около полутора миллионов военнопленных красноармейцев. Если бы все бывшие советские граждане на оккупированных территориях поднялись против советской власти, против Сталина, то разве мы смогли бы устоять и победить? Ведь на стороне фашистов была почти вся Западная и Центральная Европа!

Победа в такой тяжелейшей борьбе, после таких потерь только лишний раз подчеркивает единство и моральную стойкость советского народа, гигантские возможности общественной системы социалистического типа.

Говорят, мы могли бы победить быстрей и с меньшими жертвами, не будь предвоенной «чистки» в Красной армии. Но это лишь домыслы и предположения. Учтем, что перед войной наша армия, имевшая 680 тысяч командиров, потеряла 10—12 тысяч, то есть менее 2% командного состава. Вряд ли такая доля могла существенно повлиять на ход событий.

Война доказала, что советские полководцы и весь командный состав не уступали лучшим германским генералам и офицерам, а советские солдаты — фашистским, победоносно прошедшим через всю Европу. Сталин достаточно быстро понял, кого следует назначить на руководящие посты в армии. Дальнейшие события подтвердили его правоту и мудрость как Верховного главнокомандующего. Конечно, совершал он и ошибки, притом не малые. Однако в конечном итоге правда оказалась на его стороне, и он, а никто другой, привел СССР к победе.

Почему мы победили?

В самом общем виде на этот вопрос убедительно ответил Сталин, выступая на приеме в честь командующих войсками Красной армии 24 мая 1945 года. Он поднял тост «за здоровье советского народа, и, прежде всего, русского народа». И пояснил:

«У нашего правительства было немало ошибок, были у нас моменты отчаянного положения в 1941—1942 годах, когда наша армия отступала, покидая родные нам села и города... И народ мог бы сказать правительству: вы не оправдали наших ожиданий, уходите прочь, мы поставим новое правительство, которое обеспечит мир с Германией и обеспечит нам покой. Но русский народ не пошел на это... И это доверие русского народа советскому правительству оказалось той решающей силой, которая обеспечила историческую победу над врагом человечества — над фашизмом».

А уже в июне, принимая участников Парада Победы, он вновь вернулся к этой мысли: «Не думайте, что я скажу что-нибудь необычайное. У меня самый простой, обыкновенный тост. Я бы хотел выпить за здоровье людей, у которых чинов мало и звание незавидное. За людей, которых считают «винтиками» великого государственного механизма, но без которых мы все — маршалы и командующие фронтами и армиями, говоря грубо, ни черта не стоим».

Верные слова. Никто из руководителей нашей страны не говорил так ясно, честно и справедливо.

После войны, несмотря на огромные потери и разрушения, страна невероятно быстро поднялась, промышленность была восстановлена. Рождаемость вскоре пришла в норму, смертность уменьшилась, а прирост населения вновь, как и в 30-е годы, стал больше, чем во всех других развитых государствах.

...Прошло полвека после смерти Сталина, больше десяти лет после расчленения СССР и свержения советской власти и победоносной буржуазной революции (сверху) в России. Но до сих пор не смолкают критические выпады и проклятья в адрес СССР, советской власти, Сталина. И — показательное соответствие! — чем громче и настойчивей такие выпады, тем хуже живется русскому народу, да, пожалуй, и всем народам на постсоветском пространстве.

Порой можно подумать, что не немцы-гитлеровцы, а советские власти под руководством Сталина уничтожали евреев и терроризировали мирное население; не англо-американские, а советские самолеты варварски бомбили немецкие города, когда в этом не было острой необходимости; что не американцы, а мы превратили в атомное пекло мирные Хиросиму и Нагасаки. Но это не так, и когда нам твердят, что Россия должна равняться на «цивилизованные страны», переиначивая ради этого свою сущность, свои традиционные ценности, свою культуру, то это просто путь в небытие не только для нашей страны и для нашего народа, но и для всего человечества.

Вспомним, что писал в 1944 году величайший ученый XX века и крупный мыслитель В.И. Вернадский: «Идеалы нашей демократии идут в унисон со стихийным геологическим процессом, с законами природы, отвечают ноосфере» (сфере разума). Если мы отказываемся от этих высоких идеалов ради низменных целей комфорта и мещанства (выражение Максимилиана Волошина), алчности и материальных выгод, это означает вымирание и гибель нашего народа в первую очередь.

Сейчас, на руинах великой державы, нам требуется духовный подъем, напряжение воли и мужество для того, чтобы сломить врагов внутренних, разъедающих страну изнутри. Для этого они низводят на нет величайшие победы советского народа в труде и боях. Нам следует помнить, твердо знать: у нас есть достойные ориентиры — то славное прошлое, когда страна возрождалась после кровавых междоусобиц и военной разрухи, когда она побеждала могучего и страшного врага, спасая свое достоинство, честь, независимость, духовные ценности и право на существование.

Хронология некоторых событий тридцатых годов

1931

Январь

Публикации в советской прессе о польском терроре на Западной Украине.

Февраль

13. США запретили ввоз лесопродуктов из СССР.

23—26. Аграрная конференция Лиги Наций (скрытая подготовка экономической блокады Советского Союза).

Март

16. В Токио совершено покушение на торгпреда СССР в Японии Аникеева, который был тяжело ранен.

30. Усиление антисоветской кампании в капиталистических странах с целью срыва выполнения пятилетнего плана и ужесточения экономического бойкота СССР.

Призыв правительства Польши к антисоветской войне.

Апрель

В Риме подписано советско-итальянское соглашение о кредите для итальянского экспорта в СССР на 350 млн. лир в год.

9—13. В Варшаве суд над Полянским, готовившим взрыв советского полпредства в Польше. Приговор: 10 лет каторжных работ.

Переговоры в Берлине между германскими промышленниками и представителями Высшего Совета Народного хозяйства СССР, которые закончились соглашением о кредитовании заказов ВСНХ.

Май

Обострение мирового экономического кризиса капиталистических государств. Толпы голодных безработных в Берлине громят продовольственные магазины.

13. Крах крупнейшего германского Данатбанка («Дармштадтский и национальный банки»).

16. Президент Франции подписал декрет об отмене ограничений в советско-французской торговле.

24. В Кабуле подписан советско-афганский договор о нейтралитете и ненападении.

30. В Детройте (США) в связи с обострением мирового капиталистического кризиса закрыты автомобильные заводы Форда.

Руководитель тайной троцкистской группы в СССР И.Н. Смирнов имел во время служебной командировки в Берлине несколько встреч с сыном и соратником Л.Д. Троцкого — Л.Л. Седовым. Обсуждались планы сотрудничества группы Смирнова с Троцким.

Август

Налет аргентинской полиции на Южамторг (торгпредство СССР в Южной Америке).

5. Прекратили платежи три крупных банка в Нью-Йорке.

11. ЦК ВКП(б) и Совнарком СССР по докладу М.З. Рухимовича (наркома путей сообщения РСФСР) признал недостаточной и неудовлетворительной работу Наркомата путей сообщения СССР. Вскоре нарком путей сообщения СССР Я.Э. Рудзутак был сменен А.А. Андреевым. Одновременно Рудзутак был снят с поста заместителя председателя Совнаркома СССР и выведен из Политбюро ЦК ВКП(б).

18. Вторжение японцев в Северо-Восточный Китай (Маньчжурию).

Октябрь

1. Ввод в действие реконструированного автозавода АМО (ныне им. Лихачева).

Выпуск первого трактора на Харьковском тракторном заводе им. Орджоникидзе.

Ноябрь

22. В связи с продолжающимся экономическим кризисом США отменили запрет на ввоз лесопродуктов из СССР.

Декабрь

13. Беседа Сталина с немецким писателем Эмилем Людвигом.

31. Пуск Саратовского завода комбайнов.

1932

Январь

1. Пуск Горьковского автомобильного завода.

21. Договор между СССР и Финляндией о ненападении и мирном разрешении конфликтов.

31. Пуск первой доменной печи на Магнитогорском металлургическом комбинате.

Февраль

Согласно приказам Сталина и Ворошилова Тухачевский разрабатывает план захвата Польши с целью выхода СССР к границам Германии, ввиду усиления нацизма и возможности прихода Гитлера к власти.

20. Троцкий и его сын Л. Седов лишены советского гражданства.

Март

5. В Москве совершено покушение на советника германского посольства фон Твардовски. Покушавшийся был задержан и заявил, что действовал по заданию некоторых польских граждан.

15. Подписание Дюссельдорфского соглашения между германскими и английскими промышленниками о тесном взаимодействии и о разделе рынков.

16. Ввод в строй Воскресенского химического комбината.

29. Ввод в действие Первого подшипникового завода в Москве.

Апрель

3. Пуск первой домны Кузнецкого металлургического комбината.

4—6. Суд по делу о покушении на фон Твардовски. Обвиняемые Васильев и Штерн приговорены к расстрелу.

Антисоветские бесчинства русских белоэмигрантов на Китайско-Восточной железной дороге (КВЖД). Китайская полиция бездействовала.

Май

В конце месяца японские войска вышли к советско-китайской границе.

Июнь

16. В Берлине раскрыта фабрика, изготавливавшая антисоветские фальшивки.

Октябрь

4. Открытие первой угольной шахты в Воркуте (Печорский угольный бассейн).

9. Исключение Г.Е. Зиновьева и Л.Б. Каменева из партии за активное участие в деятельности подпольной антисталинской организации «Союз марксистов-ленинцев».

10. Торжественный пуск Днепрогэса им. В.И. Ленина.

11. Ссылка Зиновьева в Кустанай, а Каменева в Минусинск за их участие в антисталинской подпольной организации, руководимой М.Н. Рютиным.

Ноябрь

8. Самоубийство второй жены Сталина — Н.С. Аллилуевой, исключенной в 1921 году из партии «за принадлежность к «рабочей оппозиции» и восстановленной только в 1924 году, несмотря на ходатайство за нее В.И. Ленина.

24, 25. Арестованы соратники Рыкова — Эйсмонт и Толмачев— руководители подпольной антисталинской группы. Следствие установило, что их взгляды разделялись рядом членов и кандидатов в члены ЦК ВКП(б). Руководитель их группы А.П. Смирнов, член ЦК еще в дореволюционные годы — был выведен из Центрального Комитета партии.

29. Подписание пакта о ненападении между СССР и Францией.

Декабрь

11. Признание Западом «принципа равноправия» Германии в области вооружений. Поощрение вооружения Германии.

1933

Январь

Арест одного из главных теоретиков троцкизма Е.А. Преображенского за участие в деятельности подпольной троцкистской организации.

14. Арест И.Н. Смирнова — руководителя троцкистского подполья в СССР.

Май

8. Письмо Зиновьева Сталину о признании своей вины перед партией и с критикой оппозиции.

13. После поджога рейхстага и усиления гитлеровского террора Тухачевский заявил германской военной делегации: «Всегда думайте вот о чем: вы и мы, Германия и СССР, можем диктовать свои условия всему миру, если будем вместе». Это

заявление было сделано несмотря на прекращение советско-германского сотрудничества.

20. Опубликование в «Правде» покаяний Г.Е. Зиновьева и Л.Б. Каменева. Вскоре после этого последовало их возвращение из ссылки.

Июнь

1. Ввод в действие Челябинского тракторного завода.

Июль

15. Ввод в строй Уральского завода тяжелого машиностроения им. Орджоникидзе (Уралмаш).

28. Установление дипломатических отношений между СССР и Испанией.

Август

11. Заработала первая домна на заводе «Азовсталь» в Мариуполе.

Сентябрь

Итало-советский договор о дружбе, ненападении и нейтралитете. Договор подписали в Риме Бенито Муссолини и советский постпрЭ7остпред и В.П. Потемкин. Москва попыталась расколоть единство антисоветского блока держав.

Ноябрь

16. Установление дипломатических отношений между СССР И США.

Декабрь

14. Зиновьев и Каменев восстановлены в партии.

29. Пуск первой очереди Бобриковского химического комбината.

29. Убийство премьер-министра Румынии Дуки (работа немецкой разведки).

1934

Январь

Подготовка к проведению подпольного всесоюзного съезда троцкистов. Рост террористических настроений в подпольных организациях правых оппозиционеров и троцкистов.

Назначение Н.С. Хрущева первым секретарем Московского городского комитета ВКП(б). Начало головокружительной хрущевской карьеры.

2. Германо-польский пакт. Резкое возрастание для СССР угрозы агрессии с Запада.

26 января — 10 февраля. XVII съезд ВКП(б); утверждение второго пятилетнего плана развития народного хозяйства.

Февраль

4. Установление дипломатических отношений между СССР и Венгрией.

17. При оглашении списка нового, избранного на XVII съезде партии, ЦК стало известно, что в него не избраны 29 человек из прежнего состава — членов и кандидатов в члены ЦК. Все они были связаны с группой А.П. Смирнова.

Март

Агент НКВД Зайончковская донесла, что ей известно о существовании заговора в Красной армии, «среди высшего комсостава в Москве, и еще точнее — среди коммунистов высшего комсостава». Это сообщение было проигнорировано Г.Г. Ягодой.

Апрель

Один из главных руководителей раскулачивания Я.А. Яковлев снят с поста наркома земледелия СССР. Его заменил М.А. Чернов.

Май

10. Смерть председателя ОГПУ СССР В.Р. Менжинского (не переизбранного на XVII съезде ВКП(б) членом ЦК).

11. Смерть М.А. Пешкова — сына Максима Горького. (В 1938 году было объявлено, что Г. Ягода организовал убийство и Пешкова и Менжинского)

Июнь

9. Установление дипломатических отношений между СССР и Румынией, между СССР и Чехословакией.

Июль

Провалился путч нацистов в Вене с целью присоединить Австрию к Германии. Убийство австрийского канцлера Дольфуса (ориентировавшегося на Италию), организованное немецкой разведкой.

23. Установление дипломатических отношений между СССР и Болгарией. Пуск Ташкентского хлопчатобумажного комбината.

Август

17—1 сентября. I Всесоюзный съезд советских писателей.

Сентябрь

17. Установление дипломатических отношений между СССР и Албанией.

18. Вступление СССР в Лигу Наций.

28. Ввод в действие первой очереди Новокраматорского машиностроительного завода.

Октябрь

9. Убийство в Марселе короля Норвегии Александра I и министра иностранных дел Франции Луи Барту (акция, организованная немецкой разведкой).

Декабрь

1. Сразу после объявления по радио сообщения об убийстве С.М. Кирова консул Германии покинул Ленинград.

Слухи об антисоветском перевороте в Москве в связи с убийством Кирова. Все члены партии в Москве переведены на казарменное положение, как в Гражданскую войну. (До 1936 года каждый партиец имел оружие.)

6. Выступая на похоронах Кирова, глава правительства СССР В.М. Молотов обвинил в этом убим убийствогвардейцев.

8. Арест электромонтера Смольного С.А. Платоча — единственного свидетеля убийства Кирова. После ареста Платоч бесследно исчез.

Арестован крупный партийный деятель Г.Е. Евдокимов, участник зиновьевской оппозиции. Аресты сторонников Зиновьева — за причастность к убийству Кирова. До этого в организации убийства обвинялись белогвардейцы, троцкисты, анархисты, сторонники группы «Рабочая правда».

15. Официально объявлено, что виновниками убийства Кирова являются зиновьевцы.

16. Аресты Зиновьева и Каменева.

28—29. Судебный процесс над убийцей Кирова Л. Николаевым и над 13 бывшими комсомольскими работниками. Один из них, активный зиновьевец И.И. Котолынов, заявив о своей непричастности к убийству Кирова, признал свою политическую ответственность за это преступление.

29. Расстрел убийцы Кирова Л. Николаева и всех обвинявшихся в причастности к этому преступлению.

1935

Январь

2. Ночью арестован И.Т. Смилга — один из руководителей троцкистской оппозиции, занимавший очень жесткую позицию по отношению к сталинскому руководству.

Арестован А.Г. Шляпников — лидер «Рабочей оппозиции».

В начале января Сталин, согласно некоторым сведениям, «получил донос от одного из очень близких к нему людей» об организации заговора с целью отстранения от власти Сталина, Молотова, Кагановича и Орджоникидзе. По этому сигналу ОГПУ начало разрабатывать тщательно засекреченную операцию под кодовым названием «Клубок».

10. Начало «Кремлевского дела» по обвинению в организации покушения на Сталина в кремлевской библиотеке. (Предполагается, что дело могло быть сфабриковано Г.Г. Ягодой с целью получить в свои руки контроль над охраной Кремля, до этого находившийся в ведении Наркомата обороны.)

19. Самоубийство В.Г. Ломинадзе — крупного оппозиционера. Ему угрожал неизбежный арест.

25. Смерть В.В. Куйбышева — члена Политбюро ЦК ВКП(б), первого заместителя председателя Совнаркома СССР и председателя Комиссии советского контроля. Незадолго перед этим Куйбышев был назначен председателем комиссии по проверке работы Г.Г. Ягоды.

26. Постановление Политбюро ЦК ВКП(б) о высылке из Ленинграда около тысячи оппозиционеров.

Февраль

2. Ночью арестован директор Библиотеки им. Ленина И.П. Невский, который долгое время был одним из лидеров «Рабочей оппозиции».

11—19. 2-й Всесоюзный съезд колхозников-ударников. Принятие Примерного устава сельскохозяйственной артели.

14. Переход контроля над охраной Кремля в руки наркома внутренних дел Ягоды.

Март

1. Передача Саарской области фашистской Германии. Усиление военно-промышленного потенциала гитлеровцев.

Перевод из ссылки в тюрьмы И.Т. Сапронова и других лидеров «децистов». Члены этой ультралевой оппозиции, в отличие от троцкистов, никогда — тем более притворно — не отрекались от своей антисталинской позиции.

9. Расстрел жены Л. Николаева М.П. Драуле, ее сестры О.П. Драуле с мужем Р.Г. Кулишером, — членов партии, занимавших заметные посты в Ленинграде.

Продажа Советским Союзом Японии (формально — ее марионетки Маньчжу-Го) Китайско-Восточной железной дороги. Почти все работники КВЖД, находившиеся в СССР, были репрессированы.

Н.И. Ежов, заведующий Промышленным отделом ЦК, назначен зав. отделом руководящих партийных органов (ОРПО).

Г.М. Маленков назначен заместителем заведующего ОРПО.

26. Приговор по делу «Московской контрреволюционной организации» — группы «Рабочей оппозиции».

Апрель

Снят с должности коменданта Московского Кремля занимавший этот пост с апреля 1920 года Р.А. Петерсон, бывший начальник поезда Троцкого. Петерсону объявлен выговор «за отсутствие большевистского руководства подчиненной комендатурой».

20. Политбюро ЦК ВКП(б) обязало руководителя Ленинградской парторганизации А.А. Жданова одну десятидневку каждого месяца проводить в Москве.

Май

2. Подписание советско-французского договора о взаимной помощи.

15. Ввод в действие Московского метрополитена.

16. Подписание советско-чехословацкого договора о взаимной помощи.

Июнь—июль

Военные провокации Японии на советско-маньчжурской границе.

Июль

7. Постановление СНК СССР «О выдаче сельскохозяйственным артелям государственных актов на бессрочное (вечное) пользование землей».

27. Суд над обвиняемыми по «Кремлевскому делу» — подстрекательству к совершению теракта против Сталина.

Двое из обвиняемых были приговорены к расстрелу: секретарь коменданта Кремля Синелобов и начальник отделения Разведывательного управления Чернявский. Последнему вменили в вину то, что «установил во время служебной командировки связь с зарубежной троцкистской организацией, получил от нее задание совершить террористический акт против Сталина».

Сентябрь

5. Решением Политбюро ЦК ВКП(б) А.И. Корк снят с поста командующего Московским военным округом (с по-

нижением в должности). Его заместитель Б.М. Фельдман также смещен и назначен начальником управления кадров Наркомата обороны.

Декабрь

16. В закрытом порядке приговорены к расстрелу 4 человека, обвиненные в подготовке теракта на Красной площади против Сталина 7 ноября 1935 года.

1936

Январь

Аресты троцкистов в СССР. Всего было арестовано более 100 человек.

Многочисленные аресты военных в Московском и других военных округах.

Февраль

3. Пуск Камского целлюлозно-бумажного комбината.

Японские войска спровоцировали серьезные бои на границе Монголии с Маньчжурией (оккупированной Японией).

23. Доклад Сталину заместителя Ягоды Прокофьева об аресте в Москве группы бывших троцкистов, в их числе А.И. Шемелева — политредактора Главлита, И.И. Трусова — беспартийного, литературного сотрудника Комакадемии, у которого был обнаружен и изъят личный архив Л.Д. Троцкого за 1927 год. К апрелю число арестованных достигло 508 человек.

27. Постановление Политбюро ЦК ВКП(б): «Допрос арестованных вести НКВД совместно с т. Ежовым». Впервые было выражено публично недоверие Ягоде.

Март

2. Выступление руководителей РККА против Ворошилова, за его отставку.

12. Заключение советско-монгольского договора о взаимопомощи.

Апрель

Усиленное циркулирование в белоэмигрантских кругах слухов о готовящемся военном перевороте в СССР.

Серьезное понижение в должности маршала Тухачевского — первого заместителя наркома обороны, — назначенного на должность начальника Управления боевой подготовки наркомата обороны, после снятия его с важного поста начальника вооружений Красной армии.

Май

1. Сорвана попытка покушения на Сталина во время парада и демонстрации на Красной площади. Награждены орденами: командующий ВВС Алкснис, командир танкового корпуса Ракитин, начальник отдела охраны Правительства Паукер, его заместитель Волович, комендант Московского Кремля Ткалун, начальник милиции Москвы Вуль, водитель танка Дубко.

2. На праздничном обеде у Ворошилова в присутствии Сталина Тухачевский и Гамарник выступили с нападками на наркома обороны. Их поддержал Якир. (На следующий день Тухачевский отказался от своих обвинений.)

Арестованный ответственный работник Наркомвнешторга Э.С. Гольцман дал показания о создании в 1932 году объединенного антисталинского блока всех старых и новых оппозиционеров и установлении этим блоком связей с Троцким. Эти сведения потрясли Сталина и все Политбюро. Началась подготовка процесса «объединенного троцкистско-зиновьевского блока».

Июль

9. Самоубийство (или убийство, организованное Л.П. Берией?) первого секретаря ЦК КП(б) Армении Г. Ханджяна.

В середине месяца Зиновьев и Каменев были переведены из политизоляторов в московскую тюрьму. В письме Сталину Зиновьев просил опубликовать книгу его воспоминаний, написанную в политизоляторе.

Август

14. Арест заместителя командующего Ленинградского военного округа комкора В.М. Примакова в связи с показаниями одного из обвиняемых по делу «объединенного троцкистско-зиновьевского блока» И.И. Дрейцера.

Начало репрессий среди высшего командного состава Красной армии.

20. Обвиняемые по процессу «троцкистско-зиновьевского блока» Зиновьев, Каменев, И.И. Рейнгольд дали на суде показания против ряда бывших оппозиционеров, находящихся на свободе и занимающих видные посты.

21. М.П. Томский на собрании в ОГИЗе, который возглавлял, признал, что имел тесные оппозиционные контакты с Каменевым.

22. Самоубийство М.П. Томского.

Заявление генпрокурора СССР А.Я. Вышинского на процессе Зиновьева и Каменева о возбуждении дела против лидеров правой и левой оппозиции. Начало массовых арестов сторонников Бухарина.

25. Смерть (самоубийство?) командарма 1-го ранга С.С. Каменева, бывшего главнокомандующего в Гражданскую войну. Был посмертно признан виновным в заговоре против Сталина.

Огромный митинг в Москве, организованный Н.С. Хрущевым, с призывами вынести расстрельные приговоры всем обвиняемым.

Внедренный разведкой НКВД в ближайшее окружение Троцкого М. Зборовский (кличка Тюльпан) передал в Москву сообщение о том, что сын Троцкого, Седов, после процесса над «объединенным троцкистско-зиновьевским центром» призывал отца к организации убийства Сталина.

Сентябрь

26. Г.М. Маленков назначен заведующим Отделом руководящих партийных органов (ОРПО) ЦК ВКП(б).

Бывший (до 1930 года) глава правительства СССР А.И. Рыков снят с поста наркома связи.

29. Начало перевода репрессированных оппозиционеров из ссылок и политизоляторов в тюрьмы и лагеря.

Октябрь

От чехословацкой разведки в Прагу поступают сообщения из Варшавы и Берлина о связях оппозиционных Гитлеру немецких генералов с высшими военными кругами СССР.

Ноябрь

28. Изменение штатного расписания и структуры органов охраны руководства СССР. Организован самостоятельный Первый отдел (охраны) ГУГБ НКВД СССР. Его начальником назначен К.В. Паукер. (Оказалось, что всего на полгода.)

Декабрь

5. Принятие новой Конституции СССР.

Перемещения в руководстве многих областных и республиканских партийных организаций.

1937

Январь

На имя Ежова поступило письмо бывшего начальника контрразведывательного отдела ОГПУ в 20-х годах и начальника Иностранного отдела в 30-х годах А.Х. Артузова, в котором он, ссылаясь на имевшиеся в архивах сведения закордонных агентов, высказывал свое мнение о существовании в Красной армии троцкистской организации.

10, 11. Расстрел И.Т. Смилги и М.Н. Рютина.

В середине января корреспондент «Правды» в Берлине А. Климов передал Сталину через главного редактора «Правды» Л.З. Мехлиса письмо, в котором, со ссылкой на достоверные источники в Германии, сообщил о связи германских правящих кругов с руководством Красной армии и лично с Тухачевским.

29. ЦИК СССР перевел в запас генерального комиссара Госбезопасности Г.Г. Ягоду. Это звание получил Н.И. Ежов.

27. Арестован Х.Г. Раковский — один из руководителей и идеологов троцкистской оппозиции (до весны 1934 года).

31. После расстрела приговоренных по процессу «параллельного троцкистско-зиновьевского центра» первый секретарь МГК и МК ВКП(б) Хрущев организовал в Москве грандиозный митинг, на котором выступил с яростной речью, одобряя смертные приговоры.

Февраль

3. Арест бывшего начальника Главного управления Государственной безопасности НКВД СССР Г.А. Молчанова.

Начало репрессий против ягодинских кадров высшего звена.

11. Арест в Харькове крупного партийного деятеля А.С. Енукидзе. В тот же день Енукидзе признал свое участие в заговоре против Сталина и назвал соучастников: Тухачевского, Корка, Путну. Дело «Клубок» вступило в решающую фазу.

27. Аресты Н.И. Бухарина и А.И. Рыкова. Во время содержания во внутренней тюрьме НКВД Бухарин написал две крупные научные работы.

Март

11. Арест командующего Уральским военным округом И.И. Гарькавого (соратника и родственника И.Э. Якира) и его заместителя М.И. Василенко, бывшего колчаковского офицера.

29. Аресты Г.Г. Ягоды и П.П. Буланова (бывшего управляющего делами ОГПУ и НКВД). Обыском и арестом Ягоды руководил заместитель Н.И. Ежова М.П. Фриновский.

Арестован комдив Н.К. Кручинкин — начальник Главного управления пограничных и внутренних войск НКВД

СССР. По воспоминаниям старых чекистов, именно в этих войсках была спецчасть, состав которой был подобран Ягодой и которая подчинялась ему непосредственно. Она подготавливалась для того, чтобы арестовать Сталина и его ближайших соратников.

Апрель

15. Арест М.М. Ольшанского, заместителя начальника Автобронетанкового управления Красной армии.

17. Арестован К.В. Паукер, начальник отдела охраны Правительства СССР.

19. Арестован Г.Н. Кутателадзе, командир 9-го стрелкового корпуса (Московский военный округ).

Начальник Главного разведывательного управления РККА комкор С. Урицкий доложил Сталину и Ворошилову о слухах в Берлине об оппозиции советскому руководству среди высшего комсостава Красной армии.

21. Два руководителя МВД Чехословакии, в том числе начальник тайной чехословацкой полиции, вели переговоры в Берлине с начальником гестапо Мюллером, который передал им документы о заговоре против Сталина среди командного состава РККА.

27. Арестован Р.А. Петерсон, бывший комендант Московского Кремля, помощник И.Э. Якира по материально-техническому снабжению. Уже во время обыска Петерсон написал покаянное письмо Ежову с добровольным признанием о своем участии в заговоре против Сталина. Он назвал соучастников: Енукидзе, Корка, Тухачевского, Путну.

28. Постановление СНК «О третьем пятилетнем плане развития народного хозяйства СССР».

Бывший зам. начальника Отдела охраны Правительства З.И. Волович дал показания о заговоре Ягоды (при участии Тухачевского) с целью государственного переворота.

30. Арестован дивизионный комиссар М.А. Имянинников, заместитель коменданта Московского Кремля.

Май

8. Послание Президента Чехословакии Бенеша Сталину о заговоре, возглавляемом маршалом Тухачевским.

Последний прием Сталиным И.Э. Якира.

14. Арестованный А.И. Корк написал два заявления Ежову. Первое — о намерении военной организации правых про-

извести переворот в Кремле. Второе — о штабе переворота в составе Корка, Тухачевского и Путны.

19. На допросе Ягода сообщил о Енукидзе, Тухачевском, Корке, Петерсоне как о своих соучастниках по заговору с целью свержения Сталина и его соратников.

20. Перемещения в высшем командном составе Красной армии, главным образом среди командования военными округами.

Я.Б. Гамарник снят с постов 1-го заместителя наркома обороны, 1-го заместителя председателя Военного Совета при наркоме обороны и начальника Главного политического управления Красной армии. Он назначен членом Военного Совета Среднеазиатского военного округа.

21. Первая советская высокоширотная воздушная экспедиция «Север-1», создавшая станцию «Северный полюс-1». С июня 1937 года по февраль 1938 года на дрейфующей льдине в центре Арктики работала группа И.Д. Папанина, П.П. Ширшова, Е.К. Федорова и Э.Т. Кренкеля.

22. Арестованы Р.П. Эйдеман в Москве и М.Н. Тухачевский в Куйбышеве, куда он был назначен (с понижением в должности) командующим Приволжским военным округом.

25. Перевод Тухачевского в Москву, во внутреннюю тюрьму НКВД, где он содержался под № 94.

Ягода сообщил на допросе о своих мероприятиях по спасениию заговорщиков «Клубка» и переходу в его руки охраны Кремля в 1935 году.

26. Тухачевский подписал признательные показания в том, что он участвовал в руководстве военно-троцкистским заговором.

28. В Москве арестован командующий Закавказским военным округом И.Э. Якир.

На допросе, проводимом Ежовым, Тухачевский признал свои связи с правой оппозицией и немецкой разведкой.

30. Политбюро ЦК ВКП(б) приняло решение отстранить Гамарника и Аронштама (родственника жены Тухачевского) от работы в Наркомате обороны; их исключили из состава Военного совета при Наркомате обороны.

31. Застрелился Я.Б. Гамарник. Были арестованы его ближайшие сотрудники.

Июнь

1. Арестован М.В. Сангурский — заместитель командующего Дальневосточным фронтом В.К. Блюхера.

1—4. Заседание Военного совета при наркоме обороны СССР, 20 членов которого уже были арестованы. Самокритика наркома Ворошилова на этом совещании.

4. Смерть Е.Г. Джугашвили — матери Сталина, который не присутствовал на ее похоронах. Пышные помпезные похороны организовал Л.П. Берия.

5. Арестован комдив Г.Г. Бокис, начальник бронетанковых войск Красной армии.

12. Расстрел Тухачевского и его соучастников.

14. Снят с должности начальник отдела охраны Правительства В.М. Курский.

16. Застрелился Председатель ЦИК Белоруссии А.Г. Червяков.

18—20. Первый в мире беспосадочный полет Москва—Портленд (США) через Северный полюс В.П. Чкалова, Г.Ф. Байдукова и А.В. Белякова.

23—29. Беспрецедентный в истории партии пленум ЦК ВКП(б). Его заседания не стенографировались. Пленум предварительно был назначен на 20 июня. В дни его работы был арестован 31 человек из состава ЦК. Пленум предоставил Н.И. Ежову чрезвычайные полномочия, положив начало «ежовщине».

Июль

8. Застрелился В.М. Курский — бывший начальник Секретно-политического отдела ГУГБ НКВД (с ноября 1936 по апрель 1937-го) и начальника охраны Правительства в апреле—июне 1937-го, заместителя наркома внутренних дел СССР.

16. Город Сулимов (Северный Кавказ) переименован в Ежово-Черкесск. Д.Е. Сулимов, председатель Совнаркома РСФСР, был вскоре арестован.

17. Ежов награжден орденом Ленина.

18. Побег в Париж комбрига А.Г. Бармина — резидента советской разведки в Греции (до этого — резидента на Ближнем Востоке и во Франции).

20. Арестован Я.С. Агранов, который был долгое время доверенным человеком Сталина в руководстве государственной безопасностью.

29. Пленум ЦК КП(б) Белоруссии с участием прибывших из Москвы Г.М. Маленкова и Я.А. Яковлева. Начало разгрома руководящих партийных кадров Белоруссии.

Август

21. Заключение Договора о ненападении между СССР и Китаем.

21. Расстрелян Р.А. Петерсон.

Выезд на Украину комиссии в составе Молотова, Хрущева и Ежова в сопровождении крупного контингента войск НКВД. Начало невиданного разгрома партийных и советских кадров Украины.

29. Самоубийство (или убийство?) Председателя Совнаркома Украины П.П. Любченко и его жены.

Сентябрь

Похищение в Париже разведкой НКВД генерала Е.К. Миллера — руководителя белоэмигрантской военной организации: Российского Общевойскового Союза (РОВС), приведшее к развалу этой крупной антисоветской группировки и срыву миллеровского плана сотрудничества с немцами в случае войны Германии с СССР (Миллер был расстрелян в мае 1939 года после содержания в хороших условиях во внутренней тюрьме НКВД; его письма из заключения были недавно опубликованы).

Пленум ЦК КП(б) Узбекистана с участием приехавшего из Москвы А.А. Андреева. Начало разгрома партийных кадров этой республики. Арест первого секретаря ЦК КП(б) Узбекистана А.И. Икрамова.

Октябрь

Аресты руководства Туркмении и Таджикистана, а также ряда других регионов СССР.

На пленуме ЦК ВКП(б) исключены многие члены и кандидаты в члены ЦК. Сталин выступил с предложением пополнить ряды руководящих партийных работников. (Многие из этого пополнения были вскоре репрессированы.)

Н.И. Ежов избран кандидатом в члены Политбюро.

Ноябрь

19. Англия согласилась с запланированными Гитлером захватами Австрии и Чехословакии. Усиление агрессивности Германии.

Декабрь

Временное частичное ослабление «ежовщины».

12. Первые выборы в Верховный Совет СССР.

1938

Январь

8. Арест комдива П.П. Ткалуна — коменданта Московского Кремля.

12. Открытие 1-й сессии Верховного Совета СССР 1-го созыва.

Письмо Маленкова Сталину с обвинением П.П. Постышева в организации массовых необоснованных репрессий.

14. На пленуме ЦК ВКП(б) Г.М. Маленков выступил с докладом: «Об ошибках парторганизаций при исключении коммунистов из партии».

Пленум избрал Н.С. Хрущева кандидатом в члены Политбюро.

Перевод из Москвы в Казахстан начальника Московского управления НКВД С.Ф. Реденса, который вместе с Хрущевым нес главную ответственность за массовые репрессии в Московской городской и областной партийных организациях.

25. Постановление Политбюро ЦК ВКП(б) и Совнаркома СССР о снятии маршала А.И. Егорова с поста 1-го заместителя наркома обороны СССР.

29. Арест полковника М.М. Аквилянова, адъютанта маршала С.М. Буденного.

Февраль

Н.С. Хрущев переведен из Москвы на пост первого секретаря ЦК КП(б) Украины. С этого поста снят и переведен в Москву С.В. Косиор. Начало хрущевских жестоких, во многом необоснованных репрессий на Украине.

14. В парижской больнице при подозрительных обстоятельствах умер (был умерщвлен?) Л.Л. Седов.

Пленум ЦК ВКП(б) лишил всех постов и званий маршала А.И. Егорова, кандидата в члены ЦК партии.

Март

10. После захвата Австрии гитлеровской Германией союзная Берлину Польша, спровоцировав инцидент у польско-литовской границы, попыталась развязать агрессию против Литвы — этой бедной экономически и слабой в военном отношении страны. Союзники Литвы по Прибалтийской Антанте Латвия и Эстония, а также западные великие державы бросили Литву на произвол судьбы.

17. Правительство СССР в своем заявлении предупредило правительство Польши, что в случае агрессии Польши против Литвы СССР разорвет польско-советский договор и оставит за собой свободу действий. Тем самым польско-литовский инцидент был исчерпан.

Н.И. Ежовым подписан ордер на арест первого секретаря ЦК КП(б) Грузии Л.П. Берии. Поездка Берии в Москву и назначение его одним из заместителей Ежова.

27. Арест бывшего маршала А.И. Егорова.

Апрель

9. Назначение — по совместительству — Н.И. Ежова наркомом водного транспорта.

28. Арестован Л.М. Заковский, бывший заместитель Ежова в НКВД. Начало репрессий против ежовских кадров высшего звена.

Июнь

13. Побег через границу к японцам начальника Дальневосточного управления НКВД Г.С. Люшкова, передавшего Японии секретные документы государственной важности.

Июль

10. Побег на Запад А. Орлова, руководителя советской разведывательной сети в Западной Европе, бывшего резидента разведки НКВД на фронтах Испании.

20. Назначение Л.П. Берия первым заместителем Ежова и начальником ГУГБ (Главного Управления государственной безопасности) Наркомата внутренних дел СССР — вместо М.П. Фриновского.

28. Ежов представил Сталину и Молотову список подлежащих расстрелу бывших партийных руководителей, военачальников, а также высокопоставленных работников НКВД. Список был ими утвержден за исключением А.И. Егорова.

29 июля — 11 августа. Разгром частями Красной армии японских войск, вторгшихся на территорию СССР у озера Хасан.

Сентябрь

4. Секретный приказ К.Е. Ворошилова с анализом ситуации в войсках Дальнего Востока: развал, ответственность за который несет маршал Блюхер. Кроме того, Блюхер обвинен во вредительстве в период боев с японцами у озера Хасан.

24. Арестован нарком внутренних дел Белоруссии Б.Д. Берман, который показал, что Ежов и его бывший первый заместитель Фриновский виновны в незаконных массовых репрессиях. Об этих показаниях Ежову не было сообщено.

И.И. Ильицкий, секретарь Ежова, застрелился, катаясь в лодке по Москве-реке.

Октябрь

Подстрекаемые Л.П. Берией начальники Ярославского и Казахстанского УНКВД в письме Сталину утверждали, что Ежов готовит арест членов советского руководства в канун октябрьских торжеств.

22. Арестован маршал Блюхер.

Ноябрь

5. Арестован И.Я. Дагин — начальник отдела охраны правительства.

6. Арестован А.М. Минаев-Цихановский, начальник контрразведывательного отдела ГУГБ НКВД СССР.

Застрелился Ф.В. Рогов — комендант Московского Кремля.

7. Чрезвычайные меры безопасности на торжественном заседании в Большом театре.

9. Расстрелян маршал В.К. Блюхер.

12. Застрелился М.И. Литвин, начальник Ленинградского управления НКВД; до этого начальник отдела кадров НКВД и начальник секретно-политического отдела ГУГБ НКВД (близкий сотрудник и выдвиженец Ежова).

14. Нарком внутренних дел Украины А.И. Успенский (выдвиженец Ежова), имитировав самоубийство, тайно бежал из Киева. Он оставался на нелегальном положении до апреля 1939 года, когда был задержан на станции Миасс.

17. В письме в Политбюро Ежов подверг себя резкой самокритике.

19. По доносу начальника Ивановского управления НКВД Журавлева Н.И. Ежов был отстранен от должности наркома внутренних дел после обсуждения заявления Журавлева на заседании Политбюро ЦК ВКП(б).

Аресты среди руководства Московской партийной организации..

19—22. Пленум ЦК ВЛКСМ под председательством А.А. Андреева. Присутствовали Сталин, Маленков. Руководители комсомола во главе с А.В. Косаревым были подвергнуты жестокой критике и отстранены от работы.

21. Арест наркома внутренних дел Казахстана С.Ф. Реденса, одного из ближайших соратников Ежова и родственника Сталина.

Смерть в подмосковном санатории Е.С. Ежовой, жены Н.И. Ежова. (Впоследствии Ежову инкриминировали убийство жены.)

25. Назначение Л.П. Берии народным комиссаром внутренних дел СССР.

Начало реабилитации значительной части репрессированных.

Арест М.А. Триллисера, начальника особого отдела Исполкома Коминтерна, одного из организаторов «ежовщины» в Коминтерне. (Расстрелян 2 февраля 1940 года.)

29. Арест А.В. Косарева.

Декабрь

5. Сдача Ежовым дел Берии при участии Андреева и Маленкова.

9. Опубликование в печати сообщения об отставке Ежова.

1939

Февраль

23—26. Расстрелы бывших членов высшего руководства ВКП(б) (С.В. Косиора, В.Я. Чубаря, П.П. Постышева, А.В. Косарева; бывшего руководителя МГК и МК партии А.И. Угарова; бывших военных руководителей — А.И. Егорова, И.Ф. Федько, П.А. Смирнова и ряда других).

24. Присоединение Венгрии к Антикоминтерновскому пакту.

Март

10—21. Работа XVIII съезда ВКП(б). На его первых заседаниях Н.И. Ежов сидел за столом президиума съезда.

После выбора руководящих партийных работников на XVIII съезде не попавший в их число Ежов выступил с публичной самокритикой перед членами нового ЦК.

23. Захват Германией Клайпеды (Литва).

Захват Венгрией Закарпатской Украины, входившей в состав Чехословакии.

Апрель

6. Арест М.П. Фриновского, бывшего первого заместителя Ежова.

10. При выходе из кабинета Маленкова в ЦК ВКП(б) на Старой площади был арестован Ежов.

24. Арестован комбриг В.А. Ульмер, помощник председателя Военной коллегии Верховного суда СССР В.В. Ульриха,

который председательствовал на всех известных судебных процессах по политическим делам. Был приговорен к 20-летнему заключению (умер в марте 1945 года).

Май

11 мая —31 августа. Провокационное нападение Японии на МНР у р. Халхин-Гол, разгром вооруженными силами СССР и МНР японских войск.

19. Убит в тюрьме К.Б. Радек.

21. Умер в уральском политизоляторе Г.Я. Сокольников.

29. Бывший начальник охраны Ленина и начальник охраны правительства до 1924 года Г.Я. Беленький приговорен к 5-ти годам исправительно-трудовых лагерей (расстрелян 16 октября 1941 года).

Июль

24. Соглашение Арита—Крейги между Японией и Великобританией, в котором признавалось господствующее положение Японии в Китае. Соглашение это можно квалифицировать как «Дальневосточный Мюнхен», развязывавший Японии руки для нападения на СССР. Для Советского Союза ситуация усугублялась тем, что весной 1939 года гитлеровцы оккупировали всю Чехословакию. Испанская республика после почти трехлетней войны потерпела поражение от франкистов. Войска Муссолини захватили Албанию.

В первой половине 1939 года Япония получила от США, Англии и Нидерландов 86% стратегических военных материалов. Без такой помощи бедная природными ресурсами Япония не могла бы развертывать широкомасштабную агрессию, угрожая СССР.

Август

1. Открытие Всесоюзной сельскохозяйственной выставки в Москве.

1 августа — 15 сентября. Строительство Большого Ферганского канала.

23. Подписан советско-германский договор о ненападении. Тем самым СССР получил хотя бы временную гарантию безопасности со стороны фашистской Германии (открыв при этом ей путь агрессии на Запад). Одновременно был погашен конфликт с Японией, которая не могла осмелиться в одиночку напасть на Советский Союз. (Министр внутренних дел США писал по поводу советско-германского

договора: «Мне трудно порицать Россию. Как мне представляется, один Чемберлен виноват в этом».)

Сентябрь

1. Нападением на Польшу Германия развязала Вторую мировую войну.

3. Англия и Франция объявили войну Германии.

17. Советские войска перешли советско-польскую государственную границу, присоединив к СССР Западную Украину и Западную Белоруссию. (По словам У. Черчилля, это «было абсолютно необходимо для безопасности России против фашистской угрозы».)

Сентябрь—октябрь

Подписаны советско-эстонский, советско-литовский и советско-латвийский договоры о взаимопомощи. СССР получил право создать на территории Эстонии и Латвии базы для военно-морских сил и аэродромы, а в Литве — держать в определенных пунктах наземные и воздушные вооруженные силы. Литовской республике были переданы Вильнюс и Вильнюсская область, захваченные в 1920 году Польшей и освобожденные в сентябре 1939 года Красной армией.

Октябрь

11. Начало советско-финляндских переговоров. Советское правительство предложило отодвинуть границу между странами на Карельском перешейке на 20—30 км в сторону Финляндии (для обеспечения безопасности Ленинграда). Взамен Финляндии передавалась вдвое большая территория в Советской Карелии. Как заявил министр иностранных дел Финляндии Эркко: «Мы ни на какие уступки Советскому Союзу не пойдем и будем драться во что бы то ни стало, так как нас обещали поддержать Англия, Америка и Швеция».

Ноябрь

30. Начало советско-финской войны.

1940

Январь

Расстрелы бывших руководителей НКВД — выдвиженцев и соратников Н.И. Ежова.

Февраль

2. Суд над Ежовым. Он отказался от ряда своих предварительных показаний, утверждая, что он были даны в результате избиений. Просил за своих родственников и некоторых сослуживцев.

4. После последнего допроса, проведенного Берией, Ежов расстрелян.

Март

Красная армия прорвала линию обороны финнов и вышла на оперативный простор. Дорога на Хельсинки была открыта.

12. Подписан мирный договор с Финляндией, по которому Советский Союз получал необходимые для обороны территории.

Апрель

Гитлеровская армия захватила Данию и Норвегию.

Май

9. Германские войска одновременно вторглись в Голландию, Бельгию и Люксембург.

21. Германские войска вышли к побережью Ла-Манша. Италия вступила в войну на стороне Германии. Франция капитулировала. Под непосредственным контролем германских и итальянских фашистов оказались страны с общим населением около 220 млн. человек и огромный промышленный потенциал.

23. Первое покушение на Л.Д. Троцкого.

Октябрь

Гитлеровцы ввели свои войска в Румынию. Активные переговоры о присоединении Венгрии, Словакии и Румынии к пакту трех фашистских держав.

Убийство Троцкого в Мексике, организованное советской разведкой.

16. ТАСС опровергло сообщение некоторых зарубежных агентств о том, что Япония предложила СССР всю или часть Британской Индии, если Советский Союз присоединится к пакту трех фашистских держав.

Ноябрь

20—24. Присоединение Венгрии, Румынии и Словакии к Тройственному пакту.

Репрессии

Приведем официальные цифры, опубликованные за последнее время, о численности заключенных ГУЛАГа по состоянию на 1 января каждого года (Социс, №6,1991):

Год	В исправительно-трудовых лагерях	Из них осужденных за контрревол. преступ.		В исправ.-трудовых колониях	Всего
1934	510 307	135 190	26,5	-	510 307
1935	725 483	118 256	16,3	240 259	956 742
1936	839 406	105 849	12,6	457 088	1296 494
1937	820 881	104 826	12,8	375 488	1196 369
1938	996 367	185 324	18,6	885 203	1881 570
1939	1317 195	454 432	34,5	355 243	1672 438
1940	1344 408	444 999	33,1	315 584	1659 992
1941	1500 524	420 293	28,7	429 205	1929 729

Как видим, количество политических заключенных не превышало 0,5 млн. человек (только в 1950 году эта цифра была превышена. И это понятно: сюда вошли те, кто сотрудничал с фашистами, полицаи, власовцы).

Таковы факты.

Те политписатели и антисоветские публицисты, которые утверждали, будто «политический террор» в СССР был чудовищен, и называли цифры порядка 10 млн. заключенных ГУЛАГа, бессовестно лгали. Самое отвратительное, что одним из зачинателей и вдохновителей этой лжи (помимо Геббельса) был Н.С. Хрущев.

На XX съезде КПСС он выступил с докладом, разоблачающим культ личности Сталина. Есть документы, показывающие, что при подготовке к этому докладу он затребовал из КГБ цифры о количестве заключенных ГУЛАГа в разные годы. Материалы были ему предоставлены. Они ему показались недостаточно внушительными, и он их не привел, ограничившись общими словами.

«Когда Сталин умер, — писал Хрущев в своих мемуарах, — в лагерях находилось до 10 млн. человек». В действительности согласно документам на 1 января 1953 года это число — общее — было меньше 2,5 млн. человек, из которых большинство заключенных были уголовниками (после войны они активизировались и с ними велась жестокая борьба). Ложь Хрущева отвратительна вдвойне еще и потому, что именно он был одним из наиболее ретивых и жестоких «террористов» против своего народа.

Могут возразить: но ведь приведены цифры только тех, кто остался в живых. А сколько было расстреляно!

Действительно, сколько? «В феврале 1954 г. на имя Н.С. Хрущева, — пишет историк В.Н. Земсков, основываясь на документах, — была подготовлена справка, подписанная Генеральным прокурором СССР Р. Руденко, министром внутренних дел СССР С. Кругловым и министром юстиции К. Горшениным, в которой называлось число осужденных за контрреволюционные преступления за период с 1921 г. по 1 февраля 1954 г. Всего за этот период было осуждено Коллегией ОГПУ, «тройками» НКВД, Особым совещанием, Военной Коллегией, судами и военными трибуналами 3 777 380 человек, в том числе к высшей мере наказания — 642 380, к содержанию в лагерях и тюрьмах на срок от 25 лет и ниже — 2 369 220, в ссылку и высылку — 765 180 человек».

Кому-то, замороченному «перестроечной» пропагандой, может показаться, что это все цифры, не отражающие реальность потому, что в те времена свирепствовал террор «безучетный» и расстреливали по единому доносу или смутным подозрениям сотни тысяч и миллионы людей. Это, конечно же, не так. Каждый человек — заключенный или приговоренный к высшей мере — был на счету, за него отвечали следователи, судьи (порой — ценой собственной жизни).

Приведенные выше цифры даны за 33 или 32 года. И за этот огромный срок расстрельных приговоров было менее 0,7 млн., а политзаключенных — менее 2,4 млн. человек. А сколько убежденных врагов советской власти было в эти годы в СССР? Или все члены запрещенных партий и представители эксплуататорских классов с пением «Интернационала» дружно включились в строительство социализма, а во время Великой Отечественной войны не сотрудничали с гитлеровцами? Нет, не менее десятка миллионов граждан СССР в эти годы были враждебно настроены к советской власти, а часть из них — были ее убежденными врагами.

Были ли среди репрессированных невиновные? Можно заведомо сказать — безусловно были; как есть и будут невинно осужденные в любой стране в любое время, если только это не карликовое государство, где преступников насчитывают десятками, а то и единицами.

Наконец, есть еще одна проблема: ГУЛАГ был, как нередко пишут, «машиной истребления» (некоторые договариваются до того, что сравнивают ГУЛАГ с фашистскими концентрационными лагерями). В таком случае какая разница между приговоренными к расстрелу и замученными в лагерях, погибшими там от голода, холода и болезней?

На этот счет тоже имеется официальная достоверная статистика. Оказывается, до 1938 года число бежавших из ГУЛАГа было в 2—2,5 раза больше, чем умерших. А умирало...

Признаться, показатель смертности в сталинских лагерях выглядит неправдоподобно низким. Для контроля мы справились на этот счет у одного военврача, находящегося на пенсии, интересовавшегося этим вопросом профессионально, а по своим убеждениям относящегося к пассивным «демократам», а не коммунистам и тем более сталинистам. Он подтвердил приведенные ниже официальные сведения.

Год	Наличие на 31 декабря	Умерло в текущем году	Смертность, %	Бежало, %
1934	725 483	26 295	3,5	11
1935	839 406	28 328	3,3	8
1936	820 881	20 595	2,5	7
1937	996 367	25 376	2,6	6
1938	1317 195	90 546	6,9	0,3
1939	1344 408	50 502	3,8	0,1
1940	1500 524	46 665	3,1	0,07
1941	1415 596	100 997	7,1	0,07

У этой таблицы есть несколько удивительных на первый взгляд особенностей. Прежде всего поражает сравнительно низкая смертность, которая в 1936 и 1932 годах составила 2,5 и 2,6%. В конце XX века, в период «расцвета демократии» и правления Ельцина, в России общая смертность населения подскочила примерно до 2%, то есть приблизилась к той, которая существовала в ГУЛАГе еще в те далекие времена, когда в мире не использовали пенициллина и многих других лекарственных препаратов.

Странным кажется неожиданный всплеск смертности в 1938 и 1941 годах. Что бы это значило? Переход к лагерям уничтожения? Но почему тогда в 1939 и 1940 годах смертность заметно снизилась?

Ответ, как нам кажется, помогает найти последняя графа таблицы, где показан процент бежавших из лагерей. До 1938 года он был очень высок: от 11 до 6%. И вдруг сразу уменьшился в 20 раз. И в то же время в 2,5 раза возросла смертность. В 1941 году всплеск лагерной смертности не сопровождался уменьшением и без того мизерного процента беглецов. По-видимому, в число умерших включены те, кто был расстрелян при нападении фашистов в лагерях, расположенных на западе страны. Причем тогда расстреливали, как рассказывали свидетели, прежде всего «политических», опасаясь, что они перейдут на сторону врага.

А чем объяснить рост смертности в 1938 году? Судя по малому количеству убежавших — ужесточением лагерного режима в связи с широким распространением побегов... Начались, по-видимому, расстрелы «при попытке к бегству» или после того как беглец-рецидивист был вновь задержан.

Интересные данные приводит В.Н. Земсков относительно динамики уровня образования заключенных за период с 1934 по 1941 год. Удельный вес малограмотных за этот период снизился с 42,6% до 28,3%, а численность заключенных с высшим образованием увеличилось в среднем в 5 раз.

«Эти данные говорят о том, — делает вывод Земсков, — что опережающими темпами в составе лагерных, заключенных росли численность и удельный вес интеллигенции. Недоверие, неприязнь и даже ненависть к интеллигенции — это общая черта коммунистических вождей. Практика показала, что дорвавшись до безграничной власти, они были просто не в силах удержаться от соблазна поглумиться над интеллигенцией».

Прежде всего хотелось бы заметить, что слишком формально подошел уважаемый автор к понятию «интеллигенция», причисляя сюда только тех, кто получил высшее образование. Тут бы употребить хотя бы западное — «интеллектуал» (хотя получение диплома еще вовсе не гарантия наличия высоких или даже средних интеллектуальных способностей). Но главное не в этом.

Упрекать Сталина в «зажиме» интеллигенции или, тем более, «глумлении» над ней нам представляется несправедливым. Ведь именно благодаря его политике население России из преимущественно безграмотного или малограмотного превратилось в народ с едва ли не самым высоким интеллектуальным потенциалом в мире. И не заемным, как у американцев, а собственным. Как бы это могло произойти при недоверии или ненависти к людям с высшим образованием?

Есть люди с высшим образованием, использующие свои знания на деле, в труде; а есть и «образованцы» (кажется, выражение А.И. Солженицына), стремящиеся заполучить работу полегче, пристроиться на «тепленьком» местечке, где есть возможность прикарманивать государственные денежки, различные материальные ценности или перейти на руководящую партийную работу. Не секрет, что подавляющее число экономических преступлений совершают люди с достаточно высоким уровнем образования.

Итак, как нам представляется, возрастание числа людей с высшим образованием в ГУЛАГе с 1934 по 1941 год объясняется прежде всего общим повышением уровня образованности в стране. Кроме того, сказывалось увеличение доли экономических преступлений. Очень существенно и то, что основной вал репрессий прошелся по «высшим слоям» советского общества, захватил множество руководящих работников в разных отраслях, а прежде всего в ОГПУ-НКВД и армии, но более всего — в партийных органах. Это лишний раз подчеркивает тот факт, что репрессии были не против народных масс, а против партийно-государственных руководящих работников.

Интеллигенция при этом тоже страдала, но в меньших масштабах. А то, что недоверие к «образованцам» было вполне оправданно, показывает неопровержимый опыт «перестройки», развала и расчленения СССР, стремительного обнищания России за счет невероятного по масштабам и беспрецедентного в мировой истории вывоза капиталов и национальных богатств за рубеж. Все это осуществили, а также обеспечили «интеллектуальной» и пропагандистской поддержкой именно широкие слои «образованцев», людей особенно склонных не только к обману, но и самообману.

Их отличие от интеллигенции в том, что они стремятся приобрести максимум материальных благ, а не духовных. Когда таких людей в обществе становится особенно много и они проникают во властные и идеологические структуры, тогда общество становится по духу своему буржуазным, но не интеллигентным. Это и стало одной из основных причин поражения России-СССР в конце XX века в идеологической войне с Западом.

Однако вернемся к теме репрессий довоенных лет. Очистился ли благодаря им советский народ от внутренних врагов и враждебных элементов? Отчасти — да. Но только отчасти.

«Позднее, во время войны, — пишет В.Н. Земсков, — выяснилось: десятки тысяч людей, всегда испытывавших ненависть к советскому общественному и государственному строю и мечтавших устроить массовую резню коммунистов, что побудило их стать активными пособниками фашистских захватчиков, избежали в 1937—1938 гг. ареста по той причине, что не вызывали у органов НКВД особых подозрений в силу своего показного «верноподданничества»... Органы НКВД (особенно при Н.И. Ежове) в основном занимались не настоящей классовой борьбой, а ее чудовищной имитацией в широких масштабах...»

Надо лишь заметить, что дело не только в «имитации». По вполне объективным причинам выявить тех самых затаившихся врагов, о которых упомянул Земсков, не так-то просто, если не сказать — невозможно. В любом государстве есть немалый процент недовольных и даже враждебно настроенных к нему приспособленцев.

Москва 1937

Так называется книга Лиона Фейхтвангера с подзаголовком: «Отчет о поездке для моих друзей». Она была издана сначала в Амстердаме, и почти одновременно — в Москве. Мы вновь обращаемся к ней, потому что объективно, вне своего замысла, автор словно предугадал то, что через полвека Москва 1987 года станет в значительной мере антиподом той, которая была в 1937-м, и миллионы обывателей с ужасом будут говорить о чудовищном терроре, царившем в стране полвека назад, и будут мириться с любыми деяниями своих бездарных и продажных правителей, лишь бы не повторился кошмар 1937-го.

Тогда через четыре года грянула самая разрушительная и кровавая война в истории человечества. И Советский Союз в ней победил, умножив число дружественных социалистических государств.

А что произошло через четыре года после 1987 года?

Без явной войны СССР — вторая сверхдержава мира — был расчленен на куски, его население оказалось в экономическом и культурном провале, а русские стали вымирать. Ничего подобного не произошло ни с одним великим народом мира. Германия и Япония, проигравшие Вторую мировую войну, остались в числе крупнейших и процветающих стран мира, а ФРГ даже значительно увеличила свою территорию и население за счет «аншлюса» ГДР.

В чем же дело? Прежде всего в том, каким курсом шел Советский Союз в 1937 и 1987 годах. Тогда — сталинская генеральная линия на всемерное укрепление государства и улучшение жизни народа. Теперь — антисталинская горбачевская линия на ослабление государства и власть номенклатуры и торгово-криминального капитала. Еще более жесткая антисталинская политика Ельцина уничтожила великую Россию, превратив ее в третьеразрядное государство.

Фейхтвангер старался быть объективным.

«То, что акты вредительства были, — признавал он, — не подлежит никакому сомнению. Многие, стоявшие раньше у власти — офицеры, промышленники, кулаки, — сумели окопаться на серьезных участках и занялись вредительством... Постепенно, однако, население охватил настоящий психоз вредительства...»

И это тоже верно. Крупные кампании по борьбе с «врагами народа» (понятие, введенное, кажется, еще во времена императора Нерона) слишком часто — в разные времена и у различных народов — переходят в настоящие массовые психозы, омрачающие духовную жизнь общества.

Так проявляется пресловутое «стадное мышление», свойственное крупным коллективам. Так было, так есть, так будет. Вопрос — с какими целями, ради чего (или кого) используется эта особенность духовного бытия общества.

По свидетельству Фейхтвангера, единство взглядов подавляющего большинства населения СССР сводилось «к трем пунктам, а именно: к общности мнений по вопросу об основных принципах коммунизма, к всеобщей любви к Советскому

Союзу и к разделяемой всеми уверенности, что в недалеком будущем Советский Союз станет самой счастливой и самой сильной страной в мире.

Таким образом, прежде всего, господствует единое мнение насчет того, что лучше, когда средства производства являются не частной собственностью, а всенародным достоянием».

Правы ли были советские люди в этом своем убеждении? Опыт нашей истории доказал бесспорно: они были совершенно правы. Грабительская «приватизация» национальных богатств обернулась экономической катастрофой и социальными бедами для народа.

«Мне нравится наивное патриотическое тщеславие советских людей, — продолжал Фейхтвангер. — Молодой народ ценой неслыханных жертв создал нечто очень великое, и вот он стоит перед своим творением, сам еще не совсем веря в него, радуется достигнутому».

Такой патриотизм вполне оправдан и служит укреплению единства общества. Он не исключает критику, порой весьма важных персон, не исключает и крупных ошибок, но только не генеральной линии партии. В этом, подчеркивает Фейхтвангнер, «отклонений не бывает, или если они существуют, то не осмеливаются открыто проявиться».

Тут, безусловно, можно посетовать на подавление свободы личности, мнений и убеждений. Ведь для интеллектуала слишком часто бывает особенно важно высказать свою точку зрения, отличающую его от других, от массового сознания — как проявление сознания индивидуального, личного. Индивидуализм — вот знамя, под которым собираются интеллектуалы, каждый из которых стремится правдами и неправдами показать всем свое мнение.

Такая позиция, с одной стороны, вполне оправдана тем, что именно единицы, а не массы делают великие научные открытия, создают выдающиеся произведения литературы и искусства, изобретают нечто необыкновенное. Творчество — явление индивидуальное. Однако, с другой стороны, понятие «генеральная линия» имеет в виду не одиночек, а все общество как единое целое, все народное хозяйство, а не мелкие частные артели.

«В чем же состоит генеральная линия партии? — задается вопросом индивидуалист Фейхтвангер. И отвечает: —

в том, что при проведении всех мероприятий она исходит из убеждения, что построение социализма в Советском Союзе на основных участках успешно завершено и что о поражении в грядущей войне не может быть и речи... Если сомнения в правильности генеральной линии еще имели какой-то смысл приблизительно до середины 1935 года, то после середины 1935 года они с такой очевидностью опровергнуты возрастающим процветанием страны и мощью Красной Армии, что «консенсус омниум» (всеобщее признание) этого пункта равносильно всеобщему признанию здравого смысла».

И в таком случае любой, даже самый махровый индивидуализм должен уступить свои позиции коллективизму, — если человек честен и уважает мнение, основанное на фактах и здравом смысле.

Патриотизм советских людей, как отметил Фейхтвангер, имеет крепкий фундамент: «Там жизнь человека с каждым днем явно улучшается, повышается не только количество получаемых им рублей, но и покупательная сила этого рубля. Средняя реальная заработная плата советского рабочего в 1936 году поднялась по сравнению с 1929 годом на 278 процентов, и у советского гражданина есть уверенность в том, что линия развития в течение еще многих лет будет идти вверх (не только потому, что золотые резервы Германской империи уменьшились до 5 миллионов фунтов, а резервы Советского Союза увеличились до 14 000 миллионов фунтов). Гораздо легче быть патриотом, когда этот патриот получает не только больше пушек, но и больше масла, чем когда он получает больше пушек, но вовсе не получает масла».

Кстати, писатель раскрывает причины агрессивной политики гитлеровской Германии и миролюбивой политики сталинского СССР. Как всякое хищное капиталистическое государство, Германия должна была все больше захватывать «добычи» извне. В ту пору это происходило путем вооруженного захвата территорий. (В наши времена агрессивность проявляется преимущественно в экономическом и экологическом аспектах.) А Советский Союз был державой «самодостаточной», основой его процветания и залогом благополучия граждан были труд, знания и природные ресурсы.

Говоря о культуре в СССР времен 1937 года, Фейхтвангер отметил необычайный для Запада интерес советских людей к литературе, театру, кино. Тиражи писателей-классиков были в десятки раз больше, чем в странах Запада. Но в то же время нельзя было не заметить строгости цензуры, пресекающей даже слабые намеки на недовольство советской властью или неверия в торжество социализма и коммунизма. При этом ожесточение цензуры произошло за последние годы. Почему? «Тебе отвечают: что Советскому Союзу угрожает предстоящая в недалеком будущем война и нельзя медлить с моральным вооружением».

Но может быть, свобода высказывать свое мнение, пусть даже антинародное, важнее «морального вооружения»?

Для крайнего индивидуалиста, исповедующего культ собственной личности, видимость свободы слова важней, чем общегосударственные интересы. И ему даже невдомек, что такая свобода показать «кукиш в кармане» (как лукавый и трусливый персонаж в пьесе Шекспира) — это лишь жалкое подобие «разномыслия», предоставленное хитрым хозяином своему слуге.

Фейхтвангер совершенно верно отметил: «Никогда Советскому Союзу не удалось бы достичь того, чего он достиг, если бы он допустил у себя парламентскую демократию западноевропейского толка. Никогда при неограниченной свободе ругани не было бы возможности построить социализм. Никогда правительство, постоянно подвергающееся нападкам со стороны парламента и печати и зависящее от исхода выборов, не смогло бы заставить население взять на себя тяготы, благодаря которым только и было возможно проведение этого строительства. Руководители Советского Союза, оказавшись перед альтернативой, предлагающей им либо тратить весьма значительную часть своих сил на отражение бессмысленных и злобных нападок, либо бросить все свои силы на завершение строительства, высказались за ограничение свободы ругани».

Демократия, по определению, — власть народа, трудящихся, большинства населения. Демагогия — болтовня о демократии, возможность имитировать демократию под присмотром государственной власти и при господстве имущих капиталы. Демагогия позволяет под видом демократии устанавливать диктатуру богатых. В этом на собственном печальном и позорном опыте убедились бывшие граждане канувшего в прошлое СССР.

Приехав с Запада в Москву, Лион Фейхтвангер написал: «Когда из этой гнетущей атмосферы изолгавшейся демократии и лицемерной гуманности попадаешь в чистый воздух Советского Союза, дышать становится легко».

Кто ныне это скажет о нынешней демагогической России?

Но как же тогда великая могучая держава рухнула, и ее в прошлом чистый воздух пропах ложью, лицемерием, демагогией, алчностью, предательством, эгоизмом?

Частично ответ на этот вопрос содержится в той же книжке «Москва 1937». Там упоминаются две закономерности: «У более высоко оплачиваемых рабочих, крестьян и служащих развивается известное мелкобуржуазное мышление, весьма отличное от пролетарского героизма...» И еще: «Общность мнений приведет к известному нивелированию личности, так что к концу осуществления социализма Советский Союз превратится в не что иное, как в гигантское государство, состоящее сплошь из посредственностей и мелких буржуа».

Справедливости ради надо отметить, что аналогичную мысль, но действительную для исторических эпох вообще, высказывали задолго до него. Так, русский философ и анархист М.А. Бакунин отмечал: «Но героические времена скоро проходят, наступают за ними времена прозаического пользования и наслаждения, когда привилегия, являясь в своем настоящем виде, порождает эгоизм, трусость, подлость и глупость. Сословная сила обращается мало-помалу в дряхлость, в разврат и бессилие».

Так произошло с привилегированной прослойкой в СССР уже через десятилетие после великой победы в войне. Так было и раньше, в 30-е годы, и это отчасти объясняет разгул репрессий, направленных главным образом против тогдашних «сливок общества». Еще тогда могла осуществиться в стране буржуазная контрреволюция, но она была подавлена жесточайшими методами в зародыше. Массовых выступлений против существовавшего строя и генеральной линии партии не произошло. Такова была диалектика той героической и суровой эпохи.

Однако примерно через полвека после 1937 года буржуазная контрреволюция началась с мощной идеологической подготовки и успешно завершилась в период правления

Ельцина. Именно тогда «привилегия, являясь в настоящем виде», породила «эгоизм, трусость, подлость и глупость».

Возможно, в этом беда не только России, но и всей технической цивилизации. Развитие и расцвет СССР показали в сжатом виде те гигантские потенциальные возможности, которые сопряжены с народовластием и коллективизмом. Но героический подъем сменился застоем и духовным обнищанием, прямо пропорциональным материальному обогащению. И общество перешло в стадию разложения. Если 1937 год был героическим и трагическим, то 1987-й стал обывательским и позорным в истории великой страны, великого народа, великой культуры.

Почему рухнул СССР? 30-е и 90-е годы XX века

Развал социалистического лагеря и расчленение СССР — явление беспрецедентное за всю историю человечества.

Великие державы рушились и прежде. Особенно быстро прошла этот цикл империя Александра Македонского. Но она обязана была своим существованием притязанию одной личности на мировое господство, успешным завоевательным походам, при этом не имела своей надежной экономической, социальной, идеологической базы.

Великая Римская империя пребывала в упадке три-четыре столетия, пока ее привилегированные слои не разложились до основания, а героический дух граждан не угас полностью. Тогда она стала легкой добычей варварских племен.

Великая Британская империя словно паутиной охватила почти весь земной шар. Процветающая метрополия выжимала соки из колониальных и зависимых стран, наращивая свое могущество, а также торговые связи. Она была в значительной степени антиподом Российской империи, которая объединяла завоеванные или присоединившиеся добровольно народы и страны, не подавляя и тем более не уничтожая местное население, как это делали испокон веков европейские «хищные» государства.

«Великобритания, — писал В.В. Кожинов, — это страна бриттов — во многих отношениях замечательного кельтского народа, стертого с лица земли германцами-англами... Еще сравнительно недавно были, по сути дела, равноправными соперниками англичане и шотландцы — кельтский народ, от которого к нашему времени уцелела скорее историческая память, чем реальный этнос. А от наиболее значительного (с точки зрения и исторической воли, и культуры) балтийского народа — пруссов — осталось одно название, которое к тому же... перешло на часть немцев (Пруссия), и нет никакого сомнения, что, если бы в состав Германии вошли тогда же литовские и латышские земли, от населяющих их народов точно так же не уцелело бы ничего...

Вполне аналогичной была судьба и десятков других народов Запада, живших на территории основных западноевропейских государств. До нашего времени уцелели только два из них: баски в Испании и ирландцы в Великобритании...

Между тем в центральной части России (не говоря уж об окраинах) издавна и поныне живет и растет целый ряд тюркских и финно-угорских народов — татары, башкиры, коми, удмурты, марийцы, мордва, чуваши и другие».

С полным основанием Кожинов заявляет, что если уж Россию называть «тюрьмой народов», то Запад (добавим — включая США. — *Авт.*) — это «кладбище народов». Да и странная получалась «тюрьма» в СССР, где малые народы сохраняли не только свои культурные традиции, но и приобщались к одной из величайших мировых культур — русской, а через нее — к вершинам мировой культуры (а не суррогатной массовой «поп-культуры», превращающей людей в стандартных винтиков технической цивилизации).

30-е годы для СССР были решающими уже потому, что тогда окончательно складывалась плановая экономика, многонациональная советская культура, единая общность советских людей.

90-е годы тоже оказались решающими, но уже со знаком минус: развал плановой экономики, распад культуры и советского народа, расчленение СССР.

Почему так произошло? Обычно говорят: виной всему неэффективность плановой экономики, отсутствие конкуренции и частной собственности на средства производства, а также свободы личности и многопартийной системы. Мол, 70 лет шли не тем путем, как надо, и теперь страдаем от этого.

Получается полнейшая нелепица: шли не тем путем, а ухитрились небывало быстрыми темпами наращивать свой экономический потенциал, развивать науку и технику, промышленность и сельское хозяйство. Даже страшнейшая война не подорвала нашей экономической мощи. В считанные годы мы догнали и перегнали свой довоенный уровень. И все это — на основе централизованной плановой социалистической экономики!

О ее возможностях можно судить по такому факту.

Более четверти века назад под эгидой ООН группа международных экспертов во главе со знаменитым американским экономистом В. Леонтьевым разработала серию «прогнозов демографического, экономического и экологического состояния мира в 1980, 1990 и 2000 годах». Была опубликована фундаментальная монография «Будущее мировой экономики» (1977).

Так вот, авторитетнейшие эксперты высоко оценивали потенциал плановой социалистической экономики. По их прогнозам, среднегодовые темпы прироста валового продукта в 1970—2000 годах должны были составлять: в США и Канаде — 3,3%, в Западной Европе — 3,7%, в Восточной Европе — 4,9%, а в СССР — 5,2%. Предполагалось, что по всем показателям СССР будет приближаться к США (включая потребление продукции на душу населения), а по рождаемости и естественному приросту населения существенно их превосходить.

Так предполагалось на основе фактов и статистических выкладок, математических моделей и компьютерных технологий. А в действительности произошло нечто немыслимое, никем не предполагавшееся. Советский Союз без войн и природных катаклизмов, вопреки желанию подавляющего большинства граждан (отраженном в референдуме), исчез с лица земли. Если суммировать валовой доход республик, входивших в него, картина получается потрясающая: он снизился более чем вдвое, тогда как ожидалось его увеличение в 4,4 раза. Десятикратное расхождение объективных научных прогнозов с реальностью!

Отметим, что социально-экономическая катастрофа произошла в последнее десятилетие XX века. До этого все шло в соответствии с прогнозами. Например, в докладе Международной комиссии по окружающей среде и развитию (под руководством премьер-министра Норвегии госпожи Г.Х. Брундтланд) в 1987 году было отмечено: «Страны Восточной Европы с централизованной планируемой экономикой увеличили свою долю в мировом промышленном производстве с 15,2% в 1963 до 24,9% в 1984». А обретя рыночную экономику и независимость друг от друга (попав под власть капиталистических крупных держав), эти страны откатились далеко назад от достигнутых рубежей.

За две пятилетки 30-х годов СССР превратился в сверхдержаву. За тот же срок в 90-е годы он развалился на группу больших и малых по территории и населению государств с низким экономическим потенциалом и позорно жалким уровнем жизни большинства граждан (исключение составляет только Белоруссия, во многом восстановившая социалистический уклад народного хозяйства).

В 30-е годы Советскому Союзу, а значит и Сталину, повезло в том смысле, что многие крупнейшие, наиболее развитые державы мира переживали экономические кризисы или депрессии. Да и гитлеровскому режиму это помогло. Ведь до установления «нового порядка» Берлин, например, был достаточно запущенным городом (из-за нищенского городского бюджета) с массой безработных, обилием наркоманов, проституток, гомосексуалистов. А Москва становилась все чище и краше. Конституция СССР не только гарантировала на словах право на труд, на отдых и образование, но эти основные права (включая бесплатное медицинское обслуживание и низкую, почти символическую квартплату) были реально обеспечены.

Почему во второй половине XX века крупнейшие капиталистические страны не испытывали сильных кризисов? Прежде всего потому, что они позаимствовали у социалистической системы принцип планирования и сохранения нерентабельных (в данное время) предприятий. Скажем, Япония, развивая не дававшую прибыль микроэлектронику, стремительно выдвинулась в разряд ведущих промышленных государств, когда соответствующая продукция стала предметом массового спроса.

Обратим внимание на такое высказывание: «Если взять рентабельность не с точки зрения отдельных предприятий или отраслей производства и не в разрезе одного года, а с точки зрения всего народного хозяйства и в разрезе, скажем, 10—15 лет... то временная и непрочная рентабельность отдельных предприятий и отраслей производства не может идти ни в какое сравнение с той высшей формой прочной и постоянной рентабельности, которую дают нам действия закона планомерного развития народного хозяйства и планирования народного хозяйства, избавляя нас от периодических экономических кризисов...»

Слог тяжеловесный, но мысль ясная и верная. Так писал Сталин полвека назад. Как опытный практик, руководивший народным хозяйством СССР в годы труднейших испытаний, он понимал суть вопроса. И не случайно во всех более или менее квалифицированных трудах зарубежных специалистов учитываются эти принципы общей и долгосрочной рентабельности, а также планомерного развития народного хозяйства, которые сформулировал Сталин.

Ельцинско-горбачевская Россия уничтожила эти принципы, доверилась Гайдарам и Чубайсам, ринулась в пропасть стихийного рынка и приватизации (читай — расхищения) национальных богатств, в считанные годы оказавшись в полном провале. Выходит, антисоветская, антисталинская экономика направлена на кризисы и развал общественного производства, на удовлетворение частных корыстных интересов кучки высокопоставленных хапуг и казнокрадов, на расхищение природных и национальных богатств страны. В таком случае надо признать, что советская сталинская экономика была ориентирована прямо противоположно: на устранение кризисов и укрепление производства, на удовлетворение интересов народа, на сохранение и использование в интересах всего общества природных и национальных богатств страны.

Такова логика. Она не умозрительна, а основана на очевидных фактах развития СССР в 30-е годы и развала — в годы 90-е.

Россия завязла в долгах, как муха в паутине. А тем временем из нее ежегодно выкачиваются за рубеж десятки миллиардов долларов! Нечто совершенно уму непостижимое: из страны вывезли около тысячи миллиардов (!) долларов — со времен горбачевского правления — и она в то же время остается должна тем же странам-кровососам десятки миллиардов долларов.

А в конце 1933 года Сталин «проговорился» американскому корреспонденту Дюранти, что золотодобыча в СССР вдвое превысила уровень царского времени. Это значит, она достигла порядка 120 т. В последующем она возрастала. Крупнейшие месторождения драгоценного металла благодаря самоотверженному труду геологов были открыты и стали эксплуатироваться на Колыме, в северных отрогах Тянь-Шаня, в пустыне Кызылкум. По официальным данным, в 1953 году валютный запас СССР составлял 2050 т, а за рубеж было продано 148,7 т.

Справедливости ради надо сказать, что хищнический экспорт золота начался еще в брежневские времена и даже в хрущевские, когда мы, пренебрегая интересами своего сельского хозяйства, стали закупать зерно заграницей. В период правления Ю. Андропова этому расхищению была поставлена плотная преграда, и уровень вывоза золота упал до масштабов сталинских времен.

Однако вскоре последовала смерть Андропова (случайное совпадение?) и стремительный всплеск экспорта золота — свыше прежнего уровня. В начале правления Горбачева тоже резко сократился экспорт валютного металла. Но уже через пару лет, словно прорвав плотину, хлынул за рубеж рекордно большой поток золота. Видно, Горбачев смекнул, что в противном случае его ожидает судьба Андропова, и перешел к политике максимального разбазаривания национальных ресурсов. Эту генеральную линию продолжил Ельцин.

От того золотого запаса, который был оставлен после сталинского правления и на основе достижений его времени, осталась только малая часть.

Но может быть, на эти растраченные суммы закупались за рубежом технические и технологические новинки, наилучшее оборудование? Нет, ибо несмотря на импортные закупки или даже благодаря им народ стал жить все хуже и хуже. Люди работали, создавали материальные и духовные ценности, а страна катастрофически беднела.

Как могло случиться, что государственный бюджет огромной России усох до размера бюджета небольшой Финляндии? Когда и с какой державой происходила такая чудовищная финансовая метаморфоза? И в этом случае все происходит прямо противоположное тому, что было в 30-е годы.

Все свидетельствует о том, что в 90-е годы экономика России стала антинародной (тому подтверждение и небывалый рост самоубийств), антинациональной (что подтверждается вымиранием русского народа).

Но как же все это могло произойти?

Предательство! Так обычно отвечают патриотически настроенные граждане. Горбачевы, ельцины, яковлевы, гайдары, чубайсы, березовские, гусинские, абрамовичи и прочие олигархи и просто олухи сознательно ведут политику истощения России и уничтожения «лишнего» ее населения во благо своих западных покровителей и хозяев. Такое мнение можно услышать от патриотов.

Но странное дело: многие из этих патриотов в свое время, совсем недавно возводили хулу на Советский Союз, социалистическую систему, сталинскую идеологию и лично на Сталина. Они при этом ссылались на давным-давно отмершую триаду: «самодержавие—православие—народность», понося правление «атеистов-безбожников». Один из их кумиров (возможно, уже бывший), А. Солженицын, выразился предельно просто: «Бога забыли».

Подумайте, что получается. В 30-е годы, когда народ строил первое в мире социалистическое государство, Бог был на его стороне. Когда грянула страшная война с фашизмом, Бог был на нашей стороне. Но вот нововерующие или верующие в каких-то иных богов прокляли те времена, и страна погрузилась во мрак. Выходит, и Солженицын и все прочие хулители великого прошлого СССР — лжепророки («по делам их узнаете их» — учил Христос).

«Патриоты», сами того не сознавая, действовали на благо горбачевым и ельциным (последнего, помнится, благословил на президентство сам Патриарх всея Руси). Они были в числе тех сил, которые разрушали СССР и социалистическую Россию. Их ловко использовали враги России, создавая партии неких «монархистов», без царя не только в голове, но и в природе. Возможно, многие из них теперь понимают, что действовали заодно с врагами России. Но теперь уже поздно — свершилось!

Продуманность и немалое совершенство социалистической системы позволили нашей стране развиваться, несмотря на бездарную и продажную партократию. Мы до сих пор пользуемся теми материальными благами, которые обеспечила впрок прежняя система; эксплуатируем ранее разведанные и пущенные в эксплуатацию месторождения полезных ископаемых, используем накопленные ранее производственные мощности, потребляем энергию, которую вырабатывают созданные в прежние годы ГЭС, ГРЭС, ТЭС и АЭС.

Мы существуем за счет того самого советского прошлого, которое так проклинают нынешние антисоветские и антироссийские идеологи и пропагандисты (а вместе с ними еще и некоторые «патриоты»).

Есть ли какие-нибудь достижения в РФ за истекшие две пятилетки капиталистического строительства? Буквально — никаких. Только одни провалы. Даже с того нижайшего уровня, на который скатились, мы только тужимся приподняться. А СССР в 30-е годы, как мы уже не раз говорили, за две пятилетки выдвинулся в ряды наиболее развитых стран мира, по валовому национальному продукту уступая лишь США.

И вновь перед нами встает вопрос: почему же в таком случае развалилась столь совершенная общественная система? Или она с мучениями перерождается в нечто более хорошее во всех отношениях?

На последний вопрос напрашивается отрицательный ответ уже потому, что прошло более десятилетия — срок огромный для конца XX — начала XXI века. Продолжение — пусть даже с некоторыми коррективами — прежнего курса не принесло за этот срок ничего хорошего для народа и государства, и нет никаких оснований надеяться, что все вдруг изменится к лучшему. Такими обещаниями обманывали правители народ все это время.

Существует инерция развития и деградации крупных общественных систем. Они не рушатся вдруг и полностью. Их агония может продолжаться десятки лет. И это обстоятельство создает в сознании обывателя иллюзию стабильности бытия.

Все социалистические государства, резко изменившие траекторию своего развития, переживают упадок. Такие спады могут быть и кризисами роста. Но в данных случаях, как показывает время, это кризисы деградации.

И все-таки если бы у социалистической системы не было существенных изъянов, недостатков, она бы не рухнула в мирное время, даже несмотря на происки врагов вне и внутри страны. В то время как все развитые капиталистические страны перенимали достоинства социалистической системы, мы вовсе отрешились от нее и здравого смысла. Не менее трети населения доверилась демагогам и жуликам. Они быстро вырулили страну на задворки цивилизации, в давно уже пройденные, проклятые и забытые всеми развитыми странами тупики стихийного воровского рынка с их безработицей, обнищанием масс, социальными столкновениями (в такие периоды происходят революции и мировые войны).

Попробуем перечислить те объективные и субъективные факторы, которые привели к крушению СССР и упадку России.

1. Совершенство общественной системы, которую удалось создать Сталину и его соратникам.

В изменчивой внутренней и внешней обстановке такое совершенство чревато серьезным кризисом. Даже смерть одного человека может обернуться национальной трагедией, если это — незаурядная личность, умный, образованный, трудолюбивый, ответственный руководитель государства. То, что Сталин был именно таким человеком, доказано историей СССР, и не только в период его правления, но и позже, когда сколько-нибудь достойной замены ему не нашлось. Его государственный курс постарался продолжить Ю.В. Андропов. И несмотря на то что он долгие годы был руководителем КГБ, его уважал и поддерживал народ.

2. Установление в стране гегемонии КПСС, а еще точнее — ее руководящей верхушки, представителей так называемой номенклатуры.

То, что так было и при Сталине, — обычное заблуждение. Он, как мы уже подчеркивали, старался соблюдать баланс между главными «партиями по интересам», преимущественно экономическим: Красная армия, ОГПУ-НКВД, коммунистическая партия, руководство народным хозяйством, местные органы власти (советы). Тогда партия не имела абсолютного господства. Его добился Хрущев. Сначала он с помощью маршала Жукова подавил НКВД, затем ловко отстранил Жукова и полностью подчинил армию партийному аппарату. И уже одно это определило гегемонию партии. В номенклатуру, привилегированную касту, стали проникать самые бессовестные карьеристы, все те, кто стремился получать максимум благ за минимальный труд, кого прельщали больше всего на свете материальное благополучие и власть.

3. Моральная, нравственная деградация номенклатуры, партократии — как неизбежное следствие гегемонии партии и отсутствия жесткого контроля над ее руководством (его осуществлял некогда Сталин).

Репрессии против номенклатурных — преимущественно — работников, среди высших слоев руководства партией, армией, НКВД, производством — это была своеобразная плата за привилегии: требование единомыслия, единодушия, жесткой партийной дисциплины. Единомыслие и единодушие можно имитировать, но дисциплина — вещь суровая и наглядная, она требует подчинения. Пока был «вождь», номенклатура отрабатывала свои привилегии. Но как только его место занял недостойный человек, то руководящие работники быстро стали перерождаться. И в этом тоже проявился эффект «излишнего совершенства» системы, которая дает сбой при изъятии из нее всего лишь одного, пусть даже важного звена.

Подобного совершенства лишены буржуазные демократии. Они менее эффективны в экономическом и военном отношении, в трудных и критических ситуациях. Зато они более гибки и устойчивы. Для них смерть или смена президента не приводит к тяжелым последствиям, а особенно — в долговременной перспективе. Слой номенклатуры там изменчив, сравнительно быстро обновляется, да и не обладает огромными привилегиями, как в стране, где он наделен всей полнотой власти при ничтожной ответственности (когда снят жесткий контроль «сверху»).

Деградация советских партийных номенклатурных работников привела к тому, что они устроили буржуазную «революцию сверху»; в результате представители госхозпартаппарата и воротилы подпольно-криминального бизнеса приобрели, «прихватизировали» почти все национальные богатства. В этом они пользовались поддержкой иностранного капитала и действовали ему в угоду.

4. Объективным фактором развала социалистической системы явился закон социальной динамики технической цивилизации XX века: уменьшение доли производящих работников (крестьян, рабочих) при преобладании служащих, обслуживающего персонала, всяческих посредников, торговцев, управленцев.

Рост числа рабочих начался еще в период развития мануфактур, но стал особенно ощутимым в наиболее развитых странах с середины XIX до середины XX веков. Не случайно к началу этого периода относится создание марксистского учения о диктатуре пролетариата. Однако Маркс и его последователи не предполагали, что развитие науки и техники, индустриализация производства и внедрение электроники приведет к снижению доли рабочего класса при абсолютном преобладании служащих, работников сферы обслуживания.

Вот и в СССР в 30-е годы шел рост рабочего класса и была оправдана его гегемония. Но в 90-е годы доля рабочих среди трудящихся стала уменьшаться. Преобладание служащих, для которых характерна мелкобуржуазная психология, стремление приспосабливаться, прислуживать начальству (хозяину), именно служить, а не творчески трудиться, — этот фактор стал решающим для победы «революции сверху» демократическим путем, в результате выборов. Служащие привыкли голосовать за начальство, тем более, когда оно сулит материальные блага (показывая по ТВ два ваучера, Ельцин громогласно вещал, что они соответствуют двум «Волгам», и это — для каждого «россиянина»).

5. Изменение со временем психологии рабочего класса. Чем больше привилегий получали рабочие в СССР, тем основательней пропитывал их «мелкобуржуазный дух». И это тоже в немалой степени благоприятствовало проведению буржуазной «революции сверху», начатой Горбачевым и завершенной Ельциным.

6. Сказалась и очень существенная закономерность духовной жизни общества во второй половине XX — начале XXI века: массовое распространение электронных средств пропаганды, агитации, внушения, наркотизации сознания. Можно сказать, что осуществляется переход к электро́нной наркоцивилизации. Владельцы соответствующих средств имеют возможность формировать по своему усмотрению и с помощью психотехнологий общественное мнение, воздействовать на духовную жизнь общества.

7. Перерождение интеллигенции. По сути своей эта категория населения должна отличаться по важнейшему признаку: духовные потребности у интеллигента должны преобладать над материальными. (Интеллектуал — тот, кто зарабатывает на жизнь интеллектуальным трудом.) Однако со временем сказалась общая закономерность — стремление к

материальным благам, к максимальному потреблению. В этом смысле можно говорить о значительном уменьшении слоя интеллигенции за счет служащих по ведомству науки, культуры, литературы, религии.

Прежде интеллигенция отличалась независимостью суждений, выступлениями в защиту «униженных и оскорбленных», против махрового мещанства, тунеядства, общественного паразитизма, в защиту трудящихся и творчества. Во второй половине XX века значительная часть интеллектуалов стала откровенно служить имущим власть и капиталы. В условиях электронной наркоцивилизации такое перерождение «пролетариев умственного труда» самым печальным образом сказывается на духовной жизни общества не только в России, но и во всем мире.

8. Постоянная антисоветская пропаганда — сначала почти исключительно из-за рубежа и в малых группах «диссидентов», а затем, к концу века, как проявление государственной политики, ориентированной на капитализм. Началом идейного распада общества стал антисталинский доклад Хрущева на XX съезде КПСС и переименование Сталинграда (это явилось глумлением не столько над Сталиным, сколько над памятью тех сотен тысяч наших солдат и офицеров, погибших, но сумевших отстоять этот город, не безликий Волгоград, а символичный Сталинград). Началось очернение советского славного прошлого, в частности, трудовых подвигов народа в 30-е годы и победы в Великой Отечественной войне.

В июне 2001 года телепрограмма «Русский дом» показала такой сюжет: у девушки старшего школьного или младшего институтского возраста спросили: кто победил во Второй мировой войне? Она затруднилась с ответом. Наводящий вопрос: «Победила Германия или Советский Союз?» Неуверенный ответ: «Кажется, Германия».

9. Идеологическая война, развернутая индустриально развитыми капиталистическими державами против стран социализма и прежде всего — против СССР. Она велась по разным направлениям, была неплохо организована при гигантских материальных затратах (частично — на подкуп советской номенклатуры и интеллигенции). Страны капитализма не победили в этой идеологической войне в 30-е годы во многом потому, что значительная часть западной интелли-

генции с сочувствием отнеслась к социалистической системе — более справедливой, морально здоровой и духовно возвышенной, чем идеология буржуазии.

В 1937 году произошло знаменательное идеологическое событие: объединение левой и правой оппозиции генеральному сталинскому курсу. Вспомним лозунг Бухарина — «Обогащайтесь!» Это принципиальное положение буржуазной идеологии явно или неявно объединило оппозиционеров. Для значительной части партийных работников, бывших революционеров, обеспеченных рабочих и служащих стал злободневным риторический вопрос: «За что боролись?!»

Создались достаточно прочные политические, социальные и идейные предпосылки для осуществления буржуазного переворота. Они созрели исподволь и проявлялись объективно. Репрессии 1936—1938 годов стали, как можно предположить, формой подавления в зародыше буржуазной контрреволюции в России. Эта акция удалась по трем основным причинам: благоприятной внешнеполитической обстановке (кризисы или депрессия в развитых капиталистических странах); успехам социалистического строительства, наглядно показавшим верность сталинского курса; отсутствия у оппозиционеров идеологического единства и достойного лидера.

То, что уже к 1930 году в СССР стала складываться ситуация, подходящая для буржуазной революции, свидетельствуют, в частности, стихотворения Маяковского и Заболоцкого, рассказы Зощенко и Булгакова. Коммунистические дальние идеалы становились чуждыми значительному числу людей, включая советских чиновников, партработников, военачальников, части рабочих. Реалистичные образы «совбуржуев» были воплощены на сцене в спектаклях «Клоп», «Баня», «Зойкина квартира» и др.

Появление значительного числа коммунистов-перерожденцев требовало периодических «чисток» партии. Еще раз подчеркнем: репрессии захватили почти исключительно привилегированные слои общества, а не народные массы. Напротив, через полвека, в 90-е годы по существу был репрессирован народ, тогда как максимум благ обрели представители госхозпартаппарата и торгово-криминальные слои. Вымирание населения (устойчивое) и снижение общей продолжительности жизни — объективные показатели того, что народ подвергается чудовищным репрессиям. Это подтверждает и невиданный в мире уровень самоубийств, причем преимущественно мужчин деятельного возраста. Так что если говорить, по примеру Конквиста или Солженицына, о «большом терроре», то это понятие по отношению к народным массам применимо именно к 90-м, а никак не 30-м годам XX века.

В благополучной Швеции в 1937 году смертность составляла 1,15%, а в СССР — 1,98% (при втрое более высоком уровне рождаемости). А ведь мы к тому времени пережили мировую войну и Гражданскую, страшную разруху. Надо только еще и еще раз удивляться, как советскому правительству во главе со Сталиным удалось в кратчайшие сроки возродить державу и поднять жизненный уровень населения.

Задумайтесь: что тогда надо говорить о тех руководителях и их подпевалах, которые в 90-е годы в мирное и благополучное время довели страну до разрухи, а народ — до вымирания?!

В 30-е годы все было наоборот. Не потому ли о них распространяют столько лжи и клеветы?

В СССР, и прежде всего в КПСС, начиная с 60-х годов появилась буйная поросль предателей-перерожденцев, которые ожидали только благоприятного момента и удобного предлога для оправдания своего предательства. Они с вожделением присматривались к «сладкой жизни» западных богатых капиталистов, буржуа, втайне исповедовали идеологию, основанную на приоритете личного благополучия, максимального обогащения. Им была чужда советская идеология, отвечающая народным традициям и созвучная заповедям Христа (труд, взаимопомощь, человеколюбие, справедливость, преобладание духовных потребностей над материальными).

Ключевой фигурой в идеологической подготовке переворота и буржуазной революции стал образ Сталина. Голословно и громогласно, по любому поводу и мимоходом обвиняли, проклинали, словно от его правления (славного правления!) не прошли уже десятилетия, словно его культ не заклеймил сам ЦК КПСС. 30-е годы стали синонимом ужасов и террора в Советском Союзе, и на этом грязном, лживом и подлейшем мифе воспитали не одно поколение антисоветских людей в России.

Так перерожденцы оправдывали свое предательство идеалов коммунизма, укрепляли свое господство, приумножали свои богатства. И дело, конечно же, не в личности Сталина, давным-давно ставшей достоянием истории. Все дело в унижении советского народа, в глумлении над его героическими деяниями в труде (30-е годы) и войне, в восстановлении и укреплении народного хозяйства.

...Если России суждено возродиться, то начнется возрождение именно с осознания и реабилитации 30-х годов. Стране, которая забывает и даже поносит свое славное прошлое, которая предает великие завоевания былых поколений, нет смысла существовать.

Содержание

Введение
ПРАВДА И ЛОЖЬ О 30-Х ГОДАХ 3

Глава I
ПОД ПРИЦЕЛОМ 26
Идеологическая борьба 26
Краткая предыстория 33
За что боролись? 39
Почему не убили Сталина? 48
История и историки 53

Глава 2
ПРОТИВОСТОЯНИЕ 60
Самые серьезные намерения 60
Две судьбы 70
30-е годы 78
Самые общие соображения 81
К чести оппозиции 89
Искусственные или естественные соперники? 98
Борьба за генеральную линию 104

Глава 3
НЕЗРИМЫЙ ФРОНТ 113
Секретные агенты 113
Советские «бонапарты» 121
До убийства Кирова 128
Личное и общественное 138
Причины и следствия 143
Верный сталинец 151
Выстрелы в Смольном 159

Куда ведут следы? ... 166
Международный террор ... 172
Внутренние враги ... 180
Клубок завязывается ... 189

Глава 5
«УБРАТЬ СТАЛИНА» ... 204
Общая обстановка ... 204
Амальгама ... 211
Клубок ... 220
Действующие лица ... 230
Компромат на Сталина ... 243
Убить тирана! ... 247

Глава 6
РАСКРЫТЫЙ ЗАГОВОР ... 257
Досье Бенеша ... 257
Запутанные нити ... 263
Маршалы и генералы ... 269
Нераспутанный «Клубок» ... 278

Глава 7
РАСПРАВА ... 284
В стране и вне ... 284
Кто — кого? ... 299
Операция «Медведь» ... 308
«Ежовые рукавицы» ... 312
Смерть врага ... 321
Заключение. Жестокий экзамен ... 326
Хронология некоторых событий
тридцатых годов ... 330
Репрессии ... 354
Москва 1937 ... 359
Почему рухнул СССР?
30-е и 90-е годы XX века ... 365

Баландин Р., Миронов С.
Б 20 **«КЛУБОК» ВОКРУГ СТАЛИНА. Заговоры и борьба за власть в 1930-е годы.** — М.: Вече, 2002. — 384 с., илл. (16 с.) («Особый архив»)

ISBN 5-7838-1169-6

Предвоенные 1930-е годы остаются до сих пор во многом загадочными и едва ли не наиболее запутанными и спорными в истории СССР. В этой книге сделана попытка на основе ряда фактов, ставших известными за последнее время, осмыслить некоторые события этого периода. Речь идет главным образом о заговорах, покушениях на Сталина и борьбе за власть, а также мерах по укреплению социалистического государства в условиях угрозы войны.

Рудольф БАЛАНДИН, Сергей МИРОНОВ

«КЛУБОК» ВОКРУГ СТАЛИНА
Заговоры и борьба за власть в 1930-е годы

Генеральный директор *Л.Л. Палько*
Ответственный за выпуск *В.П. Еленский*
Главный редактор *С.Н. Дмитриев*
Редактор *М.В. Николаевская*
Корректор *Б.И. Тумян*
Верстка *М.Ю. Евдокимов*
Разработка и подготовка к печати
художественного оформления — «Вече-графика»
Д.В. Грушин

Гигиенический сертификат №77.99.2.953.П.16227.11.00 от 29.11.2000 г.

129348 Москва, ул. Красной сосны, 24.

ООО «Издательство «Вече 2000» ИД №01802 (код 221)
от 17.05.2000 г.

ЗАО «Издательство «ВЕЧЕ» ИД №05134 (код 221)
от 22.06.2001 г.

ЗАО «Вече» ЛР № 040410 от 16.12.1997 г.

E-mail: veche@veche.ru
http://veche.ru

Подписано в печать 12.02.2002. Формат 84×108 1/32.
Гарнитура «Антиква». Печать офсетная. Бумага офсетная.
Печ. л. 12. Тираж 7 000 экз. Заказ № 5212.

Отпечатано в полном соответствии с качеством
предоставленных диапозитивов в Тульской типографии.
300600, г. Тула, пр. Ленина, 109.

ТАЙНЫ ЗЕМЛИ РУССКОЙ

Издательству

10 лет

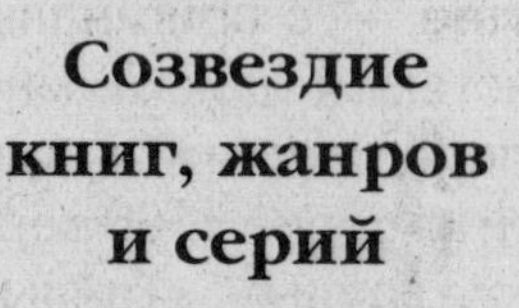

Созвездие книг, жанров и серий

Наши адреса:
129348, г. Москва,
ул. Красной сосны, д. 24.
E-mail: veche@veche.ru
http://www.veche.ru
www.100top.ru

ПЛАНЕТА ЗЕМЛЯ

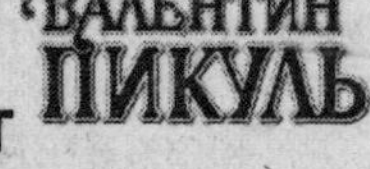

САМЫЕ ЗНАМЕНИТЫЕ

ИГРА & СПОРТ

ВСЕ МОНАРХИ МИРА

Magistri artium